解·读·战·旗·村

一个村庄的奋斗

1965—2020

中华民族伟大复兴的乡村基础

董筱丹 ◎ 著

北京大学出版社
PEKING UNIVERSITY PRESS

内 容 提 要

本书通过查阅大量档案、文献资料和实地调研，记述了四川省战旗村自农业学大寨立村以来55年的变迁历程，分析了村庄演变中宏观政策调整和村庄内在机制之间的相互作用。主要内容可以归纳为"一二三四"：一个核心——乡村作为中国"去依附"的微观基础；两个视角——宏观和微观相结合，时间维度和空间维度相结合；三个阶段——政治化竞争阶段的红色战旗、产业化竞争阶段的金色战旗、生态化竞争阶段的绿色战旗；四个启示——成本内化、村社理性、资源权益、空间正义。以"三生三治"协同作用下的"村社理性"为基础，在一定的资源权益制度空间和社会企业分配内涵下，乡土社会可以有效消化国家宏观风险，从而成为中国在国际挑战中维护主权独立和综合安全的坚实的微观基础。

图书在版编目(CIP)数据

一个村庄的奋斗：1965—2020 / 董筱丹著. —北京：北京大学出版社，2021.4
ISBN 978-7-301-32044-0

Ⅰ.①解… Ⅱ.①董… Ⅲ.①中国经济－经济发展－研究 Ⅳ.①F124

中国版本图书馆CIP数据核字(2021)第039414号

书　　　名	一个村庄的奋斗：1965—2020 YIGE CUNZHUANG DE FENDOU: 1965—2020
著作责任者	董筱丹　著
责 任 编 辑	张云静　杨　爽
标 准 书 号	ISBN 978-7-301-32044-0
出 版 发 行	北京大学出版社
地　　　址	北京市海淀区成府路205号　100871
网　　　址	http://www.pup.cn　新浪微博：@北京大学出版社
电 子 信 箱	pup7@pup.cn
电　　　话	邮购部 010-62752015　发行部 010-62750672　编辑部 010-62570390
印 刷 者	天津中印联印务有限公司
经 销 者	新华书店
	787毫米×1092毫米　16开本　26.5印张　404千字 2021年4月第1版　2021年4月第1次印刷
印　　　数	1—4000册
定　　　价	98.00元

未经许可，不得以任何方式复制或抄袭本书之部分或全部内容。
版权所有，侵权必究
举报电话：010-62752024　电子信箱：fd@pup.pku.edu.cn
图书如有印装质量问题，请与出版部联系，电话：010-62756370

序言

农民集体的"伟大斗争"
——兼谈中国去依附的微观基础

本序言标题给定的主体是"农民集体",其斗争之所以称得上伟大,主要在于生活在村落的农民集体与村落的生态资源,是以村社地缘边界为产权边界的,这一制度特点成为乡村"在地化(localized)"发展的内生性条件,由此,乡村振兴促进包容性可持续发展所体现的农民集体利益,与应对全球化挑战、确保综合安全的国家利益高度一致。因而,农民集体的伟大斗争才内在地具有乡村振兴必须坚持的正确的"政治方向"!据此,本书关于战旗村经验的客观分析,也就有了记录中国农民获取自主发展权的伟大斗争的重要内涵。

笔锋起处,心气稍顿;"蓦然回首,那人却在,灯火阑珊处"……

我们团队尝试着开展不同地方发展经验的比较研究,试图形成经验层次的"解读"并使之成为系列,算下来已经至少有15年了。我们十几年前先做了《解读苏南》和《解读珠三角》,十年前开始做《解读重庆》《再读苏南》,三年前开始酝酿解读战旗村的《一个村庄的奋斗:1965—2020》。《再读苏南》于五年前出版,现在,《一个村庄的奋斗:1965—2020》先于《解读重庆》完成,其他的解读研究仍在调研之中。

一、"偏师借重黄公略"[1]

2017年,无论是君不见,抑或视而不见,都难以忽略是年影响中国发展

---

[1] 此句出自毛泽东《蝶恋花·从汀州向长沙》中"赣水那边红一角,偏师借重黄公略"。

大局的两个重大政策——年初的"农业供给侧改革"和年末的"乡村振兴战略"。先是 2017 年"一号文件"提出了前所未有的、针对农业结构性过剩的农业供给侧改革，明确要求向绿色生产方式转型；接着是同年 10 月 18 日中国共产党在十九大上确立了乡村振兴战略，并于年底的中央农村工作会议上接续着为乡村振兴做出了统筹规划，为中国农民组织起来以集体的方式获取自主发展权的伟大斗争擘画了宏伟蓝图。

诚然，农业供给侧改革已然明确其指向是"结构性过剩"，与 2015 年出台的工业供给侧改革要求"三去一降"并无二致，使已然习惯了"粗放数量型增长"的各种利益相关者及其部门碍难跟进，遑论乡村振兴！遂有一个重大历史意义的政治性安排发生——为了强化全党贯彻乡村振兴战略的统一意志，习总书记带领中央十九大当选的全体中共中央政治局常委出席 2017 年底的农村工作会议，并且发表重要讲话。

与之呼应的是，2018 年 2 月 12 日，习总书记到四川省战旗村视察乡村振兴工作和集体经济的发展工作，这是习总书记在党中央确定了乡村振兴作为国家战略之后视察的第一个以"重构新型集体经济"为特色的村庄。习总书记对战旗村的集体经济发展成就给予了充分的肯定，称其"战旗飘飘，名副其实"。

由此，郫都区创新开办了"四川战旗乡村振兴培训学院"，邀请我们长期从事"乡村建设行动"的实践团队[1]参与学院的研究和培训，还为我们开展在地化的工作设立了"温铁军工作室"；同时成立的还有以战旗村党委书记名字命名的"高德敏工作室"。于是，我们科研团队和战旗村的干部群众便一起承担了归纳分析战旗村经验并且使之从特殊向一般升华的研究工作。

这个重大转变的同期，虽然这边厢中国人已经在自觉地做出符合人类发展方向的生态文明战略调整，但那边厢偶然中带着必然的交响乐也开始鸣奏：美

---

1 中央十九届五中全会文件专门有一段文字强调"乡村建设行动"。需要提示的是，"乡村建设（rural reconstruction）"不是一般的硬件建设，其作为社会各界广泛参与的、"去激进化"的乡村改良运动，是先贤一百多年前就开展并且延续下来的"理论联系实际"的工作，我们在 21 世纪又坚持了二十年。其间，不仅在国内已经有上千个以乡村建设为名的试点和项目，有大批学者的论文、各地报告和乡建团队的各类著作问世，而且在国外也产生了积极影响。

国总统特朗普甫一到任,即确立了以中国为敌的新冷战意识形态,并于2018年对中国先发起"贸易战",随之发起打压中国科技进步的"科技战"和"教育战",再辅之以遏制中国海外投融资的"金融战"等"莫须有"的单边主义制裁措施,极大地颠覆了跨国资本既往坚持的国际秩序,于是中国在2019年提出以乡村振兴作为压舱石应对前所未有的重大挑战,2020年做出以国内大循环为主体的国际国内双循环相互促进的战略调整……

我们看到,全球化危机频仍之际,农民组织起来作为有资产规模及有谈判地位的发展主体的战旗村,不仅率先践行中央要求的"三变改革"重构新型集体经济,实现了向"绿色生产方式"的转型,也更加凸显了习近平新时代中国特色社会主义的"道路自信"。正是这种"乡土中国"内生性的村庄与国家发展之间的深层次关系,使战旗村经验对于如何在"以国内大循环为主体、国内国际双循环相互促进的新发展格局"的趋势下贯彻乡村振兴战略,如何以深化改革实现乡村生态资源的价值化和促进乡村实现生态、政治、经济、社会、文化协同发展,具有非常重要的意义。

二、在乡村中发现中国,在乡村建设中发现中国

自20世纪50年代战旗所属村(独立建村之前的原村)成立以来,该村的历史中每一个重大的发展关键节点都有时代巨变的背景,其发展过程也成为中华民族70年伟大复兴的缩影。

有些来战旗村参观的人觉得,战旗村是一个特殊的村庄,但我们的研究认为其发展经验仍具有可复制性——不管是比较现代的,还是相对更传统的村庄,都可以在其背后发现与战旗村发展机制共通的地方。也就是说,本书归纳的战旗村农民组织起来自主发展的经验,仍然是沿着一般性的思路框架,即"资本积累"从何而来,村社改制向何处去,再度重振集体经济的财产关系如何构建……调查研究重点是解析村社集体经济能够"内部化处理外部性问题"的运作机制是否具有一般性。

按一般的研究套路,我们在战旗村调研时,首先看到的就是川西平原的一

个村庄，课题组应该做的是"格物致知"，对这个村子的现状和历史进行描述和分析；其次才是从其历史演进中发现宏观意义的国家发展在这个村庄留下的痕迹。但长期以来，学术研究成果微观者多，宏观者少，经济领域和文化领域的学者各自表述，学术研究者和实践探索者也各自表述，在体现上下五千年中华文明的村庄研究中能同时融入本土文化观照和宏观研究视野的，少之又少。出于一种对中华文明进行深度观照的使命感，本研究启动伊始就把和战旗村相关的微观、宏观、历史文化和行动实践四个研究视角置于一个大框架中，既在乡村中发现中国，也在乡村建设中发现中国。所谓在乡村中发现中国，就是从乡村寻找中国有别于其他国家或其他文明的一种特质性。

近代以来，中国和其他国家开始各种文化的交流、交汇之后，一大批知识分子都在致力于讨论这个问题。如费孝通先生的《乡土中国》，书名之所以如此，是因为他认为中国由于存在乡土社会而有很多不同于其他文明的特质性。这是带着比较的视角去观察乡村所形成的经典成果。当代也不乏以乡土中国支撑比较研究者，如中共中央党校（国家行政学院）的张孝德教授、中山大学的刘志伟教授、中国社会科学院的孙歌研究员、中国传媒大学的赵月枝教授等，都在强调把乡村作为"方法"——把中国乡村作为人文研究的比较参照，从中反思西方中心主义的人文社会科学。从这个角度来看，乡村具有方法论的意义。

我们不仅要在乡村中发现中国，还要在乡村中建设中国。梁漱溟先生说："作乡村运动而不着眼整个中国问题，那便是于乡村问题也没有看清楚，那种乡村工作亦不会有多大效用。所以乡村建设，实非乡村建设，而意在整个中国社会之建设，或可云一种建国运动。"[1] 中国近代社会企业第一人张謇也说，他毕生致力的就是"村落主义"，他把村落视作中国在现代化的冲击当中谋崛起的一个最基础的单元。

所以，"在乡村中发现中国，在乡村中建设中国"是一个具有绵长的理论渊源和实践历史的概念，是近代有识之士致力于本土化知识生产、躬行于"在地化"社区发展建设所秉持的一个理念，也是本书的一个主题视角。

若说有什么不同，主要在于我们这个团队长期开展的是理论见之于实践的

---

[1] 梁漱溟. 梁漱溟全集：第二卷[M]. 济南：山东人民出版社，2005.

"行动研究"。不同于"写作者在乡村中发现中国,被写作的对象在乡村中建设中国"的"一分为二",我们既是研究者,也在乡村建设中更深入地理解中国。这主要归因于我们团队本来就是在各类志愿者深入乡村与广大基层干部群众紧密结合的、在地化"支农实践"中形成的。此外,指导我们推进乡村建设行动的老师们,如黄平、汪晖、刘健芝、张晓山、张孝德、戴锦华、许宝强、周立、仝志辉等,给我们提供了很多重要的思想视角,他们从政治经济学、制度思想史、文化史、社会变迁和国际比较等多元角度,对我们来自基层的经验归集进行了非常深刻的理论升华和分享,打开了我们思考乡土中国的视界,让我们在实地调研中仍然感觉得到那种"顶天立地"的通透——既可以在半空向下俯瞰人类几千年的历史演化过程,又可以像本书这样从一个微观案例研究的视角做充满乡土风情的细节描绘,拉近与读者的距离。这种上下结合,就像太极图的阴阳鱼那样,微观中见宏观,宏观中有微观,所得的结论乃至于研究过程本身,都具有可复制性。从一滴水中可以看到太阳的光辉,每个乡村背后都可以看到中华文明历史积淀的影子,国家的每个重要转折点都可以在乡村实践中找到对应的行动。

当然,中国整体发展的跌宕起伏,这么多年艰苦奋斗的历程,会在乡村里以各种各样的方式累积,也许如火如荼,也许刻板走样,就像"大风起兮云飞扬"是在空中,地上则是"大风起兮土飞扬",尘埃降落形成的土层被岁月层层累积下来,使整个乡土中国虚怀若谷、含而不露。研究者的工作有点像考古,通过复原那个历史时空的"云飞扬土也飞扬",为那些原本鲜活却因被高度意识形态化而固形为"集体无意识"的记忆祛除蒙蔽,实之以宏微际会的客观理性解释。这个工作诚然艰难,难道我们能以艰难为理由而放弃追索,附随人云,将历史的复杂性简单地归因于某种主观偏好,甚至更简单地归因于所谓民族文化非理性?

本书延续了我们团队把研究对象放入中国大历史、大脉络的一贯做法,在研究中,写作团队的一个核心意图就是要表达"中国里的战旗,战旗里的中国"。当然离理想水平尚有差距,但承担写作任务的青年团队试图从经济基本面入手,要把一个村庄横跨三个历史时段的55年变迁说清楚的努力,值得嘉许。

三、道可道，非常道：宏微观相结合的村庄案例研究

马克思说，人们自己创造自己的历史，但是他们并不是随心所欲地创造，并不是在他们选定的条件下创造，而是在直接碰到的、既定的、从过去继承下来的条件下创造。[1]

知易行难。在近代中国，无论城市还是乡村，宏观环境在大概率上决定了微观主体的行动成本和收益区间，因此，宏观环境是创造历史的"第一位"条件。正确认识宏观环境的历史变迁，也就成为形成正确认识的第一只拦路虎。我们团队入手即"非常道"，先把我们关于中国宏观经济波动的解读成果《八次危机》[2]作为背景，把"乡村作为中国'去依附'的微观基础"作为核心思想，再将战旗55年历史分阶段回置于宏观环境当中，才做到将战旗村的重要事件、重要举措与其地理空间方位，以及事件发生时的政治环境、经济环境等有机结合，形成有说服力的研究成果。

为了方便理解，下面举例说明。

第一，战旗在哪里。

标准答案是战旗村位于四川省成都市郫都区唐昌镇的横山脚下，柏条河畔。但这对于深度理解战旗村远远不够。从平面坐标来讲，它在中国的西南部。若经纬度之外，再加上海拔高度，形成一个"雪山脚下"的三维图景，则其地理和人文内涵就大不一样了。

人类文明的差异，取决于其缘起之际赖以生存的浅表地理资源。中华文明上下五千年之绵延不绝亦基于此。20世纪80年代，我国地质工作者就提出了"第三极"的概念。众所周知，地球有南极和北极，两极作为两个冰点，与温带到热带之间的温差成为全球大气循环和水循环的基本动力。但，在北回归线附近的亚洲大陆还有一个青藏高原作为地球的"第三极"，这是一个大面积的台地隆升，所以对整个亚洲大陆的气候影响非常显著。

青藏高原隆升使高原上方成为低气压区，吸引周边空气过来补充，这台"超

---

[1] 卡尔·马克思. 路易·波拿巴的雾月十八日[M]. 南京：江苏人民出版社，2011.
[2] 温铁军，等. 八次危机：中国的真实经验1949—2009[M]. 北京：东方出版社，2013.

级风机"使东南和西北区域的气候就此改变,形成"江南杏花烟雨,塞北白马秋风"的巨大差异。地理学研究表明,当今亚洲自然地理之基本格局、季风气候与青藏高原的隆升具有密切关系——历经青藏运动、昆仑—黄河运动和共和运动,最终形成世界上最强大的亚洲季风气候系统,取代了行星风系,奠定了亚洲成为物华天宝、人文荟萃、繁荣富庶的伊甸园的自然地理基础。[1] 而战旗村处在从高海拔的青藏高原边缘向川西平原陡降下来的平原地区,既可得高原雪山之水利,又易受季节性水患所害,这就引出治水的话题。

如果再看人文特征,给空间视角加上时间视角,就能定位出战旗村在距离都江堰20多公里的地方。两千年古老灌区的渠水哗啦作响地流过村庄,夏日沿水而行仍略感寒意。众所周知,都江堰是战国末期秦昭公命李冰父子主持修建的水利工程,在历史上对全国政局具有很重要的影响。过去的成都平原是水旱无常之地,正是有了都江堰工程,把岷江分成内江和外江,内江的水沿着灌溉渠系流经成都平原,并且通过巧妙设计实现自动分水——水少的时候60%的水被分到内江,以保证几十万亩农业用地的灌溉;水多的时候有40%的水就足以保证平原的农业,60%的水被分到外江排出去,使民众不至于遭受洪涝之害,才使得成都平原从此"水旱从人,不知饥馑"。于是,古代也有一句话,"得陇先得蜀,得蜀而得天下",强调这里对整个中国都具有牵一发而动全身的作用。

再进一步看,就会对都江堰的人文色彩有更强烈的感受。都江堰的修建,是典型的国家行为。因其利国利民,所以从国家治水到以治水维系国家,内含着国家政权和水利建设紧密联系在一起的重要属性。仅从常识就可以想象,不仅是修建工程的时候要动员民力,而且整个水系每年都要维护,这就意味着国家和乡村基层之间必须有频繁的互动。那么,每年灌溉用水如何分配,如何收水费,如何组织人力来定时清理灌溉渠系当中的沉沙淤泥使水系一直保持畅通?这就导致从国家到地方基层关于水的经常性互动演化为治理体系。供奉李冰父子的二王庙前"深淘滩低作堰"六字,既是都江堰两千多年管护的核心经验,也是乡村和国家治理的精髓。虽然战旗1965年才成为一个单独的生产大队,

---

[1] 李吉均. 青藏高原隆升与亚洲环境演变——李吉均院士论文选集[M]. 北京:科学出版社,2006.

但是它作为有历史传承和文化脉络的灌区治理内涵的基层组织，其村庄和国家之间的制度关系，在两千多年前就已经有得以长期延续的运作模式了。

第二，战旗是什么。

战旗村所在区域，在民国时属于崇宁县灵圣乡三甲。"三甲"不是前三名，而是意味着这里和其他村一样，被编在民国时期的"保甲"体系当中。它体现的是民国初期国家基层治理结构伴随着国家进入现代化的需求而进行的调整。

回望历史，这是一次成本极高的制度尝试。首先是因为小农剩余过少形成的乡村经济基础比较薄弱，无力支付现代化上层建筑的制度成本。而民国时期的上层建筑保甲制的使命是不断地把国家的意志通过这套保甲体系下达到乡村——其间，任何政府如果要按照现代化上层建筑的体制编制进行管理，必然产生非常高的制度成本，而乡村薄弱的经济基础支撑不起这么高成本的上层建筑，那就会导致社会治理出现严重问题。

其次是过去小农和地主之间在农业上利益相通、共同承担自然风险和市场风险的制度基础被现代化经济打破。例如，以前是农民秋后向地主交租——农民和地主按照粮食的产量进行分成，不管是五五分成，还是四六或三七分成，总之就是产量的波动对地主和农民都有影响，即传统乡村佃东双方是共同承担风险的。而进入民国工业化和城市化高增长的"黄金十年"之后，情况发生了变化。大量的地主可以进城办工商业，就要求农民交现金租，而且是在每年土地发包之前就要预先交租，这样分成租就转变成了定额租，下打租变成了上打租，也就是农民一方面要单独承受自然风险，另一方面又要单独承受市场风险，不管行情好坏都要按照预计的产出价格也就是产值来交定额租，因此造成小农无力独自承担双重风险而大量破产。民国时期这种保甲制最后也告以失败，基层大量农村衰败，导致农民革命等。[1]

新中国成立后，国家仍然以现代化为目标。村庄与国家命运紧密关联最明显的体现就是战旗村前身集凤村"是什么"的不断调整。

1952年集凤村成立崇宁县灵圣乡第一个生产互助组，在此基础上成立初级农业生产合作社；1954年，集凤村所在区域试办了灵圣乡金星农业生产合

---

[1] 温铁军.中国农村基本经济制度研究[M].北京：中国经济出版社，2000.

作社，1956年建立高级农业生产合作社，进而成立人民公社；1965年，集凤村从原来的金星大队分出来单独成立为"金星三大队"……对这个频繁调整过程的复杂性，恐怕要多做资料分析。客观来看，集凤村身处其中的基层核算组织先扩大后收缩，主要是中国在1952年之后大规模接受苏联援助，以及1957年之后援助基本中断所导致的一系列重要演变的压力之下，通过调整乡村基层的相关管理体制而应对危机。读者若读过我们团队出版的《八次危机：中国的真实经验1949—2009》，可能都会了解这一点。

新中国进入工业化时期之后，面临的第一个问题是粮食危机。1952年，中国大规模接受苏联援助，大量人口进城支援工业化建设，导致城市粮食需求猛增，从农村正常收购难以满足城市需求，遂有粮食购销体制的重大变化——1953年开始实行统购统销[1]。而要在农村实施统购，就必须解决与小农之间的交易成本问题，遂有让农民形成初级生产合作社等提高农民组织化程度的制度变迁，以内部化处理交易成本问题。1956年拖拉机开始批量生产，工业部门要求工业品下乡，就得成立高级社，进一步提高组织化程度以成规模地集中土地。

接着，中国发生外部"输入型"工业化的第一次经济危机，主要是"输入"中辍——苏联外资撤走导致的。对于一般发展中国家来讲，156个项目、54亿美元这样大规模的国际援助突然中断，结果都会是灾难性的。在中国，我们今天看到的表述非常平和："一五"计划超额完成，因为后续的项目投资迟迟没有跟进，所以导致1957年应该出台的"二五"计划难以制定。但由于很多在建项目预计到1958年甚至1960年才能投产，不继续追加投入就意味着前功尽弃，因此，第一次郑州会议提出"发动地方"，试图用地方工业化来代替中央工业化。

说到这里，仍然提醒读者要结合当时的实际情况来理解历史。须知，新中国成立初期的大量领导干部都是在游击战争中打出来的，基本上没有工业化建设经验，搞地方工业化时只能参照中央搞工业化的计划体制经验。而中央的工业化又是苏联专家手把手教的，中央对地方的行政命令式做法，既有上层建筑

---

[1] 因为城市工业化建设带动大量人口进城，原有粮食购销调存体系下城市的粮食需求不能得到满足，只能农村和城市两头都"统"起来：在农村实施统购，在城市实施统销，合起来称为"统购统销"。

照搬苏联科层体制的原因，也有苏联外资极大地加强了指令性计划经济体系的因素。当地方政府也要按照这样的体系进行工业化动员时，直接遭遇的困境就是贫苦农民和小知识分子出身的"土围子"干部群体转型为工业化管理专家的学习成本畸高，客观上出现了很多乱象。

就像1952年成立初级社主要是服务于城市需要的统购统销，而不是农民自发要求的一样，1958年搞人民公社也不是农业的要求，而是1958—1960年苏联先断援后撤资导致国家工业化遭遇"资本绝对稀缺"危机，中国为自救而不得不采取"要素替代"，主要就是以公社为单位把人力组织起来，用成规模的劳动去替代稀缺的资本，搞炼钢等五小工业，靠农村生产工业品弥补城市工业品不足。

我们在档案里看到1956年刚组建的高级社花了多少钱买了多少部"双铧犁"（城市企业采用苏联图纸生产的支农工业品）。为了工业品下乡，就要把基层的各个小的各自独立核算的生产大队合并成大的核算单位，才能有足够的资金购买工业品，但也导致了农业管理半径的扩大——这种在60多年前为了城市工业品下乡而推出的农业集体化管理办法，其实一直到现在都很难适应小农户的生产行为，势必导致农业生产效率很低。然而现在的问题是，如果简单化地"恢复小农经济"，又势必造成分散农民遭遇"市场失灵"……当然我们现在完全有条件通过复合制度设计，走出在分散—集中这两个极端中进行非此即彼的选择的困境。

苏联对华战略性援助中断后，中国只能靠本国经济进行高强度的工业化初期积累，与此同时还要偿还债务。在紧张的经济关系下，政府试图通过调整管理体制来对冲压力。1958年，中央把大量的企业下放给地方，在农村实行人民公社体制。1961年把下放的企业上收中央，让农村退回到"三级所有，队为基础"，由此重新强调"以农业为主"的国民经济调整方向，农村经济开始恢复。

本来，"队为基础"指的是以"生产小队"为基础，因为生产小队就是一个自然村，管理半径相对比较小，但各地落实情况差异很大。江苏的华西村1961年开始调整到"队为基础"，而西部地区四川相对比较保守，集凤村一直是由上一级的金星大队统一核算，直到1965年逐渐认识到管理半径过高致使生产和管理无效率，才把原来很大的大队拆分成若干个生产大队，并以生产小队为基本核算单位，同时也把基层行政单位落到大队这一层。从那以后一直延续到现在基本还是这样的行政框架。

总之，如果放弃意识形态解读，则可认为，从集凤村经历过的从1952年农村初级生产合作社到1955年合作化高潮，再到1965年四清运动中的社队调整，客观上是我国农村经济对城市工业化的体制适应过程。

第三，何以名战旗？

为什么有"战旗"这个名字呢？这还是要从宏观背景上回答。

1964年城市工业生产有所恢复，工业品要下乡，农村通过大搞农田水利工程建设，有效增进城乡物资交流，一方面城市的工业品可以下乡，另一方面代表工业部门的国家可以得到农村以农产品实物作价的形式支付的工业品价款。于是就有全国"农业学大寨""工业学大庆""解放军学雷锋"。

战旗1965年独立出来时，叫作"金星三大队"。1966年，大队党支部书记蒋大兴说："我们要作为农业学大寨的一面战旗"，村名从此就改成了非常具有革命气息的"战旗"。

这种非战争状态下的农民与国家的紧密关联，在几千年中国历史上是非常少见的。历史上通常只有改朝换代的时候动员农民起义，才把农村推向进取型角色——革命就要分田地，以动员农民一起打仗，建立和保卫新政权；而一旦改朝换代完成，农民队伍就解甲归田，回归到小农经济，农村就变成守成型。这种状态才是历史常态。20世纪60年代严格来讲并不算和平时期，那个年代"以战制战"才有后人看到的作为结果的和平。因为中国处在严峻压力之下，"农业学大寨"作为一种进取型战略，就是在有限自然条件下通过激发人的主观能动性，用极高强度的人力投入来改变农业和农村的基本面貌。

战旗人当年的艰苦奋斗一直都是一个非常令人感动的过程。全村大搞民兵训练，几乎全部实行军事化管理，一起"条田改土学大寨"。因为战旗村地势低洼，田地被水淹着，那就要把土垫高，用石灰来改土性，条田周边深挖水渠以及时排水，把下湿田改成高产田，以利于条田开展机耕作业，节省下来的人力投入到副业等项，增加整个大队的综合产出。"条田改土学大寨，沟端路直树成行"这十四个字说起来很容易,对于战旗人来讲却是一干就是十多年的高强度劳动,以至于战旗的小伙儿都不好娶媳妇,因为姑娘嫁过来会受累。

但,宏观来看,整个中国在20世纪60年代能够渡过难关,恰恰是因为当年有八十多万个战旗这样的村(生产大队),通过投入大量的劳动力于农村基础设施建设,不仅在农田水利建设方面取得了历史上前所未有的辉煌成就,还有力支持了"三线建设",构建了"国内大循环",写就了中国在最为艰难的20世纪60年代"独立自主、自力更生"的"去依附"经验,至今仍然是发展中国家奋斗的重要典范。

四、本书对全面推进乡村振兴的启示

我们团队在过去十多年的有关区域研究中,以较强的创新性获得了广泛认可,本书在既有研究的基础上继往开来,形成了很多重要的研究发现,不仅有很高的学术价值,对于全面推进乡村振兴也具有重要的参考价值。

在笔者看来,本书仍可延续以往做法,归纳出"一二三四",具体如下。

一个核心:乡村作为中国"去依附"的微观基础。

两个视角:宏观与微观相结合,时间与空间相结合。

三个阶段:政治化竞争中的红色战旗、产业化竞争中的金色战旗、生态化竞争中的绿色战旗。

四个启示:成本内化、村社理性、资源权益、空间正义。

这里简单解释一下本书从战旗经验中得出的四个启示,以提请读者重视。

第一个启示是成本内化。

从国家70多年发展的角度说,当1960年苏联外资和技术援助全部中断之后,被当年控制世界的两个超级大国都"硬脱钩"的中国如何在内部消化外资中断的成本?须知,以往的依附是有"红利"的,当年苏联出于地缘战略竞争考虑对中国进行设备转移,中国节约了大量的资金和技术研发成本,迅速进入工业化。但是当陡然发生"去依附"时,中国一方面要还债,另一方面要调整国内已经形成的既得利益格局,还要继续追加工业化投资,"去依附"成本几乎要翻倍，而这种制度成本又不能向外转嫁，那如何才使得国家在工业化的道路上不至于半途而废？当年的条件下只能成本内化。而成本内化的一个重要基础在于有集体化的村庄，其内化机制就是以大量的劳动力投入替代极度稀缺的资本，形成与城市工业品进行交换的物资产品和硬件条件——有这样一个广袤的、能够配合国家战略需要而主动形塑自己的农村作为城市工业品的腹地，半个多世纪前中国被迫"硬脱钩"条件下的国内大循环才得以构建。据此可见，战旗村有它自己名字的那一刻，也是中国的外部性成本内化机制运作之时。

第二个启示是村社理性。

如前所述，基于地理资源差异，东西方产生了不同的文化和不同的微观主体的行为理性。在东方，人们以村落聚居的生活形态形成了有别于个体理性的群体理性。战旗村提供了一个在组成社会结构的最基本行政单位——村庄——观察理性机制如何运作的机会。

中国的农村至今仍然是"三生合一"。所谓"三生合一"，是指生态、生产、生活这三个看似不同质的范畴在乡村这个空间场域是融会贯通、合而为一的。

中国的基本地理特征是"七山二水一分田"，加之水资源季节分布和空间分布严重不均衡，各种自然灾害频繁发生（中国是世界上自然灾害最严重的国家之一），人类生存面临严峻的资源禀赋限制，然而中国却能在人地资源矛盾如此紧张的条件下养活占世界 20% 左右的人口。

除传统农业具有精耕细作、循环利用和资源节约等特点外，村社内部共享同一地理资源禀赋的社区成员还形成了具有深度结构性关联的村社共同体，他们共同维护生态环境，共同团防抗灾，共同维护村内各种手工业，以最大限度地减少外部性风险，在此基础上形成了乡土社会的在地化文化和治理秩序，即"三生"基础上的"三治"。[1]

战旗从农业学大寨到举办战旗砖厂，再到新时代通过"三变"改革构建新型集体经济、振兴传统文化和乡村手工艺，每一项成就中都有村社作为一个整体组织在整合资源和要素中发挥重要作用。20 世纪 80 年代学术界就有归纳，将东方这种建立在村户双层结构基础上、以村落一定范围内的血缘和地缘关系

---

[1] 温铁军，杨帅. "三农"与"三治"[M]. 北京：中国人民大学出版社，2016.

为纽带维系村社内部生产生活社会秩序、有效实现交易成本内部化的群体理性，称为"村社理性"。

第三个启示是资源权益。

我们的研究表明，一个国家只有获得并且维护完整的"资源主权"，才能据此形成经济主权，才能有效充实和维护国家的政治主权。对于村庄这样的微观主体，只有拥有地缘关系为边界的、较完整的"资源权益"，才能在较大程度上维持村庄在地化的"三生"与"三治"，进而形成"内部化处理外部性"的制度空间，使村庄得以成为国家整体稳定和维护综合安全的微观基础。

当21世纪中国向生态文明转型时，乡村的资源权益就成为"深改"一个绕不过去的问题。问题是，城市长期占有乡村剩余已经形成了严重的路径依赖，且渗透于方方面面的制度和话语中，中国如何才能改除这一路径依赖，实现向新型城乡融合关系的转型？

在以生态文明战略为主导的新时代，乡村资源要素的定价和增值收益的分配问题成为体现村庄自我发展权的重要内容。

我们看到，战旗村对村内资源不是通过一次性契约进行长期流转"以稳定投资者预期"，而是不断通过"龙虾两吃"，对价值显化的资源及时进行重新定价，拓展村内资源权益，所获得的收益成为新型集体经济的重要来源。启示的普遍意义在于，明确了其他村庄要想学战旗，首先要拥有获取完整的资源权益的"制度空间"，这恐怕是一个绕不开的必要条件，也是战旗经验能否被复制的关键外部约束。这个矛盾的主要方面不在农村，因此我们对制度供给侧改革寄予厚望，希望相关部门能够主动响应国家重大战略方向的调整，从农村实际情况和农民需求出发，让农民切实拥有自己的自主发展权。

第四点启示是空间正义。

当村庄的所有收益来自有自主开发权利的村内资源的时候，这个收益就要对全体村民进行体现成员权的社会化分配，这种"收益共享"才能使得村庄资源的整合成为一个可持续的、不断深化的过程。

既然所有的资源都是村内全体成员共有，那收益也就只有对村内全体成员进行分配，才算实现了空间资源内部化机制能够体现的全体成员身份认同，也就有了马克思主义意义上的"空间正义",才能在其后的资源资本化中对村民进行持续动员,深化集体经济组织对个体的整合能力。

此外,"空间正义"在中国还有着另外的、特别重要的宏观含义。纵观近代中国独立、发展的每一步,都离不开广大的地理纵深作为依托。这或许是中国长期对"陆缘"(有别于西方国家以"海权"为主的地缘战略)有效经营历史经验的延续。如果说遭遇外部危机时一直是靠空间来打赢时间是中国作为超大型大陆国家的特有制度优势,那么,每一个空间资源的主体就都需要得到相对应的分配,这就是宏观上"空间正义"的战略性内涵。

总之,战旗故事讲的是中国时代变迁的踪影在一个村的驻留,也是中国内涵的经验机制在一个村的充分表达。

我们在讲"中国经验"和"道路自信"时,这些概念从来不是停留在半空中的海市蜃楼,我们的自信是真切地体现在每一个村庄活生生的经验中的。像本书这样的村庄研究,是学术战线讲好"中国故事"的一个努力,也为各条战线共同讲好"中国故事"提供了非常丰富的素材。我们每个人现在都可以行动起来,从自己身边的乡村调研开始去认识中国,讲好中国故事,用多姿多彩的故事来支撑中国话语,这就有了文化自信和制度自信的底气。

《一个村庄的奋斗:1965—2020》即将付梓,作为本书的学术顾问,我很欣慰。希望我们不仅有"战旗村里的中国",还有更多村庄里的中国。

是为序。

四川战旗乡村振兴培训学院首席专家　温铁军
庚子辛丑之交大寒时节

目录

概述　中国里的战旗，战旗里的中国　/ 1
　　一、三维空间里的战旗　/ 3
　　二、中国里的战旗　/ 6
　　三、从乡村看中国：地方竞争制度 70 年演变　/ 18
　　四、战旗启示　/ 26

第一篇　1949—1973：红色战旗——社会主义补课与村庄内生动力的激发

第一章　社会主义教育补课（新中国成立前—1964）　/ 38
　　一、新中国成立前的政治、经济和社会环境　/ 38
　　二、征粮受阻与推行合作化　/ 42
　　三、集体经济与社会主义教育运动　/ 52
第二章　农业学大寨，西部举战旗（1965—1973）　/ 63
　　一、农业学大寨与战旗农业高产　/ 65
　　二、平衡家庭理性与集体理性，实现副业高产　/ 82

第二篇　1974—2003：金色战旗——村庄工业化起步与扩张

第三章　村庄工业的艰难起步（1974—1977）　/ 96
　　一、核心脉络：地方政府公司主义　/ 96
　　二、政治红利促进内部化积累　/ 98
　　三、集体企业案例：战旗砖厂　/ 100
　　四、管理制度：工分制（1974—1982）　/ 107
第四章　制度环境变化与村庄工业结构化扩张（1978—1987）　/ 110
　　一、乡镇企业的属性与目标　/ 110

二、资本扩张下的大规模建厂 / 113

三、集体企业案例：凤冠酒厂 / 117

四、管理制度：承包制（1982—1994） / 120

第五章 宏观经济波动与集体经济制度演变（1988—1994） / 123

一、背景：乡镇企业改制 / 123

二、集体产业勉力维持经营 / 125

三、集体企业案例：复合肥料厂 / 129

第六章 集体经济二次改制与租理论视角下的改制分析（1995—2003） / 136

一、管理制度：股份合作制（1995—2003） / 136

二、管理制度：租赁制（2003—2020） / 140

三、宏微观因素与乡镇企业改制 / 143

四、租理论视角下的乡镇企业改制 / 145

第三篇 2003—2019：绿色战旗——重构新型集体经济与生态化转型

第七章 土地再集中与集体经济再出发（2003—2010） / 153

一、2003年土地集中初试水 / 157

二、2006年新政推动500亩耕地向合作社集中 / 168

三、2007—2011年宅基地整理助推全村土地大集中 / 175

四、经验归纳：撬动土地集中的村社理性 / 203

第八章 产权制度改革与集体建设用地入市（2008—2015） / 207

一、产权制度改革：明晰产权奠定入市基础 / 208

二、集体建设用地入市："一槌三鼓"自我赋能 / 211

第九章 新时代的产业生态化与生态产业化转型（2011—2019） / 229

一、生态化转型的宏观背景与时代特征 / 229

二、以组织整合和要素整合为基础的空间重构 / 230

三、空间资源生态化利用在战旗村的实践 / 233

四、新农业，新资源，新价值 / 241

五、生态化转型的正外部性 / 250

第四篇 专题研究

第十章 社会资本运作与土地价值增值 / 256
　　——以2003年以来的土地集中与开发为例
　一、农村土地价值增值的宏观背景 / 256
　二、政治信任的基础和强化作用 / 258
　三、制度场的撬动作用 / 261
　四、亲友缘网络的促进作用 / 263
　五、链接型网络的提升作用 / 264
　六、结论 / 269

第十一章 村社企业发展的"天时+地利+人和" / 271
　　——以先锋酿造厂为例
　一、依托村社整体资产优势"占天时" / 273
　二、"一头在内，一头在外"享地利 / 279
　三、重构村企治理边界得人和 / 287
　四、小结 / 297

第十二章 一个宏观周期中的村社企业 / 298
　　——战旗村会富豆瓣厂的十年
　一、宏观经济高涨中起步（1992—1993） / 298
　二、经济过热与萧条危机下的企业改制与经营（1994—2002） / 301
　三、企业转制与村社集体经济再出发（2003） / 305

第十三章 空间资源整合开发的模式创新 / 309
　　——迈高公司与战旗村的合作探索
　一、迈高公司及其运作模式简介 / 309
　二、迈高公司和战旗村合作的契机——集体经营性建设用地入市 / 313
　三、迈高模式在战旗村的应用 / 316

第五篇　战旗启示

第十四章　成本内化 / 326

　　——国家"去依附"的乡村基础

　　一、党建引领、勇于担当 / 327

　　二、集体为先、团结互助 / 329

　　三、艰苦奋斗，敢于创新 / 331

　　四、与时俱进，善用政策 / 333

　　五、公字当头，勇于斗争 / 334

第十五章　村社理性 / 336

　　——乡土中国的"三生"与"三治"

　　一、东方农业文明与政府理性 / 337

　　二、作为村庄发展制度内核的村社理性 / 342

第十六章　资源权益：乡村资源收益的实现和维护 / 358

　　——以乡镇企业改制和妈妈农庄为例

　　一、资源的多重属性辨析 / 359

　　二、"龙虾两吃"的战旗实践 / 361

　　三、新时期空间资源权益的实现机制 / 368

　　四、小结 / 375

第十七章　空间正义 / 377

　　——乡村基层资源配置与收益分配的中国特色

　　一、背景 / 377

　　二、社会企业并非"舶来品" / 378

　　三、以乡村作为社会企业的战旗 / 383

　　四、展望：农村社区的新发展阶段 / 400

后记 / 401

概述

中国里的战旗，战旗里的中国

横山脚下，柏条河畔，这个被习总书记赞为"战旗飘飘，名副其实"的村庄，除了有悦目怡情的风光外，还有奋斗者的初心与远方。

战旗村位于青藏高原和横断山脉之下，岷江水沿着 2000 多岁的都江堰奔涌，被纵横有序的沟渠分成条条涓流，静静地从这个小村庄流过。当越来越多的村庄为了挤上现代化的快车而饮鸩止渴时，这个村庄却被激发出强大的发展动能，凭借几千年农耕岁月积淀的文化和韧劲，成为乡村振兴中一面鲜亮的"战旗"。

漫步在战旗村，远处是婀娜的四姑娘山和银亮的西岭雪山，一侧是川西民居，另一侧是现代农业景观，脚下是一脉清流。恍然觉得，这一渠细水分明就是战旗的时间轴，带着"望帝春心托杜鹃"的历史，流向人与天地万物和谐共生的未来。

徜徉于薰衣草花海中，人们很难想到，大多数村庄在发展过程中遇到过的困境，这里也一项不落地遇到过。

战旗村隶属四川省成都市郫都区唐昌镇，位于成都平原西部，地处郫都区、彭州市和都江堰市三区交界处，在 2020 年年初与金星村合并以前，全村面积约 2.06 平方千米，耕地共 1930 亩（约 129 公顷），总人口约 1700 人。[1] 在过去很长一段时间里，这个村庄隐藏在中国 60 多万个行政村之中，是一个普通至极的乡村样本。1965 年刚成立的时候，地处"三不管"地带的战旗村

---

[1] 2020 年初，因村建制调整，战旗村与金星村合并，现在面积达 5.36 平方千米，耕地面积 5441.5 亩，共 1445 户，人口 4493 人。本书主要讲述 2020 年以前战旗村的经历。

背着700元债务，所谓的集体资产就是1间破房和3条破板凳。

战旗是怎样"飘"起来的呢？比起大而空泛的"模板式"描述，人们更关心的是故事是怎样起承转合的，以及超脱具体人和事的理性分析和归纳。

也许有人会说，不是所有村庄都能像战旗村这样，因处于都江堰水利系统中而拥有得天独厚的地理条件和两千多年的人文熏陶，因此战旗村的经验没有代表性和可复制性。这种质疑并不鲜见，只不过，虽然战旗村的发展过程具有特殊性，但其内在机制则具有一般性，是可以复制、模仿乃至替代的。能否从"特殊"上升为"一般"，是案例研究成败的关键。

斗转星移，从1983年战旗大队[1]推行农村家庭联产承包责任制改革到本书出版，正好是三十八年过去了。苍茫浩宇，弹指一瞬，历史翻到构建新型集体经济、走向共同富裕的崭新一页，也行进到了全球大变局下中国再次面临"去依附"挑战的关头。六十多年前，这里因中国处在美苏双重封锁下被迫"独立自主、自力更生"而高高举起战旗，拼上全村人力改造的湿田和不规整田块，粮食产量大幅提升——无数个战旗村庄的艰苦奋斗，正是中国20世纪60年代摆脱对苏联依附的微观基础。六十多年后，战旗村在党的引领下，集体经济快速发展，村民生活再上新台阶，生态环境优美，地域文化特色鲜明，这里是党的十九大乡村振兴战略提出后习总书记的第一个视察点，这里是习总书记向全国人民送出大红"福"字的地方，这里承载着习总书记"走在前列，起好示范"的殷殷期许。

在中国加速现代化建设的大潮中，乡村振兴作为习近平新时代中国特色社会主义建设伟大征程中一项重要的国家战略，不仅是国家应对风险和挑战的压舱石，也将为促进国内大循环、加强经济社会可持续发展奠定关键基础。这一发展战略需要促成了内部秩序重塑的新型乡村。但现实中，一方面，许多村庄仍然普遍涩滞于"原子化"状态，集体经济空心化，农村青壮年劳动力大量外流，乡土社会只能任由市场经济洗刷荡涤；另一方面，大量资本拥堵在城市，追逐投机性收益，城乡资金融通方面存在多种隐形障碍。在这样的背景下，战旗故事、战旗经验对于破解上述困境就有了非常重要的启示意义。

---

[1] 20世纪50年代，战旗村原名集凤大队，1966年更名为战旗大队，1984年撤队建村，又更名为战旗村。

"无论城镇化怎么发展都会有几亿农村人口，我们不能一面有繁荣的城市，一面却是落后甚至衰落的乡村。农村的发展不单是产业发展，不单是物质文明，精神文明、文化生活也要搞好。"[1] 乡村是中国应对国内外重大风险挑战的压舱石。战旗任重道远，它的使命是成为中华民族迎接历史重大机遇和世界重大挑战的一面"战旗"。

一、三维空间里的战旗

布鲁斯·坎格尔曾指出："整个文化是自然环境与技术相互作用的产物。文化之间的多样性是适应特殊环境的不同要求的反映，因此不同生态的潜力与不同的经济开发相联系，后者又依次与由社会结构的不同形式来实现的不同的相关要求相联系"。[2] 任何社会、任何文明的发展都无法撇开自然资源因素单独讨论。中国因治水而立国，中国社会微观的最基本的结构体——村庄也与水有着密切的联系。对战旗村发展的解读，自然也要从水空间、水环境说起。

中国大陆地表差异很大，东南西北各不相同，但在经度、纬度、高度所形成的三维空间中，它们却构成了一个完整的"水空间"。印度洋板块与亚欧板块发生剧烈碰撞后，青藏高原被整体抬升，成为除南北极以外的世界"第三极"。南极和北极在地球两端形成了两个冰雪世界，与其他温度带之间的冷暖交汇形成了多样性的气候，"第三极"在北回归线附近发挥了"极"的作用。北纬30°附近的亚热带地区本来普遍为干旱地带，然而青藏高原的隆起改变了这一地区的气流运动方式，大面积高海拔台地在高空吸收大量太阳辐射，气温升高，形成高原低压带。与此同时，由于受到板块的挤压，云贵高原与青藏高原之间形成了南北走向的大峡谷，东亚、南亚季风带着丰富的水汽，在低气压的作用下沿着三级地理大台阶和南北大峡谷向青藏高原汇聚。在高原上空，水汽遇冷下降，进而形成高原湖泊和冰川，使得青藏高原成为一座天然的超级

---

[1] 新华网. 习近平在四川战旗村强调：城市与乡村要同步发展[EB/OL].(2018-02-12)[2021-01-21]. xinhuanet.com/2018-02/12/c_1122410506.htm.
[2] 布鲁斯·坎格尔. 时间与传统[M]. 蒋祖棣，刘英，译. 北京：生活·读书·新知三联书店，1991.

水塔。这里不仅发育了孕育华夏文明的长江、黄河，还有印度河、恒河等南亚、东南亚重要河流。同样受高原隆起的影响，印度洋暖湿气流受阻于秦岭，导致了西北地区大陆性气候特征加强，成为干旱缺水地带。

中国三级地理大台阶的地势和五大气候带结合，使得地形、气候、浅地表地理资源具有非常丰富的多样性，进而使得东亚农业文明及思想体系天然具有多样性和包容性的特点，村庄恰是这种东亚文明的鲜活载体。因为村庄是利用一定的山水条件形成的独立聚居的村落，村落中不仅作物种植多样，并且种养结合，百业并举，最大限度地减少了对外部物品的依赖，也就有了内部化处理负外部性的基础条件。

成都平原同样形成于板块运动。印度洋板块向北运动挤压亚欧板块造成青藏高原隆起的同时也向东运动，挤压相对稳定的四川盆地，在龙门山地区产生应力蓄积，形成龙门山断裂带。由于龙门山断层不断隆起和冲断层活动，地形表现出高平均坡度、高地形起伏度的特点。因而，发源于青藏高原的岷江流经断裂带时裹挟了大量矿物质，并在河流下游冲积出肥沃的平原河谷地，其水系发育完整，河网众多，为成都平原古文明的发育提供了必要的自然条件。[1]

在人类文明早期，成都平原由于水旱严重而有"泽国""赤盆"之称，蜀地先民大多聚集在岷江上游的山谷地区，以采集、狩猎为生。与中原地区相对发达的农业文明相比，巴蜀可谓僻陋之地。七千多年前，全球进入持续几千年的全新世大暖期，人类文明迅速发展，成都平原的先民从岷江上游迁徙到了成都平原。两千多年前，全球平均气温开始下降，气候从暖湿转为相对干冷，人类与水的关系从沟洫农业的排水变为灌溉农业的引水。位于第二级地理大台阶的成都平原有着得天独厚的优势，因修建了实用的水利工程而在众多农业地区中脱颖而出。提起水利工程，大家首先想到的是都江堰。都江堰是战国后期秦国蜀郡太守李冰父子主持修建的，其将奔腾的岷江开辟出一条内河，在按水量自动进行"正四六"或"倒四六"分水的机制下，内河道

---

[1] 姚镭.成都平原自然环境与古文明关系研究[D].桂林：广西师范大学，2013.

稳定灌溉成都平原，从此这里"水旱从人，不知饥馑"，成为名副其实的天府之国。至今都江堰仍然发挥着分水、调水的重要作用。

除此之外，郫地人还有更骄傲的历史。因为都江堰是"开明肇其端，李冰集大成"。开明指的是古蜀国的望帝，他教民众以农替牧，种桑养蚕，利用稳定的农业来应对气候变化。望帝死后，丛帝即位，他的主要功绩就是兴修水利。"巫山龙斗，壅江不流，蜀民垫溺，鳖灵乃凿巫山，开三峡"。"鳖灵"即丛帝，他领导百姓治水开都江堰雏形，早于李冰300年。现今，后人祭拜望帝和丛帝的望丛祠仍坐落在郫都区，里面有二帝的衣冠冢。

战旗村距都江堰仅20多公里，主要灌溉水源柏条河是都江堰从宝瓶口分出来的第一条支流。战旗村所在的整个郫都区都属于都江堰的自流灌区。历史上川西最富裕的五地——温、郫、崇、新、灌（灌县，今都江堰市）合称"上五县"，战旗村就位于崇、灌交界地带（崇宁县大部分地区被并入郫县，即今郫都区）。

与地中海地区靠自然降雨就可以取得好收成不同，中国的农业更需要靠水利设施滋养。中国以农业立国的背后是以水立国，包含着"国家治水"和"社区治水"两个层次，进而构建了"治水国家"和"治水社区"两种组织形态。如果说两千多年前的都江堰是国家治水的代表性工程，那么战旗这片土地在1966年以"战旗"为名就是"以水立村"的逻辑在20世纪后半叶延续的明证。

本书认为，这是战旗村发展史上一个重要的经验起点和逻辑起点。

因为，这不仅是战旗村物质资本积累的起点，也是社会资本开始凝聚的起点，对今天的战旗村仍然发挥着重要的作用。正是在改造田水关系的过程中，战旗村才发掘了村庄最重要的财富——人力，凝聚了村庄发展的精神动力，形成了团结能干、公义当先的集体。至此，战旗村圆满完成了"社会主义补课"，社会资本的原始积累完成。战旗村举起的是一面不同于资本主义积累模式的"中国特色"战旗。

二、中国里的战旗

（一）农业化时代

细细探究战旗村的发展历史，我们会发现，这一地区的行政区划和名称曾随着时局变化而不断调整。由解放战争时期的灵圣乡三保，到土改时期的集凤村，再到"四清"运动后的战旗大队，这期间发生过许许多多惊心动魄的故事。

1915年，袁世凯复辟，同盟会会员杨靖中通电全国，宣布崇宁独立，成立北伐义勇军川西司令部。"西川之革命人完全集中在崇宁，一切动作皆由崇宁发布……吕祖祠即西川之党务秘密机关也。"[1] 位于今日战旗村域内的灵圣庵、梓潼宫成为川西同盟会的活动范围之一。1933年5月，崇宁爆发了川军内战，村民饱受战争之苦。1950年，新中国成立后的第一个春节前夕，全国人民都沉浸在喜庆的气氛中，潜伏在崇宁县内外的国民党残余军、警、特，与地方的封建恶霸、惯匪等勾结，发动了妄图推翻共产党和人民政权的反革命政治大暴乱，史称"二五暴乱"。[2] 其后，武装工作队进驻各乡，一方面宣传党的政策，发动群众、组织群众、依靠群众与土匪开展斗争；一方面对被迫参加暴乱者进行安抚。由于贯彻了党的"镇压与宽大相结合"的方针和"首恶必办、胁从不问、立功受奖"的政策，军政结合，剿抚兼施，这次行动收到了良好效果，全县的暴乱很快被平息下来。作为战旗大队民兵连的前身，灵圣乡武装队在保卫新生红色政权及人民的革命胜利果实方面作出了重要贡献，也为日后战旗大队的民兵建设奠定了基础。

1952年1月，酝酿已久的土地改革开始在战旗灵圣乡推进，首先按照《中华人民共和国土地改革法》和《川西区党委划分成分的补充规定》进行农村阶级划分，然后查田、评户、核实产量，最后统一分配土地。通过此次改革，土

---

[1] 赵仁春. 同盟会川西区领导人杨靖中和他的自述[J]. 文史杂志，2011(6):10–11.
[2] 四川省郫县志编纂委员会. 郫县志[M]. 成都：四川人民出版社，1989.

地关系发生了根本性变化。灵圣地区土改前地主占地9099.523亩；土改后只占907.885亩。土改前贫农占地1272.499亩，占总田亩的8.11%；土改后贫农占地6316.288亩，占总田亩的40.8%，人均占地2.131亩。土改前雇农共有田地2.386亩，占总田亩的0.01%，人均0.009亩；土改后雇农分得田地532.667亩，占总田亩的3.47%，人均占地2.156亩。[1]

历史对于旁观者而言是一段故事，对于亲历者而言是切身的喜悦和感伤。"正是因为打土豪分田地，后来才有我上学的机会。"村民罗会富在回忆这场运动对他造成的影响时说道。罗会富后来成为战旗工业化发展进程中至关重要的角色，亿万像他这样的农民在这场紧扣时代脉搏的运动中发现自己命运的轨道悄然发生了改变，但他们并不清楚，正是这场运动，让他们在新中国经历的数次重大经济危机中都站在了时代的镁光灯下，成为力挽狂澜的重要角色。

时间到了20世纪60年代，在紧张的国际环境下，一场轰轰烈烈的社会主义教育运动在国内逐渐拉开了帷幕。70多岁的毛泽东主席在一次中央工作会议上讲了一段意味深长的话，他说："我们的干部，包括生产队队长以上的这些不脱离生产的以及脱离生产的，绝大多数都不懂社会主义。他们之所以不懂，责任在谁呢？在我们。"[2] 针对农村干部中大量存在的多吃多占、账目不清、贪污盗窃等现象，"四清"运动被提上党的日程。所谓"四清"，指的是"清理账目、清理仓库、清理工分、清理财务"，日后演变为"清政治、清经济、清组织、清思想"。

1965年3月，在"四清"工作队的主持下，战旗村从原金星大队中独立出来；而后在条田改土中成为全县的一面旗帜。现任战旗村党委书记高德敏回忆"战旗"名称的由来时说："战旗党员个个都是一面旗帜，所以叫战旗。"当时战旗大队还是一个只有3间猪圈房、1个木制文件柜、3把圈椅，以及700元债务的贫穷的村庄，村民们积极响应国家"农业学大寨"的号召，发扬"自力更生、艰苦奋斗"的精神，进行农田基本建设。谁也不会想到，在几十年后，这

---

1 资料来源：赵仁春.战旗村志（未刊稿）.
2 中共中央文献研究室.毛泽东传[M].北京：中央文献出版社，2013.

个曾经默默无闻甚至一穷二白的村庄会"意外崛起",成为一个闪闪发光的典型,成为川西林盘上一颗无比璀璨的珍珠。

1965年,该村第一任书记蒋大兴上任。此时,结婚没多久的木工罗会富在大队的号召下回村搞建设,以他为代表的一批手艺人在蒋大兴书记的带领下修建了水涡轮、大队办公室、医疗站、代销店,战旗大队开始有了像样的基础设施。然而,奋斗的过程总是曲折的,不过困难并没有阻碍战旗人对美好生活的憧憬,反倒激起了战旗人更强的斗志。在"烈火成灾何所惧,战旗地上绘新图"的口号声中,战旗人开始重建家园(如图0-1所示)。这样的故事在战旗村的奋斗历程中反复出现,从无到有,又从有到无,这种曲折背后是中国农民伟大的奋斗精神。这样的精神也反复出现在中国的历史中。岁月更迭,山川依旧,一代又一代人接过先辈手中的接力棒,续写壮丽辉煌的史诗。

图0-1 修新村

1969年,中国同时和美国、苏联处于关系紧张的状态中,国防安全问题受到高度重视。在如此紧张的局势下,军民共建在全国上下推广,战旗大队也不例外。在罗会金任大队党支书期间,温江军分区的副司令员带队到各地检查民兵工作"三落实"的情况。由于战旗的民兵建设成绩突出,郫县武装部研究决定，把战旗大队作为军民共建的榜样，并专门派工作组常驻战旗，指导该村的民兵工作。李世立（战旗村第七任党委书记）回忆说："过去抓民兵工作是武装部的主要工作。这个班子和村委的班子经常在一起，共同劳动、共同学习。他们帮我们抓民兵工作，搞军事训练。战旗村的军事训练在四川省都很出色，全村的面积是 2.06 平方千米，民兵在劳动的时候，5 分钟之内就能全部集合在一起。"就这样，部队雷厉风行的作风被带到了民兵训练中，而民兵又把这种作风带到了生产中，搞民兵训练不但没有出现耽误生产的情况，反倒提高了生产效率，增加了粮食产量。战旗大队被评为"全省农业学大寨先进大队"，被原成都军区评为温江地区民兵工作先进大队，战旗这面旗帜在川西平原上冉冉升起。

此后，民兵建设形成的强大组织力，以一种特殊且高效的方式改造着战旗的村庄面貌和村民的精神风貌，培育了一大批年轻的干部，也让集体观念深深扎根于战旗人的记忆中。很多地方都想学战旗，本书认为，要学战旗，关键看能不能像战旗一样，培养出人人都为社会主义建设、为改造家园争当一面旗帜的奋进精神。只有从战旗精神的原点开始学习，才能激发出强大的内生动力。

如果说农田水利建设极大地提高了战旗大队的农业生产能力，解决了人民群众的温饱需求，那么 1975 年后的修新村则暗示着战旗人对美好生活的定义上升到了更高的阶段。对美好生活的追求在相当长的一段时间内成为战旗人的目标，成为村庄的梦想。这一梦想深深融入战旗人的血液里，在很多个关键的十字路口指引着一代又一代的战旗人前进。现在住在由村集体统一修建的具有浓浓川西特色的别墅中的老人，当然不会忘记 20 世纪 70 年代为了修建新居而奋斗的日日夜夜。当时第三任书记李世炳参观大寨回来后，在县上和省五七干校、省建委的支持，以及群众的积极配合下，历经千辛万苦，郫县[1]的第一个农民集中居住区修建完成，有 17 户 87 人入住。在这一过程中，战旗村的工业在为新村提供机砖的曲线窑中萌芽，此后不断发展壮大，使战旗发展主轴实现了从农业向工业的转变。

---

[1] 郫县，今郫都区。2016 年 12 月，国务院批复同意撤销郫县，设立成都市郫都区，行政区域和政府驻地不变。

图0-2为20世纪70年代战旗大队党支部召开会议的情景。

图0-2 支部会

（二）工业化时代

在中国现代史上，1978年是一个非常关键的年份。一篇题为《实践是检验真理的唯一标准》的文章在当时沉闷的中国社会引起了巨大反响，此后，一个又一个的重大变革如同雨后春笋般涌入人们的视线，中国这趟列车发出了激越的转轨号声。

此时，在城市经济已经成为国家财政主要来源后，农村集体化已经完成了其为国家提供原始积累的历史使命。随即，农村集体经济退出，"大包干"为实质的家庭承包制开始推行。

这场运动客观上解放了农村的生产力，将农民从土地的束缚中解放出来，农民自然地转入工业领域寻找生存机会，进而促使乡镇企业崛起。当年作为"农业学大寨"典型代表的华西村此刻也在谋求转型，早在1969年，华西村党支部书记吴仁宝就已经在村里偷偷办起了小五金厂。"田里红旗飘飘，喇叭声声，检查的同志走了，我们转身也进了工厂。为什么冒险搞工业？因为种田实在挣不到钱。农业总产值24万元，而只用20个人办的小五金厂，当年达到了24

万元的产值。"[1]

如果说华西村的转型因早于政策的转型而显得压抑且隐晦，那么战旗大队这面旗帜正因为赶上了时代的东风而显得高调且张扬。不同于许多乡镇企业白手起家，战旗大队从一开始就凭借着出色的民兵建设同武装部建立联系，获得了令人艳羡的资源。在修建曲线窑的过程中，县武装部帮助战旗大队获得资金用于购置砖机，四川省建材工业科学研究院在战旗大队建设了试点，负责培训村民并修建曲线窑。外部的资本和技术的扶持，极大地减小了战旗大队从农业经济转向工业经济的阻力，曲线窑于1976年正式投产，生产出来的砖一部分用于修建新村，另一部分用于原始积累。

第四任书记杨正忠上任后，提出在曲线窑的基础上修建轮窑。如果说曲线窑是战旗大队工业化的前奏，那么更有技术难度且需要大量资金投入的轮窑的建成则标志着战旗大队大踏步迈向现代化。1978年下半年，轮窑开始修建，县委书记胡忠祥听到战旗大队要修建轮窑的消息后发出号召，指示当时的计委主任罗正昌发动各部门积极支持战旗大队的建窑工作。县里同意，战旗大队可以用生产出来的砖交换建窑所需的水泥、钢筋。经过十个月的修建，郫县的第一座轮窑于1979年竣工并投入使用，并被命名为"先锋第一机砖厂"，如图0-3所示。

图0-3　先锋第一机砖厂

---

[1] 吴晓波.激荡三十年（上）：中国企业1978—2008 [M].北京：中信出版社，2017.

由于当时国内处于物资紧缺时期，砖厂取得了令人眼热的效益，村集体又用砖厂所赚的钱创办了下一个厂——豆瓣厂。此后，雪球越滚越大，战旗村的集体企业最多时有 12 个。除了铸钢厂是联营的以外，其他企业都是依托在村级集体经济肌体上发展起来的。总之，此时的村办企业拥有非常广阔的市场，无数被压抑的消费欲求正等待着井喷时刻的来临，时代在背后擂响了奋进的大鼓。

20 世纪 80 年代，国家颁布了许多鼓励乡镇企业发展的政策，政策利好与旺盛的市场需求一起促成了乡镇企业的"异军突起"。到了 1987 年，战旗村村办企业产值高达 150 万元，占唐昌镇村办企业总产值的 46%。但正当战旗村集体经济发展得如火如荼时，政策的风向变了。20 世纪 80 年代那场价格双轨制改革产生巨大的制度成本，引爆了中国的第五次经济危机。1993 年，财政、金融、外汇三大赤字同时发生，为了应对危机，政府退出了高负债的乡镇企业，并开始推行股份化改制。

1995 年，战旗村成为全国混合股份制改革试点村之一。战旗村选择了经济效益较好的砖厂、会富豆瓣厂、先锋酿造厂（豆瓣厂）、复合肥料厂、面粉厂五个村办企业进行改制，成立了"集凤实业总公司"。20 世纪 90 年代中期，受市场经济和企业自身管理等多方面因素的影响，先后有五家集体企业倒闭，战旗村不得不寻找新的发展道路。达尔文在《物种起源》中的经典论述恰恰描述了战旗村日后发展的轨迹：存活下来的物种，不是那些最强壮的物种，也不是那些智力最高的物种，而是那些对变化做出最积极反应的物种。

（三）生态化时代

21 世纪抛给战旗村的使命是如何通过集体经济强村富民，继续守护一代代人的梦想和家园。2002 年，村"两委"换届，李世立书记和高德敏主任登上了战旗村的"舞台"。为了改变村庄经济发展日益疲软、周边企业私有化盛行、青壮年劳动力外流的窘境，战旗村开始了新时代的"长征路"。

如果说 2003 年留给我们的记忆是"非典"疫情传播与全民抗疫，那么发生在战旗村的则是初心的回归。消费动力不足、原料大幅涨价、企业内部矛盾显露的三重压力，成为集体工业发展的桎梏。新任"两委"干部从集体企业的源头——先锋第一机砖厂开始，收购股权，盘核资产，公开招标，租赁经营。其后，集凤实业总公司所辖的另四大企业依次进行转制，会富豆瓣厂、先锋酿造厂、面粉厂、复合肥料厂均经历了制度变迁。改制的点睛之笔在于将企业的固定资产以租赁的形式转给新经营者，将流动资产按市场价折算，出售给新经营者；企业未支付款项转为借款，集体按10%收取利息。凭借此次改制，战旗村既保住了几代人奋斗形成的积累，也赚得了经济再发展的"第一桶金"。集体企业带着工业化阶段的记忆在新时期迈步从头越，改制的故事成为村庄弥足珍贵的记忆。

企业转制初露锋芒，农业这头却是一片荒芜。那时的战旗村与全国各地的村庄一样，农地弃耕撂荒，农民税费负担沉重。为了解决这些问题，村干部在土地上面做文章，首先以为村民代缴农业税为条件，集中100余亩土地，修路改田种蔬菜。在国家宣布免除农业税后，战旗村又筹划成立了金针菇专业合作社，以有竞争力的土地流转费集中了村内600亩土地，由合作社承接对外的土地流转租赁工作，巧用"保底租金+50%利润分红"的分配方式，以地稳民，收益"从土地中来，到土地中去"。几年的土地集中实践后，规模经营已成气候，战旗村也走出了偏僻一隅，开始活跃在郫都城乡融合的发展进程中。

2006年4月，四川新闻网报道了战旗村开展"城乡思想文化互动试验"的相关新闻。小村庄接待了民间艺术家和高校师生团体，村民度过了与市民距离最近的5天。在为期5天的互动体验中，城乡交流理念在广大学生的个性化表达中慢慢渗入村民的精神世界，而农村的传统底蕴也通过村民的衣食住行涤荡着城市人的心灵。作为市委宣传部确立的"城乡思想文化互动试验"试点村，战旗村不仅起到了示范作用，也搭建了企业、城市居民与农村基层互动的桥梁。当时的战旗村应该也未料到，这样的结对活动会成为一场马拉松，每年都有来自各大高校的优秀学子在此留下青春的足迹。"高校+支部+农户"的模式凝聚了一股冲破城乡藩篱的新生力量，见证着战旗村在新时代激流中前行的步伐。同年7月，村内文化大院开始施工建设，先后修建了农家书屋、文化墙、体育广场，并发展成西部最大的村级文化场所，满足了村民的精神文化需求。

2007年，战旗社区奠基动工的声音打破了村庄的沉寂，被当地人称为"拆院并院"的项目落地。经过对村民原有宅基地、院落的整理，共计新增440.8亩土地。其中215亩为村庄建设自用地，208亩经拆迁还耕后结合"土地综合整治增减挂钩项目"置换资金9000多万元。[1]

2009年，新社区建设基本完成。新居朴素典雅，既有石灰青砖飞檐斗拱展现的乡土气息，又有庭院楼宇华灯璀璨营造的现代风貌，配套建设的幼儿园、超市、卫生站等基础设施使村民足不出村便可享受城市生活的便利，战旗村也成为社区先进典型，走进央视的栏目。

集中居住推动了村域内农用地全部集中，由村内的蔬菜专业合作社（原金针菇专业合作社）统一经营。

依托在地化的空间资源做好加法和减法，是战旗村生态振兴的具体举措。一方面，因地处成都市自流灌溉精华区，战旗村依次关停砖厂、肥料厂、预制构件厂、铸造厂、石英砂厂，腾出珍贵的建设用地，为生态减负；另一方面，合作社积极吸引多元化业态的产业，实现农业增收。战旗村通过农用地流转和集体建设用地使用权租赁，与成都第五季投资有限公司合作打造了郫都区第一个4A级创意农业观光景区——妈妈农庄。规模化的薰衣草种植基地让无数市民驻足观赏，战旗村的出镜率更是直线上升：2012年6月3日，四川电视台、成都第一电视台、成都第五电视台将妈妈农庄称为演绎紫色浪漫的"成都普罗旺斯"；同年11月14日，川渝民间艺术家李伯清率"舌尖上的四川"美食节目组到战旗村妈妈农庄进行节目录制。2013年引入四川蓝彩虹生态农业有限公司，2014年引入成都裕祥农业科技有限公司，蓝莓、草莓观赏采摘，趣乐相伴；肥料厂旧址被二次利用，引入郫县满江红调味食品有限公司[2]，开展豆瓣加工销售和观光活动。图0-4为战旗村妈妈农庄。

---

[1] 资料来源：战旗村发展纪要. 2011（内部报告）。
[2] 该公司投资者在战旗村共注册成立两家公司，其中郫县满江红调味食品有限公司负责豆瓣酱的生产，2015年成立的四川省蜀府郫县豆瓣有限公司则主要负责郫县豆瓣博物馆的旅游项目。以下统一简称为"满江红"。

图0-4 战旗村妈妈农庄

战旗产业发展背后是有效的基层治理和完善的配套服务。高德敏书记充分认识到基层工作的重点是凝聚人心。他曾说:"党组织是主心骨,你最开始是'说',然后慢慢'做',你就知道,是大家推着你走,你必须往前走。"在被选举为村党支部书记后,高书记组织党员开展"三问三亮"活动。三问——"我入党为了什么""作为党员我做了什么""作为合格党员我示范带动了什么",这三句话被张贴在党员活动室内,每位党员干部都要充分反省。在实际生活中,党员要主动"亮身份、亮承诺、亮实际",发挥战斗堡垒作用。唯有这样一支有战斗力的队伍,才能解决村内各项矛盾,监督工农业生产,为发展凝聚力量。高书记回忆具体工作时总结道:"没有创新,就没有战旗村的今天。"

村级换届选举产生的创新组织——民主监事会,负责保障村民行使民主监督权。作为郫县创新农村治理结构的试点村之一,战旗村建立了决策机构、监事机构,并且实行"三会"制度:村民会议、户代表会议、村民议事会议,同时采用"宣传动员、征求意见、形成议案、议决公示、组织实施、社会评价"的六步工作法，健全公共服务组织，履行管理责任。在一次讨论《战旗村村民自治章程》和《成都市集凤实业总公司章程》的村民大会中，监事会成员列席监督村集体经济组织体制改革工作小组成员的选举过程，并针对章程和管理细则提出了多条修改意见和建议。村两委根据村民代表意见，及时进行了修改。不可否认，全程监督的民主形式在增强村级决策权威性和群众认可度上起着重要作用。

2011年4月20日，全村界定了529户1704名集体经济组织成员，进行土地确权颁证。紧接着对集体资产进行清产核资和股份量化，共估值4000余万元。2015年8月17日，注册成立郫县唐昌镇战旗资产管理有限公司，注册资本1704万元，成员一人一股，每股1万元，率先探索"资金变股金，农民变股民"。同年，借着郫县被列为全国农村土地制度改革33个试点县之一的契机，战旗村内13.45亩闲置建设用地在土地资源交易中心挂牌上市。多轮竞价后，四川迈高旅游资源开发有限公司以52.5万元/亩的价格获得建设用地40年使用权，战旗村成功地敲响了全省集体经营性建设用地入市的"第一槌"。村内边边角角的资源被唤醒，土地释放出改革红利。抓住农村土地制度的政策机遇，战旗村"资源变资本"，在农、商、文、旅融合发展的道路上迈出了坚实的一步，还与战略合作伙伴四川迈高旅游资源开发有限公司合资成立了四川花样战旗旅游景区管理有限公司，负责管理村内闲置资源。集体将土地资源折价入股，与四川迈高旅游资源开发有限公司共同开发了第五季香境，内设餐馆、酒店、商铺、会议室，提供食宿接待服务。双方利益共享，风险共担，成为村企协同运营的样板。通过这些操作，战旗村跃身成为践行习近平新时代中国特色社会主义的"三变"改革先锋村。

2017年10月18日，习总书记在党的十九大报告中提出乡村振兴战略，明确了乡村发展的总要求和阶段规划。战旗村是习总书记确立乡村振兴战略之后被视察的第一个典型。2018年2月12日上午，习总书记视察战旗村，对战旗村的工作给予高度评价，称赞"战旗飘飘，名副其实"，并给予了"走在前列,起好示范"的殷切嘱托。[1] 同年8月,战旗村自主打造的乡村十八坊开街,"浪大爷""蜜酝坊""蜀绣坊"等多家店铺采用前店后坊的形式带领游客回顾腐乳加工、蜂蜜酿造、布鞋蜀绣等传统技艺,感悟悠久传统的工匠精神。9月,占地30余亩的郫县豆瓣博物馆开馆,集成了历史工用具、文物、产成品,还原了"川菜之魂"的匠心制作工法。制曲馆,点酱台,传统晒场香扑鼻;蜀府亭,古酱园,味"道"长廊味悠长。漫漫岁月赋予豆瓣文化鲜明的色彩,而豆瓣承载的战旗记忆也如同醇馥幽郁的豆瓣酱一般持久飘香。

战旗村特色豆瓣酱缸如图0-5所示。

图0-5 满江红豆瓣露天酱缸

在发展乡村经济、弘扬乡土文明之余,战旗村也在努力回馈社会。蔬菜专业合作社经中国公益慈善项目交流展示会认证为"中国好社企"。2019年,四川战旗乡村振兴培训学院建成投用,集参观展示、教学科研、交流讨论于一体,先后承办了多场省市级论坛、会议,接待了来自国内外的代表团、专家学者、基层干部,以开放的姿态向全国介绍战旗经验,致力于成为西南地区最具

---

[1] 人民网.成都郫都区:乡村振兴路上一片繁荣[EB/OL].(2018-04-22)[2021-01-21].sohu.com/a/309535300-114731.

影响力的产学研相结合的人才培育中心。

视野拉回当下,"世界自行车日"暨天府绿道自行车骑行活动、农民丰收节、新春千人"坝坝宴"又为村庄增添几分生气;天府农耕文化博物馆渐渐拉开一场巴山蜀水间的千年农耕传奇序幕——战旗故事正在被新时代的战旗人续写……

这就是战旗,是早间的畅所欲言,是左邻右舍闲暇时摆的龙门阵,是晚间热闹的坝坝舞……战旗的故事,也是每个村庄正在经历的故事。战旗的梦想照进现实,正是这个村庄呈现给我们的动人美景。也许有一天,泥土里的故事终将深埋于历史长河中,但我们怀着恭谨之心,尝试与村庄对话,尝试记述战旗故事,定能在历史长河中留下精彩的画卷。

三、从乡村看中国:地方竞争制度70年演变

(一)地方竞争制度演变的历史脉络:70年3个阶段

自20世纪80年代中国进入地方政府积极主导地方工业化以来,学术界有关地方政府竞争的讨论便一直非常丰富。笔者的课题组也提出过"中央承担风险条件下的地方政府公司化竞争"的判断,认为近年来中央与地方的利益矛盾逐渐复杂,主要表现为中央政府的宏观调控因地方政府抵触而陷入"中央失灵"的尴尬境地。究其原因,一方面,20世纪50—90年代,每当遭遇周期性宏观经济危机时,中央政府就会向地方放权以刺激地方经济发展,使得地方政府以公司化竞争为行为特征,在责任有限的同时将风险上交中央。虽然1994年中央政府因应对危机而采取分税制改革后,一定程度上限制了地方公司化的无序竞争,但并未从根本上改变长期以来形成的地方政府独立的利益主体地位,事实上还是在中央与地方相对分权的格局内对双方利益分配的调整。另一方面,中央政府主要通过增发货币和国债等手段来承担无限责任,相比西方"财无付钱可不为"的有限责任体制,呈现出了中国特色的维持国家长治久安和可持续

发展的制度优势。但这种制度在现实中遭遇的最大挑战在于，它所依赖的全民所有制经济基础不够牢固，进一步促进了地方产业竞争与中央金融垄断相互强化的循环，中央与地方之间的经济分层日益固化，中央的调控在经济正常运行的条件下难以贯彻落实，导致中央和地方利益失衡格局长期化。只有在风险累积至危机爆发，各种利益集团的利益均会受损时，中央的宏观调控才会被地方政府接受。

在这种情况下，以生态文明理念和三产化农业思路开发利用本地资源，为降低地方政府竞争风险、缓解中央和地方利益矛盾提供了出路。地方政府竞争激烈，很大程度上是因为各自控制的实体经济层次较低、同质化严重。事实上，对于广阔的中国而言，各地方的自然景观、民俗风情和传统文化千差万别，发展地方多样化经济符合生态文明内涵的多样性。因此，在生态文明理念的指导下，即使地方政府仍然存在公司化竞争，至少也是差异化竞争。而且，考虑到现阶段正在崛起的中产阶级绿色、生态、差异化的消费特征，在开发利用本地资源时以创意为手段走三产化发展道路，有助于解决各地方因长期二产化发展而导致的产能过剩问题。[1]

本课题在此基础上，将地方竞争的制度框架进行延展，提出了地方政府竞争的三阶段论，并将其作为理解地处平原的战旗村发展经验的宏观框架，进而在宏观背景下考察微观主体的行为模式，形成理解战旗经验的逻辑主线。

关于70年来地方政府竞争演变阶段性划分的假说：1949年以来，中国历经了具有不同地方竞争内涵的三个历史阶段——政治化竞争、公司化竞争和生态化竞争；不同阶段的制度框架不同，决定了参与者们拥有不同的制度收益的获取路径和制度成本的承担方式。

地方竞争规则演变的大致脉络：1978年以前是政治化动员简单生产力要素的竞争，80年代之后是公司化获取级差两租（土地和劳动力）形成产业资本的竞争，21世纪生态文明转型以来则是空间资源的多样化、立体化开发的竞争。

第一阶段，从新中国成立到改革开放，以政治化竞争为主，主要是延续土

---

[1] 温铁军，计晗，张俊娜. 中央风险与地方竞争 [J]. 国家行政学院学报，2015(4):23–31.

地革命战争时期的国民政治动员机制，在城乡之间和工农两大领域，依靠政治动员促进劳动力不计成本地高强度投入，克服资本短缺危机。只有组织起的劳动力成规模地投入，才能替代稀缺的资本。可见，这个阶段的地方政府主要是通过政治化动员简单生产力要素来横向竞争。在那个"全民奉献"的年代，排在竞争的前几名可以获得额外奖励，而大多数人付出的超额剩余价值为制度性收益。

中国是一个具有深厚动员传统的国家，社会动员也成为社会治理的重要方式。在革命战争年代，中国共产党通过大规模的群众动员，促使当时的中下层阶级参与到革命中来，进而推动了革命的进行直至最后取得胜利。新中国成立以后，由于革命斗争时期的惯性，各项工作依然依赖社会动员，从土地改革、抗美援朝宣传到"三反""五反"运动，党和政府的动员能力不断提高，群众路线工作方式的核心仍然是阶级斗争或阶级斗争的延伸，由此整个社会的动员形式和行为方式都陷入革命经验的惯性推动之中。20世纪60年代到70年代虽是新中国成立以来国民经济发展相对平缓的时期，却是社会动员强度最高的时期。改革开放以后，传统的大规模群众动员逐步转化为政府自身的行政动员。[1]

一般人批判政治化竞争阶段是"以阶级斗争为纲"的，强调1984年以后党的基本路线才改为"一个中心、两个基本点"。但是事实上政治化斗争时期也并不是完全"以阶级斗争为纲"，中国的经济建设一直以工业化为中心，从来没有偏离过这个中心，这一阶段的任务就是提取和转移经济剩余。在工业化初期进行原始资本积累的时候，资本极度稀缺，按照常规的市场化手段来市场交换无法走出困境。新中国成立以来，我们的经验是首先靠政治化手段从上到下把经济需求做政治化的表达，把对资本动员的需求做政治化的包装；其次，动员和激励手段、监督机制、奖惩机制全部采用政治化的形式，靠这些政治化的手段，使得社会剩余最大限度地朝着工业化建设的方向集中。

---

[1] 刘一皋.社会动员形式的历史反视[J].战略与管理，1999(4)：82-89.

从依附关系角度可以看到，中苏交恶之前，苏联大规模向中国提供战略援助，形成事实上的全盘苏化。依附关系成立后，几乎给所有部门带来了依附红利，各部门短期内可以获得比较稳定的收益。这时候的城乡关系是融洽的，农民主动进城支援国家工业化建设。这种情况下的社会主义形势可以说是"一片大好"，因为依附红利客观上导致这时的人们形成组织的自愿性较高。农民作为自为阶级，被依附红利拉动形成组织，具体如1953年的初级社、1956年的高级社、1958年的人民公社。相对而言，这时的组织成本较低，因为组织成本被依附红利支付了，成规模的组织替代资本的作用也并不显著。但是依附红利高也就意味着"去依附"成本格外高。"去依附"不仅意味着要支付依附红利阶段没有支付的成本，还意味着对于这个去新的依附体系，今后所有资本进入的支付成本都会超过正常的成本。

第二阶段，从20世纪80年代到21世纪初，主要政策导向是建立社会主义市场经济体制，即通过市场化改革将市场作为资源配置的主要手段，地方竞争框架则是以如何形成产业资本为指挥棒的产业化竞争机制。拥有资本、技术和市场等多种优势的沿海地区与内地经济发展重镇，在组织提拔和分配稀缺资源上都得到了具有激励作用的更多倾斜。

地方政府的行为演变是于20世纪80年代大力兴办乡镇企业，其完成资本原始积累的低成本优势的一个重要来源，是村社土地资源近乎零成本地就地内部资本化。这一时期的土地利用机制可归纳为地方政府"以地兴企"。自20世纪80年代后期起，中央试图上收部分农村土地收益权，将本属农村集体的土地非农化使用的权利赋予更具有市场意识的公司化的地方政府，使得公司化的各地政府可以频繁使用国家才有的权力介入土地制度变迁，遂从根本上改变了乡镇企业土地资源资本化的机制，地方政府不必通过"经营"企业即可为满足政府消费需求而大搞"以地生财"。20世纪90年代初，各地为了加快发展，兴起办开发区和开发房地产的热潮，从而引发投资过热、通货膨胀及土地流失等问题。1994年分税制改革后，土地更成为地方短期内可变现的、最主要的收入来源。[1]

20世纪80年代土地还需要与企业的其他实物资产相结合，作为工商产业中的一种物化"资产"，通过产业经营实现增值收益；而到了20世纪90年代初，土地本身就成了被经营的对象，通过单纯的土地开发或者土地流转，就可以获得远高于"以地兴企"阶段的增值收益。这意味着公司化的政府的内在利益结构发生了异化于地产业资本的变化，开始越来越少地依赖本土产业资本的增值分享，越来越多地青睐没有社区负担的外资。但是，无法得到硬条件倾斜的内地，在20世纪90年代宏观经济危机及其派生的应对政策推出后，就只能普遍陷入恶性负债。地方政府也改变了直接参与办企业的发展模式，一方面通过乡镇企业改制而从企业中退出，另一方面大力招商引资，从招外资转变为招内资。于是，有条件得到官方激励的外向型经济演变为中国整体全球化的机制性动因……

第三阶段，即21世纪以来，随着外向型经济必然导致本国资源枯竭和环境恶化，及其派生的民众福利损失等问题趋于严重，中央政府开始强调可持续发展和生态文明转型。

近现代以来，伴随着科学技术在西方兴起，工业文明时期形成的社会化大生产及其带动的消费主义出现，人们的生产、生活开始脱嵌于自然。这个时期，人类虽然创造了巨大财富，推进了经济、社会变革，但也造成了严重的资源枯竭和生态环境危机。在危机的倒逼下，人们不得不重新思考人与自然的关系，也开展了一系列有利于可持续发展的积极改造和向生态化转型的尝试。中国在21世纪之初自觉地提出了历史性的战略转型——在2007年美国爆发次贷危机之际，中国明确提出了生态文明发展理念；2012年因世界深陷债务危机造成经济大萧条之际，中国正式确立了全方位地向生态文明转型的国家发展战略；2017年中国提出了"乡村振兴战略"和"农业供给侧改革"，明确要求农业实现绿色生产——这些历史性的转型代表了中华民族伟大复兴和人类文明演进的新方向，也是我国可持续发展的重要历史背景。

---

[1] 杨帅，温铁军.经济波动、财税体制变迁与土地资源资本化——对中国改革开放以来"三次圈地"相关问题的实证分析[J].管理世界，2010(4):32-41,187.

习总书记的"三农"思想是习近平新时代中国特色社会主义思想的重要组成部分，是乡村振兴战略的行动指南，其中有对农业可持续发展的具体指导。例如，习总书记指出，我国农业农村发展不断迈上新台阶，已进入新的历史阶段。农业的主要矛盾由总量不足转变为结构性矛盾，矛盾的主要方面在供给侧。解决好农业农村发展面临的各种矛盾和问题，根本靠深化改革。新形势下深化农村改革，主线仍然是处理好农民和土地的关系；不管怎么改，不能把农村土地集体所有制改垮了，不能把耕地改少了，不能把粮食生产能力改弱了，不能把农民利益损害了。推进农业绿色发展是农业发展观的一场深刻革命。绿水青山就是金山银山；良好生态环境是农村的最大优势和宝贵财富，让良好生态环境成为乡村振兴的支撑点；农业发展不仅要杜绝生态环境欠新账，而且要逐步还旧账。要建立健全城乡融合发展体制机制和政策体系；新农村建设一定要走符合农村实际的路子，遵循乡村自身发展规律，充分体现农村特点，注意乡土味道，保留乡村风貌，留得住青山绿水，记得住乡愁。这些新思想为我国新时代的生态文明转型及农业可持续发展指明了方向。

转型后，地方竞争制度框架演化为"既要金山银山，也要绿水青山"，多元化利益集团参与竞争的手段日趋多样化、差异化。一方面，经济存量大、质量高的华南、华东等沿海地区继续获得重视；另一方面，体现"绿水青山就是金山银山"思想的浙江、福建、贵州等地，其实践经验也逐渐成为中央文件和政策指导精神的依据和来源。在课题组提出农村生态资源价值化"三级市场"制度设计之前，全国各地开发和利用农村生态资源已经有了很多的实践。例如，浙江丽水为生态产品价值的实现形式开展了试点探索；宁夏隆德"积极开展股份权能改革"，发展特色种植和养殖业并推动集体经济发展；重庆城口依托农村生态资源推进"三变"改革；贵州罗甸为单株海南黄花梨木颁发不动产权证并尝试开展产权交易；山西大宁生态扶贫开展组织制度创新探索等。各地的实践侧重点不一样，方法不尽相同，推进进度和结果也各有差异，但总体而言都与中央生态化转型要求相呼应。

以上就是地方竞争规则演变的大致脉络，从政治的角度也可以看出相似

的演变逻辑。中国的地方官员强调激励模式和各地区基于发展速度的相对绩效排名，在很大程度上决定了当地主政官员的晋升。在以政治运动为主导的历史阶段里，竞赛内容主要是政治忠诚，但如今政治忠诚已经逐渐被经济绩效取代。这种将行政权力集中与强激励兼容的官员治理模式，某些情况下也产生了一系列的扭曲性后果，导致中国经济从粗放型数量增长向质量效益型增长的转型变得困难重重。此外，这种治理模式也存在对教育、科技、医疗卫生投入过少的短视行为，盲目冲动扩张会带来环境污染和能源过度消耗等问题。因此，21 世纪以来，中央在强调经济增长的同时，要求将更多的行政资源投入到生态环境、文化等非经济领域，激励地方各级政府提升其非经济领域的行政绩效。

在精准扶贫与乡村振兴的战略背景下，未来空间资源差异化竞争将更加多样化，形式多样的地方竞争将进一步下沉到村庄。乡村建设与治理的任务繁重，村级组织作为基层任务的主要承接者，在与乡镇政府的互动中会表现出一定的行政化趋势，逐渐呈现出"类科层制"结构特征。根据"三块牌子，一班人马"的制度安排，可以预见，乡村制度会向"生态文明＋村庄公司主义"演变，由此，当下的战旗经验可为其他乡村提供重要借鉴。另外，中央政府应该继续主动让农村搭便车，在此基础上并在此过程中，通过多种方法激发村庄内部力量。

（二）战旗三次跃升的制度收益来源与机制

在此基础上解读战旗村的经验可以发现，战旗村今日之发展成就，一定程度上是在地方竞争中获得了宏观制度性收益（既不是狭义的市场化收益，虽然广义上市场也是一种制度；也不是狭义的制度性收益，如有些人从意识形态角度，认为集体经济强大造就了战旗村的成就）。由于战旗村地处西部地区，属于县域农村，因此战旗村的主要制度性收益集中在非公司化竞争的第一阶段和弱化公司化竞争的第三阶段。其发展轨迹可以概括为"三级台阶"，恰似中国地理的三级阶梯，战旗村的发展也随着制度变化拾级而上，在第二级台阶上虽然步伐减慢，但相较大多数乡村而言，仍能有所增长，且能维持住集体经济家底，已属不易。

1978年以前，在简单生产力要素的竞争下，战旗大队因紧跟中央政策而获得了较多的体制性资源（制度收益），仅配合中央的三线建设和战备、做好民兵工作一项带来的制度收益就使其发展水平远高于同时期的其他村庄。同期对战旗大队的发展有利的宏观制度环境还包括三线建设时期国家资金向西部地区倾斜，产生了城市产业资本向农村扩散的机遇；五七干校选址落在战旗大队附近而使战旗大队有了承建修路工程的机会；人口集聚带来了农村种养兼业和早期城镇化的收益……这些使战旗大队较早地进入了农业标准化、机械化、农村工业化和一定程度上的农村城镇化。近年来中央提出的乡村五大振兴，早在20世纪70年代战旗村就已经实现了。

20世纪80年代以后，在地方政府公司化的产业竞争下，乡村工业化成为主流发展模式。但沿海地区对外开放及城市优先的发展政策，使得战旗村的乡镇企业客观上承担了区域差别和城乡差别这两大制度成本，集体经济从令人艳羡的高速成长走向负债经营，演变的极端是20世纪90年代末在宏观经济危机的压力下进行了以私有化为主导的乡镇企业改制。20世纪80年代中后期，很多集体企业是依靠银行和企业之间的信用发展起来的；20世纪90年代，金融系统的一系列改革对中小企业和乡镇企业的融资产生了深远的影响，加剧了乡镇企业经营环境的恶化。

2003年以后，产业资本的差异化竞争带动的是多样化竞争（即生态化竞争，"各美其美"就是一种生态文明的内涵）。政府在告别财政短缺的条件下，向民生新政和科学发展观、可持续发展、生态文明转型，在延续公司化竞争的同时加大对农村基本建设及社会建设的投入。这时候，因中央支付了巨大的沉没成本，尤其是新农村建设和乡村振兴战略的实施，给农村带来了大量能够产生机会收益的、可价值化的资产，盘活了农村的各种生态资源和空间资源，而使农村出现了不同于产业化竞争的新的制度收益机会。战旗村历来紧跟党中央，这次仍然因紧跟中央而获取到了巨大的机会收益。

综上所述，如果说战旗村发展的第一阶段是政治吸纳经济，那么，第二阶段就是经济吸纳政治。这个阶段过于强调经济目的，并且以经济目的作为地方政府竞争的主要规则，导致不同地区的差别显现出来。第三阶段，当这种经济化的竞争转向以生态化为内涵的多样化竞争的时候，客观上是为了纠正之前的政策偏误。所以我们看到，一方面是经济化竞争，如东部的经济强省同时也是政治强省，延续了原来的竞争脉络；另一方面就是有能够体现中央所强调的新的发展观的典型案例，它们能获得被政策垂青的机会，如为"两山理论"提供事实基础的苏、浙某些地区有了更多获取政治化制度收益的机会。

从总体来看，这三个阶段对应着战旗村发展"快—慢—快"的三级台阶，似乎在冥冥中暗合了"一张一弛，文武之道"。

四、战旗启示

（一）成本内化：国家"去依附"[1]的微观基础

战旗诞生于中国 20 世纪 60 年代"去依附"的阵痛中，战旗给予今人的启示与中国 70 多年的发展经验是共通的。

1949 年新中国成立初期，在苏联战略援助下形成了以重工业为主导、因而具有"资本增密，排斥劳动"机制的国家工业化体系，以应对周遭险恶的政治环境。政府只能通过集体化的组织形式从农村提取剩余，以此形成国家工业化的内向型"资本原始积累"。

20 世纪 50 年代末中苏关系恶化，中国要继续追加工业化投资，靠自己的力量补齐重要产业环节和生产装备，同时还要偿还苏联债务。在成本无法向外

---

[1] "去依附"理论是著名经济学家和马克思主义思想家萨米尔·阿明在"依附"理论基础上发展出来的，主要经验依据来自通过民族革命重构了完整的政治经济主权的中国。温铁军教授科研团队发掘了中华人民共和国成立初期的"去依附"经验，并对中国进入工业化以来先后纳入苏联和美国主导的经济体系而实际发生的依附—去依附—再依附……的过程进行了归纳。

转嫁的情况下，唯有成本内化。历史表明，中国之所以能渡过难关，很关键的一点是中国有经历了土改"淬火"的广袤乡村。在战旗村和周边村庄的故事中，我们看到了乡村作为中国"去依附"宏观背景下的微观主体所做出的贡献。例如，为了贯彻"农村要多养猪"的指示，社员们在会议中对全社的大小地块和一年的农时精打细算，愣是在饱和的粮菜生产中见缝插针挤出了"猪草田"；再如，面对土地质量和形态不利于耕种的情况，20世纪70年代初战旗大队开展农田水利建设，改造下湿田，修建水渠改善灌溉，作物从原来的一季种植变为两季种植，农业产量大幅度提高……透过这些文字记录，我们看到，中国农民充分发挥主观能动性，以丰富的农业生产经验、创新的组织管理经验和高强度的自我剥夺精神，为国家多产、多供农副业剩余，既承接了国家"去依附"的制度成本，也逐渐提高了村社内部的资源和社会整合能力，形成了强有力的发展体系，这是20世纪70年代很多乡村得以内部化完成工业化原始积累、走上农业村工业化道路的前提条件。

总体上看，正是以大规模劳动力投入代替稀缺资本要素和以"自我剥夺"的积累方式化解资本原始积累所产生的负外部性这两大机制，使得战旗村能够在农村工业化时期平稳快速地实现从农业向工业的转变。外部宏观环境的政治化动员这一"外因"作用于战旗村，促使战旗村逐渐形成了自己的精神内核及该精神内核指导下的行动机制。正是这些精神逐渐内化于战旗村的发展机制之中，使得战旗人不畏艰难、勇敢向前，最终成为助力战旗飘飘的强大动力，成就了战旗村的过去、现在和未来。这些精神包括党政引领、勇于担当；集体为先、团结互助；艰苦奋斗、敢于创新；与时俱进，善用政策及"公"字当头的斗争精神等。

（二）村社理性：乡土中国的"三生"与"三治"

基于地理资源差异，东西方产生了不同的文化。战旗村提供了一个在组成社会结构的最基本行政单位——村庄观察东方文明的机会。

中国的农村至今仍然是"三生合一"。所谓"三生合一"，是指生态、生产、生活这三个看似不同质的范畴在乡村这个空间场域是融合为一的。中国的基本地理特征是"七山二水一分田",加之水资源季节分布和空间分布不均衡,农业生产面临严峻的资源禀赋限制,然而中国却能在人地资源矛盾如此紧张的条件下养活占世界20%左右的人口。除了精耕细作、循环利用和资源节约的传统农业生产模式外,还在于村社内部形成了深度结构性关联的村社共同体,他们共同维护生态环境,共同团防抗灾,共同维护村内各种手工业以减少外部性风险,在此基础上形成了乡土社会的在地化文化和治理秩序。

这个实体基础领域的"三生合一",对应着乡土社会上层建筑的"三治合一"。"三治"可以按治理内容简单划分为治人、治水、治村,还可以按当代学科范畴归纳为政治治理、经济治理、社会治理,也可以从治理手段上分为德治、自治和法治。在战旗村的奋斗史中,治人、治水、治村呈现螺旋上升的逻辑含义。村庄成立初期最稀缺的物资是粮食,因此粮食也就成为能够有效构建收益预期、调动全村人生产积极性的物质载体。烂漕田、下湿田过多,要提高粮食产量,就得改土改水,是为治水。条田改土需要高强度投入劳动力,在缺乏资本的情况下,要靠思想领域的政治化动员、经济领域的集体统一核算才能有效组织和动员劳动力,是为治人。除了一般性的治理手段,战旗村还得到了以准军事化体制开展农田建设的机会,对村内劳动力资源的整合程度遂大大高于其他村庄,不仅粮食、畜牧业生产能力强,乡村副业发展卓有成效,还借此获得了工业化的条件,极大地拓展了村庄生产和村级治理的纵深,使战旗村成为西部地区一面有名的"战旗",是为治村。这段历史记忆,对于21世纪后战旗村重新进入集体经济轨道,成为全国贯彻乡村振兴战略的一面"战旗",具有重要意义。**团队将东方村社这种建立在村社和农户的基础上、以农村一定范围内的血缘和地缘关系为纽带维系村社内部生产生活和社会秩序、有效实现交易成本内部化的群体理性称为"村社理性"。**

(三)资源权益:乡村资源完整收益的实现和维护

所谓发展,就是将自然界亿万年形成的各种特质资源渐次进行资本化开发并获取收益，简单来说就是"资源资本化"。现代世界是以民族或国家为基本竞争框架，人们对此的理解是，一国的地表领土边界就是其资源权属边界，资源通过资本化开发产生收益，成为一国的经济基础。但事实上，大量发展中国家并不能从自己的资源中获得足以维持本国国民生存和经济发展要求的基础条件，或者是资源开采权利被一次性让渡给跨国公司，又或者是在出口本国资源、进口必需生活物资的国际大循环中因缺乏定价权而受制于国际市场的波动……总之，国家的资源性收益处于不确定、不完整、不充分的状态，也就难以维持一国对内、对外正常的国家政治建构。面对这种局面，我们认为，一个国家只有完整的"资源主权"，才能据此形成经济主权，才能有效维护国家的政治主权。[1]

对于村庄这样的微观主体，只有拥有较完整的"资源权益"，才能在较大程度上维持村庄在地化的"三生"与"三治"，进而形成"内部化处理外部性"的制度空间，使村庄得以成为国家宏观去依附的微观基础。在村庄于20世纪90年代进入市场经济体制、大量要素由城市资本和产业资本主导配置、新型城乡融合尚在发育之中的大环境下，战旗村的经验尤为重要。

整个20世纪，中国乡村整体上处于为工业化和城市化输送剩余的势态，没有完整的资源权益。当21世纪中国向生态文明转型，强调发展不平衡是习近平新时代中国特色社会主义的主要矛盾时，乡村的资源权益成为"深改"一个绕不过去的问题。问题是，城市长期占有乡村剩余已经形成了严重的路径依赖，且渗透于方方面面的制度和话语中，中国如何改除这一路径依赖，实现向新型城乡融合关系转型？

也因此，乡村资源要素的定价和增值收益的分配问题成为体现村庄自我发展权的重要内容。

我们看到，战旗村不断通过"龙虾两吃"，拓展村内资源收益，其实质就是把一些过去未充分定价而让出去的资源权利重新定价，所获得的收益成为发展新型集体经济的重要来源。第一个案例是以"龙虾两吃"增加集体资产收益，将集体企业的固定资产与流动资产分开，分别核算租赁成本和转让成本，形成

---

[1] 董筱丹，温铁军. 去依附：中国化解第一次经济危机的真实经验[M]. 北京：东方出版社，2019.

21世纪集体经济再出发的"第一桶金"。其中，企业原材料等流动资产拍卖在战旗村是个重要的创新，所收回的现金充实了集体资产，部分用于帮助承包者缓解资金约束，营造村企共生的良好生态；部分用于村内事务，如支付村内公共服务、社会文化建设支出，丰富群众精神文化生活，促进了作为村庄空间重构基础的组织整合、社会整合。第二个案例是在集中村内土地与外部主体合作开发时，不仅充分考虑了农地和建设用地的价值差异，还精细计算了建设用地的资源价值实现——在出租使用权获得"田面权"收益的同时，也保留了村庄对于建设用地的终极"田底权"，随时可以将其进行与城市用地"同权同利"的变现。

（四）空间正义：乡土社会资源收益的社会化分配

战旗村民还写出了一份回应马克思"空间正义"要求的中国答卷。在这里，村内资源和资产由全体成员共有，所得收益对村内全体成员进行社会化分配，这是从最根本的财产关系和分配关系上落实马克思的空间正义。早在战旗的土地股份合作社被评为"中国好社企"之前，战旗集体资产管理公司就已经具有社会企业属性了。

除经典政治经济学的内涵外，"空间正义"在中国还有着另外的、特别重要的含义。

沿着历史的脉络回溯，首先，要看到中国作为一个幅员辽阔的超大型国家，在近代以来争取民族独立的斗争中，屡次依靠广大内陆空间优势来取得胜利。在资本主义国家靠战争来追加殖民地收益变现的逻辑下，中国反殖民地胜利的一条实质性经验就是"依靠空间打赢时间"。

其次，新中国成立初期，面对严重的通货膨胀，新政权集中了全国一半以上的物力、财力与投机资本对决，才彻底实现了金融主权的"去依附"。如果说投机资本运作靠的是金融手段，而金融是在时间维度上对未来收益的透支，那么在金融信用不足的情况下，新政权依靠全国的财力、物力来熨平通胀，实质上就是依靠全国财力、物力在空间上的集中。这一场货币领域的"淮海战役"

获胜的机制仍然是用空间来打赢时间。

第三，新中国工业化进程中，20世纪六七十年代城市资本遭遇危机时，化解城市危机的手段都是让城市无处就业的人"上山下乡"，其中包含着对乡村空间资源和组织资源的使用。改革开放后，空间仍然在化解危机中发挥着重要作用。西部大开发、东北老工业基地建设、中部崛起、新农村建设等国家战略的实施，有效吸纳了社会就业和过剩产能，而将时间维度上的危机向后延宕，究其实质，也是用空间打赢时间。

既然中国是用空间打赢时间，那么国土空间中的每一个人，即空间资源的每个主体，就天然有权利要求获得一份对应的收益分配，**这是具有中国特色的宏观"空间正义"之内涵。**

再看微观层面。集体化时期的战旗社队组织俨然就是一个在地化社会企业，只不过"有实无名"。在无法从外部获取资源，还要为国家工业化发展提供农业积累的严峻条件下，保障村社成员的基本生存成为社队组织的头等任务，为此而形成大体上"人七劳三"（劳动工分占三成、人口数占七成）的分配格局，这种平等保障每个成员生存的做法当然就是最基本的"社会属性"。今天有人说这是"平均主义大锅饭"，这是忽视了乡村为国家工业化提供原始积累、大量剩余被外部占有，导致村社内部不具备按劳分配的条件这一基本事实。

20世纪70年代后期到90年代，村社依靠内部积累哺育了砖厂、豆瓣厂、面粉厂、酒厂、铸造厂等企业，一方面是集体企业通过提供就业和社员福利等方式反哺村社，另一方面则是村社集体共同承担了企业经营中的各种风险，使得战旗大队的集体经济和村庄总产值在全县排名长期位居前列，不仅维持了村集体的向心力，也为21世纪以来的一系列重大调整奠定了基础。

21世纪初，当村内资源再次加强整合时，资源收益分配中的社会企业逻辑也再次加强了，全村用了4年时间将所有资源量化折股，村民以股份形式成为集体资产的所有者。通过这样的结构性关联，村集体经济的"统筹"功能持续壮大，村集体与农户之间的联系更加密切，政府政策扶持的效力提高，村庄与外部市场主体对接的成本有效降低。这充分表明，农村集体经济是习近平新时代中国特色社会主义思想的重要组成部分，只有通过发展农村集体经济，才能全面推进乡村振兴，实现乡村振兴的美好前景。这是"空间正义"在微观上的内涵。

第一篇　1949—1973

红色战旗

——社会主义补课与村庄内生动力的激发

20世纪50—70年代，即新中国改革开放前的这段时间，一般被认为是国家工业化初期阶段。若依据经典理论，则为国家工业化的内向型资本原始积累阶段，该阶段的发展道路不同于任何发达国家。如大多数人所知道的，西方的资本原始积累是外向的、殖民的、血腥的，而中国是内向的、本土的、艰辛的。因此，**中国迈向工业化的前30年创业史可谓"艰苦卓绝""可歌可泣"又"宏大辉煌"，同时危机"此起彼伏"，危机之下各种运动"纷至沓来"。**

这30年不仅有新中国成立之初新政权面对财政赤字和恶性通货膨胀危机时关乎生死存亡的艰难一跃，有小农经济的分散性和为发展工业化而过度提取三农剩余导致小农交易成本过高的困境，也有"二五"计划初期苏联撤资造成中国工业化中断并跌入"发展陷阱"的危机，还有三次城市经济危机后不得不发起大规模的"上山下乡"运动以转移城市过剩劳动力。更重要的是，在这30年中，我国面临着外部全面封锁和周边地缘环境高度紧张等严峻的国际环境，如朝鲜战争、苏联撤资、美国飞机不断侵扰中国领海等，中国与苏联及西方国家事实上已经处于冷战时期的"热战"边缘。

正因如此，我国国内宏观政策被迫不断调整，逐渐形成与群众结合的"自力更生、艰苦奋斗"的经济方针。而这样的经济方针，不得不寻找最有效的方法来动员广大劳动群众。各地方政府延续土地革命时期的国民政治动员机制，以政治化动员和竞争激励为主，促进劳动力几乎不计成本地高强度投入，全国人民节衣缩食，克服了资本短缺等一系列危机。

中国这个"一穷二白"的农业国，通过自力更生迅速工业化，其实现是以组织化为载体的。中国共产党将如一盘散沙般的农民组织动员了起来，使人民群众成为推动历史进程的伟大动力。集体化时期以村社为组织载体，使古典经济学的三大要素劳动力、资金、土地被村社集体内部化占有。可以被村社组织内部支配的资源，依照初期农田水利建设、中期种养结合培肥地力、后期工副业发展等不同需求，形成不同的生产力要素，在集体内部被合理配置，且几乎没有组织成本，由此形成集体经济的高积累，从而低成本地完成了工业化必需的资本原始积累。

同时，农村组织化的过程与国家政权建设深入基层社会的广度和深度是同步的。自清末以来，国家政权建设虽然不断深入基层，却始终遭遇着不同程度的抵抗。当时的老百姓没有国家的概念，国家根本没有力量完成需要巨大投入的工业化转型。新中国成立后，国家权力更加垂直地深入到基层社会，在深入生产队的同时，也在横向上加以扩展，除收购农产品、输送工业品和征税之外，还掌握了农业生产管理权和收益分配权。当然，国家权力在基层社会的运行也时刻遭遇着传统社会的抵抗，尤其是基层干部与社员以个人或家庭利益为核心的反抗。国家政权、地主士绅与农民的关系演变为国家、集体与农民的关系后，在国家理性、集体理性与小农机会主义的不断博弈下，中国农村曲折向前发展。

相比过去学术界关于集体化时期的劳动监督成本太高或经济有增长而无发展等观点，我们强调将集体化时期的历史过程放置于工业化初期导致的内外部条件的约束中，考察其具体的发展过程。通过具体的案例，我们发现该时期对农民的动员是螺旋上升的，其目标是追求单产，而非追求劳动生产率。广大基层干部与群众意气风发，参与国家建设，使得能够移山填海、改变世界的伟大力量出现在这个伟大而古老的国度。将乡村社会发展的真实历史呈现出来，有助于我们重新认识该阶段各类如今看上去匪夷所思的国家行为与个人行为。

也正因如此，我们或许需要重新认识中国前30年农村的集体化时期，只有在深入分析该时期的内外部环境，厘清其制度机制后，才能渐窥其全貌。四川西部小小的战旗大队的经验历程恰好提供了一个较好的样本，让我们看到整个中国在这一时期发展的缩影。

20世纪70年代中期，任何一个生产大队，在农村工业化起步阶段都缺乏资金、技术和管理人才，**要在市场竞争中生存壮大，就必须寻找独特的竞争优势**。集体化时期反复强调"政治挂帅"，在该阶段（1965—1978年），战旗大队依靠人民群众的力量，实现了"革命生产双飞跃"，举起了西部地区的一面战旗，写下了波澜壮阔的奋斗史，完成了村庄内部的资本原始积累，逐步走上了农村工业化的道路。**这便是中国能在这 30 年内创造出宏伟业绩的微观视角，是战旗里的中国。**

战旗大队被分出来前，该地区作为新解放区，历经了征粮、清匪反霸、减租退押、土地改革、合作化、人民公社化等一系列政治、经济运动，形成了相应的制度安排，其目的是从农村提取尽可能多的剩余资源，促进国家工业化初期发展。也正因如此，社会主义教育运动不断对基层干部和社员进行"公与私""集体与个人"的思想教育，培养其集体意识。

在资本极度缺乏的 1965—1973 年，战旗大队通过动员妇女、民兵建设等手段，动员了大量内部劳动力参与农副业生产，使农业总产量、养猪数量等迅速增加，在高积累、少分配和尽可能降低生产成本的情况下，通过"种养"结合内部调配劳动力，实现了农副业综合收益最大化，完成了大队的资本原始积累，其增产经验和民兵训练制度先后被县委作为宣传材料发送给全县各大队学习。战旗大队成为此过程中的佼佼者。

1974—1979 年，战旗大队开始从农业村向农工副业综合发展转型。其利用 1973 年前后积累的各种社会资本，获得了某种程度上的机会优势和制度收益，较其他大队更快速地获得了设备、资金等。集体能集中力量办大事的极强动员能力的"加持"下，战旗大队迅速开办了曲线窑，在工业化发展的起步阶段抢占了先机，为以后的工业发展奠定了坚实的基础。

战旗大队的经验绝非偶然，仔细考察可以发现，集体经济名村都有相似的发展过程。如华北的柳庄、江苏的华西村、湖北的洪林村等，就与战旗村的发展历程相似，也因通过大量投入劳动力发展大队的集体经济而被关注。

阅读战旗村的资料，我们可以看到中国共产党在基层的伟大的组织动员能力；看到中国共产党在短短几年内就在新解放区依靠少数的"南下干部"树立起权威，从而真正实现了政权的交替；看到战旗大队面对这些外部的政治力量快速调整自身的制度，成立后的短短几年内就一跃成为粮食、养猪、民兵等工作中的佼佼者。**这是中国里的战旗，是中国人民艰苦奋斗、激昂前进的组成部分之一。**

本篇分两章论述战旗大队在这一阶段的发展历程。第一章揭示新中国成立前四川的政治、经济和社会环境，新中国成立以来的历次农村改革及社会主义教育运动，这些都是战旗大队得以形成并能持续发展的基础。第二章叙述战旗大队成立后，几任支部书记在"农业学大寨"过程中实现农副业快速增长的经验、过程，以及对内部化完成资本原始积累的机制进行分析。另外，战旗大队通过高积累、低消费形成的农业剩余，在该阶段获取的竞争优势形成的"额外奖励"，以及从农业村迈向工业化的过程，将在产业化竞争部分具体论述。

第一章
社会主义教育补课
（新中国成立前—1964）

要研究战旗大队的发展历史与机制，就必须先了解其前史及其所处的宏观环境，找到分析的逻辑起点。战旗大队虽然正式成立于 1965 年，但在 1965 年之前，它就已经以集凤村、金星大队的一部分、金星大队三队（也叫金星三大队）等形式存在。本章分别考察新中国成立前战旗村庄所处的政治、经济和社会环境，新中国成立后新政权在当地立足、推进合作化、建立人民公社的过程及随之而生的社会主义教育运动。

一、新中国成立前的政治、经济和社会环境

战旗村庄位于中国四川省川西平原。明末欧阳直的《蜀警录》有言："**天下未乱蜀先乱，天下已治蜀后治。**"由此可知巴蜀之地的特殊地位。该地是拥有四塞之地的天府之国，甚至可以以此为帝业之基，窥视中原。辛亥革命时期，四川发生的保路运动瓦解了清王朝在四川的省级政权。"中华民国"成立后，四川的省属机构设置几经变动，名义上虽军政分治，实际上却军政不分，由军人掌握政权。1919 年，四川的"防区制"逐渐形成，四川境内各派军阀划区割据，在所驻区域内任意截留税款，征收捐税，委任行政财政官吏，各个防地俨然是一个个独立王国，全川军令、政令都不统一。[1]

各军阀在四川连年征战，争夺地盘，最终在防区时代形成了两个派系：一个是以刘湘为首的四川速成系，另一个是以邓锡侯、刘文辉、田颂尧为首的保定系。其中，1926—1933 年刘文辉的防地较为富庶，川西南较为重要的地区

---

[1] 四川省地方志编纂委员会. 四川省志·政务志（上册）[M]. 北京：方志出版社，2000.

大多是他的防地，共 70 多县。刘湘主要居于川东，防地虽然不广，但其驻地重庆为重要商埠。二者均有统一四川的企图，故在 1932 年冬爆发了"二刘大战"。[1] "二刘"之战为刘湘统一四川奠定了基础。

国民政府定都南京后，蒋介石对四川并不看重，在相当长时间内将四川定位为"僻处西陲"之地。国民政府对四川在政略、战略层面认识的改变发生在 1932—1933 年，关键事件是红四方面军进入四川，以及 1932—1933 年爆发的"二刘大战"。这些事件使得蒋介石不得不更多地关注并介入四川的政局，同时也引发了全国对改造四川政局的广泛性讨论。[2] 在内忧外患的背景下，四川逐渐被蒋介石定位为"民族复兴根据地"，而国内思想界也认为四川是能作为"腹地"的省份。

1934 年 11 月，蒋介石为追堵红军，电邀刘湘亲自来南京见面商议事宜，这是刘湘首次出川。蒋介石在这次会面中提出组织参谋团入川协助刘湘，刘湘不便拒绝。1935 年 1 月，国民政府军事委员会委员长行营参谋团抵达重庆，同年 2 月四川省新政府成立。[3] 自此，**刘湘及其后的川康实力派与蒋介石在四川进行了长达十几年的明争暗斗。**

随着国民政府的政治权力在四川地方的扩张，以及全面抗战以来内地大面积沦陷，作为大后方的四川的战时财政地位越发重要。如田赋是四川最大的税收来源。1939 年四川地方税收收入中，田赋一项占全年总税收的 45.6%。从 1941 年开始，由于通货膨胀等原因，四川实施田赋征实政策，即直接征收实物，且国民政府对四川的田赋配额不断增加，由 1941 年是 1200 万市石（1 市石 =50 千克），增加到 1945 年的 2000 万市石；四川的实收田赋占全国的比例从 1941 年的 30% 上升到 1945 年的 43.5%，几乎占全国田赋收入的一半。营业税是仅次于田赋的第二大税收，营业税是在国民政府时期从西方引进的一个现代地方税种，四川省到川政统一后，开征营业税被提上日程。为支持川军出川作战，四川省不断改革营业税制度，加大营业税的征收范围和征税

---

1 四川省政协文史资料委员会.四川文史资料集粹：第一卷 [M].成都：四川人民出版社，1996.

2 黄天华.从"僻处西陲"到"民族复兴根据地"——抗战前夕蒋介石对川局的改造 [J].抗日战争研究，2012(4):14-23.

3 四川省人民政府参事室，四川省文史研究馆.川康实力派与蒋介石 [M].成都：四川大学出版社，1993.

力度，使得1937—1941年四川营业税收入呈现出逐年大幅度增长的态势。1941年全国营业税总收入为16 649万元，四川所缴税额约占营业税总收入的55.58%。[1]

田赋和营业税等税收的大幅增加，造成四川基层的租佃矛盾增加，商人、商会多种形式的抵制让国民政府有时也需要让步。川西平原地区的租佃关系原本就极为复杂，押租押扣盛行，土地实际占有情况难以厘清，大量黑地未被统计。为增加田赋收入，重新丈量土地成为一项亟须进行的任务。田赋增加、土地丈量都使地主的收入减少，地主进一步将税负转嫁给佃农，造成川西平原租佃矛盾频发。为进一步丈量土地，县政府的行政支出增加，成本也转嫁给了农民。1937—1938年，土地丈量为新都实验县的主要内容之一，虽清查出6万余亩黑地，却导致当地民众剧烈反抗，发生"围城"事件，使得实验县名存实亡。[2]另外，商会的抵抗最终也迫使四川省政府在营业税税率上做出让步。

虽然国民政府的入川及抗战救国的需要使得四川的税收能力增加，但国民政府的权力始终未能深入四川基层。1940年7月开始推行的新县制，虽意在加强基层行政能力，但由于战时经费奇缺，蒋介石认为新县制还是要县财政取得独立的地位，有自己可靠的税源，不再如过去之为省财政的附庸。于是划定县乡镇税收自收的内容，以推进"县市教育、卫生、交通、治安、经济、文化等工作"，将屠宰税划入县市自收，加上以往的公学产收租、杂捐等，蒋介石认为这些收入对县市来说已相当可观，当务之急是改变过去征收税款的方法，只有彻底整理财政，才能避免税款被包商等少数人占有，而不能为人民办事的情形。**国民政府实行的"自治财政"，要求新县制后各县财政"自收自支"，实为国民政府"甩包袱"**。自治财政整理虽然在一定程度上强化了国家政权对基层的控制，但是其取得的效果有限。例如，自治财政最重要的是屠宰税、特许税等，处于乡镇一级的屠宰税、特许税等税收，原本就由于包商的存在而流弊甚多，尽管新县制后有自收的尝试，但最终因不能掌握基层的实

---

[1] 柯伟明. 论战时四川营业税制度的改革[J]. 抗日战争研究，2013(3):116–124.
[2] 张艺英，李军. 外来主体与近代乡土社会——以中华平民教育促进会的"新都实验"为例[J]. 上海大学学报（社会科学版），2018,35(1): 23–34.

际情况，造成搜寻信息等税收成本过高而不得不再次将其交给包商进行征收。川东地区的璧山县（现璧山区）兴隆场包商冯庆云在1940年后逐渐掌握了该乡的权力并成为乡长，1950年因反抗征粮而被处理一案，即为自治财政弊端典型案例。

以"二五减租"与农地减租为例，1945年，国民党行政院发布二五减租训令，要求佃农本年度少交1/4的地租。1946年，四川省政府以四川省抗战以来田赋日益加重导致地主负担过重等理由，要求缓办二五减租，但行政院并未准许，四川省只能继续推行二五减租，然而大多数县并未遵令开展，二五减租以失败告终。1949年，国民党的处境每况愈下，四川的地位再次凸显，蒋介石任命张群为重庆绥靖公署主任，再次推行土地改革，其中重要的内容为"农地减租"。乡村建设专家晏阳初领导的华西实验区也参与了川东十县一局的农地减租工作。根据丰富的档案资料，可以看到地主和县乡镇各级行政机关的抵抗和呼吁，农地减租很快陷入困境，造成了大部分地区"形减实不减"的窘境。

综上所述，可以窥见国民政府在四川地区深入基层时，在政治、经济和社会等方面的深层次困境。政治上，存在意在加强基层行政建设与经费不足的矛盾；经济上，存在意在加强田赋、营业税、屠宰税等税收收入与无法掌握收税信息的矛盾；社会上，存在意在打破地主、包商等既有权力体系与又要依靠其作为税收来源的矛盾。这些环环相扣的矛盾使得国民政府的政策往往陷入两难境地，无法在基层真正推行实施。

虽然国民政府在该地区的基层政权建设的成效有限，**但二五减租、农地减租等政策逐渐激起了佃农的反抗意识，主佃纠纷的增加改变了川西平原以往平静的农村，为即将到来的新政权在该地区进行民众动员提供了历史基础。**

1949年12月27日，成都地区迎来解放。但绝大多数新解放区的农民并未像老解放区的农民一样，经历过中国共产党领导的土地改革运动，他们可能压根儿不知道中国共产党和毛主席。

因此，当地农民对中国共产党和社会主义制度缺乏深入认识。解放初期，该地区的农民被迅速抛入新政权的征粮、查田评产、清匪反霸、减租退押及土地改革等运动。基层干部及农民处于民国遗留下来的或新形成的巨大社会张力中。怎样让这些村民认识和适应新政权，并积极投入工业化初期的生产和建设中，是对中国共产党的基层政权建设能力、农民改造和教育能力、社会动员能力的极大考验。

二、征粮受阻与推行合作化

战旗村域在刚解放时属于崇宁县灵圣乡集凤村。1949年12月，崇宁县解放，全县受到军事管制。1950年1月，该县县长段振声到职，开始领导全县的征粮工作。[1]

此时征粮是新解放区的重要工作，能否征收到足够的粮食，关系到新政权能否在川西甚至四川立足。首先，新政权在川西甚至整个四川地区面临巨大的财政压力，南下干部不足，新政权在川西的接管以城市为主，农村干部仅派到区级，区以下的乡保依然依靠国民政府的旧保甲人员，即对旧有的政府公教人员采取了"包下来"的接管政策。新政权自身的军队也急需大量的物资和粮食供给。**其次，当时整个国家正陷在经济危机中**，国民党离开大陆时带走了国库的全部黄金和外汇。新政权为了保证财政开支，只能增发货币，造成恶性通货膨胀。恶性通胀之下，实体企业没有利润，导致经济"脱虚向虚"，奸商囤积居奇、股票市场多空炒作，上海、天津、武汉、重庆等大城市需要大量白米、白面、白布等生活必需品去平抑物价[2]。

虽然征粮工作要求以"合理负担"为主，但川西地区由于粮食征收时间紧迫，当地反动势力对征粮工作的抵抗，演变为大规模的土匪暴乱。

以郫县、崇宁两地为例，1950年2月11日，潜伏在郫县、崇宁两县的国民党残余军、警、特务，与地方的封建恶霸、惯匪等勾结，发动了妄图推翻中国共产党和人民政府的大暴乱，因暴乱发生之日为农历腊月二十五，所以被称

---

[1] 1949年年底，南方地区大部分解放，新政权建立之初，西南地区需要解决200万人的吃饭问题，导致国家财政支出巨额增长，入不敷出，征粮成为获得财政收入的重要途径之一。

[2] 董筱丹，温铁军.去依附：中国化解第一次经济危机的真实经验[M].北京：东方出版社，2019.

为"二五暴乱"。这些反动人员围攻驻守的起义部队，劫走枪弹，杀害征粮工作人员和解放军。"暴乱发生当天，征粮工作人员尚在各乡工作，县长段振声和部分地方干部及参加征粮的独三军战士共 20 余人被土匪杀害"。[1]

为了起到惩戒和教育作用，1950 年 9 月 25 日—27 日，崇宁县召开了会议，决定开展清匪反霸、减租退押工作。12 月初，县里召开了第一次公审大会，镇压了反革命暴乱的匪首、特务、恶霸、地主十余人。与此同时，还从原自新人员训练班、原乡保人员训练班中，搜捕了一大批潜伏匪特，先后在各乡设人民法庭，召开公审大会，对一批组织暴乱的首要匪特、恶霸处以极刑。

之后，灵圣乡在同年 10 月 25 日召开了第一次公审大会，对暴乱分子进行了公开审判。全乡 12 个分会，共 1568 户 6968 人，有 1617 人参加公审大会，占全乡人口约 23%。会上有 12 人对地主恶霸进行了血泪控诉。灵圣乡 18 人相继被镇压，本村参与暴乱的人也被判刑。[2]

清匪反霸后，中共通过**召开群众大会、斗争欠粮地主**等手段保证了各项工作的顺利开展。1950 年 9 月，川西地区征收公粮的任务完成了 85%，**使新政权在川西地区站稳了脚跟**。征粮过程中开展的"查田评产"活动，使得新政权彻底掌握了川西地区的土地面积、土地等级、单位产量、农业人口等资料，**为 1951 年开始的土地改革奠定了坚实的基础**。[3]

郫、崇两县的土地改革从 1951 年 6 月下旬开始，至 1952 年 4 月底结束。两县合计没收、征收土地 363 545.68 亩，占两县土地总面积的 69.84%。如表 1–1 所示，郫县共 33 231 户分得土地，占农村总户数的 85.14%；分得土地的人口达 146 191 人，占郫县总人口的 83.76%；共分土地 264 408.61 亩，平均每人分得 1.81 亩。崇宁县共 16 687 户分得土地，占全县总户数的 73.43%；分得土地的人口达 72 674 人，占崇宁县总人口的 73%；共分土地 128 194.943 亩，平均每人分得 1.76 亩。

---

[1] 四川省郫县志编纂委员会. 郫县志 [M]. 成都：四川人民出版社，1989.
[2] 资料来源：赵仁春. 战旗村志（未刊稿）.
[3] 张杨. 旧田赋与新税制：川西行署一九四九年公粮的征收 [J]. 中共党史研究，2019(10): 86–96.

表1-1 郫、崇两县土地改革分配土地情况[1]

单位：市亩

	阶级 项目	雇农	贫农	中农	佃中农	佃富农	乡镇贫民	其他	地主
郫县	分田户数	4186	13 713	891	6166	488	3179	2854	1754
	占全县总户数（%）	99.86	96.66	42.07	97.63	94.03	83.57	68.89	93.6
	分田人口	12 034	58 722	5228	37 841	3529	9577	9723	9537
	占全县总人数（%）	99.39	96.02	44.57	96	97.14	79.46	68.54	89.72
	总田地	23 727.64	99 620.68	6373.44	78 541.03	5465.23	16 860.74	15 981.91	17 837.94
	人均分得的数量	1.97	1.7	1.22	2.08	1.55	1.76	1.64	1.87
崇宁县	分田户数	1447	8604	1022	2767	57	808	1238	744
	占全县总户数（%）	97.64	90.05	45.95	93.64	95	56.74	38.32	82.48
	分田人口	3815	35 637	5654	16 589	383	2239	4324	4033
	占全县总人数（%）	97.82	89.44	41.38	94.02	83.08	56.77	38.41	83.65
	总田地	7859.018	61 689.698	9201.065	30 843.282	697.785	4087.114	6389.526	7427.455
	人均分得的数量	2.06	1.73	1.63	1.86	1.82	1.83	1.48	1.84

---

[1] 四川省郫县志编纂委员会. 郫县志[M]. 成都：四川人民出版社，1989.

土地改革改变了两县农民土地占有的平均程度,土改前后两县的土地占有情况的洛伦兹曲线如图 1-1 所示。

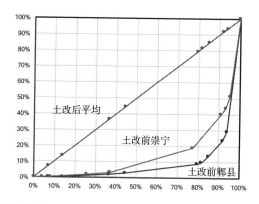
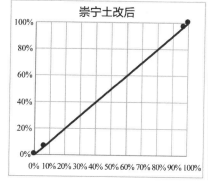
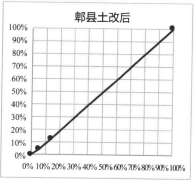

图1-1　郫县、崇宁县土地改革前后土地占有情况的洛伦兹曲线

资料来源:四川省郫县志编纂委员会.郫县志[M].成都:四川人民出版社,1989。

根据计算,土改前,郫县土地占有的基尼系数达到 0.82,崇宁县达到 0.71。根据国际惯例,当基尼系数超过 0.5 时,说明土地占有的差距悬殊。土改后,两县土地占有的基尼系数等于零,说明达到了绝对平均的状态。可以说,土地改革不仅进一步增加了小农社会的公平性,而且增强了新政权对大多数农民的动员能力。东亚小农社会的特征之一就是民众的均质性,据宫嶋博史的研究,这种小农社会在中国形成于明代,而在四川形成的时间可能更晚,农民之间存在贫富差距,但地主与佃农之间的贫富差距是极富流动性的。[1] 每个朝代的末期,这种均质性便会变弱,地主豪强兼并土地导致矛盾丛生,甚至

---

[1] 宫嶋博史,朱玫.东亚小农社会的形成[J].开放时代,2018(4):74-91.

引发朝代更迭。新中国成立后的土地改革使农民分得了田地，极大地提高了个体生产的积极性。当然，土改也造成了一定程度上的规模收益损失，但是新政权第一次获得了农村一半以上人口的政治动员能力，这种制度收益是微观经济学很少讨论的。[1] 郫县和崇宁县的土改没收、征收了地主和富农的绝大多数土地，彻底改变了基层的社会结构和权力体系，乡村社会的发展逐渐呈现出另外一种态势。

土改通过平分土地极大地促进了农民个体的生产积极性，但是刚刚经历征粮、通货膨胀的农民更愿意存粮，而不是出售粮食，因此农村又陷入商品流通不足的困境。对于急于发展工业的新中国来说，工业品无法下乡，发展工业的资本就无法积累。而"无论何种后发国家要进入工业化，无论信奉何种主义，都会遭遇到资本原始积累与分散小农的交易费用难题"。除此之外，朝鲜战争爆发后，我国从苏联获得了大规模的战略性援助，导致城乡私人资本与国家资本也产生了冲突。

除了解决土地问题，完成了经济基础的变革，新政权还调整了基层政权的组织结构，彻底改变了以往的乡村权力结构。比如1953年，万寿乡人民政府举行了首届人民代表大会，为彻底而有效地克服农村"五多"[2]尤其是组织多的现象，促进发展生产，首先撤销了乡村两级20余种组织及多名相关行政人员。撤销的具体组织及人员有原乡人民政府的治安保卫委员会及主任等7人，生产建设委员会及主任等7人，文教卫生委员会及主任等9人，拥军优属委员会及主任等5人，公产管理委员会及主任等5人，乡场管理委员会及主任等7人、财粮委员1人、民政委员1人、其他委员23人，爱国卫生运动委员会及主任1人，扫盲运动委员会及主任等13人，调解委员会及主任等5人，婚姻调解委员会及负责人1人，卫生委员会及主任等9人，农村金融委员会及负责人1人。原冬学委员会及其主任等负责人，原有组织的村上自由借贷委员会，其未完事项由生产建设委员会领导督促完成；过去村上临时推选委派或邀请的农民代表、人民代表、交粮代表、催粮代表等代表（因其已完成了历史任务，以后

---

[1] 董筱丹，温铁军. 去依附：中国化解第一次经济危机的真实经验[M]. 北京：东方出版社，2019.
[2] "五多"即组织多、兼职多、会议多、任务多、表格多。

视工作需要临时组织）；原各村村主任及其村委会有关人员的相关工作，今后由**代表主任、人民代表及各种委员协同处理**；原各村所划分的居民小组及居民小组长，今后由 25～30 户居民组成的居民小组及**新任的居民组长**负责管理一切事务。裁撤各村婚姻法调解小组和各村卫生小组。[1]

旧有组织、临时组织及行政人员撤职后，新政权又对基层组织进行了重新调整，彻底解决了基层政权膨胀与行政经费过高的问题。还以万寿乡为例，其组织结构及其有关工作人员的情况如下：乡长 1 人、副乡长 1 人、乡人民政府委员会除正、副乡长外有 9 人；乡人民政府领导下设立生产建设委员会、文教卫生委员会、优抚委员会、武装委员会、财粮委员会、治安保卫委员会、调解委员会 7 种委员会。各委员会设立主任 1 人，均由乡人民政府委员会委员兼任，其他委员由全乡 14 个村各出一人兼任；各村设正、副人民代表主任各 1 人；各村人民代表主任又必须兼任各村一居民组长以领导居民。可以看出，万寿乡的乡村基层组织大大简化，行政工作人员基本兼任各项职能，乡级政府行政人员仅有 11 人，各村行政人员共有 28 人。

在以上经济基础与上层建筑等交织变革的作用下，1953 年，我国开始了社会主义改造运动，在农业领域推进农业合作化运动。1953 年，中共中央提出要使广大贫困的农民能够迅速地增加生产而走上丰衣足食的道路，要使国家得到比现在多得多的商品粮食及其他工业原料，同时也就提高农民的购买力，**使国家的工业品得到广阔的市场**，就必须提倡"组织起来"。[2] 由此推动了农业互助合作的发展，全国各地开始普遍试办半社会主义性质的初级农业生产合作社。需要注意的是，与组织农民同步的是粮食的统购统销。统购统销的由来，可以从陈云在 1953 年 10 月举行的全国粮食紧急会议上的说法中一探究竟。陈云说："我现在是挑着一担'炸药'，前面是'黑色炸药'，后面是'黄色炸药'。如果搞不到粮食，整个市场就要波动；如果采取征购的办法，农民又可能反对。两个中间要选择一个，都是危险家伙。"[3]

---

1 资料来源：《万寿乡首届人民代表大会决议》，四川省郫都区档案馆藏，档案号 152-001-0001-001，第 1-6 页。
2 当代中国研究所. 中华人民共和国史编年：1953 年卷 [M]. 北京：当代中国出版社，2009.
3 陈云. 陈云文选 [M]. 北京：人民出版社，1995.

针对互助运动薄弱的新解放区，党认为应该大量发展互助合作运动的第一种形式，即临时性的、季节性的、简单的劳动互助，这也是广大农民可能接受的形式。因此，战旗村域成立农业生产合作社较晚。在崇宁县万寿乡，全国农业劳动模范崇宁县人民代表大会代表、共产党员唐思学根据群众发展生产的要求，响应党的"组织起来"的号召，领导7户农民成立了常年互助组，1953年冬又以这个互助组为基础，建立了崇宁县第一个有32户农民参与的农业生产合作社。[1] 1952年，集凤村成立了崇宁县和灵圣乡第一个生产互助组（后成立初级、高级农业生产合作社的一部分）。1954年春，中共崇宁县委试办了万寿乡先锋农业生产合作社、**灵圣乡金星农业生产合作社**（战旗村域当时属于该合作社）和火花农业生产合作社。这3个社入社农户有73户，入社耕地有664亩，处于一个非常初步的状态。[2] 1956年春，崇宁县在这3个社的基础上，建立了3个高级农业生产合作社。

高级社虽然办起来了，但是高级社时期的计划明显体现了自上而下的国家意志，以至于基层干部和农民对合作化的认识还摇摆不定，使得工作和生产出现了一些问题。比如，灵圣乡党总支在领导合作化问题上就表现出摇摆不定的态度。二分支党员俞越伟说，"前段（时间）怕我们把社员接收多了，后来想把地（主）、富（农）、反（革命）一下弄光，又盲目地接收了一部分社员到社里来，并把一个初级社吸收到高级社，几天后又劝出去"。有些党分支书记转到高级社后，产生了自满和盲目乐观的情绪，以致高级社内出现了很多问题，在生产上和工作上都造成了损失。[3] 根据崇宁县1956年的水稻产量统计资料可以发现，其水稻单产和总产相比1955年出现了普遍的下降，灵圣乡和万寿乡这两个率先成立高级社的情况如表1-2所示。

---

1 《先锋公社先锋大队第四生产队集体经济的调查》（1962年10月20日），四川省郫都区档案馆藏，档案号152-001-0014-006，第40页。
2 四川省郫县志编纂委员会. 郫县志[M]. 成都：四川人民出版社，1989.
3 《中共灵圣总支召开党员大会工作总结》（1956年5月19日），四川省郫都区档案馆藏，《郫县先锋乡卷宗》，档案号152-001-0004-001，第3页。

表1-2 崇宁县灵圣乡、万寿乡1955—1956年水稻产量统计表

单位：亩、市斤（1市斤=0.5千克）

乡别	1955年面积	1955年单产	1955年总产	1956年面积	1956年单产	1956年总产	1956年单产变化
灵圣	13 508	508.62	6870 439	13 480	500	6 740 000	-8.62
万寿	17 581	526.67	9259 385	17 705	515	9 118 075	-11.67

资料来源：《崇宁县1956年水稻产量统计表》（1957年1月21日），四川省郫都区档案馆藏：《郫县先锋乡卷宗》，档案号152-001-0005-026，第142页。

说明：原表中1955年的总产数字似乎有误，不是面积和单产相乘的结果，故本表为修正后的数字。

干部和社员思想摇摆不定，属于社会主义合作化探索过程中的正常现象，尤其是在没有任何组织经验的新解放区。从表1-2中可以看出，1956年崇宁县成立高级社后，各乡的水稻产量比1955年有所下降。万寿乡的先锋高级社1956年的水稻种植面积为4394.8亩，约占全乡水稻种植面积的24.8%，水稻单产为464斤，比全乡平均数515斤还低51斤。先锋高级社除在农业生产方面出现了一些问题外，在养猪这个关键性副业上也出现了908.85元的亏损，**光在买猪仔一项上就支出了5957.9元，这比卖肥猪的收入4102.22元还高出不少**。[1] 副业的亏损一定程度上说明了高级社统一管理中存在问题，原本作为家庭副业的养猪业等被统一管理后，不仅猪仔和猪饲料的成本上升，而且猪的死亡率也较高。当然，该挫折与20世纪60年代末70年代初战旗大队的养猪经验也形成了一定的对比。**战旗大队当时的母猪主要放在集体"公养"，而公猪主要给社员"私养"，把猪仔掌握在集体手里是养猪成功的重要经验**。

该时期的农作物产量达不到预期，而副业生产也出现了较大亏损。由此可见，如何组织、发展集体经济，需要长期总结各种经验教训，川西平原地区仍有很长一段路要走。

1956年，虽然社会主义"三大改造"已经完成，但农民并没有完全接受合作化运动。1957年上半年，一些地区的农民闹事，搞请愿，闹缺粮。领导人进一步意识到**农民教育的重要性**。1957年8月，中共中央发出了《关于向全体农村人口进行一次较大规模社会主义教育的指示》，宣传合作社的优越性

---

[1]《郫县先锋乡卷宗》，四川省郫都区档案馆藏，档案号152-001-0005-012，第85-90页。

及粮食统购统销的必要性。中共中央要求各地教育的方式是"利用生产间隙和休息时间,在全体农村人口中就这些中心题目举行大辩论,提问题,提意见,摆事实,讲道理,回忆、对比解放前后和合作化前后农民生活的变化"。[1]

先锋高级社所在的万寿乡根据郫县县委关于农村进行社会主义宣传教育运动的安排,在1957年组织了大鸣大放运动,党员和群众一起参加鸣放。全乡129个党员,绝大多数都积极地投入到了这次运动中。经过38天的大鸣大放,万寿乡绝大多数共产党员都受到了深刻的思想教育和阶级教育,对合作社和社会主义的信念增强,社员群众也在这次活动中受到了教育。

随着干部和群众对合作化和社会主义等认识的加深,先锋高级社在1957年获得了比1956年更好的收入,总收入比1956年增加了11.4%,全年粮食总产量达到了3 007 878斤,每户平均收入370.7元,每人平均分得原粮531斤,如表1-3所示。

表1-3 先锋高级社1956—1958年关于农副业生产的总结

年份	水稻面积（亩）	水稻单产（斤）	小麦面积（亩）	小麦单产（斤）	粮食总产量（斤）	粮食总产值（元）	副业总产值（元）	农业支出（元）
1956	4394.81	464	470.03	357	未换算	247 523.47	1389.61	58 686.91
1957	4349.32	527	681.48	386	3 007 878	279 315.46	亏本,未核算	72 322.02
1958	3933.63	1002	551.26	423	4 588 527	340 894.01	-3173.36	91 067.87

资料来源:《先锋高级社1956年度总结报告》(1956年12月1日),档案号152-001-0005-012,第85—90页;《先锋农业社1957年度总结报告》(1957年12月25日),档案号152-001-0007-015,第80—90页;《先锋社1958年度总结报告》(1959年5月1日),档案号152-001-0008-001,第1—6页。

备注:1956年由于红苕等作物的产量需要换算,缺乏统一的换算标准,故总产量未列入;1958年,由于"大跃进"等原因,其统计数据缺乏参考意义,因此暂不论述。

虽然通过社会主义宣传教育,合作社干部和社员的劳动积极性有了一定程度的提高,并且粮食产量也逐渐恢复,但由于高级社的管理出现了一些问题,导致农业生产成本提高。由表1-3可知,先锋高级社的农业支出呈现逐年增加

---

[1] 当代中国研究所.中华人民共和国史编年:1957年卷[M].北京:当代中国出版社,2011.

的趋势。以 1957 年为例，其农业支出 72 322.02 元，约占总收入的 25.9%，而农业支出大的主要原因是商品肥使用过多和社员猪粪投资增加。其中商品肥支出约 38 729.12 元，而社员投入的猪粪为 29 468.49 元。1958 年，农业支出进一步增长，肥料总投入为 69 254.26 元，其中社员猪粪投入达 39 940.46 元。

从上文的论述可知，1958 年前该地区的农业合作化运动处于起步及发展的阶段，虽然在一定程度上有效解决了劳动力分散、生产工具不足、生产效率低等问题，但其农副业的管理还处于初级水平，导致副业亏损与农业生产成本过高。同时，合作社干部和农民具有较强的小农机会主义的特点，更关注个人"发家致富"。**土改时期，许多贫农出身的干部成了"新中农"，新的改革似乎已无法依赖他们**。正如费正清所描述的，"土改期间，工作组找那些贫农出身的、鲁莽而又大胆的年轻男人（或许还有几个妇女），在反对旧统治阶级的斗争中打头阵。就是这些人被吸收进中国共产党，并成为支持当地农民协会的领导力量"，"随着中国共产党的目标的变化，随着'发家致富'的政策让位于强调互助和合作化的政策，在早期运动中上台的当地领导的'大杂烩'变成了实施这些新政策的障碍"。[1]

川西平原地区的合作化运动还在干部与群众的认同、抵触、教育的反复中发展，而 1958—1960 年，由于苏联对中国撤资，中国国内"二五"计划时发生了工业化进程中的**第一次周期性经济危机**。为维持工业化，党中央于 1958 年年初提出了"调动两个积极性"，来动员地方财政继续维持以重型工业为主的国民经济，遂号召地方大办"五小工业"，且由于过于机械地推进地方工业化而演变为在今人看来近乎荒唐的"大炼钢铁"和"大跃进"。[2]

外资中断，而已投入的项目仍要加快建设速度，部分项目还要提前上马，推动工业化只能依靠内部积累——发动劳动力替代资本及从农村进一步提取粮食剩余。人民公社正是诞生在这种经济危机及为走出危机而继续维持工业化进程的近乎荒唐的"大跃进"的背景下。

---

[1] R.麦克法夸尔，费正清.剑桥中华人民共和国史：上卷：革命的中国的兴趣 1949—1965 年[M]. 北京：中国社会科学出版社，1990.

[2] 温铁军，等.八次危机：中国的真实经验 1949—2009 [M]. 北京：东方出版社，2013.

三、集体经济与社会主义教育运动

开展人民公社运动后，郫县形成的激烈的竞争氛围，与毛泽东主席视察郫县红光农业生产合作社似乎有极大关系。1958年3月16日下午6时，毛泽东主席到红光农业生产合作社视察。毛主席不仅走进了社员的家里，还询问了社员的生活情况与生猪养殖情况，并与社员亲切地拉家常。国家最高领导人到西部地区的一个小农庄来，对从来没有见过国家最高领导人的当地农民的心理影响无疑是巨大的，这极大地提高了当地干部与群众参与社会主义建设的积极性。

1958年9月，崇宁县灵圣乡和万寿乡各成立了一个人民公社。1958年11月11日，经国务院批准撤消崇宁县，划归郫县。两县合并后，万寿、灵圣两乡合并，成立了郫县先锋人民公社。此后，战旗所在区域一直属于先锋人民公社金星大队的一部分，直到1965年从金星大队分出。

合并后的先锋人民公社，共有农户3524户、人口14 517人、田27 865.79亩、土1738亩，分为先锋、联合、先进、曙光、火花、金星、黎明、鸣凤共8个大队。其中，先锋大队和金星大队分别是由上文提到的先锋高级社和金星高级社直接转变成的。先锋人民公社成立后，集体所有的机械类资产仅有拖拉机11台，播种机3台，没有插秧机、收割机、平整土地的推土机等机械，要靠投入大量的劳动力来替代资本。先锋人民公社为了进一步平整土地，提高产量，成立了土地平整委员会，计划把"高土削平，矮田填高"，为了方便机耕，土地要尽量做到"连片化"。[1] 为进一步促进农业增产而支援工业建设，中共中央必须继续推行人民公社制度。

中共中央在发表在农村建立人民公社问题决议的同时，**也发出了《关于今冬明春在农村中普遍展开社会主义和共产主义教育运动的指示》**。该指示认为，虽然农民在全民整风和反右派斗争，在农村社会主义教育运动，在总路线宣传教育运动等基础上发展起来的政治觉悟越来越高，斤斤计较个人得失的个人主

---

[1] 《先锋公社关于60年实现全面机械化的规划》（1959年11月26日），四川省郫都区档案馆藏，《郫县先锋乡卷宗》，档案号152-001-0012-004，第34—36页。

义或只顾本队、本社、本乡、本县的本位主义已经被大大削弱，但为了及时总结经验教训，发扬共产主义精神，保证1959年夏季和全年的更大丰收，针对农业生产合作社的收入如何分配的问题和是否建立人民公社的问题进行了鸣放辩论，认为"今冬明春在农村中进行一次广泛的社会主义和共产主义的教育运动，是必要的"。指示进一步要求，"**以无数大增产的实例，来大讲特讲社会主义制度的优越性，更加坚定广大农民走社会主义道路的决心和信心，彻底批判一部分富裕农民残存的资本主义自发倾向**"。[1]

一些干部和社员对集体经济的人民公社制度产生怀疑情绪，可见农民的双重性在集体经济的发展中充分体现，尤其是大跃进造成粮食产量降低等挫折，使得一些富农对社会主义的信念更加动摇。

1959年11月，先锋公社针对一部分人对社会主义的犹豫动摇，尤其是那些认为公社搞糟了、主张私分土地的社员，以及少数干劲儿不足、意志衰退、对前途失去信心的党员干部，开展了社会主义教育运动。

除干部和社员对发展集体经济不积极外，先锋公社的地方本位主义也很严重。各地普遍存在的地方本位主义不可避免地影响国家工业化的整体进程。其主要表现在三个方面：第一，科层制管理问题。部分生产队不承认管理区，管理区掌握不了生产队的经济；个别管理区也不承认公社，结果在经济和粮食问题上，公社调不动工业用粮，这里面就包含金星管理区。"原灵圣3个管理区，应交913 000斤粮食，实际上交422 500斤，金星管理区干部在公社收工业粮时，（对公社）公开说'没有了'"。第二，贪污腐败问题，瞒田瞒产，私分粮钱。据统计，生产队和私人共隐瞒和私分粮食32万斤。第三，部分生产队和生产队之间，管理区与管理区之间，私下相互支援。[2]

经过辩论和批判上述问题，大多数干部和群众都增强了对集体的认识。这次运动使得全社在该年冬天出现了史无前例的生产高潮。公社干部动员广大社员，尤其是以小春田间管理和积造肥料为中心的运动，100多个社员将1733

---

[1] 中央档案馆，中共中央文献研究室. 中共中央文件选集：1949年6月—1966年5月[M]. 北京：人民出版社，2013.

[2]《中共先锋公社委员会关于社会主义教育运动的总结报告》（1960年1月），四川省郫都区档案馆藏，《郫县先锋乡卷宗》，档案号152-001-0011-001，第1-9页。

亩小麦全部补过，无论男女，天不亮就到五六里远的地方挑粪水。

原本是对小农个人利益优先的思想要进行集体主义和社会主义思想教育，但从历次社会主义教育运动的资料中我们也可以看到干部身上存在的一些问题，**尤其这些从解放后征粮、土改中成长起来的基层干部。经过十余年发展，一些信仰不坚定的、有缺点的干部逐渐暴露出来，影响了集体经济的发展**。温江地委书记宋文彬在1961年的各县书记会议中提出，农村基层干部搞投机倒把活动是普遍存在的，有些地方还很严重。为解决这个问题，又要防止农村出乱子，宋文彬提出了要各县都找一个公社去调查研究，选出一个典型，在整风整社运动中加以批判。

似乎可以看出，20世纪60年代初，地方干部的问题已经普遍存在，但处理时，中央与各省、地委等又需要注意方法和影响。正如费正清所认识到的，"不管怎样，1962年后，地方干部的品德问题成了中国共产党的关键问题……好的本地领导对集体农业的成功起着至关重要的作用。"[1] 好的本地领导确实重要，我们可以在后文的案例中看到一个信念坚定的干部是如何带领大队成功发展集体经济的。

随后开始的"四清"运动，便以清理农村干部在经济、政治、意识形态和经营管理方面的错误为主要内容。1963年5月，毛泽东在杭州召集了部分中央政治局委员和大区书记，讨论了农村社会主义教育问题后，讨论制定了《中共中央关于目前农村工作中若干问题的决定（草案）》（即"前十条"），**指出要在农村普遍进行一次社会主义教育，所有社队都要进行一次"小四清"（即清账目、清仓库、清财务、清工分）。由此，社会主义教育运动逐渐转向"四清"运动。**

伴随着社会主义教育运动对干部和社员思想的涤荡，人民公社制度也在挫折中不断调整与发展。首先是1961年，中央广州工作会议通过了《农村人民公社工作条例（草案）》（简称《农业六十条》），将"一大二公"的大公社制度逐步改革为"三级所有，队为基础"的小公社体制。1962年9月，中共

---

[1] R.麦克法夸尔，费正清.剑桥中华人民共和国史：上卷革命的中国的兴趣1949—1965年[M].北京：中国社会科学出版社，2018.

八届十中全会通过了第 3 个《农业六十条》，最主要的改革就是把农业生产基本核算单位确定为生产队，并郑重宣布"至少三十年不变"。这些措施有力地维持了农村社会的稳定及农业生产的恢复和发展。

在"四清"运动开始以前，先锋公社的一类大队是全县、全公社，甚至整个温江地委动员能力较强、发展较好的大队，而战旗所在的金星大队的发展则较为一般。**战旗当时所在的金星大队（最初叫"金星管理区"）在该时期并没有突出的表现，而且 1963 年还从先锋大队贷款 2000 元**。经历"大跃进"后，温江地委认为大包干势在必行，但可以保留少数以生产队为核算单位的大队。同时，温江地委也好奇为什么一些以"生产大队"为核算单位的大队运行的效果也不错。如宋文彬在常委会会议就肯定了先锋大队，"郫县先锋一类大队，1956—1958 年都搞得好，1958—1960 年也搞得好，生产未减，各队吃粮均较高，生产也比较平衡，这类大队为什么现行办法（大队核算）不行？"宋文彬要求派人去先锋大队那里学经验。[1]

究竟是推行大包干还是继续维持大队核算？**当时的地方领导干部对于农村集体经济的发展走向也没有把握**，地委书记不得不从实际案例中总结经验教训。下文以先锋大队为例，初步探讨其集体经济的发展过程及"四清"运动对其造成的影响。该大队自解放后就一直由贫农出身的干部唐思学领导。

— 专栏 —

唐思学个人经历

唐思学，生于 1924 年 12 月 12 日，郫县先锋公社先锋大队人。七八岁就随父拉车，下苦力，13 岁给地主当长工，直到解放。1950 年参加工作，历任村武装委员、武装队长、乡生产委员、副乡长、乡党支部副书记、互助组组长、初级社社长、高级社主任。于 1952 年入党。1953 年 1 月至 1955 年 2 月，任万寿乡（后来的先锋乡）副乡长。1956 年 2 月至 1983 年 2 月任先锋乡（公社）先锋村（大队）党支部书记。

---

1 《郫县先锋公社先锋大队队史内容概况》（1963 年 8 月），四川省郫都区档案馆藏，《郫县先锋乡卷宗》，档案号 152-001-0029-012，第 125-126 页。

1952年春耕生产动员大会召开后，唐思学组织8户农民共39人，本着自愿、互利、等价交换三大原则，组织起郫县最早的互助组——唐思学互助组。唐思学互助组调动了组员的生产积极性，全组55亩水稻，平均亩产达到了610斤（其中有1.04亩田产了湿谷子1040斤），比成立互助组前的亩产480斤增产了约27%。

这个互助组后来搞得非常出色，接着先锋大队又率先搞起了初级社和高级社——先锋社。1954年元旦，唐思学互助组联合了周围5个互助组32户人共同建立了原崇宁县第一个半社会主义性质的唐思学初级农业生产合作社（后改名为先锋农业初级合作社），当年秋后合作社扩充到72户。到1956年春天，又由7个初级社555户合并为全社会主义性质的先锋高级农业生产合作社。作为先锋大队支部书记，唐思学出席了北京先进生产者工作会议，这个会议在当时被称为"群英会"。

1963年《郫县先锋公社先锋大队书记唐思学同志的模范材料》中有如下描述。

唐思学同志一贯按照党的政策办事。他常说，**党的政策是代表群众利益的，听党的话不会错，只要按照党的政策办事，就能取得胜利**。在日常生产工作中他正是这样做的。1962年冬天安排1963年小春生产计划时，公社给这个大队下达了605亩油菜指标，比1962年增加了117亩。当时有的干部和社员思想不通，说种了油菜就会挤掉绿肥面积，这样猪饲料不好解决。有的说，粮食是大头，油菜以后可以多种。听了这些话，唐思学同志和几个支委反复研究，是油菜种植面积真的大了呢，还是群众"重粮轻油"的思想作祟呢？从各种作物的种植面积来看，主要是后者，而不是前者。于是唐思学同志一方面向干部社员讲解按国家计划完成油菜种植任务于国于民都有利，另一方面帮助生产队根据"统筹兼顾，全面安排"的精神，制订生产计划。他还和老农、干部等谈话，在种烟草的茼田里，抢种70多亩胡豆秧，解决了缺少猪饲料的问题。这样既坚决贯彻了党的政策指示，完成了种植605亩油菜的任务，又结合本地情况，解决了群众的思想问题和实际问题，干部和群众都很满意。在贯彻执行政策的过程中，他总是耐心地向群众解释，使群众真正了解党的政策。1962年上春，公社传达了《中共中央关于改变农村人民公社基本核算单位问题的指示》后，

多数干部认为，先锋大队几年来生产工作都好，基本经济巩固，用不着改变为以生产队为基本核算单位。为了解决这个问题，唐思学和以往一样，把党的政策原原本本地给干部和社员解释，并组织大家反复讨论以生产队为基本核算单位的好处。经过讨论，政策更加深入人心。原来坚持以大队核算的人说，他们只是看到了以大队核算好的一面，没有看见生产和分配不统一，束缚生产队生产积极性的一面。有了这样的认知，通过核算单位的下放，进一步调动了群众的生产积极性。言传不如身教，唐思学在执行政策时，总是以身作则。

这是前年（1961年）的事情了。有一次一个社员对唐思学说，唐书记，我要给你提个大意见。唐思学笑了笑说，好嘛，你尽管提。那个社员说，这晌，你家投肥少，你的父亲多数时间在搞自留地，群众有意见啰。当晚，唐思学回家召开家庭会议，对他父亲说，我们干部家庭，一言一行对群众影响很大，我们自己不带头执行政策，咋教育群众呢？在这个家庭会议上他家还订出了投工、投肥的计划，他的父亲也积极参加集体劳动。

贫农社员周传道前年（1961年）得了重病，吃药、吃水都没人管。唐思学同志发现周传道的病情严重后，立即找社员用车子把周传道推到城里去住医院，终于治好了病。周传道病好后常对人说，我默倒那次要出脱，多亏了唐书记，不然，骨头早就打了鼓。从那之后周传道无论做什么都很积极。1962年正月间，三队和七队有社员家先后失了火，烧掉了房屋和家具。唐思学不仅亲自慰问，还同干部群众商量，组织了十多个木匠、盖匠帮助社员修盖房屋，打灶修圈，优先供应农具，及时帮他们解决了困难。失火的富裕农民张玉茹原来不热爱集体，通过这次的事情，他也感动地说，硬是党好，集体好，不然哪个来管我啊？今后一定要把集体生产搞好，来回报党和干部对我们的关怀。在唐思学的带动下，其他干部也非常关心群众生活。据不完全统计，1962年全大队共帮助186户生活有困难的社员，辅助或借出粮食共8560斤，现金3497元，修建房屋1543间，猪圈82间，小农具326件，生活用具227件，因而广大群众更加热爱党，热爱干部。党群关系、干群关系水乳交融。有一次唐思学病了，群众也主动帮他请医生拿药。

早在初级社时，到外地去给社里买东西，唐思学总是事先随身带好干粮，哪里饿了哪里吃，口渴了喝上几口加班茶，买上东西就回来了。有时天黑了也不住旅馆，连夜赶回，**为社里节约开支**。1959年到北京开"群英会"，大队发给他的出差费，除了车费开支外，**其余的钱都用来买一些生产上需要的农药和农业技术书籍带回去**。

1963年开始社会主义教育，即"清账目、清仓库、清财务、清工分"，也称"小四清"。1964年7月，"小四清"尚未结束，又展开了"清政治、清经济、清组织、清思想"的"四清"运动。"四清"工作组进驻先锋公社。工作组"扎根串联"少数群众，组织背靠背揭发，打击了大批基层干部。**1964年冬，"四清"工作组让唐思学"靠边站"**。

于1965年5月27日写成的《关于先锋大队党支部书记唐思学的材料》中肯定了唐思学的成绩，认为唐思学的优点有以下几项。

1. 坚持社会主义方向，不断与各种歪风邪气斗争。
2. 生产的好领导。
3. 劳动的带路人。
4. 艰苦朴素，克己奉公。
5. 关心群众生活。

唐思学曾说自己是"**不进茶馆，不进酒馆，不进红锅馆子**，是全公社有名的'三不进'，土老坎。做到了'两不要'，即出差补助费不要，国家分配给大队干部的缺俏商品不要"。

1965年1月下旬，中共中央文件《农村社会主义教育运动中目前提出的一些问题》，对农村"四清"打击面过宽的问题进行了纠正，先锋大队被打击的干部重新回到工作岗位。

1965年6月3日，郫县选举成立了贫下中农协会委员会。大队成立了"贫农、下中农委员会"，由7~9人组成，设正、副主任各1人。

1965年12月，郫县农业学大寨运动兴起，采用"三个一"（即一个时针、一个口哨、一本劳动考勤簿）的劳动管理方法，大搞农田基本建设。

1966年5月16日，中共中央政治局扩大会议通过并发出了《中国共产党中央委员会通知》（简称五一六通知）。先锋公社成立了"文化革命"领导小组,对单位干部进行分类,发动单位职工运用"大鸣、大放、大字报、大辩论"的方式,在本单位、本地区揭发"反革命修正主义分子""反党反社会主义分子"。

1966年,先锋大队11个生产队改为20个生产队。

1队、3队、4队为原1队,2队、19队为原2队,5队为原3队,6队为原4队,7队、20队为原5队,8队、9队、10队为原6队,11队为原7队,12队为原8队,13队、14队为原9队,15队、16队为原10队,17队、18队为原11队。

1967年,由于"文化大革命"的兴起,各级党组织逐步瘫痪,党员也被迫停业,农业生产逐步处于"无政府"状态。

1967年1月的一天,唐思学到唐昌镇开证明,准备到彭县去推炭。走到大云桥,他看到了第二天要批判他的海报,于是他改变了推炭的计划。第二天一早,唐思学就到大队等着接受批判。批判会一结束,唐思学就照常站出来,叫各队干部留下,组织大家学习,并布置生产任务,要大积肥料,管好小春作物。会后有人说:"唐思学硬是想得开,边挨批判还边在跳。"

1971年4月26日—30日,郫县第三次党代会召开,重新组建了县委班子,正式恢复了中共郫县委员会。**先锋大队恢复了支部委员会,支部书记为唐思学。**

唐思学一直在村支书任上,直到1983年才退居二线。

资料来源:赵仁春.高光俊主编.先锋村志.(未刊稿)

农村基层干部对集体经济发展是极为重要的。贫农出身的唐思学在旧制度中长大,在新中国成立后的征粮工作、土地改革及合作化运动中成熟起来。他是拥护中国共产党的,他坚持社会主义方向,艰苦朴素、克己奉公,使得先锋大队在人民公社成立前已经是集体经济发展较好的先进大队。先锋大队脱胎于先锋初级社、先锋高级社,在农村社会主义改造时期逐渐发展为郫县的一面旗帜。1958年冬季,先锋大队书记和副书记作为代表,出席了北京的先进生产工作会议和重庆市的全省五级干部会议。**需要注意的是,唐思学的文化水平不高,而先锋大队作为有500多户居民的较大的大队,尤其需要领导干部具有**

较强的管理能力,这可能是先锋大队在后面的竞争中相比战旗大队处于劣势的一大原因。人民公社中后期,农村相关的制度调整已经基本完成,对大队干部的管理水平也提出了更高的要求。

人民公社制度实施后,先锋大队的农业产量受到的影响有限,这与先锋大队在高级社时期积累的经验有关。人民公社的"政社合一"性质使得先锋大队将生产领导和行政管理统一了起来,一定程度上有利于资源要素的统一调配和生产的发展,尤其是对农业生产至关重要的农田水利改造和积肥,更是有利的。先锋大队大抓农田水利建设,发动大量劳动力,先后整修和新修大小沟渠250多条,埝头(田里或浅水里用来挡水的土埂)130多处,保证了农田用水。同时,发动劳力开了一条排水沟,改造了低产田400多亩。在积肥问题上,广泛动员社员大积自然肥料,并组织力量先后到彭县、成都及12个场镇大力收集肥料,仅1962年就运回鸡粪35万斤,大小便12 000多挑,解决了化肥不足的问题,有效地促进了农业增产,如表1-4所示。[1]

表1-4 先锋大队1949—1962年小麦和水稻产量变化

单位:斤

作物	1949年	1956年	1962年
小麦亩产	223	357	398.8
水稻亩产	412	464	513

资料来源:《郫县先锋公社先锋大队队史内容概况》(1963年8月),档案号152-001-0029-012,第124页。

可以说,经过大量投入劳动力,1962年先锋大队的水稻和小麦等主要农作物的产量大大超过了1956年的水平。**先锋大队还利用农村多样化的资源,开展了多样化的副业经营**,例如,利用多种空间资源养鱼、养蜂,共养鱼3万多尾,养蜂80多箱,增加了集体的副业收入。先锋大队还组织"五匠"(即石匠、泥匠、木匠、瓦匠、铁匠)人员新建仓库,维修社员住房170多间;兴办了自给自足的砖瓦厂,为新建仓库和保管室提供了材料。

在养猪方面,经过反复的试错和调整,最终确立了"坚持公有私养和私有

---

[1]《郫县先锋公社先锋大队队史内容概况》(1963年8月),四川省郫都区档案馆藏,《郫县先锋乡卷宗》,档案号152-001-0029-012,第109-128页。

私养两条路"的养猪方针,**并坚持母猪由集体饲养的原则,扩大了猪源,大力支援贫困队,扶持贫困户养猪**,使得养猪事业得到发展,养猪数量逐年增长,从1960年的1506头发展到了1963年的2001头。

到1962年,先锋大队超额完成了国家征购贸易粮2000斤。一系列成绩使得先锋大队成为郫县"五好一高"的红旗大队,全大队涌现了全国、省、县各级劳动模范23人,曾荣获国务院、省、县各级的奖章奖状,各级领导和兄弟公社先后有14 000多人前来参观访问。

从先锋公社水稻和小麦的单产看,除高级社和人民公社化初期,其他时段一直呈现稳定上升的态势。1965年,水稻平均单产达到564斤,小麦平均单产达到396斤,均达到新中国成立后的历史最高水平,也远远高出全国平均水平,如表1-5所示。

表1-5 郫县先锋公社及全国1949—1965年水稻和小麦单产情况

单位:斤

年份	先锋水稻单产	全国水稻单产	先锋小麦单产	全国小麦单产
1949	400	252	201	86
1950	413	—	223	—
1951	428	—	256	—
1952	448	321	284	98
1953	455	—	290	—
1954	499	—	310	—
1955	497	—	309	—
1956	486	—	290	—
1957	489	359	2□□	114
1958	496	—	□□5	—
1959	474	—	360	—
1960	472	312	351	92
1961	364	—	262	—
1962	467	—	291	—

续表

年份	先锋水稻单产	全国水稻单产	先锋小麦单产	全国小麦单产
1963	506	—	214	—
1964	538	—	300	—
1965	564	392	396	136

注：□中数据因为原档案不清晰而无法识别。

资料来源：《郫县先锋公社基本情况》（1964年8月），四川省郫都区档案馆藏，《郫县先锋乡卷宗》，档案号152-001-0033-006，第26页；1964—1965年的数据来源于《郫县先锋公社1965年农副业增产情况的总结》，档案号152-001-0038-014，第55-61页；全国数字来源于中国农业出版社于2009年出版的《新中国农业60年统计资料》一书。

经过十多年的社会主义教育和对动员农民的方法的摸索，先锋公社的集体经济发展道路已经初具雏形。干部和社员的思想由于长时期的精神动员，也都进入了新的、向上的状态，为下一步的发展打下了坚实的基础。

这些运动重塑了新中国成立以来新的本地精英，在农村培养了一批热心公益、具有新道德的社会主义新人，在此背景下，新的战旗即将破土而出。

第二章
农业学大寨，西部举战旗
（1965—1973）

国家政权深入到乡村社会后，乡村干部的提拔和升迁，都要受上级领导的严格审查。

在这样的土壤中，通过锻炼和实际考验，国家培养出了一批出身贫下中农的年轻的积极分子，给党注入了新的血液。毛泽东在1964年6月提出了搞好社会主义教育运动的标准，即：把贫下中农发动起来了；干部的"四不清"问题解决了；干部参加劳动；建立起一个好的领导核心；农业增产等。[1]

战旗大队之所以能从金星大队独立出来，正是因为这个重要的背景。1965年，先锋公社党委研究后认为，第一，目前公社的大队地盘大，户数多，领导和管理有困难，以致有些问题不能及时发现，即使发现了也不能及时解决，为了壮大和巩固集体经济，只能等待时机解决；第二，党开展的社会主义教育运动，对干部进行了考核，这些教育给养使得一些干部具备了独立工作的能力，能正确贯彻党的方针、政策，密切联系社员和群众，在此情况下，分出一些大队更能促进生产全面发展。[2]因此，先锋公社将金星大队11—17生产队划出，单独成立了一个大队，即战旗大队（1965年成立时称为"金星三大队"，1966年改名为战旗大队）。战旗大队刚成立时，第一任大队书记是蒋大兴，

---

[1] 当代中国研究所.中华人民共和国史编年：1964年卷[M].北京：当代中国出版社，2019.
[2] 《中共先锋公社党委关于请示划分大队和并分生产队的报告》（1965年7月），四川省郫都区档案馆藏，《郫县先锋乡卷宗》，档案号152-001-0037-005，第25-28页。

大队长是罗会金，大队会计是李世炳。[1]

  战旗所在的金星大队在1965年前，似乎一直被公社作为一个中等或后进的大队提及。如1963年，金星大队从先锋大队借贷现金2000元，而且金星三大队（后来的战旗大队）农业和副业生产都处于消极状态。金星三大队有条件（有水碾、母猪），可半年才收入200余元。公社认为金星三大队生产搞不好，主要是干部头脑不清醒，听信社员说喂猪不划算，与其喂猪，不如把碾子上的扑糠卖给社员，比养猪算得起账，干部就这样动摇了。[2] 因此，在"分家"时，据当时的干部回忆，战旗大队"**只分得3间猪圈房，1个木制文件柜、3把圈椅，还有700元债务**"，说其是个"**经济上穷、思想上乱、方向上糊的落后大队**"并非夸张。[3]

  然而，到1973年，已经改名为战旗大队的金星三大队的水稻、小麦的单产量及生猪的人均头数等都位居全县及全公社的榜首，集体储备粮达24万斤，公共积累17万元，还添置了包括拖拉机在内的农业机械61台（件），完成国家征购任务后，还超卖贸易粮3万斤，对国家的贡献越来越多，集体经济不断巩固壮大，社员的生活水平也得到提升，[4] **超过了上一章提到的1958—1965年一直处于先进水平的先锋大队（1960年先锋大队已经是郫县的一面红旗）**。那么西部地区的战旗究竟是如何飘起来的呢？它为什么能飘起来呢？

---

[1] 蒋大兴，时年49岁，佃中农出身。1952年担任金星大队农会组长，1956年担任金星大队村委会主任，"四清"运动中成为清查对象，后被选为战旗大队的大队书记，70年代初负责管理油联厂。罗会金，贫农出身，战旗大队成立前担任生产队队长，继蒋大兴后，1969年任第二任大队书记，1975年调入公社作党委书记。李世炳，时年26岁，中学毕业，教过书，1966年入党，担任战旗大队会计，直到1971年担任支部副书记，1975年当选战旗大队第三任大队书记，1980年，调往新民场镇任党委书记。

[2]《中共先锋公社党委关于生产队发展集体副业情况简报》（1964年1月21日），四川省郫都区档案馆藏，《郫县先锋乡卷宗》，档案号152-001-0032-011，第48-50页。

[3] 另有档案资料显示，战旗大队在分家时，分了债务近万元，目前并未证实该说法，详见四川省郫县革命委员会：《关于先锋公社战旗大队党支部进行路线教育的情况调查》（1971年9月30日），四川省郫都区档案馆藏，《郫县先锋乡卷宗》，档案号152-001-0098-013，第50页。

[4] 郫县"农业学大寨"会议参考《艰苦奋斗创新业继续革命永向前》（1973年3月5日），四川省郫都区档案馆藏，《郫县先锋乡卷宗》，档案号152-001-0113-016，第142-155页。

一、农业学大寨与战旗农业高产

"四清"运动后，新的社会主义教育经常与推行"大寨工分制"等运动联系在一起，战旗大队农业生产的发展即与全国号召的"农业学大寨"运动有重要的关系。党中央发出"农业学大寨"的号召后，战旗大队（当时属于金星大队）的李世炳同志就到大寨参观学习。1965年，郫县大部分大队和生产队开始学大寨。1965年4月，大队长罗会金提出了"干部要学陈永贵，社员要学大寨人"的口号，发扬大寨人苦干的精神。[1] 这或许就是战旗飘飘的出发点，也是"穷则思变"的具体实践。

全国农业学大寨的同时，党中央作出把"三五"计划原来"抓吃穿用"的重点，转移到以备战为重点的"三线建设"上来的重大经济战略决策。1964年，毛泽东在中共中央政治局常委会会议中就提到，对西南地区这个第三线地区的建设注意不够。[2] 随着国际形势日益严峻，毛泽东屡次提到三线建设，直到1964年8月初，美国制造了北部湾事件，将侵略战争的战火烧到了中国边境，三线建设被要求抓紧落实，而四川正是三线建设的关键地区。**三线建设需要耗费巨大投资，只能从农业中继续汲取剩余，这是全国掀起农业学大寨高潮的背景之一。**

1964年年初，周恩来认为大寨的经验应调查清楚，各地要因地制宜地学习，也不宜只强调精神而不提物质。1964年5月，农业部部长廖鲁言根据周恩来的指示，到大寨大队做了为期21天的调查，并向中央报送了《大寨大队调查报告》。该报告认为，大寨是自力更生方面旱涝保收、农田稳产高产的典型，是全国农业战线的一面旗帜。

1968年4月，中华人民共和国农业部根据1967年9月和1968年1月在山西大寨召开的两次全国学大寨劳动管理经验现场会的情况，向全国印发了《全国学大寨劳动管理经验现场会议纪要》，使"农业学大寨"的群众运动进入了新的高潮。1969年，郫县县委下发了《"农业学大寨"三年规划（初稿）》。

---

[1] 《关于先锋公社战旗大队党支部进行路线教育的情况调查》（1971年9月30日），四川省郫都区档案馆藏，《郫县先锋乡卷宗》，档案号152-001-0098-013，第55页。

[2] 当代中国研究所.中华人民共和国史编年：1964年卷[M].北京：当代中国出版社，2019.

随后,先锋公社根据自身实际情况,下发了《先锋人民公社"农业学大寨"三年规划(初稿)》,并提出了"高举一面旗,不忘一条线,大干三五年,一变(思想变)促三变(土地变、技术变、产量变)"的战斗口号,同时提出了"注意发挥典型与榜样的作用,公社要搞好一个大队,大队要搞好一个生产队的学大寨先进样板",并"根据群众的要求,自愿推行德阳红光大队的大队统一核算,从战旗大队试点,有了经验后再逐步推广"。[1] **从此,战旗大队具备了集中力量办大事的制度条件,这或许是战旗村至今仍发展集体经济的根源。**

在该背景下,战旗大队通过干部和群众思想改造、农田水利改造、民兵组织建设、动员妇女劳动力等,使得农业尤其是水稻、小麦,在短短几年内达到高产。1973年,战旗大队的水稻亩产量达到了762斤,小麦亩产量达到了520斤。而1975年,全国的水稻亩产量才468.57斤,小麦亩产为218.41斤。战旗大队的粮食生产情况如表2-1所示。

表2-1 战旗大队1966—1967年、1972—1973年基本情况和粮食生产情况

年份	户数	人口	水稻面积(亩)	水稻亩产量(斤)	小麦面积(亩)	小麦亩产量(斤)
1966	248	999	1813	613	427	415
1967	251	1013	1774	631	416	366
1972	300	1274	1510	676	485	463
1973	305	1298	1645	762	506	520

资料来源:《郫县1966年度决算分配表—战旗大队》,档案号152-001-0086-002,第20-38页;《郫县1967年度决算分配表—战旗大队》,档案号152-001-0089-011,第165-180页;《郫县先锋公社战旗大队1972年决算分配表》,档案号152-001-0107-002,第16-30页;《郫县先锋公社战旗大队1973年决算分配表》,档案号152-001-0112-003,第36-52页。

(一)干部和群众的思想塑造

制度和道路确定后,干部的能力和品质决定了一个组织的发展状况。

战旗大队的干部学习能力非常强,无论是第一任书记蒋大兴还是第二任书

---

[1] 《先锋人民公社"农业学大寨"三年规划(初稿)》(1969年2月26日),四川省郫都区档案馆藏,《郫县先锋乡卷宗》,档案号152-001-0093-004,第16-19页。

记罗会金,都不断组织干部、社员学习党和国家的最新文件,进行深入的讨论,并结合大队的实际情况找出正确的道路。例如,贫农出身的战旗大队第二任书记罗会金,认真组织干部、社员学习了毛主席在《中国农村的社会主义高潮》中为《勤俭办社》一文所作的按语,讨论了靠什么办社、创业的问题。通过学习和讨论,大家一致认为,只能靠"穷棒子"精神,靠勤劳的双手,走自力更生、艰苦奋斗的道路。方向明确后,大队党支部领导和党支部成员处处起带头作用。

遇到问题,战旗大队的干部总是先从自己身上找原因,认真整顿领导班子。有一段时间,第5生产队的田坎越搞越宽,种的庄稼是"上三层、下三层",严重损害了集体利益,侵占了集体土地。党支部发现后,深入调查研究,发现有一个支部委员就有这种情况。于是党支部通过召开支委扩大会议,用批评和自我批评的方式,开展积极的思想教育,使该支部委员认识到了侵占集体土地的危害性,主动铲掉了加宽的田坎,带动群众刹住了侵占集体土地的歪风。在干部的带动下,充分发动社员群众,走群众路线,使得战旗大队能保持先进性。[1]

除此之外,战旗大队的干部还善于从小事中发现问题和解决问题。例如,1973年,大队党支部总结了5队、8队正反两方面的经验:8队的班子吃苦在前,带头大干,产量飞跃;5队的班子因循守旧,思想保守,产量稳而不高。战旗大队党支部认识到,没有革命干劲很大的领导班子是学不了大寨的。为此,大队先后进行了4次整风,发动群众揭露矛盾,找差距,促发展。同时还采取了看(组织到外地参观,解放思想)、比(开展流动红旗竞赛,互相学习)、帮(6队干部分片包干,具体帮助)、论(实地参观,对比辩论)等办法,有力地加强了生产队领导班子的思想建设。

经过这些复杂的斗争和实践,战旗大队的47个干部锻炼出了"六斗硬"功夫[2]。没有一个干部挪用大队一分一文、侵占大队一草一木。民兵排长高玉

---

[1] 郫县"农业学大寨"会议参考材料二:《艰苦奋斗创新业继续革命永向前》(1973年3月5日),四川省郫都区档案馆藏,《郫县先锋乡卷宗》,档案号152-001-0113-016,第143-144页。

[2] 政治思想斗硬,抓阶级斗争斗硬,工作作风斗硬,参加集体生产劳动斗硬,经济钱粮斗硬,家属带头斗硬。

洪（现任书记高德敏的父亲）拾金不昧，捡到110元钱和其他衣物全部交还失主。大队出纳周继尧廉洁奉公、兢兢业业，在病危时仍惦记着工作，被群众誉为"社会主义的红管家"。在组织建设中，战旗大队特别注意培养新干部的工作，不断从贫下中农中挑选并培养青年干部。全大队9个生产队中，各有1~2名25岁以下的青年干部。这些新干部为领导班子注入了新鲜血液，老中青结合，令各项工作的氛围更加朝气蓬勃，带领群众奋勇前进。[1]

党支部的带头作用，对其他干部和社员的影响也非常大。战旗大队的干部作风得到了先锋公社党委的认可，公社党委号召全社学习战旗的精神。这也可以说是战旗获得政治性资源的一种表现。

正因如此，战旗大队干部和群众积极参加劳动，降低管理成本和生产成本，降低集体和个人消费、非生产性开支，提高集体分配比例，通过劳动替代资本，才快速完成了资本原始积累。

首先，由于贫农出身的干部勤俭节约，参加劳动多、消费少，降低了战旗大队的管理成本和生产成本。经过不断调整思想路线，战旗大队党支部形成了好的领导团队。全大队干部没有一个人占用公款，如现金出纳周继尧同志到广汉修面机步行60里，晚上在车站过夜，不住旅馆；他有时出差买东西，耽误到下午5点，也不花钱吃东西。干部这种廉洁奉公、克勤克俭的精神，给广大社员群众做了榜样；在养猪方面，则大积自然肥，并从外部收集青草积肥，降低了对工业肥的使用及购买肥料的数量，从而降低了生产成本。

其次，战旗大队通过思想教育尽量减少非生产性开支和消费。战旗大队的传统是，凡是可买可不买的用具一律不买，能够自己动手办到的事情决不花钱办，坚决抵制铺张浪费和歪门邪道。生产队社员开会和饲养场水轮泵站点灯，都用拖拉机队剩的废柴油，每年可节省2/3的煤油；生产队办专栏需要笔墨纸张，于是队里自己做土黑板，一年只花几盒白墨钱。战旗大队没有因出差买东西而开支任何招待费。有一次，大队水泵站宴请外地"五匠"，有人提议进城买酒肉招待，大队干部就办学习班，批判"四大自由"，开展路线分析，

---

[1]《鼓足干劲争上游继续前进迈大步：先锋公社战旗大队水稻大面积增产经验》（1973年9月20日），四川省郫都区档案馆藏，档案号061-001-0025-007，第18-20页。

最终使社员提高了觉悟，节省了这笔开支。另一个例子是，随着战旗大队农作物产量的提高，生活条件越来越好，在这种情况下，有人主张拆掉旧房盖新房，他们说："大队家大业大，留上几间破草房太难看。"这件事引起了战旗党支部的重视，组织全队干部和群众，反复学习毛主席在中共七届二中全会上发表的"务必使同志们继续地保持谦虚、谨慎、不骄、不躁的作风，务必使同志们继续地保持艰苦奋斗的作风"的讲话，同时带领大家回顾大队艰苦创业的历史，批判"家大业大，浪费点没啥"的思想，发动群众开展路线分析，贫下中农深有感触地说："**拆掉几间旧草房事小，丢掉贫下中农艰苦奋斗的精神事大，这是关系到我们执行什么路线、走什么道路的大问题**"。经过学习，大家决定把这几间旧草房留下做副业加工房，对干部进行经常性的艰苦奋斗教育。[1]

另外，战旗大队降低社员分配比例，提高集体分配比例，从而达到了高积累。在分配方面，国家部分一直较为稳定（除1972年的灾年降低外），集体提留逐步提高，个人分配部分缓慢增长，从表2-2中可以看出，1973年，集体提留约占总分配粮食的15.34%，比1966年提高了约6.16%。正是这样的高积累，1973年战旗大队的公共资金才达到了20万元，储备粮有20多万斤。

表2-2　战旗大队1966—1967年、1971—1973年粮食分配情况

单位：斤

年份	全年要分配的粮食总数	国家部分	集体提留	个人分配
1966	1 311 896	675 555	120 378	515 963
1967	1 309 496	694 181	81 036.5	534 278.5
1971	1 537 630	—	—	—
1972	1 379 405	604 388.5	114 297	660 719.5
1973	1 637 364	685 609.5	251 176	700 578.5

说明：1972年，郫县各公社、大队遇到了灾害，战旗大队虽然受影响较小，但产量也出现了下降。

---

[1] 《艰苦奋斗的传统永远不能丢——先锋公社战旗大队勤俭办社的调查》（1972年2月11日），四川省郫都区档案馆藏，《郫县先锋乡卷宗》，档案号152-001-0105-007，第30—35页。

除此之外，战旗大队党支部还充分运用了劳动替代资本的方法。例如，"五匠"人员的统一调动，统一使用村社内部的生产建筑材料和工具等。开展"农业学大寨"运动后，郫县对"五匠"人员进行了限制，规定农村"五匠"（含公社修建队务工社员）必须以农为主，以本地为主，以修缮为主；进入城镇和赴外地行艺的农村"五匠"人员，必须返回本队参加农业劳动。[1] 由此，战旗大队的"五匠"人员全部被组织起来为队里修制农具。战旗大队还发动社员种植竹子，就地取材，一分钱不花，做到晒席、罗兜、竹扒、牛绳全部自给；大队保管室使用的小农具实行以旧换新，定额包干；捆麻用的篾条泡水后再捆，实在用不了的才丢，这些规定执行起来虽麻烦一点，但每年可以节省慈竹1000多斤。过去生产队的牵索、竹扒、扫帚等竹制农具都要花钱买，1971年以后，战旗大队自己动手生产，节约了这笔开支。在建筑方面，1971年，战旗大队的9个生产队修建保管室、牛房、猪场和大队副业用房共107间。如果所有材料全部买，要花费2万多元，他们自己烧砖、群众管料，只用了1900多元。[2]

战旗大队的干部与群众的思想塑造互为因果、环环相扣。在集体化的生产与劳动中，干部的办事能力和道德水平充分显露在群众面前，只有得到群众的认可才能长期居于大队领导的位置上，这是筛选大队领导的机制。经过筛选的干部具有较高的思想道德水平和办事能力，从而能有效地教育群众并动员群众。由此，干部与群众之间形成了良性互动，促进了集体经济的长期发展。

（二）妇女劳动力动员与工分制

解决了干部和群众的思想问题，在当时的技术和资本条件下，农业增产的关键因素是劳动力的大量投入。而以往不被计算劳动价值的妇女劳动力的动员并大量参与农业生产，是增加农业劳动力投入及增加农业产量的关键因

---

[1] 四川省郫县志编纂委员会. 郫县志[M]. 成都：四川人民出版社，1989.
[2] 《关于分配大检查的情况简报》（1972年1月19日），四川省郫都区档案馆藏，《郫县先锋乡卷宗》，档案号152-001-0104-005，第40页。

素之一。

战旗大队所处的成都平原,在新中国成立前,由于基层市场体系发达,女性可以通过从事家庭副业(如纺织等)和手工业等体现自身价值。当然,由于阶层、年龄和行业的不同,妇女参与到市场中的机会也不同。施坚雅认为,成都平原的妇女虽然不如费孝通研究的云南禄村的妇女辛苦,但一旦有需要,成都平原的妇女就要去地里干活儿。[1] 可以说,养育孩子、操持家务仍是大多数普通妇女的主要任务。因此,如何把妇女从家庭中解放出来,并有效地将她们组织起来,对提高农副业生产具有关键性作用。妇女的力气虽然比男人弱一些,但干起活儿来,尤其是不需要使用大力气的活儿,其实不比男人逊色。

集体制度下劳动力以工分计酬的方法,大大提高了农村妇女的地位。后来,婚姻法、扫盲运动、妇女代表会等使妇女的地位不断提升。然而,决定妇女地位的关键是经济基础。在以家庭为单位从事农业劳动的时期,妇女无论是做家务、帮助干农活儿还是从事家庭手工业,都很难让他人关注到她们的工作价值,也意识不到她们付出的劳动。直到集体工分制出现,把妇女完全带入了农业生产,并按她们的出工情况付酬,即使这些报酬可能仍然是付给男户主的,但是根据工分核算薪酬的方法,使每个家庭都开始意识到女性劳动力的存在。这种意识产生的社会效果是非常明显的,因为不干活儿就没有工分。正如黄宗智指出的,即使妇女与男性未能同工同酬,在华北和长江三角洲地区,这一变化也意味着农业劳动力的成倍增长,进一步刺激了农业生产的高度密集化。[2]

除了工分制,妇女代表会(简称妇代会)的思想教育等也起到了发动妇女的作用。1963 年,先锋公社的妇代会就通过对全社妇女队长以上的干部集中培训的方式,使得大多数的妇女能将农业生产与家务劳动相结合,妇女的觉悟也在不断提高。更重要的是,公社通过宣传典型人物,激励全社妇女,如出工多、投肥多、勤俭持家的火花七队队长陈秀英,既能安排队里生产,又能操持

---

[1] 李德英.基层市场结构中的乡村女性与家庭手工业:以成都平原为中心的考察(1940—50 年代)[J].四川大学学报(哲学社会科学版),2019(1):26-39.
[2] 黄宗智.长江三角洲小农家庭与乡村发展[M].北京:中华书局,2000.

家务、照顾孩子，还要带头劳动，有时间的话还要上手挑肥，关心集体、团结同志，被冠以"百里挑一李双双"之名。[1]

战旗大队通过创办幼儿园，将更多的妇女从家庭中解放出来，并通过提高女干部和女民兵的数量，动员妇女加入大生产。

战旗大队的妇女，有些认为农村和城市不一样，妇女在家喂猪、煮饭、带好娃娃就行了。[2]在干部问题上，大队的同志也对培养女干部的重要性认识不足，认为"婆婆妈妈，娃娃瓜瓜，当干部也搞不好"；对于未婚的女同志，大队的同志又认为"培养出来还是人家的人"。在民兵的吸收上，以往对妇女入队的附加条件较多，对家里小孩多的妇女即使符合基干民兵的要求也不吸收。[3]

这些对妇女的认识，随着掀起"农业学大寨"的新高潮而迅速改变。战旗大队党支部动员广大贫下中农，要求妇女充分发挥"半边天"的作用。大队的妇女代表大会积极响应，为了解决无人照顾孩子的问题，提出了"大队应办一所幼儿园"的建议，并积极筹建。为了动员那些犹豫的妇女将自己的孩子送进幼儿园，大队干部组织全村妇女学习毛主席有关妇女工作和"培养无产阶级革命事业接班人"的论述，用今昔对比、忆苦思甜的方法，使广大妇女认识到，中国的妇女是一种伟大的人力资源，是决定革命成败的一个力量。最终，战旗大队幼儿园入学儿童有164个，幼儿园在解放妇女劳动力、支援农业生产等方面都显现了一定的作用。例如，全大队妇女劳动力出勤率达到了90%，1973年，全大队520亩小麦，妇女一天半就收割完了；两个晚上妇女就把全部插秧任务完成了，比往年提前了7天。大队的男同志都赞扬道："我们大队妇女不简单，硬是顶起了'半边天'。"

妇女在生产中发挥的巨大作用也可以从时任妇女主任的蒋志珍的口述中得到印证。蒋志珍在访谈中多次提道："那时候我们干劲儿真的大得很……给我

---

[1] 《郫县先锋公社六三年关于妇女工作的总结报告》（1964年1月29日），四川省郫都区档案馆藏，《郫县先锋乡卷宗》，档案号152-001-0017-011，第43—47页。

[2] 《为革命办好幼儿园——先锋公社战旗幼儿园》（1974年1月），四川省郫都区档案馆藏，《郫县先锋乡卷宗》，无档案号，第118页。

[3] 《先锋公社战旗大队民兵连整组的情况报告》（1972年12月14日），四川省郫都区档案馆藏，《郫县先锋乡卷宗》，档案号152-001-0105-018，第123—124页。

改的'战旗李双双'的外号，就是很鼓劲。"当时蒋志珍主任带着女民兵们还去郫县参加了文艺比赛，唱的就是《不爱红妆爱武装》这首歌，这些都增强了战旗大队妇女不服输的劲头儿和劳动积极性。蒋志珍还作为妇女工作的典型代表，获得了多次表彰，起到了带头和榜样的作用。[1]

蒋志珍是战旗大队一个重要的妇女代表，担任大队的妇女主任，还管着大队里所有的女民兵，后来获得了多次表彰。她在家里排行第五，前4个都是姐姐，她出生的时候，奶奶说都是女娃子，把她淹死算了。侥幸活下来后，她的母亲一直教育她，说她是捡回来的一条命。因此，蒋志珍一直将共产党记在心里，认为自己若在旧社会，肯定活不了。1965年，她初中毕业，因为没钱读高中，蒋大兴动员她回到村里工作。不到20岁的蒋志珍对村里的妇女工作充满了热情，她回忆说："那个时候思想非常单纯，那会儿大队非常团结，喊哪个到哪儿去，从来没有人说不去，说这个工作不对，不说这些。"新时代重建了女性的价值体系，在工分制的安排下，女性的精神面貌焕然一新。

在蒋志珍的带领下，战旗大队在女干部和女民兵问题上的认识更加深刻，充分调动了女性的积极性，在农副业生产和农田水利改造方面取得了更大的成效。由于对培养女干部重视不够，战旗民兵连在整组前只有两名女干部。党支部针对这个问题，组织干部学习了毛主席"时代不同了，男女都一样，男同志能办到的事情，女同志也能办到"等教导，使干部充分认识到民兵工作中培养女干部的重要性，并认真选拔了10个女民兵担任连、排副职干部，充分调动了女民兵的积极性。

除此之外，党支部还针对女民兵数量少的问题进行了整改。战旗大队党支部列举了女兵孟笔群的事迹。她有3个小孩，爱人在外工作，家中无人照顾，但孟笔群每次都积极参加民兵活动。这使大家认识到，妇女能不能参加民兵活动，不在小孩多少，关键在于教育程度高低。在这次整组中，民兵队把符合条件的48名有负担的女同志，全部吸收入队，其中有43名为基干民兵。[2]

到1976年，战旗大队妇女民兵的占比已经很高。在1976年度民兵整组试

---

[1] 资料来源：2020年1月30日蒋志珍访谈记录。
[2]《先锋公社战旗大队民兵连整组的情况报告》（1972年12月14日），四川省郫都区档案馆藏，《郫县先锋乡卷宗》，档案号152-001-0105-018，第123—124页。

点时期,"通过整组入队31人,其中女性10人,基干转为普通5人,普通转为基干1人,出队23人。整组后,全连有民兵503人,占总人口的36.2%,基干民兵178人,其中女性80人;武装基干民兵128人,其中女性32人;普通民兵197人,其中女性94人。"[1]可以看到,基干民兵中,妇女占比约44.9%;普通民兵中,妇女占比约47.7%,几乎和男性民兵数量相当,也印证了蒋志珍所说的妇女民兵的数量和男性民兵数量差不多的情况。

正是由于妇女民兵干部和妇女民兵数量的增长,提高了妇女的地位,也进一步动员了妇女。这些原本并未被充分利用的劳动力,以饱满的热情加入劳动中。尽管妇女的劳动工分只是男性劳动力的八成,但妇女的积极性并未有丝毫减弱。例如,1973年,"小春收割刚结束,又打响了栽插大春的战斗,男民兵要赶犁水田、运施底肥,其他活路全部由女民兵承担。女民兵们不怕苦,不怕累,白天干其他活路,晚上打着灯笼、火把扯秧子,有时干到深夜一两点钟。因为全体民兵和社员的努力,我们大队的粮食获得了全面丰收,超过了历史最高水平……1971年冬,我们抽调了100名民兵组成了改渠突击队,负责全公社开凿横山支渠中最艰巨的一项任务。民兵们不怕苦,不怕累,不怕脏,鸳兜(一种工具)沾满了泥土,女民兵就用双手捧;雨天路滑,大家就用人传,终于克服了困难,提前半个月完成了任务。在改渠民兵这种打硬仗精神的带动下,在家的民兵和社员也一起动手,大搞农田基本建设,挖土1万多方,开通的斗渠和毛渠共16条,总长达15华里(1华里=500米)。"[2]

不仅如此,战旗大队在各项工作中还涌现出不少出色的妇女。例如,女民兵拖拉机手李仕芳,在1975年的"双抢"工作中,机器出了问题,她的右手食指不幸被扎断,她忍着剧痛,坚持把机器修好,使得"双抢"工作顺利进行。[3]

---

[1]《战旗大队民兵连七六年底整组成员工作的情况报告》(1976年),四川省郫都区档案馆藏,《郫县先锋乡卷宗》,档案号152-001-0129-003,第9页。

[2]《郫县1973年先进生产(工作)者代表大会发言材料:基本路线统帅三大革命中办民兵——郫县先锋公社战旗大队党支部》(1974年1月14日),四川省郫都区档案馆藏,《郫县先锋乡卷宗》,档案号152-001-0113-013,第113-116页。

[3]《狠批"上智下愚"促进双抢》(1974年5月21日),四川省郫都区档案馆藏,《郫县先锋乡卷宗》,档案号152-001-0120-007,第205页。

蒋志珍在访谈中提道："战旗大队没有得过二三名，（干什么活）都要赶在先锋大队前。（任何事情）我们都超过先锋大队，先锋大队说明天完成，我们今天就提前完成，所以我们出名就出名在这一块，什么都在前面。"这段话回答了本章开头提到的问题，为什么战旗大队能超过一直作为先进公社榜样的先锋大队。正是这种全面竞争的意识，使得战旗大队在竞争中脱颖而出。

虽然在人民公社时期，国家倡导的"同工同酬"并未在所有地区实现，但工分制使得妇女作为家庭的独立劳动力，经济地位得以显著提升，妇女进一步得到解放，广泛参与到农副业生产和农田水利改造运动中，这些潜在的劳动力的价值被最大限度地利用。可以说，该时期的战旗大队，妇女的确顶起了"半边天"，对战旗大队的农副业增产起到了关键性作用。

（三）农田水利设施改造

大量劳动力只是农业生产的要素之一，农田水利改造也是农业增产的关键。战旗大队党支部在"自力更生、艰苦奋斗"的大寨精神的鼓舞下，动员大量劳动力投入到开沟排水、深耕改土等事业中。

当时战旗大队有1800多亩田，有近一半属于烂糟田、下湿田。好一点的田只有属于2队、4队、8队的400多亩田，属于油沙田。下湿田、烂糟田处于低洼槽地，地下水埋藏很浅，许多田面甚至浮有红褐色的锈水膜。部分渍水严重的泥土成为颗粒无收的荒土。由于地下水位高，长期排水不畅，这些田的耕种变得异常辛苦。许多渍水严重的田土被耕翻后不松散，须晾晒到12月才能播种小麦和油菜。由于烂糟田的水、肥、气、热不协调，农作物长势普遍很差，产量很低，许多田只能种一季大麦，亩产也只有几百斤。每年水稻成熟后，烂糟田的渍水无法排干，农民只能在泥水中劳动。收获稻谷所使用的拌桶打谷机要垫上稻草才能移动。作物产量上不去，农民的生活仍然贫困，当地甚至有"种田不种蒋家湾，终年积水排不干"的民谣。

在战旗大队第一任书记蒋大兴的带领下，大队积极发展生产，村民拼命干活儿，并开始着手改造农田水利等，使得战旗大队的土地耕作水平得到了一定程度的提高。[1]

正因如此,第一任战旗大队大队长的罗会金首先带领村民对战旗大队的土地进行了整理规划,并提出了"沟端路直树成行,条田机耕新农庄"的口号,将土地全部"条块化",每两亩地划成一块田,晴天大干,雨天坚持干。经过大概三年时间,战旗大队的土地都被划成一块田了,沟全部是直的。[1]

土地的"条块化",并不能从根本上改变战旗大队的生产条件。而战旗大队干部的努力并没有就此停止,在此期间,接任战旗大队支部书记的罗会金参观大寨后,向全村人传达了大寨精神,号召大家向大寨学习。尤其是1971年春,在郫县县委召开"农业学大寨"会议以后,战旗大队党支部遵照指示,在温江军分区副司令员的关心下,罗书记继续带领群众开展了声势浩大的"农业学大寨"农田基本建设。1972年冬天至1973年春天,战旗大队大力改田改土,兴修水利,全大队担土面田100多亩,改变了部分低产田的土质状况。

更为重要的是,战旗大队党支部通过狠抓民兵组织建设工作,以民兵组织的形式,全力推进农田水利建设,将高低不平、大小不一的小丘、小田,改造成了方方正正的标准化农田,沟、渠、路相通,灌排方便,进一步提高了战旗大队的土地耕作水平,为粮食增产奠定了坚实的基础。

不仅如此,战旗大队党支部为了粮食的增产,在早计划、整好田、匀播种、多追肥、精收细打等方面积累了丰富的经验,在"农业学大寨"的热烈氛围中发动群众科学种田。例如,为了提高小麦的产量,战旗全大队在"1972年7月就发动干部、群众,从总结小春生产入手,安排、落实了1973年小春的生产计划。早计划,早落实,推动了早准备,早耕田,从而增加了小春底肥,保证了整田质量。全大队每亩小麦增加灰粪半挑至一挑,霜降左右整好了80%的小麦田,达到了田底子干,土整得细,泥耙得泡(收满耙齿),为适时播种,全苗、壮苗,根深叶茂创造了较好的土壤条件"。[2]为了提高水稻的产量,解决土地不平的问题,战旗大队"组织全体劳动力打歼灭战,收小春后结合施肥挖高填低担一道,犁田后再用泥船秧盆拉一道,使土地平整,有利于浅水灌溉"。

---

1 屈锡华,等.战旗村变迁纪实录[M].成都:四川大学出版社,2014.
2 《先锋公社战旗大队小麦亩产五百二十斤的经验》(1973年6月29日),四川省郫都区档案馆藏,档案号061-001-0020-034,第207-209页。

为了防止施肥不当,他们重施底肥(每亩平均施磷肥 50 斤、粪水 20 担),早施追肥(一般在 15 天内薅头道,施化肥 5 斤,粪水 10 担,油 50 斤;在 25 天内薅二道,施石灰 100 斤)"。[1]

正是在冬春农忙时节,战旗大队通过动员群众投入大量的闲置劳动力,进行土地整理和生产管理,使得战旗大队的全年全大队劳动累计日数逐年增加,1973 年达到了 1 221 666 人/天,每亩平均劳动时间 648 人/天,比 1966 年增加了 367 369 人/天,增长率为 43%,如表 2-3 所示。

表2-3　战旗大队1966—1967年、1972—1973年全大队全年实际劳动累计日数

单位:人/天

年份	全年实际劳动日数
1966	854 297
1967	882 793
1972	1 212 614
1973	1 221 666

数据来源:与表 2-1 同。其中,1972 年的数据原表明显有误,根据战旗大队人均劳动天数乘以人数而得该数字。

正因如此,战旗大队的粮食产量在短短几年内就获得了大幅度的提高。尽管曾有人说:该劳动力的巨大投入也摊薄了工分值。1972 年,劳动力工分值只有 0.43 元,比 1966 年的 0.98 元下降了 50% 以上。1973 年,战旗大队水稻种植面积有 1620.9 亩,水稻平均亩产 920 斤,其中第八生产队亩产达到了 1016 斤,比 1972 年单产增加了 80 斤,总产量增加了 19 万斤,成为战旗大队历史上水稻产量最高的一年。[2] 同年,小麦种植面积由 1972 年的 488.6 亩扩充为 505.4 亩,平均亩产达到了 520.2 斤,比 1972 年增产 13%。[3] 除此之外,油茶亩产达到了 248 斤,玉米亩产达到了 580 斤。另外有统计数字表明,1966 年,

---

[1]《鼓足干劲争上游继续前进迈大步:先锋公社战旗大队水稻大面积增产经验》(1973 年 9 月 20 日),四川省郫都区档案馆藏,档案号 061-001-0025-007,第 17—23 页。

[2]《鼓足干劲争上游继续前进迈大步:先锋公社战旗大队水稻大面积增产经验》(1973 年 9 月 20 日),四川省郫都区档案馆藏,档案号 061-001-0025-007,第 17 页。

[3]《先锋公社战旗大队小麦亩产五百二十斤的经验》(1973 年 6 月 29 日),四川省郫都区档案馆藏,档案号 061-001-0020-034,第 207 页。

战旗大队粮食总产量为120万斤，而1975年粮食总产量达到了174万斤，总增长率为45%。[1]

（四）民兵组织建设

战旗大队之所以能迅速动员大量劳动力，参加农业生产和农田水利设施改造，并维持大队的良好秩序，跟其民兵组织的制度建设良好有不可分割的关系。**这个大队的广大民兵都从严、从难要求自己，基本上做到了一有情况召之即来。**可以说，战旗大队的农副业生产是在一种半军事化的管理下进行的。

1970年前，战旗大队的民兵工作处于起步阶段。"四清"运动后，战旗大队就组建了民兵连，党支部也做了不少工作。但是，由于当时"民兵过时论""民兵无用论""民兵即社员"等声音盛行，党支部中有些成员认为，民兵工作是部门工作，是民兵连连长的事，与自己没有关系。甚至有的人说："生产不抓荒一片，民兵不抓看不见"，对民兵工作抓得少，管得少，支持得少，民兵工作"三落实"问题并没有得到解决。

1970年，战旗大队对民兵工作重新进行了整顿，并采取了3条措施，从思想和组织上加强了党对民兵工作的领导，具体措施如下。

（1）把民兵工作始终置于党支部的领导下，明确管理权责。党支部7个成员，有5个分别担任了民兵连的干部，每半个月开一次会，讨论民兵工作。为了解决行政干部与民兵干部之间"各吹各的号，各说各重要，结果乱了套"的矛盾，在对干部进行"全党抓军事，实行全民皆兵"教育的同时，9个民兵排的18个排长中，有11人是由生产队正组长或副组长担任的。这样做就使民兵工作和其他工作协调一致，党的一元化领导得到了保证。

（2）干部以身作则，当好民兵的带头人。党支部的7个成员，处处严格要求自己，积极带头参加民兵活动，从不特殊，从不例外。例如，1971年军训时，大队支书罗会金去县里开会，没赶上训练，回队后他主动要求补课，学习了规定的科目。支委党开炳当时已50多岁了，凡民兵出操，他都以普通兵的姿态

---

1 《先锋公社战旗大队的养猪业是怎样发展起来的》（1977年7月），四川省郫都区档案馆藏，《郫县革命委员会多种经营办公室卷宗》，档案号017-018-0019-019，第104页。

积极参加,从不缺席。干部的模范行动,对广大民兵的鼓舞很大。

（3）不脱离生产,建立健全民兵活动制度。党支部根据民兵组织是党领导下的一支不脱离生产的群众武装组织的特点,在安排民兵活动时,本着农闲多搞,农忙少搞,有分有合,以合为主的原则,建立了必要的制度,即每月1号、6号的早晨,以排为单位出操学军事知识,晚上学政治知识;以连为单位每月会操一次,进行检查奖评;每半个月召开一次排以上干部会议,总结和布置民兵工作;每旬擦拭武器一次。实践证明,这个制度对于让广大民兵树立战备观念,做到常备不懈是行之有效的。[1]

这些措施使战旗大队将民兵工作牢牢地把握在党支部的手里,民兵在维持社会治安、维护大队权威、参加农业生产及农田水利设施改造等方面发挥了巨大的作用。党支部充分依靠和发挥民兵在各种治安和生产运动中的骨干、突击队作用,逐渐改变了战旗大队开始抬头的散漫、落后的趋势。

首先,民兵连是维护大队治安的重要力量。20世纪70年代初,战旗大队连续发生了14起盗伐案件,闹得人心惶惶,严重影响了大队的生产工作。党支部立即组织了120多位民兵,连夜出动,跟踪追击盗贼。民兵走了3个县8个公社,在有关单位的协助下,仅用半个月时间,除破获了战旗大队这14起盗窃案外,还破获了与此有关的18起盗窃案和13起治安案,追回了大部分赃物,受到了彭县、灌县等县兄弟社队的赞扬。民兵副连长杨明书,为了抓捕家住新胜公社的盗窃集团要犯易某,不顾个人安危,去易某家林园埋伏了整整一个昼夜,在当地民兵的协助下,将易某捉拿归案。战旗大队广大民兵在治安领域的英勇,维护了当地的治安秩序,为生产创造了良好的环境,受到了上级干部的表扬,得到了社员的认同。

其次,战旗民兵连是大队进行"公私"利益斗争的坚实力量。原来战旗大队侵占集体土地、加宽田坎、大种蔬菜、弃农从畜的不良风气严重。党支部发动和依靠民兵,批判了"三自一包"等思想,保证了"农业学大寨"的群众运动稳定开展。通过这种民兵普遍参与和监督的方式,战旗大队民兵连在坚持

---

[1]《加强党的领导,狠抓路线斗争——战旗大队民兵连在三大革命运动中阔步前进》(1972年5月25日),四川省郫都区档案馆藏,《郫县先锋乡卷宗》,档案号061-001-0105-019,第125-130页。

社会主义道路上做出了很大的贡献。

最后，战旗民兵连是大队农业生产与农田水利建设的绝对力量。广大民兵为了粮食多增产以支援国家社会主义建设，提出了"向荒边古埂要粮"的口号，把战旗大队的旧河道和新中国成立以来一直未开垦的荒边古埂20余亩全部辟成了水田、旱地，并种上了水稻和其他粮食作物。民兵连在向生产的深度和广度进军的过程中，从1970年开始，大搞科学种田，连、排成立了科研小组，种了样板田、种子田、试验田。甚至有5个民兵，步行40余里路积肥上万斤。1972年，整组后的民兵连进一步参与了小春田间管理工作，使得菜籽普遍播种2次，有的播种了3次，麦子播种了100多亩，捡了石头200多方，油菜扫叶60%以上。这些举措都为农业生产发展奠定了坚实的基础。

战旗大队的民兵连之所以能发挥这么大的作用，跟其民兵的绝对数量，以及民兵在劳动力人口中所占的比例、枪支的数量、年年整组是有关系的。在人数方面，1972年，战旗大队民兵连有9个排、37个班，民兵总数达480人，占全大队总人口的37.7%，占全部劳动力的人口比例更大。[1] 在枪支方面，战旗大队领导民兵连，加强了党控制武装的能力。1975年，战旗大队拥有枪支32支，比先锋大队的枪支数量多24支。可见在民兵力量上，战旗大队比先锋公社的其他大队要强劲很多。各大队的武器分布情况具体如表2-4所示。

表2-4 战旗、先锋等大队1975年民兵武器分布统计

大队	武装民兵（人）	轻机枪（挺）	冲锋枪（把）	步枪（支）	卡宾枪（支）	备注
战旗大队	144	3	—	29	—	战旗大队民兵连平时学习无产阶级理论，坚持实际训练，班、排、连有学习制度并常年坚持
金星大队	37	1	1	4	2	
东风大队	31	1	—	6		
先锋大队	34	1	—	7		

资料来源：《郫县先锋公社武装民兵武器分布统计表》（1975年），四川省郫都区档案馆藏，《先锋乡卷宗》，档案号152-001-0126-010。

---

[1] 《先锋公社战旗大队民兵连整组的情况报告》（1972年12月14日），四川省郫都区档案馆藏，《郫县先锋乡卷宗》，档案号152-001-0105-018，第117-124页。

战旗大队民兵连之所以能维持这样的战斗力，跟党支部每年都对民兵连进行整组和教育、提高民兵的思想认识密切相关。战旗大队根据每个民兵的表现进行评选，在基干民兵、普通民兵、非民兵之间进行出队、入队、转队的调整，表现好的可以加入民兵连或被升级，表现不好的要被降级或退出民兵连。以1972年的整组为例，赵政委（人民武装部）亲自带领人民武装部、征办工作组，于1972年12月3日在战旗大队开展了1973年度的民兵整组试点工作。整组中，新入队10人，基干民兵转普通民兵40人，普通民兵转基干民兵43人。整组后，民兵被编为9个排、36个班，民兵总数为490人（占战旗大队总人口的38.4%，比整组前提高了0.7%）。具体方法上，战旗大队以排为单位，组织学习民兵的性质、任务、条件，按照民兵的组织原则，以排为单位宣布出队、入队、转队名单，编好班、排、民兵干部的配备，以"革命事业接班人的五项条件"作为衡量标准，由支部提名，群众评议，报公社批准。对兼职过多的干部进行调整，特别抓了副职干部和女干部的配备。在开展民兵教育的过程中，**民兵养成了热爱学习的习惯，如学习马列主义和毛主席思想、党的基本路线等，改造自己的人生观和世界观**，扫除了各项工作中的思想障碍。

除此之外，依靠群众实行开门整组的群众路线是战旗大队民兵整组工作的一个重要环节。整组教育开始后，战旗大队会组织群众和民兵一起学习，共同提高。在总结工作、进行评比时，采取社员评民兵，民兵、社员互相评议的方法，在肯定成绩的基础上指出缺点。发动社员评议民兵，同时发动民兵评出支持民兵工作的优秀社员，在出队、入队、转队阶段，组织民兵、群众进行专题讨论，讨论"如何当个优秀民兵"和"如何支持搞好民兵工作"。引导大家从路线的高度认识民兵工作的重要性和必要性。整组工作中还出现了父亲帮儿子，母亲帮女儿，哥哥帮妹妹，丈夫帮妻子的温馨局面。老贫农苏大娘，一听见民兵紧急集合的号声，就立即起床，督促全院民兵参加紧急集合；贫农陈大爷，帮助儿子开展忆苦思甜工作，希望儿子参加民兵，并亲自为儿子报了名。[1]

---

[1]《先锋公社战旗大队民兵连整组的情况报告》（1972年12月14日），四川省郫都区档案馆藏，《郫县先锋乡卷宗》，档案号152-001-0105-018，第117—124页。

这些事例，对于战旗大队民兵觉悟的提高起了关键作用。大家互相监督、互相学习，使整个大队呈现出积极向上的局面。不仅稳定了治安，促进了大生产，对今天党如何走群众路线的工作仍具有极强的借鉴意义。

综上所述，战旗大队在"农业学大寨"的背景下，通过对干部和群众的思想进行改造、动员大量妇女走出家庭参与农副业生产、完善民兵制度、大兴农田水利设施改造，使粮食产量不断增加。值得注意的是，战旗大队通过大量投入劳动力达到农业高产的同时，又通过调整农业与副业生产的激励机制，进一步促进了养猪业的发展，提高了土地的肥力，进而实现了农业增产的良性循环。

二、平衡家庭理性与集体理性，实现副业高产

在副业生产上，战旗大队主要有生猪、耕牛、蜜蜂、油碾、磨坊等生产资源，具有多样化经营的特征，并善于利用空间资源，如养蜂，但战旗大队的主要副业仍然是养猪。俗话说"人养猪，猪养地，地养人"，在当时缺乏化学肥料与以农业收入为主的背景下，养猪和农业生产发展联系紧密。猪粪作为肥料可以大大提高粮食的产量，而粮食产量的提高又进一步增加了饲料的来源，从而促进了养猪业的发展。

副业生产在当时几乎是一项政治任务，尤其是养猪，可以说是一种特殊的竞争。毛主席在1959年《关于发展养猪业的一封信》中说，养猪业必须有大发展。该指示信此后一直被作为全国基层组织奉行的方针，并发挥了纲领性作用。先锋公社在对全公社的人均养猪数量进行排名时，提出"比一比，看一看，看谁走在最前面；先锋大队红旗飘，生猪生产举得高；火花二大队他们不服气，鼓雄心，添干劲，争取夺红旗；火花三大队大学大寨人，生猪生产发展快，一跃全社夺三名"[1]。

当然，纯粹的政治动员并不能提高干部和社员养猪的动力。以"大跃进"时期先锋公社的先锋大队为例，在人民公社成立前，先锋大队（管理区）有毛

---

1 《先锋人民公社1966年二月底生猪发展的情况》（1966年2月26日），四川省郫都区档案馆藏，《郫县先锋乡卷宗》，档案号152-001-0084-006，第14页。

猪合计1844头，而1958年10月成立人民公社后，生猪两个月迅速死亡181头，造成生猪数量和质量同步降低。究其原因，是人民公社成立后"宣布了社员私养猪和小社公养猪一律过称折价归全公社所有的政策，以生产队为单位集中喂养和管理"，"这就使得原高级社干部、社员同人民公社在发展生猪的问题上存在一些矛盾，养猪的积极性不能得到充分发挥"。[1] **以往农民利用饭前饭后空闲时间，用剩饭和米糠等饲养肥猪的家庭喂养方式，被公社集中喂养的方式取代后，在饲料、劳动力等方面，成本迅速增加，导致原小社的干部不积极领导发展，社员群众不积极关心饲养，养猪业全面受挫。**

政治话语必须与农村社会的实际情况相结合，适当平衡家庭理性和集体理性，才能促进社员和生产小队干部的积极性。1959年3月，四川省委重庆六级干部会议召开，省委迅速调整人民公社管理问题，规定将生猪所有权下放到生产大队（管理区）。先锋大队有500多户，鉴于户数太多，又将生猪所有权下放归生产队所有，以食堂为单位进行饲养管理，并在此基础上，实行"五定""五结合"、评比竞赛奖励及专人领导管理喂养等措施。**不到4个月时间，先锋大队就将养猪的权利从公社下放到了各生产小队。**即使如此，由于口粮与饲料的竞争、小队私养仍然不经济等原因，先锋大队1959—1962年的养猪数量持续下降，直到"公私并举，私养为主"政策实施后，养猪业才于1963年有所恢复，如表2-5所示。

表2-5　先锋大队历年养猪头数

单位：头

时间	集体母猪	集体净猪	私有母猪	私有净猪	合计毛猪
1958.10	—	—	—	—	1844
1959.1	—	—	—	—	1663
1959.12	—	—	—	—	1404
1960.12	—	—	—	—	1592
1961	152	896	2	526	1576
1962	—	—	—	1331	1357

---

[1]《郫县万寿公社先锋管理区生猪大发展的情况报告》（1959年6月18日），四川省郫都区档案馆藏，《郫县先锋乡卷宗》，档案号152-001-0010-002，第9页。

续表

时间	集体母猪	集体净猪	私有母猪	私有净猪	合计毛猪
1963	24	1	131	1975	2131
1964	66	35	80	2040	2221
1965	61	100	65	2338	2564
1966	35	34	109	2578	2756
1974	26	76	115	2995	3212
1979	32	159	155	3102	3448

资料来源：《郫县万寿公社先锋管理区生猪大发展的情况报告》（1959年6月18日），四川省郫都区档案馆藏，《郫县先锋乡卷宗》，档案号152-001-0010-002，第9—15页；《关于先锋大队生猪发展问题的调查报告（修正稿）》（1961年5月21日），档案号152-001-0013-002，第4—10页；《郫县先锋公社1962年底生猪情况统计表》，档案号152-001-0016-004，第11页；赵仁春、高光俊主编的《先锋村志》（未刊稿），第55页。

基层社会是如何在政治话语与经济利益的综合考量下，发展养猪这一项重要的副业的？1965年，先锋公社有关"公有私养"猪的一份调查，对集体和社员的收益进行了较为细致的计算和比较。该调查以公社内几个生产队为对象：第1类，集体每头猪亏损5.75元（出售金额－小猪成本－药费－社员劳动报酬－饲料投入）；第2类，集体每头猪亏损15.5元；第3类，集体每头猪盈利2.75元。具体收支情况如表2-6所示。

表2-6　1965年先锋公社"公有私养"猪的集体收支情况

单位：元

队名	出售金额	仔猪成本	药费成本	社员报酬	饲料投入	集体盈亏
曙光一队	67.50	10.50	2	60.75	0	-5.75
曙光七队	67.50	13.50	2	67.50	0	-15.5
火花二队	67.50	10.50	2	47.25	5	+2.75

资料来源：《关于对发展公有猪的情况调查》（1965年4月15日），四川省郫都区档案馆藏，《郫县先锋乡卷宗》，档案号152-001-0038-019，第82—85页。

从上表可以看出，集体亏损越大的生产队，社员的报酬越高。除数字上的盈亏外，该调查表并未将每头猪的粪水投资计入，而每头猪的粪水投资根据所得工分估价，约为25元，算作社员对集体的投资。对于社员来说，假如集体不投入任何饲料，每头猪的干、精饲料、米糠等投资约为35元。上表中，火花二队的饲料成本有集体补贴，补贴额度是 5 元，则该队社员对每头猪的饲养成本投入为 30 元，社员劳动报酬为 47.25-30=17.25 元。加上粪水投资 25 元，则社员喂养一头猪的实际收入，即总劳动报酬，为 17.25+25=42.25 元，相当于 42.25 天的农业劳动所得。

该调查最终的结论是，火花二队符合集体和社员互利的原则，也不是损公利私，而是既有利于集体发展生猪饲养，又有利于社员利用潲水饲养公有猪，并且可以增加社员的收入。可以看出，国家对于肥猪的收购价格较低。假如不考虑猪粪对农业增产的重要作用，即使是火花二队降低社员报酬，集体养猪实际也没有什么利润。对于社员来说，利用闲余劳动力及低价的潲水养猪才使收入增加。

因此，在这种情况下，能考虑到集体农副业综合收益的领导者，其理性的选择是大力鼓励公有私养或私有私养的养猪行为；而不能顾全大局的领导者，则无法提高社员养猪的积极性。对于社员家庭来说，家庭理性的选择是利用空余时间和潲水来养猪，以获得工分及粪水投资等更多的收入，维持全家的生活。根据先锋公社 1964 年关于发展集体副业的一份简报可知，对发展养猪业持积极态度的生产队占 47.4%，这类生产队的领导"头脑清晰、方向明确、执行党的方针政策坚决"，而其中最突出的例子就是先锋大队的各生产队。[1]

正因如此，贫农出身的唐思学带领的先锋大队，当时既能认同上级的政治动员，也能兼顾经济收益，迅速将饲养权下放到生产小队，通过集体承包、分户饲养或分户承包、分户饲养的办法，才使得先锋大队即使是在养猪业收益大幅度下滑的情况下，仍能做到下降幅度最小，从而成为全公社甚至全县、全地区养猪业情况最好的大队，成为郫县的一面红旗。与此同时，养猪业的积肥，也使得先锋大队的农业产量受"大跃进"运动的冲击相对较小。[2] 到 1966 年，先锋大队的养猪数量及人均养猪头数都为全公社第一，人均 1.06 头。**值得一提的是，先锋大队的养猪业能否保持这样的发展态势或进一步发展，很大程度上取决于其集体是否能继续发挥理性，以及集体理性与家庭理性是否平衡。**

---

[1]《中共先锋公社党委关于生产队发展集体副业情况简报》(1964 年 1 月 21 日)，四川省郫都区档案馆藏，《郫县先锋乡卷宗》，档案号 152-001-0032-011，第 48-50 页。

[2]《关于先锋大队生猪发展问题的调查报告（修正稿）》(1961 年 5 月 21 日)，四川省郫都区档案馆藏，《郫县先锋乡卷宗》，档案号 152-001-0013-002，第 4-10 页。

此时，战旗大队才刚刚成立不到一年。1966年2月底，战旗大队养猪合计806头，人均0.83头，为全公社倒数第4名，没有养猪的有13户，其中母猪40头（公有5头，私有35头）。然而，1972年年底，战旗大队养猪合计1614头，人均1.27头，母猪合计114头（其中，公有77头，私有37头），成为全公社人均养猪头数最多的大队，如表2-7所示。

表2-7　战旗大队1966—1967年、1971—1973年养猪概况

单位：头

年份	总数	人均数量	公有母猪	私有母猪
1966	806	0.83	5	35
1967	896	0.88	2	27
1971	1516	1.22	—	—
1972	1614	1.27	77	37
1973	1591	1.23	57	18

资料来源：《先锋人民公社1966年二月底生猪发展的情况》（1966年2月26日），档案号152-001-0084-006，第14页；《郫县1967年度决算分配表—战旗大队》，档案号152-001-0089-011，第165-180页；《当前生猪发展上的几个具体意见》（1971年12月25日），档案号152-001-0099-004，第14-15页；《郫县先锋公社战旗大队1972年决算分配表》，档案号152-001-0107-002，第16-30页；《郫县先锋公社战旗大队1973年决算分配表》，档案号152-001-0112-003，第36-52页。

在1971年，战旗大队的养猪数量和人均养猪头数已经大大超过了1967年，成为先锋公社乃至郫县的标杆。**更重要的是，1966年后，养猪业面临的问题与前一阶段围绕制度变革出现的问题并不一样**。根据黄宗智对长江三角洲地区的研究，"大跃进"后，集体便只经营种猪，公社养公（种）猪，大队养母猪，社员散养净猪。而且由于国家对猪肉价格定得太低，农民根本无利可图，也不愿意为国家养猪。[1] 四川地区的养猪业虽然基本遵循净猪私养的原则，但不同的大队在养猪业的成绩上仍呈现出明显的差异。因此，我们要问的是，仅仅4年时间，战旗大队是通过什么手段动员群众积极养猪的呢？又是如何处理集体与社员之间的利益矛盾呢？**先锋大队净猪的增长率相对战旗大队有所下降，如表2-8所示，原因可能是什么呢**？

---

[1] 黄宗智.长江三角洲小农家庭与乡村发展[M].北京：中华书局，2000.

表2-8 先锋大队和战旗大队1971年年底生猪统计对比情况

大队	户数	人口	田亩	现有生猪							合计	人均养猪头数
				公有			私有				
				大母猪	小母猪	净猪	大母猪	小母猪	净猪		
先锋	689	3241	4096	108	10	68	226	17	2701	3130	0.97
战旗	275	1238	1828	51	23	—	29	5	1403	1511	1.22
全国	1970年,全国生猪人均0.29头;直到1973年,全国还不到4%的县(市)完成了"一人一猪,一亩一猪"的要求										

资料来源:《当前生猪发展上的几个具体意见》(1971年12月25日),四川省郫都区档案馆藏,《郫县先锋乡卷宗》,档案号152-001-0099-004,第14—15页;白昀松.集体化时期河北省养猪业与乡村社会研究[D].保定:河北大学,2017.

资料显示,战旗大队成立之初的几年,其生猪生产和其他兄弟队一样,经历了几起几落,生猪发展一直稳而不升。随着农业生产的发展,饲料的问题日益突出。战旗大队的党支部成员开始调查为什么大家不愿意养猪。调查中,一些干部、社员反映:"猪我们都愿意喂,但是饲料不好弄。"大队党支部进一步深入走访群众,发现这些说饲料不够的干部、社员都在赶场卖猪草,原来市场上的猪草价格高,只要卖上几百斤苕糠、残谷糠,收入就相当于养了一头肥猪,又省力又省时。

"喂猪不如卖猪草",这是个人或家庭利益与集体利益的矛盾。对于家庭理性来说,获取最大化的短期收益是最大动力;而对于集体理性来说,多卖猪、多积肥、促进农业生产,是政治和经济综合考量下的集体经济的发展动力。社员认为堆肥是集体的责任,与个人无关。因此,如果说前一阶段的养猪业是公养与私养的制度斗争,那么战旗大队面临的则是私养为主后,集体与市场的斗争。

为了解决这个问题,战旗大队首先从干部的认识入手。党支部开办了干部培训班,学习党的基本路线。通过学习,有些干部主动承认错误,并在贫下中农社员会上做了检讨,同时退出卖高价的部分现金。通过这种方法,此后3年都没有出现私自卖猪草的情况。同时,全大队干部、社员都按计划养生猪,不卖架子猪和小猪,而且私人养的母猪产仔也自觉交给队里安排后才上市出售剩余猪仔,这样既保证了全大队养猪业稳定发展,农业用肥也有了保障,加速了生猪的数量增长。

除解决干部和社员的认识问题外,同样关键的是从制度上提高社员的养猪积极性。战旗大队从提高投肥粮分配、掌握猪仔来源、扶持贫下中农养猪、合理安排饲料种植等方法来提高养猪数量,提高土地肥力。

第一,提高投肥粮分配。投肥粮分配是社员粮食分配的一部分,虽然该时期以私养为主,但大队要求社员将养猪产生的猪粪作为对集体的投资,按照每只猪产生的猪粪挑数,以及每挑猪粪的价格来核算每家通过养猪向集体投资的金额,再按照该金额与粮食做一个换算。从表2-9中可以看出,战旗大队在1966年每一元投肥可获得粮食1.24斤,1972年高达2.07斤,1973年又回落到了1.32斤。与之相比,1972年,郫县全县的投肥粮占口粮总数的6%,每一元投肥分粮1.19斤,比战旗大队低。[1]通过调整每一元投肥可换得粮食的数量来调整大队内部劳动力分配,战旗大队在1972年投肥粮分配的数量甚至超过了工分粮,提高了社员养猪的积极性。

表2-9 战旗大队社员粮食分配情况

年份	总斤数	基本口粮		工分粮			投肥粮	
		斤数	占口粮的比例(%)	斤数	占口粮的比例(%)	每个劳动日值	斤数	占口粮的比例(%)	每一元投肥平均得粮的斤数
1966	515 953.8	411 285.8	80	82 273.0	16	0.98	20 123.0	4	1.24
1967	534 278.5	425 709.0	80	85 296.5	16	1	20 972.0	4	1.3
1972	660 719.5	527 401.5	80	53 402.5	8	0.43	78 570.5	12	2.07
1973	700 578.5	561 399.0	80	83 402.0	12	0.7	55 347.0	8	1.32

资料来源:《郫县1966年度决算分配表——战旗大队》,档案号152-001-0086-002,第20-38页;《郫县1967年度决算分配表——战旗大队》,档案号152-001-0089-011,第165-180页;《郫县先锋公社战旗大队1972年决算分配表》,档案号152-001-0107-002,第16-30页;《郫县先锋公社战旗大队1973年决算分配表》,档案号152-001-0112-003,第36-52页。

---

[1] 四川省郫县志编纂委员会. 郫县志[M].成都:四川人民出版社,1989.

第二，掌握猪仔的来源，将市场风险内部化，有效地熨平市场波动。战旗大队干部认为，以前养猪数量不稳定的原因，其中一条就是受市场价格的影响，所以集体必须掌握养猪权，才能保证猪源。因此，只有认真贯彻"公私并举"的养猪方针，才能更快地促进养猪数量提高。战旗大队党支部充分吸取历史经验，并用事实证明，集体掌握养猪权可以使猪只不受市场价格的影响，1971年市场猪仔高达一元多一斤时，队上的猪仔仍只卖八角一斤，保证了贫下中农有猪可养；1973年市场猪仔烂价时，猪仔只卖三角一斤，队上只卖二角一斤，也保证了社员喂猪之需。我们从表2-7中也可以看到，1966年战旗大队的公有母猪只有5头，而1972年达到了77头，保证了猪仔供应几乎不受价格波动的影响。在少数干部、社员反映喂母猪划不来、要砍掉公有母猪时，战旗党支部要求坚定不移地喂下去，同时对一些喂公有母猪的社员，每月另加45分的底分，以保证其收入，提高喂母猪的社员的积极性，最终使公有母猪的数量保持稳定。

第三，扶持贫下中农及困难户等社员养猪，扩大养猪面。从"四清"运动开始，"依靠贫下中农、扶持贫下中农"成了党在农村的路线，贫下中农逐渐成为发展和壮大集体经济的有生力量。扶持贫下中农养猪，是发展养猪业的关键。贫下中农由于缺乏资金买猪、修猪圈，养猪少或无法养猪。战旗大队共赊、贷给237户社员合计445头猪，这些困难户在集体的扶持下都喂了肥猪，增加了收入，改善了生活。例如，贫农社员蒙秀荣一家4口人，丈夫去世后，她带着3个小孩，每年都要倒补队上百多元钱，生活十分困难。1971年生产队给了她一个木圈，又帮她修了两个土猪圈，她喂了2头公有母猪，队上又赊4头小猪给她喂。一年多时间，这个补队户变成了进钱户，一年就分得现金230元，大大改善了生活，还新修了住房。**战旗大队稳定母猪数量及掌握猪仔来源的措施，还具有防止村社内部的贫富分化这一功能，也是社会主义的本质属性。**

第四，合理安排饲料，也是战旗大队生猪养殖的经验之一。饲料价格高，是高级社时期先锋高级社养猪业亏损的重要原因之一。战旗大队在几年的探索中摸索出了一套不与粮食争地的获取饲料的方法：种植饲料高产作物，绿肥作物尽量多种，如胡豆秧和江西苕，双季稻前改种玉米；大搞增种，早中稻收割后种秋红苕或胡豆秧,待收割胡豆秧后再点小春;大搞见缝插针及间套种,绿肥田中全部播种萝卜和胡豆秧,然后是玉米和巴山豆同时下种,在玉米挖大厢时割巴山秧喂猪,再插上红苕,田坎收割黄豆后全部种上胡豆秧,沟边、河边、荒地大搞见缝插针;合理利用农副产物,增加饲料来源,全大队3台饲料粉碎机,专门为社员加工玉米秆、玉米芯、玉米壳、豌豆杆、菜壳等农副作物。利用上述办法,集体每年给每头猪提供饲料1800多斤、农副作物加工干料60多斤,使每头猪全年所需饲料可以解决70%以上。加上社员的自留地和农闲采割部分,基本上解决了生猪饲料来源问题。[1]据一些大队干部回忆说,当时集体给各养猪户的猪饲料的价格远远低于投肥工的价格,使得养猪对于农户来说也较为划算。

除此之外,战旗大队的生猪养殖之所以发展得好,与干部都能亲自带头给社员做榜样是分不开的。大队党支部41人喂了54头猪,平均每人达1.3头。

战旗大队最终发展到平均每人1.2头猪,每年可以提供猪粪13万挑。春夏季节战旗大队还发动群众从外地割回20多万斤青草,并大积绿肥,积灰渣,铲草皮,拾野粪,增加肥料,降低成本。仅1971年便节约现金开支4000多元。其投肥工分如图2-1所示。

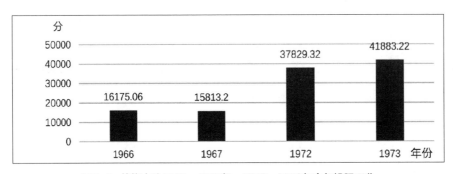

图2-1 战旗大队1966—1967年、1972—1973年全年投肥工分

资料来源:《郫县1966年度决算分配表——战旗大队》,档案号152-001-0086-002,第20—38页;《郫县1967年度决算分配表——战旗大队》,档案号152-001-0089-011,第165—180页;《郫县先锋公社战旗大队1972年决算分配表》,档案号152-001-0107-002,第16—30页;《郫县先锋公社战旗大队1973年决算分配表》,档案号152-001-0112-003,第36—52页。

---

[1]《养猪生产方向促进猪只大发展》(1974年6月19日),四川省郫都区档案馆藏,《郫县先锋乡卷宗》,档案号152-001-0119-026,第136—141页。

从上图中可以看出，1973年投肥工分约是1966年的2.59倍。由于化肥工业品价格很高，因此多投入自然肥是成本最低的做法。例如，1972年，先锋大队有的干部大量购买氨水下田，因施用不合理，不仅加大了现金开支，连生产也受到了影响。大队干部因为这个问题办学习班，进行了相关教育，大家接受教训，表示要学习战旗大队的经验，自力更生，以降低成本。[1]

当然，自然肥的成本低和国家的宏观背景有关。那个时期是国家工业化初期的资本原始积累时期，农村集体化作为农产品统购统销和财政统收统支等国家积累制度的组织载体，与服务于政府集中进行工业化建设的一整套制度的其他重要方面互相依存。[2]化肥作为工业品下乡价格较高，而农产品的价格较低，由此自然肥的价格远低于工业肥料。

1972年，四川省郫县水利局办公室就以《先锋公社战旗大队是怎样解决猪饲料的》等材料，对战旗大队的养猪业进行宣传。1971—1973年，战旗大队在3年内出槽交售给国家的肥猪达3771头，平均每户每年交肥猪3头以上，战旗大队也因此在副业生产上获得了优势。

由上文可知，养猪业事实上获取的是生产队种养结合的综合收益。若仅仅从每户社员的收入来看，当仔猪或猪草价格升高时，社员养猪就会不划算，还不如单独卖猪仔和猪草。但从整体来看，养猪在当时不仅能适当增加社员的现金收入，更重要的是，猪粪的积肥是提高土地肥力及农业产量的关键因素之一；卖肥猪的数量也是提高集体经济积累和获得政治名誉的重要途径。

因此，养猪业透露出的核心问题是，在中国工业化进程中，是追求短期现实利益还是以追求长远利益的眼光来追求工业化完整积累。在集体化时期，该问题具有普遍性，也是社会主义教育、"农业学大寨"等运动兴起的原因之一。而集体理性与家庭理性之间的斗争与平衡，决定了运动是否能取得效果。

---

1 《关于先锋公社狠抓农村经济政策落实现金分配的情况简报》（1972年12月1日），四川省郫都区档案馆藏，《郫县先锋乡卷宗》，档案号152-001-0105-010，第47-50页。

2 董筱丹，温铁军.宏观经济波动与农村"治理危机"——关于改革以来"三农"与"三治"问题相关性的实证分析[J].管理世界，2008(9):67-75.

战旗大队成立时，养猪业已基本确立了"公私并举，私养为主"的发展方针，而且猪草、猪仔等已部分恢复市场交易，集体与市场之间的矛盾逐渐显化。首先，战旗大队通过思想教育解决了干部和社员的认识问题，制止了社员卖猪草和猪仔的行为；其次，提高投肥粮的分配比例，从分配机制上提高社员的积极性；最后，集体掌握了养猪权，对猪仔和肥猪以内部定价的方式平抑了市场价格的波动，维持了生产的稳定，从而推进了集体养猪业的持续发展。除此之外，集体赊销大量猪仔给贫下中农或困难户，通过集体预付成本为贫困户垫付了生产性资本，打断了贫富分化这一社会结构的形成。集体理性发挥主要作用，得以克服小农机会主义，是战旗大队养猪业成为西部一面红旗的关键，而先锋大队在该阶段的集体理性未能发挥关键作用。

综上所述，在普遍缺乏资本的年代，战旗大队在1965—1973年，通过民兵制度动员内部大量劳动力，包括女性劳动力，参与农副业生产，使农业总产量和总收入迅速增加。在高积累、少分配，尽可能降低生产成本的情况下，完成了大队的资本原始积累，举起了西部的战旗。

战旗大队完成内部资本原始积累的同时，在分配上也通过对超支户（倒补户）和困难户的照顾保障了全大队农民的基本生活。从表2-10中可以看出，战旗大队的超支户所占比例基本在20%以下，1972年由于发生灾害达到了18.3%，这个比例相比全国应该是比较低的。以湖北省为例，在20世纪70年代，其超支户一般占总户数的30%左右。[1] 战旗大队超支户的户均人口明显低于分钱户，这说明，超支户的家庭结构处于劳动力较少或者存在老弱病残的情况，一旦遭遇任何意外情况，家庭便会立即入不敷出。人民公社时期允许借支（即超支）的分配制度，发挥了保障社员基本生活的作用。而同时，大队内部对一部分困难户的照顾，在一定程度上解决了超支户还款困难的问题。尤其是面对天灾的时候，如1972年战旗大队因灾害而导致粮食产量大幅下降，大队对困难户的粮食照顾便有所增加。

---

1 岳仁崇. 20世纪70年代浠水县超支现象的历史考察与思考[J]. 江汉论坛，2015(10):87–92.

表2-10　战旗大队1966—1967年、1972—1973年分配结果

基本情况		分钱户				超支户（倒补户）				照顾情况		
年份	总户数	人口	户数	占比(%)	人口	应分金额（元）	户数	占比(%)	人口	应补金额（元）	照顾户数	现金照顾（元）	粮食照顾（斤）
1966	248	999	218	87.9	908	25 495	30	12.1	91	1630	28	1856	1580
1967	251	1013	207	82.5	855	28 603	44	17.5	158	1812	—	—	—
1972	300	1274	245	81.7	1085	25 386	55	18.3	189	4174	33	126	1344
1973	305	1298	259	84.9	1198	26 148	46	15.1	100	3673	21	261	363

资料来源：《郫县1966年度决算分配表——战旗大队》，档案号152-001-0086-002，第20-38页；《郫县1967年度决算分配表——战旗大队》，档案号152-001-0089-011，第165-180页；《郫县先锋公社战旗大队1972年决算分配表》，档案号152-001-0107-002，第16-30页；《郫县先锋公社战旗大队1973年决算分配表》，档案号152-001-0112-003，第36-52页。

战旗大队在该时期通过照顾五保户、贫困户，以及分配超支等制度，对生活水平较差的社员进行显性补助和隐性补助。这种村社内部的调节，达到了扶助贫困的目的，起到了农村的社会保障作用，也为战旗大队的稳定发展奠定了基础。集体化时期，中国农村社会保障制度的显著特点就是，确立了服从计划经济体制下工业化积累资金需要的，以集体经济为基础，以集体保障为主体的农村社会保障制度框架。在这一制度框架内，不仅有以救济灾民和贫困对象为重点的社会救灾和救济制度，有以照顾和优待军属及退伍军人为内容的优抚制度，还增添了五保供养制度和合作医疗制度等新的内容。其实现的手段和渠道也是多种多样的，既有生产贷款、分配透支和粮食返销，也有集体的公益金补助和国家必要的救济，这是显性化的层面。同时，在当时农村经济还十分窘迫的情况下，农村集体经济近乎平均主义的分配制度，事实上也发挥了一种潜在的社会保障功能，这是隐性化的层面。[1] 可以说，国家、集体与社员之间构筑的多层社会保障体系，既保障了农民的基本生活，又为工业化初期的资本原始积累构建了制度基础。

---

[1] 宋士云.中国农村社会保障制度结构与变迁（1949—2002）[M].北京：人民出版社，2006.

除完成内部的资本原始积累和内部保障基本生存的分配外，战旗大队还经常超额完成国家的征购粮任务，通过工农业的价格"剪刀差"，对国家工业化的发展做出了极大的贡献，如表2-11所示。

表2-11 1966—1967年、1972—1973年战旗大队工农业产品的"剪刀差"

年份	战旗农业净产值（元）	"剪刀差"相对数	预估战旗对工业化的贡献（元）
1966	37 791.38	0.19	7 184.91
1967	44 162.43	0.14	6 023.89
1972	59 368.78	0.17	10 272.64
1973	66 982.46	0.18	11 768.32
合计			35 249.76

资料来源：严瑞珍，等.中国工农业产品价格剪刀差的现状、发展趋势及对策[J].经济研究，1990(2):64-70.中华人民共和国农业部.新中国农业60年统计资料[M].北京：中国农业出版社，2009.《郫县1966年度决算分配表——战旗大队》，档案号152-001-0086-002，第20-38页；《郫县1967年度决算分配表——战旗大队》，档案号152-001-0089-011，第165-180页；《郫县先锋公社战旗大队1972年决算分配表》，档案号152-001-0107-002，第16-30页；《郫县先锋公社战旗大队1973年决算分配表》，档案号152-001-0112-003，第36-52页。

上表数据是根据严瑞珍教授对于工农业"剪刀差"的计算方式推算而来的。仅4年时间，战旗大队对工业化的贡献就已达到3.5万余元。根据该数据估计，1965—1978年，战旗大队对国家工业化的贡献至少达10万余元。

至1974年，战旗大队的生猪养殖、农业生产已经达到了当时技术条件下的较高水平，劳动力要素和积肥要素的投入产出比降低，增长潜力已非常有限。劳动力和积肥持续投入的收益缺乏上升空间，同时革命性话语等政治动员手段的作用也开始减弱。战旗大队开始思考通过既有的集体高积累，从农业村向农、工、副综合发展的方向转变。同时，战旗大队更倾向于争取外部资源。

第二篇 1974—2003

金色战旗
——村庄工业化起步与扩张

第三章
村庄工业的艰难起步
（1974—1977）

一、核心脉络：地方政府公司主义

回顾 20 世纪 50 年代至 90 年代中央与地方的关系，可以说是中央向地方分权的过程，且似乎每次分权都与中国遭遇周期性经济危机的宏观背景高度相关。首次分权发生于 1958—1960 年，因苏联援华投资中辍，财政资金陡然下跌，财政赤字持续增加，1959 年与 1960 年的财政赤字规模达到了财政收入的 10% 以上，紧接着国民经济大幅回落：GDP 在 1960 年出现下滑，在 1961 年下滑幅度达到 27.3%。再次分权发生于 20 世纪 60 年代末至 70 年代初，中国周边地缘政治趋紧，发生内生性财政赤字：1967 年财政赤字规模达 20.48 亿元，加之财政收入大幅下降，导致我国经济又一次衰退。从 1980 年到 1993 年又经历了 3 次以财政体制改革为名的放权让利，其特征都是"分灶吃饭"和"财政包干"。其中，1980 年改革的背后，同样是因工业化建设的投资加大和改善人民生活水平的开支增加而爆发的财政赤字危机：1979 年财政赤字规模达 135.41 亿元，占财政收入的 11.8%。而 1988 年的改革则是发生于新中国成立以来的首次滞胀危机，财政赤字也非常严重：1988 年财政赤字规模相当于财政收入的 14.8%，1989 年这一比例达到了 25.1%。

从以上梳理中似乎可以得到一个经验性认识：**20 世纪 50 年代至 90 年代，每当遭遇经济危机，中央的应对办法就是向地方放权以刺激地方发展，从而度过危机。**

有些人认为中国的计划经济体制是以政府全面介入经济为基本特征的，但

20世纪80年代以来，中国工业化进程虽然已逐渐转变为市场经济，但政府仍然是经济活动的"内在参与者"。**计划经济和市场经济这两个阶段用"政府公司主义"来概括都不为过**——无论对政府和所谓的市场关系如何表述，政府对经济生活的深度干预都是不争的事实。不同的是，**计划经济时期是"中央政府公司主义"，而20世纪80年代以来则是以"地方政府公司主义"为主导的**。[1]

"地方政府公司主义"这种模式的产生，有其深层次的经济体制方面的原因。在财政体制改革中，由于中央与地方各级政府事权划分的滞后及多渠道的政府预算，导致地方政府预算内的财政收入往往是"吃饭财政"，一些地方连行政事业费、人头费等开支也难以保证，更无法正常履行政府职能，因而造成了财权与事权的分离。为了保证政府正常运转，正常履行职能，完成上级交办的各项任务，掌握和扩大地方能自由支配的收入，各级地方政府只好从制度外财政收入（预算外收入及各级政府的自筹资金收入）上想办法。

乡镇企业尤其是乡（镇）办工业企业的上缴利润，成为地方政府制度外财政收入的主要来源。这是地方政府办乡镇企业的直接原因。[2]

从1979年到1992年，乡镇企业总产值以平均每年28.2%的速度增长。到1994年，乡镇工业总产值已经占到全国工业总产值的1/2，吸纳劳动力超过1.1亿人。根据测算，乡镇企业的边际劳动生产率是农业的7倍，这也将进一步吸引劳动力转移。从区域布局上看，东部沿海地区的劳动力大多数已被非农产业吸收，而中西部地区的边际劳动生产率潜力巨大。[3]

地方政府的这种公司化竞争体制，的确对过去30余年的经济高速增长起到了积极的推动作用。然而，事物都具有两面性，这一体制也带来了一系列的严重后果。一方面体现为因过度干预经济而导致的例如产能过剩、宏观经济波动加剧、因地方保护主义而形成的"诸侯经济"、权力寻租行为滋生等问题；

---

1 "地方政府公司主义"是美国斯坦福大学的戴慕珍教授在考察了苏南模式的乡镇企业之后提出的概念，参见Jean C Oi（戴慕贞），1992, *Fiscal Reform and the Economic Foundations of Local State Corporatism in China*, World Politics, 45(Oct.).

2 温铁军，等.解读苏南[M].苏州：苏州大学出版社，2011.

3 林青松，杜鹰.中国工业改革与效率——国有企业与非国有企业比较研究[M].昆明：云南人民出版社，1997.

另一方面，地方政府公司化还存在因在民生和公共服务方面职能缺位而导致的如社会冲突难以调和、公共物品和服务供给不足、资源浪费与环境破坏等问题。地方政府公司化竞争体制更为深刻的影响在于，地方政府从过去名义上承担无限责任的"政府"演化为承担有限责任，甚至连有限责任都未必承担的"权力公司"。加之，伴随着20世纪80年代日益激烈的公司化竞争，地方政府已经呈现出有限责任化的倾向，但未见相应的制度规范，这使得有限责任化的地方政府往往不承担风险，将所有风险都上交给中央。要知道，一般参与市场竞争的有限责任公司，也是需要承担有限责任的，只有超过其资产的损失才会甩给社会。

二、政治红利促进内部化积累

1974年，战旗大队的生猪生产、农业生产已经达到了当时技术条件下的较高水平，劳动力要素和积肥要素的投入产出比降低，增长潜力有限，战旗大队开始思考通过既有的集体高积累，从农业村向农、工、副综合发展的方向转变。

"实践证明，在农业科学技术得到重大突破之前，只有大幅度提高单位面积产量；在农业技术得到重大突破之前，随着单位面积产量的提高，用肥增多，粮食生产费用也迅速上升，结果出现增产不增收甚至减收的高产穷队。"[1] 正是在这种生产增长空间的约束下，战旗大队的民兵动员能力开始下降，大队民兵连这支"拖不垮，打不散"的队伍出现了考核不合格等情况。1977年的"小整风"运动中，上级党委发现战旗大队民兵连存在着盲目乐观和松劲现象。"同志们说，思想松的结果，导致少数干部与社员对大办民兵、办好民兵的劲头没原来足了，甚至有的把生产和民兵对立起来，总怕民兵活动耽误生产。作风松的结果，导致少数同志拖拖拉拉，集合、开会、授课没有原先认真了。甚至有些时候，该集合的也不集合了。制度松的结果，导致少数同志松松垮垮……甚

---

[1]《高速度发展农业途径——走农副工综合发展的道路—先锋公社战旗大队》（1979年7月22日），《郫县社会企业局卷宗》，四川省郫都区档案馆藏，档案号046-001-0031-003，第24页。

至把训练当成负担。"这样的情况最终影响了训练成绩,在1977年举行的两次实弹射击考核中,战旗大队民兵连出现了不及格。9月29日,参加县上的比赛,战旗大队民兵连的射击、投弹成绩也不好。[1] 这些问题不只是出现在民兵身上,干部身上也出现了松懈的情况,因此,这次"小整风"运动是以整顿民兵连干部班子为重点。

这种现象的出现并非完全是干部和群众的问题,也是当时各种条件下农业生产的局限性所造成的。战旗大队的干部在此之前就已经开始**探索外部的发展路径**。

1974年7月,战旗大队就与省五七干校签订了养护公路的协议。为适应五七干校亟待将建筑器材运往施工现场、运输量大、地方交通亦在发展和新建路基等基本情况,省五七干校同战旗大队党支部负责人罗会金、杨正忠就有关养护红宝公路、确保红宝公路畅通等有关问题,共同协定:红宝公路从红卫镇到宝光寺,全长5公里,由郫县先锋公社战旗大队承包养护,有关施工的组织管理和公路的养护均由战旗大队统筹安排;原则上每公里定一人养护,共计5人。每月月底由干校拨付给战旗大队公路养护费(月大以155个工日计,月小以150个工日计,每工日以1.15元计),由战旗大队开据领取。根据此项协议,战旗大队每年可收入现金2000多元,转移劳动力5个。[2]

另据罗会富口述,当时先锋公社与五七干校签订的公路修建合同,也是由战旗大队执行的,合计收入工程费用26 378元。也因此,战旗大队与四川省五七干校建立了联系。

除此之外,战旗大队也通过承办一些活动来获得现金收入。如1974年,战旗大队就承办了先锋公社民兵团于当年7月6日至15日在该地集训的民兵排长以上干部(共151人)的食宿。这也可以带来非常稀缺的现金收入。[3]

---

1 《民兵工作情况(第八号):成绩面前找差距,反骄破满迈新步》(1977年10月22日),四川省郫都区档案馆藏,《郫县先锋乡卷宗》,档案号152-001-0132-03,第70-75页。

2 《协议书:四川省五七干校基建办公室关于委托郫县先锋公社战旗大队养护红宝公路(红卫镇至宝光寺)有关问题协议》(1974年7月24日),四川省郫都区档案馆藏,《郫县先锋乡卷宗》,档案号152-001-0119-022,第98-99页。

3 《郫县先锋公社党委训练民兵排长以上干部的情况汇报》(1974年7月16日),四川省郫都区档案馆藏,《郫县先锋乡卷宗》,档案号152-001-0120-001,第1-3页。

三、集体企业案例：战旗砖厂

"当时政府派人跟我到成都去找军区后勤部司令员要一两台砖机，我们在那儿哭了[1]一个多月，八方打听，才打听到他仓库有砖机。（砖机）拿到后回来安装发现小了，吐不出来砖。我们又跑去找到他，他就给了我们一台大的（砖机），他当时定的广汉机械厂的，所以我们到广汉机械厂去提砖机，但那个厂子正好在闹"文化大革命"，不能生产。我们就临时和县政府组织了一个工作队，抓紧把机器修出来。花了一个多月，才把机器装好，然后我们（才）运回来使用。"

资料来源：2019 年 11 月罗会富访谈记录。

被访人罗会富是战旗第一家村办企业——战旗砖厂的厂长。上面的访谈记录很生动地反映出他当年为获得机器，多方打听，几经波折。

先锋第一机砖厂（旧称"战旗砖厂"）：1969 年修建，随着制砖工艺的改进，历经土窑（又称为"罐罐窑"）时代（1969—1976 年）、曲线窑（又称为"梭梭窑"）时代（1976—1979 年）和轮窑时代（1979—2003 年）。**土窑**烧出的砖是青砖，战旗自产自用，主要用于修建小学、礼堂、大队办公室、医疗站、代销店。**曲线窑**烧的砖主要用于修建新村，并且已经可以对外出售。厂长罗会富表示，修新村的用砖量只是产量的 4 成，另外 6 成都出售了。**轮窑**更现代化、规模化和科学化，是郫县第一座轮窑，年产可达 1000 万匹红砖。由于当时整个社会都是卖方市场，物资非常匮乏，轮窑生产的砖供不应求，效益很高。正是轮窑的盈余为战旗开办第二个集体企业提供了资本。先锋砖厂于 2003 年关闭，为战旗产业的发展做出了巨大的贡献。

1975 年，李世炳担任战旗大队党支部书记。他参观大寨回来，号召村民学习大寨的农户集中居住模式，于是"修新村"被提上日程。当时建房子需要

---

[1] 根据录音整理。"哭"和"苦"同音，真正哭了一个月不符合常理，苦可能是实情，二者都可以展现出当时被访者为了获得机器而饱尝艰辛的经历。

砖,去山西大寨学习参观归来的罗会富说:"我发现人家已经都改成烧砖了,以前是石条子搭的房子,现在是砖搭的房子。"罗会富认为,之前战旗的农户自带干粮去山区开采修建新村所需的石料,耗时耗力,而且青砖不足以满足建设新村的需求,因此,他们商量建一座曲线窑。

李世炳之所以选择学习大寨的集中居住模式,要修建新村,是希望从与社员息息相关的生活入手,动员全队干部和社员同意将集体积累的农副业收入投入建曲线窑,这是该阶段集体理性与家庭理性的再次斗争与平衡。

修新村正是战旗大队工业化发展起步的契机。原本战旗大队有一个土窑,但使用的是传统的技术,产量不高,占地4亩左右。修建该土窑的起因是时任战旗大队书记的罗会金提出修建大队礼堂和小学需要砖瓦。所以,早在1969年战旗就开始修建土窑,时年26岁的罗会富带领8个人去邻村园艺村(现为横山村)的土山挖窑,做砖坯和瓦坯。烧出的青砖主要用于修建大队的小学、礼堂、办公室、医疗站、代销店,为当时战旗大队的发展节省了大量现金资本。

曲线窑建设初期,大队干部的意见并不一致。少数同志认为,大队一缺资金,二缺机器,又无技术和厂房,办这样的厂问题多、难度大。针对这些情况,大队支部进行了认真的分析研究,一致认为"办这样的企业材料有来源……投资少,见效快,积累多。再加上有广大群众大办社队企业、高度发展农业、尽快改变大队面貌的强烈要求,曲线窑不仅应当赶快办起来,而且要办好,才能为农业机械化贡献力量。这也是为剩余劳动力找到出路和壮大集体经济的根本途径。"[1]

于是,李世炳书记和罗会富首先在党支部统一了认识,同时以修建新村需要大量新砖为理由说服了绝大多数社员。在选址上,他们同地处横山的园艺大队协商,本着互利的原则,用水田换了10亩丘陵黏土地,决定在这个位置开办曲线窑。

大队内部意见一致还远远不够,因为砖机在当时非常难获得。于是,在县武装部的引荐下,战旗大队联系上了原成都军区后勤部。**值得一提的是,战旗**

---

1 《高速度发展农业途径——走农副工综合发展的道路——先锋公社战旗大队》(1979年7月22日),《郫县社会企业局卷宗》,四川省郫都区档案馆藏,档案号046-001-0031-003,第23-29页。

大队之所以能让县武装部引荐，跟前文提到的其突出的民兵工作是密不可分的，这正是战旗大队获得的隐形社会资本，而获得这样的资源在当时的社会环境中并不容易。

在20世纪70年代，一台砖机价值4万元，郫县武装部帮战旗大队垫付了这笔资金[1]，大队的工业发展获得了原始资本投资。除了武装部的支持外，大队还充分利用自身以往的农业、副业、服务业等集体积累，即售卖了大队逐年积累的约11万斤储备粮换回了约11万的工分，用于后期的厂房建设，加上建材等费用，折合成现金共计耗资72 636元。此外，各个生产队还援助了桌子、板凳等物资。技术上，曲线窑还得到了四川省建材工业科学研究院的指导。

资金、设备、技术等要素在当时并不易获得。1980年先锋公社黎明大队向郫县县委申请建立轮窑机砖厂的一份报告中提到，建立一座年产1000万～1200万匹砖的轮窑机砖厂，需要现金24.15万元，而黎明大队自身只能解决2万元，信用社可贷款3万元，其他各生产队用劳动力折价后，尚差10万余元，请求县委贷款支持。[2]

具体预算如表3-1所示。

表3-1 1980年黎明大队轮窑机砖厂的建造预算

名称	数量	金额（万元）	名称	数量	金额（万元）
砖机	1台（配套）	5	电器	—	1
水泥	100吨	1	石	150方	0.15
钢材	24吨	1.5	沙子	—	0.8
木材	100米	2.5	瓦	—	1
砖	120万匹	3.6	石灰	—	0.4
工资	—	7.2	合计	—	24.15

可以说，战旗大队在1980年前就利用集体内部和外部资源，建立起曲线窑。没有资金，战旗大队得到了武装部的支持和信用社的贷款，从而购置机器设备；

---

[1] 根据档案材料显示，战旗大队是向信用社贷款6万元购买的机器设备。
[2] 《报告》（1980年1月15日），四川省郫都区档案馆藏，档案号152-001-0141-014，第135页。

没有窑房，就发动全大队社员投资树、竹和麦草；没有挖土设备，就由社员自带工具；没有技术，就"请进来"或"派出去"培训。

不到半年，一座年产标砖 200 万块的曲线窑于 1977 年 4 月正式建成投产。生产出来的机砖一部分用于满足本村修建新居的需求，另一部分可以售卖，收入归集体所有。战旗大队为社员新建了四幢瓦房，共 64 个套间，1.5 万平方米，每平方米单价为 25 元。当时有 32 户社员搬进了新村，每人居住面积达 20 平方米。

需要说明的是，西南地区的气候湿润，相比北方地区，该地区改善居住条件对技术进步的需求更为强烈。烘干砖坯是一项十分关键且消耗大量人力的工作，从土窑到曲线窑再到轮窑，烘干技术的进步带来了产量的飞速提升、生产周期的缩短和成本的下降。也就是说，战旗村可以优先拿到技术，在 20 世纪 70 年代产量就已经大大超越了同类机砖厂。

— 专栏 —

砖厂的工艺

砖厂按照制造工艺可分为土窑、曲线窑、轮窑。

土窑（又名"罐罐窑"）工艺：土窑生产的手工板砖是一匹一匹的，再做成小的条形砖——四匹四匹的板砖。之所以称土窑为罐罐窑，是因为窑的形状底下小，中间大，顶部小。在它下方 1/5 处垫一个炉桥，烧炭时透气用，中间放砖。罗会富之前做过木匠，心灵手巧，他掌握了土窑烧砖技术。[1]

曲线窑（又名"梭梭窑"）工艺：外形同罐罐窑基本一致，只是窑的内部发生了变化。曲线窑是立壁，底部为弧形，高处做一个平面，挖一条槽，槽上挖很大一个缺口。高处加压，底下烧熟。由于热胀冷缩，砖被烧熟后自己梭出来，高处再添生砖。原来的砖要晒，后面还要烘，梭梭窑的砖坯连烘带烧一体，这是一种进步。[2] 先锋砖厂 1990 年生产了 1 127.7 万匹红砖。[3]

---

[1] 资料来源：2020 年 2 月 10 日冯忠会访谈记录。

[2] 资料来源：2020 年 2 月 10 日冯忠会访谈记录。

[3] 《1990 年企业工作总结》，1990 年，四川省郫都区档案馆藏，档案号 152-001-0291-015，第 2 页。

需要说明的是，曲线窑技术虽然较土窑有很大进步，但后来砖厂的承包人杨忠模也表示，曲线窑生产的砖质量较差，没有烘干房，是科研实验的产物。[1] 县革委社会企业办公室的档案可以证实，"大队机砖厂是新建单位，曲线窑烧砖又是一项新工艺，操作技术不熟练，开办初期成本较高，再加上其他原因，执行国家统一价格时尚有困难。为了扶持大队企业的发展，经研究（决定），你大队生产的机制三孔红砖目前可按每足（同"匹"）八分五厘出售。但砖的高度应达到国家统一规定的 11.5 公分的标准。希望你们以阶级斗争为纲，努力提高技术，加强经营管理，逐渐降低成本。"[2] 所以，曲线窑最终只使用了 3 年。虽然只使用了 3 年，贡献却不小。曲线窑产的砖已经可以对外出售了，用于出售的机砖数量远多于用于修新村的数量。

轮窑生产的特点是一次不间断地循环熔烧，比土窑烧完一窑就要停火进步了很多。轮窑可以分为几个部火同时进行生产，生产吞吐量大、功效高、耗时短，周转快，正常情况下，轮窑每部火日产砖可达 6 万块。

建新村仅有机砖是不够的，1976 年，战旗大队在机砖厂的旁边配套建设了预制构件厂，目的是同机砖厂一起满足新村建设和村民盖新房的需求。

预制构件厂：安永江经营，服务战旗大队的建新村和新农村建设。规模并不大，员工最多的时候有十几个人，但同机砖厂一起为战旗大队的住宅建设和社队企业厂房建设立下了汗马功劳。在管理方式上，预制构件厂始终是租赁制管理，每年给村集体上交 7000～8000 元租金。

与此同时，全大队还本着因陋就简、自力更生、土法上马的原则，先后办起了农机、农副业产品加工、建筑、弹棉花、理发、屠场、缝纫等 8 个企业，1979 年亦工亦农的社员有 110 人，但机砖厂的收入在随后几年成了战旗大队主要的工业收入。1979 年，战旗大队拥有固定资产 103 万元，全年工副业总

---

[1] 资料来源：2019 年 12 月 25 日杨忠模访谈记录。
[2]《关于先锋公社战旗大队机制三孔砖价格的批复》（1977 年 4 月 30 日），四川省郫都区档案馆藏，档案号 046-001-0012-009，第 90 页。

产值达99.1万元，占大队总收入的54.3%，上缴税款5万元。全大队参加务工的社员有247人，占总劳力的37.5%，务工社员的收入达299 770元。[1]战旗大队的企业产值达到了17.5万元，其中机砖厂占9.2万元。1979年与1977年相比，队办企业产值增长1.2倍，人均产值增加120%，累计利润为15.8万元。其中，机砖厂3年利润达到了9.9万元。[2]

发展工业的同时，战旗大队还用社队企业积累的资金进一步推动农业机械化，例如，用4.2万元购买了两台东风40运输车，一台丰收35型拖拉机，一台工农12型拖拉机。机耕面积达到了90%以上，使全大队实现了排灌、脱粒、饲料加工机械化和半机械化。除此之外，大队还用1000元购买了电焊机械，为农机修理服务；用3500元修建了一所幼儿园；用4700元安装了2.5千米长的高压线路，把电力送到了全大队5个生产队，不仅解决了大队动力用电问题，为电气化奠定了基础，还为200多户居民安上了电灯；用2万元购置了企业所需要的设备，为减轻劳动强度、扩大再生产创造了条件。

据李世立介绍，曲线窑只生产了3年就改成了轮窑。但在当时供不应求的市场条件下，曲线窑为战旗大队赚得了不少的利润，为之后的村级企业发展奠定了一定的基础。在砖厂有了一定的利润后，从1983年开始，战旗大队陆陆续续将资金借贷或投资给先锋酿造厂、酒厂、文化大院、复合肥料厂、蜂窝煤厂、豆瓣厂等乡镇企业。蜂窝煤厂的盈利直接投建了会富豆瓣厂，也就是至今仍存在的富友绿色调味品公司的前身。可以说，战旗的乡镇企业起步与发展同机砖厂有密切的关系。机砖厂就像一个母体，不断将资金传输给其他乡镇企业。其他乡镇企业兴建时机砖厂提供原始资本，破产时机砖厂兜底。

综上所述可知，1974—1979年，战旗大队开始从农业村向农工副业综合发展，或者说开始向工业化转型。战旗大队利用在1973年左右形成的各种社会资本，获得了某种程度上的机会优势，较其他大队能更快速地获得设备、资金等。战旗大队迅速开办曲线窑，在工业化发展的起步中抢占了先机。此外，机砖厂修建于集体化时代，战旗利用训练有素的民兵动员劳动力，以工分制的

---

[1]《郫县先锋公社战旗大队发展集体工副业简介》，四川省郫都区档案馆藏，档案号005-005-0076。

[2]《高速度发展农业途径——走农副工综合发展的道路—先锋公社战旗大队》（1979年7月22日），《郫县社会企业局卷宗》，四川省郫都区档案馆藏，档案号046-001-0031-003，第23—29页。

方式支付工资，这也相当于用全体战旗人民的粮食共同投入建设。同时，购买机器使用的是社队余粮，战旗人民以自我剥削的方式完成了集体企业的资本原始积累。这种有效的内部动员显然是由于前期抓生产、抓民兵建设、抓社会主义教育而形成的组织力的充分体现。在20世纪六七十年代，战旗拔尖的政治表现，带来了超越本区域范围的社会关系，这种关系又在产业化的过程中将社会资源转变为了社会资本，为80年代战旗集体产业的起步奠定了基础。

— 专栏 —

先锋乡与战旗村的比较——以机砖厂为例

1986年，先锋乡企业办公室主任兼民兵砖厂厂长梁全义谈到先锋乡的几大砖厂，说："先锋乡的砖厂，由于不懂技术，装的窑要倒，烧的砖是次砖，连续从外地请了两三名技师，亲临现场操作指挥也无济于事，以失败告终，造成亏损。最后请的邓师傅确实技术过关，才解决了这一难题，使机砖厂起死回生。先锋第三机砖厂（以下简称三砖厂），当时的技术人员与乡砖厂互相调换，但厂长、会计是从农业一线调回企业的，因不懂企业管理、生产工艺、技术、指挥不灵，说不到点子上，（三砖厂）面临崩溃，后调房洪康同志充实三砖厂。内行当家，在短期内就大见成效。民兵砖厂，从厂长到班组长，年轻化，干劲儿十足，可是他们既不懂技术，又不会管理，虽建厂两年多，但从厂长到车间主任，对技术都是似懂非懂，指挥不当，导致（整个砖厂）费用高、产量低。"[1]

针对此情况，梁全义建议将民兵砖厂和乡砖厂合并，分为两大车间，各计盈亏，形成两大车间竞争的局面，人力、技术两车间可相互调整、充实。1987年，一个砖厂一个推土机，完全无法完成推土任务。两个车间再添置一台推土机就可以克服一个砖厂一台推土机难以克服的困难，虽然增大了厂长级干部的工作量，但这样利多弊少，因两个车间都生产同一规格的产品，质量要求上和

---

[1]《关于促进解决民兵砖厂领导班子的建议》（1986年9月28日），四川省郫都区档案馆藏，档案号152-001-0198-011，第1页。

待遇上并不矛盾。[1]

1985年国务院发出过控制乡镇企业贷款的通知，要求村镇企业和专业户贷款一般要有50%的自有资金；流动资金贷款，企业一般要有30%～50%的自有资金。达不到比例要求的，银行不批贷款，已经贷了的要限期补足自有资金。[2]

1987年，联合砖厂的贷款额为509 019元，流动资金是23 709元；三砖厂的贷款额是182 311元，流动资金是0元；战旗砖厂的贷款额是0元，流动资金是34 900元。[3]战旗砖厂没有偿还贷款的压力，流动资金在三大砖厂中也最为充裕，还可以为战旗村其他企业提供贷款。对比其他砖厂，由此节约下的机会成本也非常可观，尤其是在国务院严控乡镇企业贷款的背景下显得更为可贵。

战旗砖厂没有贷款压力同罗会富的"严苛"管理息息相关。战旗砖厂财务管理严格，哪怕是几分钱的出差费也要有凭证，否则会计不予入账。砖厂在修新村阶段财务很艰难，多余的砖卖了之后拿来买其他材料用于盖楼，工人在工作时吃饭没有菜，只能靠吃一头蒜来下饭。资金周转不灵时，就将工人的工资压一个月，工人也理解。罗会富表示，哪怕辛苦点，也不愿意贷款，不愿给集体增加压力。[4]

四、管理制度：工分制（1974—1982）

从战旗村集体和集体企业的关系及村集体对集体企业的管理形式来看，战旗村从1974年开始，经历了工分制、承包制、股份合作制和租赁制4个阶段。

---

[1] 《关于促进解决民兵砖厂领导班子的建议》（1986年9月28日），四川省郫都区档案馆藏，档案号152-001-0198-011，第2页。

[2] 郫县乡镇企业管理局和中国农业银行郫县支行发布《关于贯彻〈国务院关于严格控制乡镇企业贷款的通知〉的意见》（1985年9月10日），四川省郫都区档案馆藏，档案号152-001-0178-004。

[3] 《先锋乡企业实行承包、租赁经营情况》附表《乡办、村办企业承包租赁经营基本情况（一）》《乡办、村办企业承包租赁经营基本情况（三）》（1988年1月10日），四川省郫都区档案馆藏，档案号152-001-0265-051。

[4] 资料来源：2020年7月21日罗会富访谈记录。

(一)政策背景

20世纪80年代乡镇企业从社队工业起步,是因为此前的政策不允许社队办门槛更低的商业和服务业,只能办工业。1965年,党中央国务院指出,生产队、乡镇企业在不平调人、财、物力的前提下可以搞集体副业。

(二)村情和土地状况

工分制的基础是土地,首先来说一下战旗同期的村情和土地状况。1975年,战旗从小队核算改成大队核算,这样做需要承认地力的差别。战旗以土质为标准,把土地分成了9个等级,每个级别每年相差50斤粮食。1975年,战旗为修建新村盘点了村人口和集体财产,全村人口为1403人,耕地面积为1709亩,储备粮为116 890斤,完成征收任务后,社员人均分到口粮600斤。拖拉机7台,小队公房311间。战旗大队9个生产队,分配最高的生产队一天能达到1元8角,一年收入可达657元。同年,郫县普通工人的工资是30元一个月。战旗的副业是蔬菜种植,主要卖给周边的村庄。在1980年、1981年,全县亩产水平最高。[1] 1980年我国农村居民人均可支配收入为468元,城市居民人均可支配收入为439元,战旗远远高出全国平均水平。

(三)工分制的实行

集体所有制阶段,战旗大队主要的两个村办企业是先锋第一机砖厂和先锋酿造厂,企业归集体所有,利润由集体分配,先锋酿造厂是用机砖厂的结余利润创办的。该阶段的两个社队企业在分配上是实行工分制管理的,大队统一核算,把企业工分划到生产队,内部实行差异分配,以调动农户的积极性,效益由全大队共享。在企业内部,最初实行班子奖励制度,随着后期企业架构的逐渐完善,分工逐步细化,就业人数增多,开始针对厂长个人进行奖励。

工分制是中国农村集体经济组织内部计量农民参加生产劳动的数量及计算

---

[1] 资料来源:2020年1月11日李世立访谈记录。

劳动报酬的一种方法，亦称劳动日制，也是农村集体组织对农民进行劳动管理的一种形式，其中包含三层含义。首先，工分制作为劳动管理的组织形式，是集体对社员的劳动力资源进行配置的方法；其次，工分为劳动数量的计量单位，是集体劳动中个体劳动数量与质量的体现；最后，工分作为劳动报酬的计量单位，是集体劳动成果分配的重要依据。换言之，工分制既是一种组织制度，又是一种农业生产管理制度，还是一种分配制度。作为生产管理制度和组织制度，工分制在量化劳动后进行劳动力资源调配，形成组间、组内、产业链上的分工体系。作为分配制度，工分制将收入与个人工分、小组产量挂钩，从而形成激励机制，促进生产过程中技术的普及与劳动竞赛的开展。作为组织制度，工分制借助农村的熟人社会的特点调配劳力，使其实现组内低成本的有效监督，同时组外也有强大的监督力量。这三个机制共同发挥作用使得集体生产效率得以提升。

正是工分制的实行，使得战旗可以一手抓工业，一手抓农业，用农业的粮食来助推工业的起步，用工业的产出促进村内部分公共服务和基础设施的建设。战旗的工分制和出色的民兵训练，使得村集体财权和治权高度结合，在管理集体企业中，村集体表现出十分高效的组织能力和动员能力。

第四章
制度环境变化与村庄工业结构化扩张
（1978—1987）

一、乡镇企业的属性与目标

所谓乡镇企业，既不是所有制概念，也不是地域概念，而是专指具有农民身份的人在农村地区兴办的以非农产业为主的一类企业。

（一）乡镇企业属性

乡镇企业一是具有社区属性，把社区目标内化为企业目标。二是具有血缘和地缘纽带属性，也就是乡土社会中的关系，人与人之间的交往和信任建立在熟识关系的基础上，无须事先约定。三是"最低工资决定"，乡镇企业的职工具有双重身份，既是工人也是农民，这种身份降低了企业的风险预期和利润预期。也就是说，乡镇企业类似农户，核算概念只包括物质消耗而不计入劳动成本，只要能收回投资并使职工的收入大于从事家庭劳动的机会成本，它的存在就是合理的。四是高比例负债，这是乡镇企业资产结构的基本特征，企业资产有一半以上来自负债，负债是企业创办投资和扩大总资产的主要途径。五是具有计划外空间，相对国有企业而言，乡镇企业从一开始就生存在一个非计划空间里，经营活动高度依赖市场。1989—1990年国民经济治理整顿期间，全国有30万家乡镇企业倒闭，这种没有退路的强制力，迫使乡镇企业只有在市场竞争中图生存。也正是这种硬约束和"最低工资决定"结合在一起，使得乡镇企业在体制上和机制上优于国有企业。[1]

---

[1] 林青松，杜鹰.中国工业改革与效率——国有企业与非国有企业比较研究[M].昆明：云南人民出版社，1997.

（二）乡镇企业的目标

温铁军认为，乡镇企业的创办动机是追求农村社区就业和福利的最大化，而不是一般企业追求的利润最大化。[1]

林青松和杜鹰认为，乡镇企业具有政府、社区、企业"三位一体"目标。企业与政府实际上是进行了一种交易，尽管这项交易并未以合约的形式出现。这项交易包括两方面：一方面政府依据政府的权力为企业提供各种有形、无形的服务，包括资源的组合、企业权益的保护、与其他政府部门的交涉等；另一方面，企业将在一定程度上承担社区政府的责任，实现社区政府所需要实现的目标，并且企业还需在一定程度上以割让一部分净收益和企业产权为代价。这项交易虽然带来了企业效益的损失，但这种损失并不是不可以补偿的。这种补偿有两种：一是交易本身大大节约了企业直接参与不完善市场的交易费用，减少了许多创办和经营的困难；二是可以获得许多非货币化资本与制度性货币市场上的低价资本。这项交易的最终结果是，企业的产权界定极为模糊，并萌生出政府、社区、企业"三位一体"的多重目标，使企业在尽量追求利润最大化的同时，必须保持就业的增加和社区人均收入的增长，并满足政府财政需求。换言之，企业目标的"三位一体"化是在这项交易中实现的。[2]

（三）乡镇企业资产在原始积累阶段的来源

一般情况下，大多数乡镇集体企业是在高度"负债经营"的条件下完成其资本原始积累的。如果承认企业财产权益的界定原则只能以初始投入为依据，而且可以用类比法来作为本问题的分析方法，那么乡镇企业的主要资产来源于四个方面。

一是土地资本转移收益。城市企业投资的30%～40%为土地占用开支，现在城市的亏损企业通过"退二进三"来实现"扭亏增盈"，其实吃的也是土

---

[1] 温铁军.乡镇企业资产的来源及其改制中的相关原则[J].浙江社会科学，1998(3):39-42.

[2] 林青松，杜鹰.中国工业改革与效率——国有企业与非国有企业比较研究[M].昆明：云南人民出版社，1997.

地资本从第二产业向第三产业转化中的增值收益。而乡镇企业于20世纪80年代创办时，农村土地从第一产业转化为第二产业、第三产业的增值收益，几乎无偿或低偿地被乡镇企业占有，这部分土地资本的利润也不断转化为企业积累。所以，乡镇企业创办时投资的30%~40%应属于企业所在地的农村土地所有者，即应归社区成员组成的集体经济组织共有。

二是福利和社会保障转化。在农村办企业可以把节省下来的职工福利和社会保障开支转化为企业积累。城市企业投资中有30%~40%为食堂、宿舍、办公楼等非生产性开支，以及劳保福利、医疗、退休和失业等社会保障开支。乡镇企业没有这些社会开支的原因是农村人口"绝对过剩"条件下的劳动力"无限供给"，以及农民在分户经营之后，以土地为社会保障基础。在这种有别于城市的特殊条件下，乡镇企业亏损可以"停产歇业"，甚至不用向农民支付任何待业工资。这说明在农村社区内部，连企业家的经营风险也能够顺利地向农民和土地转嫁。因此，这部分未开支的社会保障资金转化形成的企业积累，理应属于社区或企业职工，职工可以在改制中按工龄和贡献占有。

三是负利率与税收减免。银行信贷利率在20世纪80年代低于物价指数的条件下形成了"深度负利率"，在那时的政策条件下，只有以集体经济为名才能从银行借贷，造成大多数企业借款是以乡村组织出面承贷并承担风险的。还有，乡镇企业因为能够解决农村就业问题和承担"以工补农"责任而享受的税收减免优惠，也转化为企业历年的积累。因此，乡镇企业占有的因负利率和税收减免优惠形成的资产并非企业家创造的。这部分资产一般约占企业资产的10%。如果企业改制后不再承担上述责任，那么这10%的净资产就应属地方政府或乡村集体所有。

四是企业家的风险收益和管理者的劳动剩余转化而成的企业资产。这部分占10%~20%，应归企业管理层和技术骨干所有。

综上所述，在乡镇企业改制中，清产核资之后，对净资产按照"谁投入谁所有"的原则，进行以量化配股为主要形式的股权设置，这当然并不存在所谓的"无偿"占有集体资产的问题。其中，企业家和技术骨干应有10%~20%的股权，按照一般市场经济国家企业家的持股比例来看，这部分股权已经足够形成对企业家的激励。普通劳动者（即农民和企业职工）应该占有 70%～80% 的股权，地方政府或乡村集体组织应占有 10% 的股权。至于劳动者及其组成的集体怎样持股，怎样进行收益分配，则是改制中应因地制宜解决的问题。此外，如果以上述分析为依据，人们对集体经济发达地区的乡镇企业不计成本地投入社区公共福利设施和农田水利基本建设，以及乡镇企业高负债中乡、村的"非生产性占用"占较大比例等现象，也就不难理解了。

二、资本扩张下的大规模建厂

1980 年，中共中央颁布了 75 号文件，对包产到户的形式予以肯定。到 1981 年年底，全地区实行大包干责任制的生产队占 99.5%。[1]《战旗村变迁纪实录》[2] 中提到，1981 年村干部去县里汇报工作时，村里只有 3 户人家同意并签了包产到户合同。[3] 时任战旗大队党支部书记杨正忠和时任村主任易奉先向县里汇报情况时希望推迟执行包产到户，县领导也应允了。在 1982 年，县领导不再批准推迟执行的申请，战旗大队开始走上家庭联产承包的道路，并逐步开始发展乡镇企业。

从乡镇企业的状况来看，产业化竞争阶段可以再细分为两个阶段。第一阶段为 20 世纪 80 年代到 90 年代初，资本扩张下大规模建厂，战旗村依靠已有的产业基础，在前 10 年还是具有一定的经济竞争优势的，20 世纪 80 年代开始办乡镇企业以来，最多的时候办了 12 个工厂。第二阶段为 20 世纪 90 年代到 21 世纪，这一阶段资本扩张的路径依赖已经形成，但是宏观环境的变化使得资本扩张与负债并举，甚至部分企业倒闭。

具体而言，在 20 世纪 80 年代到 90 年代，虽然战旗村的主旋律是创建新企业和对已有企业进行扩建，但仍然延续了以前积累的竞争优势。这一时期，战旗村原有的机砖厂从曲线窑发展为轮窑，产能大幅提高。新企业如雨后春笋

---

1 安徽新媒体集团中安在线网站.今日小岗村：从"按红手印"到"拿着红本分红利"[EB/OL]. (2018-02-18) [2021-01-20]. ah.anhuinews.com/system/2018/08/01/007929298.shtml.

2 屈锡华，等.战旗村变迁纪实录[M]. 成都：四川大学出版社，2014.

3 李世立书记在接受访谈时提道："有 30 户人家不同意包产到户合同。"这是两者有出入的地方。

般冒出来，20世纪80年代的第一个集体企业是于1980年建设的先锋酿造厂，到了1983年，该厂的固定资产值已经达到了4.15万元。第二个集体企业是凤冠酒厂，在辉煌时期，酒厂拥有大型车间10个，每个车间都可容纳82个窖。第三个集体企业是于1982年建设的树脂厂，据访谈可知，树脂厂成立的前几年，得益于树脂是一种新型材料，该厂在同期集体企业里效益最好。20世纪80年代末到90年代初，战旗村又先后成立了面粉厂、复合肥料厂、豆瓣厂和蜂窝煤厂等，当然，它们需要面对比20世纪80年代前期成立的企业更复杂的市场局面，在下一阶段会重点介绍。

在市场经济条件下，战旗的各个企业践行邓小平提出的"不管黑猫白猫，会捉老鼠就是好猫"理论，各显神通并获得原始积累。部分企业依靠已有企业来获得原始积累，例如，面粉厂的建设和机器的更新换代所花费的资金都来源于战旗村已有的机砖厂和酿造厂，厂房使用集体土地；复合肥料厂更是采取村集体、国有企业、化工研究院三家合股，流动资金从集体内部调取。

截至1987年，战旗村拥有机砖厂、豆瓣厂、预制构件厂、商贸公司、凤冠酒厂、树脂厂、果园、铸造厂、农机厂等集体企业。截至1992年，战旗村拥有十几家村集体企业。在这期间，倒闭和新建现象共存，最多有12家企业同时存在。按照建成时间顺序，重点企业的基本情况如下，资产情况如表4-1和表4-2所示。

（1）**先锋酿造厂**：1980年机砖厂出资4500元开始建设，1981年投产。用初始资本购置了方桌、竹篓和原材料，其中竹篓既是生产工具，又是办公座椅，运输工具只有一头黄牛。经营初期，酱油、豆瓣生产都有涉及，年产酱油万余斤。1983年，企业固定资产达到4.15万元，是初始资本4500元的9.2倍！先锋酿造厂现为四川先锋生态园调味品有限公司。

（2）**树脂厂**：1982年修建时，村集体支出了5000元用作流动资金，耗时8个月完工后，由李世立管理。战旗村现任书记高德敏曾到郫县新型树脂装饰厂做技术员，学习技术，返乡后任树脂厂的技术员。树脂可以制作玻璃、汽车挡板等，战旗村的树脂厂经营效益在同期的集体企业里最好。李世立任村干部后，将树脂厂交由其侄子经营。后因没有顺利转型为家具厂，20世纪80年代末就开始走下坡路。最后，树脂厂停产，厂房交由先锋酿造厂使用。

（3）商贸公司：20世纪80年代中期成立，前身是1971年成立的战旗大队代购代销店，[1] 租赁给王立刚经营，主要业务是布匹批发。

（4）铸造厂：1987年筹建，战旗村与中国人民解放军第五七一九工厂（以下简称五七一九工厂）联办特种铸造厂，生产民用铸件。该厂为集体所有制乡镇企业，独立经营，甲方承包，执行乡镇企业财务制度。总投资30万元，其中五七一九工厂投资部分设备款3万元，战旗村用原酒厂房屋折价7万元出资厂房，剩余20万元由战旗村向银行申请贷款。在运营中，五七一九工厂提供技术和销售渠道。铸造厂建成后，当时预计可获产值80万元，利润10万元。[2] 在分配上，战旗村和五七一九工厂是三七分。[3] 1990年，因军工企业管制政策，五七一九工厂退出战旗村，但留下了一批技术人员及销售渠道，铸造厂成为战旗村独资经营。1991年，由于市场经营原因停业。

（5）面粉厂：1989年由易奉先组织修建，厂房为酒厂旧址，建成后由易奉先的女婿经营。机砖厂的厂长罗会富借给易奉先的女婿8万元，其中4万元用于购买机器，4万元用作流动资金。1995年，易奉先被调到镇上后，动员杨开富管理面粉厂，杨开富于1996年接手。[4] 面粉厂需要更换机器，杨开富通过先锋酿造厂的厂长高玉春获得10万元借款。面粉厂是同期获利最高的企业，后于2007年关闭。

（6）蜂窝煤厂：1989年罗会富筹建。在物资紧缺的情况下，罗会富和郫县煤建公司到松枣煤矿购煤，同温江煤建公司签订购销合同，共运回1200吨煤炭，200吨（200元/吨）分给水泥厂，1000吨用于生产蜂窝煤。煤厂先后盈利30多万元，其中20万元用于修建会富豆瓣厂和购买豆瓣厂设备。[5]

---

1 《先锋公社战旗大队代销代购店在农业学大寨的群众运动中胜利前进》（1977年3月），四川省郫都区档案馆，第1页。
2 《郫县乡镇企业管理局文件郫乡企(87)2号关于转报"先锋乡战旗村联办特种铸造厂"报告的报告》（1987年1月19日），四川省郫都区档案馆藏，档案号152-001-0215-015。
3 资料来源：2020年7月21日罗会富访谈记录。
4 资料来源：2020年2月19日罗会富访谈记录。
5 该厂是罗会富个人的企业，不属于集体企业。

表4-1　1987年战旗村企业基本情况

工厂	责任制形式	承包/承租人	职工人数（人）	产量	产值（元）	经营收入（元）	利润（元）	占地（平方米）
凤冠酒厂	承包	杨明书	24	126吨	253 400	229 400	21 956	3333
先锋酿造厂	承包	姚崇清	25	495吨	144 700	226 041	14 284	3666
树脂厂	承包	李世立	21	14 720吨	207 200	154 748	201	1133
战旗砖厂	承包	罗会富	169	1 000万匹	435	514 000	—	66 660
铸造厂	承包	谢光成	42	—	100 000	—	12 600	1000
预制构件厂	租赁	安永江	10	313立方米	200 000	53 000	6600	1333
商贸公司	租赁	王立刚	18	—	550 000	—	—	—

资料来源：《先锋乡企业实行承包、租赁经营情况》附表《乡村企业1987年各项经济指标实绩（五）》《乡办、村办企业承包租赁经营基本情况（三）》（1988年1月10日），四川省郫都区档案馆藏，档案号152-001-0265-051。

表4-2　1988年战旗村企业资产情况

单位：元

工厂	固定资产	流动资产	贷款总数	总资产	固定资产占总资产的比例（%）	流动资产占总资产的比例（%）	贷款占总资产的比例（%）
凤冠酒厂	244 897	32 658	292 500	277 555	88	12	105
先锋酿造厂	125 580	23 034	30 000	148 614	85	15	20
树脂厂	50 467	10 000	—	60 467	83	17	—
战旗砖厂	406 450	34 900	—	441 350	92	8	—
铸造厂	240 000	260 202	232 500	500 202	48	52	46
预制构件厂	15 717	1000	19 000	16 717	94	6	114
商贸公司	5500	16 269	230 000	21 769	25	75	1057[1]
合计	1 088 611	378 063	804 000	1 466 674	74	26	55

资料来源：《先锋乡企业实行承包、租赁经营情况》附表《乡办、村办企业承包租赁经营基本情况（三）》（1988年1月10日），四川省郫都区档案馆藏，档案号152-001-0265-051。

---

[1] 商贸公司的贷款额高与企业的零售属性有关，它需要迅速地周转货物。

三、集体企业案例：凤冠酒厂

在众多企业中，凤冠酒厂的发展经历较为独特，特在本节重点展开，以窥见在20世纪80年代，乡镇企业在激烈的市场竞争中起起伏伏的发展状况。

凤冠酒厂于1979年下半年筹建，1980年上半年开始生产。开办酒厂的原因是酒属于计划物资，不愁销路，且先锋乡有酿造技术。罗会富负责筹建，酒厂基本建成后，罗会富因仍需要管理机砖厂，于1983年将酒厂移交给时任机砖厂供销科科长（大队干部优先到企业进行兼职）杨明书（之前在村里担任治保主任，头脑比较灵活，故担任供销科科长）。本部分的受访人冯忠会一开始在酒厂任技术员（制作酒曲的手艺是通过向郫县白酒厂的周师傅拜师学到的），后任车间主任、销售员、主管供销的副厂长。

酒厂建设投资非常大，先修建了两栋发酵房，后修建了曲房和保管室，占地面积共40亩。酒厂投产后规模迅速扩大。辉煌时期，大型车间有10个，每个车间可容纳82个窖，其中最小的窖有12立方米，并且请到剑南春酒厂的师傅做技术指导。但好酒的生产周期非常长，漫长的生产周期内，贷款利息不断累积，资金周转不灵以及滞纳金等一系列问题叠加，使得酒厂只能向大队借钱，贷款费用攀升，摊薄了营业利润，最后资不抵债。[1]

1985年，时任村主任易奉先把发现的问题报告给当时的村支书杨正忠，最后村里干部提出酒厂改制，改成承包制，集体逐步收回权力，放慢酒厂扩建速度。但是当时酒厂已在扩建中，大队的20万斤储备粮都填了酒厂的"大坑"。[1]此外，冯忠会用"河南吃四川，四川骗山西，反正骗子多，变成钱就是我的"这样的俗语，向我们介绍了在激烈的市场竞争下的投机行为：四川用于制酒的大部分粮食是来自山西的高粱，开个介绍信可以赊十几车的粮食，粮食价格很低，就先制作酒，以分期还款的形式结算购买高粱的钱款。之后，四川由于酒厂过多导致竞争激烈，酒价降低，同时经营风险转化为道德风险，对山西的高粱欠款逐渐变成了呆账。随着四川酒价的降低，河南酒市场逐渐繁荣，有些河南人买四川的散酒回去勾兑做假酒或贴牌生产，河南商家也只付预付款，四川

---

[1] 资料来源：2020年2月10日冯忠会访谈记录。

的散酒也形成了呆账。凤冠酒厂最开始是做猕猴桃酒（又称为"毛梨酒"）的，用猕猴桃汁发酵酿制，这是都江堰地区特殊的液体发酵方式。之前酒厂的猕猴桃酒成色、味道都很好，后开始采用劣质猕猴桃做原料，勾兑糖、香精、水、色素，质量逐渐下降。

1986年、1987年出现全国性的返销趋势，川酒出了质量问题，声誉变得不好。加上受流动资金紧的约束，凤冠酒厂难以为继。[1] 酒厂先后向砖厂借贷10万元，从银行贷款20万元。原本用于收购粮食酿酒用，后用于修建酒厂办公室和制作商标，之后又从信用社贷款用作流动资金，最终因无法偿还，被迫破产。20年后，当年的银行行长还开玩笑说："当年借款给你买粮食，酿的酒一口都没喝到。"

凤冠酒厂的起伏同酒类市场的起伏息息相关。图4-1为成都市名酒零售价格变化情况，可见在1981年到1987年，酒价较20世纪六七十年代激增，机会收益巨大，这段时间凤冠酒厂享有巨大酒价红利并进行大规模扩建。到1987年，酒价出现颓势，凤冠酒厂开始出让部分厂房给铸造厂。再到1989年，酒价剧烈下跌，凤冠酒厂也受到了波及，被迫破产。

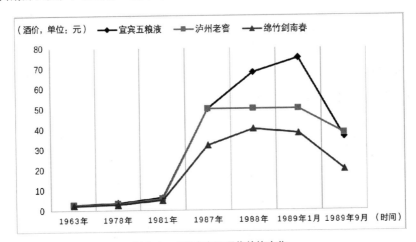

图4-1 成都市名酒零售价格变化

资料来源：成都市地方志编纂委员会.成都市志·物价志[M].成都：四川辞书出版社，1998.

---

[1] 资料来源：2020年2月10日冯忠会访谈记录。

凤冠酒厂的经历不是孤例,战旗所在的先锋乡为了应对外部环境的恶化,鼓励发展村办企业,制定了诸多规定。例如,"凡村办企业产值达到200万元的村,奖励500元;产值达到250万元的村,奖励1000元;产值达到300万元的村,奖励2000元;村办企业利润(按账目记转结算)达到10万元以上的村,奖励1000元。"

但是仍难掩颓势。

— 专栏 —

关于发展企业、搞好经济的规定(1988年)

各村党支部、村委会、各企业单位:

为使我乡企业有一个新的腾飞,实现新的战略转变,参与国际经济大循环,跟上企业发展的步伐,特制定以下发展企业、搞好经济的规定。

一、欢迎省内外的厂矿、科研单位开展经济、技术、物资、资金、人才等协作,建立"窗口"或对口关系,协作方式由客方自选。可以独资兴办,可以合资联办;可以扩散产品,可以入股分红;可以实行补偿贸易,可以转让科技成果;可以联营承包;可以提出其他协作方式。在经济上给予优惠,本着平等互利的原则,对经济效益好的项目,在利润分配上可以从优考虑。

二、不论乡内外干部、职工、农村社员,凡为我乡发展经济提供信息、牵线搭桥、引进项目的,签约成功以后,企业应按产值的3‰付给服务报酬。投产后12个月内,给企业创造了经济效益的,企业应按税后利润的10%给予奖励。对引进项目的乡干部、企业管理干部,可以按照上述标准的一半付给。

三、外来落户的科技人员的待遇从优。科技人员停薪留职,自愿为我乡发展经济、开发产品者,其待遇按县委、县政府制定的对外经济技术协作八条措施执行。

四、现有企业在完成承包项目指标的前提下,凡扩大经营项目、增加投入的,所获得的税后利润,两年内不用上交,第一年将利润的40%留作奖励(第二年为30%),其余部分留给企业用于还贷和作为企业发展基金。同时,对于企业的管理人员,视企业利润情况,经企办审批后,上浮部分工资。

五、对村及村以下的"后三轮"企业的发展实行增收奖。以1987年的实绩为基数,凡1988年年中村办企业实绩增值1万元的,奖励20元;"后三轮"企业产值增加1万元,奖励5元;村办企业利润(按账目记载结算)增加1万元的,奖励150元。上述奖金由乡支付一半,村自筹一半。[1]

六、设开拓创新奖,鼓励发展村办企业。凡村办企业产值达到200万元的村,奖励500元;产值达到250万元的村,奖励1000元;产值达到300万元的村,奖励2000元;村办企业利润(按账目记转结算)达到10万元的村,奖励1000元。上述奖金由乡支付一半,村自筹一半。

七、对村以下企业上缴管理费实行鼓励奖。凡按照制度规定提留并如数定期上缴管理费的企业,可按上缴总金额的5%奖励村办厂的主要干部。对积极督促企业按时完成上缴任务的村,可按上缴总金额的5%奖励村的主要干部。从1988年开始,凡没有完成上缴任务的村,应按欠缴总额的一定比例,从综合奖中扣除。

中共先锋乡党委
先锋乡人民政府

资料来源:《关于发展企业、搞好经济的规定》(1988年3月14日),四川省郫都区档案馆藏,《郫县先锋乡卷宗》,档案号152-001-0266-002。

四、管理制度:承包制(1982—1994)

(一)政策背景

1978年,中国共产党十一届三中全会召开,确定了土地承包政策。1982年,战旗实行了土地承包制。工分制是以土地为基础的,土地分到各家各户后,工分制在战旗大队自动消失。村支部的重心顺势从粮食生产转向了集体企业,没

---

[1] 注:这里没说是否是企业每人奖励这么多。

有转向养殖业是因动物疾病很难防范，风险高。时任村主任易奉先、时任会计罗会平对上一届村集体的资产进行了清理核实。本着"抓大放小"的原则，对上规模的企业进行承包制管理，对没上规模的企业进行租赁制管理。1983年，战旗允许农民购置大型生产资料；1984年，允许农民集资办企业、自理口粮到集镇落户。中央出台4号文件明确指出了发展乡镇企业的意义和作用，制定了指导乡镇企业发展的总方针，提出了开创乡镇企业新局面的历史任务。乡镇企业搭着政策的便车，迎来了新一轮的产业竞争。1988年修改宪法，承认私营企业是社会主义经济的有益补充。乡镇企业的发展是政策不断放开的结果。[1]

（二）承包制的实行

承包制下，按照"工资+奖金"的模式管理。对每个厂子规定产值和利润，标准根据前几年的经营状况制定，原则上年年加码，在执行中基本上工厂都可以达到要求。原则上超量完成任务的该奖就奖，未达到规定目标的该扣就扣，但在实际操作中都没有扣。[2] 管理人员的工资是职工工资的3倍，完成任务后，利润超过10万元的也进行奖励。厂长、管理人员、普通职工共享奖励，3个群体有不同的比例。以机砖厂为例，罗会富和杨忠模为砖厂承包人，承包合同规定，每年上交村里8万元，砖厂自负盈亏。对于超额利润，集体分得20%，工厂分得80%。工厂所得的80%利润中，厂长分得40%，60%用于扩大再生产。图4-2为机砖厂的承包经营合同。

对于与承包制并行的租赁制，同样规定任务。完成任务后，其余的都是企业自己的，但是没有工资，没有奖金。这部分企业就是"抓大放小"原则中被放下的"小"。需要说明的是，在战旗的集体经济制度演变中，大厂子和小厂子是两条线管理，1982年的承包制、1994年的股份制等提到的都是大厂子，和小厂子没有关系。[3]

---

[1] 林青松，杜鹰.中国工业改革与效率——国有企业与非国有企业比较研究[M].昆明：云南人民出版社，1997.

[2] 资料来源：2019年10月2日高德敏访谈记录。

[3] 资料来源：2020年1月11日李世立访谈记录。

图4-2 社队企业联产责任制承包合同

第五章
宏观经济波动与集体经济制度演变
（1988—1994）

一、背景：乡镇企业改制

在空间上，对外开放战略因地理三级台阶而呈现区位差异，东部城市有条件先享受政策红利。胡鞍钢等在《中国地区差距报告》中指出，发达地区与欠发达地区人均GDP过分悬殊的根本原因是，两者的人均投资额差距过分悬殊。产生这一差异的原因，一是20世纪80年代以来，中央政府实行不平衡发展战略，把中央投资项目转向了沿海地区；二是沿海发达地区率先完成了改革，投资来源多样化，非国有经济占投资总额的比重迅速下降。[1]资本扩张式发展，才是导致区域发展差距的主要原因。20世纪80年代，位属西部农村的战旗村同样需要面对投资来源单一、非国有经济占投资总额的比重高及由此导致资本稀缺的外部环境问题。

20世纪80年代中期以后，中国进入了地方政府主导的产业资本阶段，地方竞争模式就是通过公司化竞争发展产业资本。

一方面由于市场外的制度资源匮乏和宏观环境不利，另一方面由于市场资源及资本的分布与城乡差别、区域差别高度同构，位属西部农村的战旗村，在因资本极度稀缺而不得不负债扩张的情况下，几乎势必会出现经营亏损。祸不单行，在国家深陷赤字危机的情况下，官方推行股份化改制，村社全员持股，这是集体经济的高潮，却因后来的危机成本转嫁而被诟病为制度性的"改革不彻底"。

1994年，宏观经济危机下，中央政府调控手段密集推行，在1993年出台

---

[1] 胡鞍钢，王绍光，康晓光.中国地区差距报告[M].沈阳：辽宁人民出版社，1995.

的"铁血十六条"的基础上,1994年启动了分税制改革并取消了对乡镇企业的税收优惠,启动银行改革和汇率体制改革,这客观上实行的是沿海优先、城市优先的战略倾斜。县以下地区受到贷款紧缩、流动性不足等重大影响,西部地区"无论是孔雀还是麻雀都往东南飞",农村开始出现严重的"三农问题",战旗村开始承受双重的制度成本压力。

1993年是黑云压城城欲摧的一年,西方制裁,资本全面撤出,中国进入了三大危机爆发阶段。中小银行陆续倒闭,资本成了绝对稀缺要素。依靠借贷维持发展的乡镇企业,在突然没有贷款来源的情况下,过去所有的债务都将暴露。也就是说,改制会先切断乡镇企业的贷款。在此情况下,乡镇企业的负债率大幅度提高,随后的结果就是大面积地被改制。而1994年危机尚未解决,又迎来1997年亚洲金融危机带来的市场与政策的双重挑战。金融危机爆发,银行坏账高达1/3,银行倒逼所有乡镇企业实行彻底的私有化改革,2000多万家乡镇企业几乎一次性转变为私人所有。我们在《解读苏南》中提到了1997年以后经济危机的宏观环境对乡镇企业微观经营的影响,以及政府"抓大放小"的行为逻辑对于乡镇企业改制的促推作用。2012年前后的大邱庄调研则进一步指出了在1997年亚洲金融危机的压力下,银行商业化改制对于大邱庄企业集团拆分和私有化改制的重要催化作用。金融体系为了明确贷款责任人而通过行政体系施压,要求乡镇企业进行与几年前的方向截然相反的"私有化改制"。凡此种种,都从某种程度上表明了这是一个"强制性制度变迁"。很多地方明确要求改制的方向是"能私不股"。1997年,《中华人民共和国乡镇企业法》施行,乡镇企业终于有了法律地位;虽然在法律上得到了认可,但年底国家就出台了乡镇企业改制的政策文件,积极与国际接轨的主管部门也撤销了"乡镇企业司"。[1]

自1998年起便不景气的经济趋势,在2003年极度恶化。全球产业重新布局,跨国公司将生产基地转移到了中国,并优先选择沿海发达地区。因此东部经济过热,而西部地区趋冷,经济滞后,东、西部分化明显。20世纪80年代

---

[1] 资料来源:2019年6月8日讨论会中温铁军、董筱丹等的发言记录。

的乡镇企业客观上尚有能力缓解农村问题，实现出口创汇。到了20世纪90年代，区域发展日益表现为不同地缘政策下的排序性增长，这时候战旗落到了一个相对比较低的点位。故而在20世纪90年代末的宏观危机之下，制度上许可"加杠杆"私有化，收购者最低可以"两折"的现金购买企业股权。按照官方说法，2001年乡镇企业改制全面完成。这意味着，真正体现"社队属性"的那个乡镇企业，在法律上只存在了4年，再以后，"乡镇企业"的"乡镇"就成了一个单纯的地域饰词。

二、集体产业勉力维持经营

此阶段，产业化竞争逐渐白热化。如果说20世纪80年代中期竞争的劣势表现为开始以负债谋求规模扩张式的发展，是与一般产业化竞争相同的路数，那么在1994年财政货币外汇体制改革加上末期经济危机的打击，整个国家的政策环境都是朝向沿海地区、朝向出口创汇的，银行贷款指标的投放集中到县以上的单位。而县及县以下的乡镇企业，不管是贷款额度还是财政的优惠政策，都不再有以前的优惠环境。这种具有明显地域倾斜性的政策环境导致战旗在产业化竞争的后半期，即20世纪90年代末期，处于相对衰败或者说是相对落寞的态势。

就战旗而言，集体经济勉力维持经营指的是这一阶段不如前几个阶段一路高歌猛进，但因有上一阶段积累的基础，整体的表现仍然可圈可点。1994年，全村工农业产值达到了7500万元。[1] 战旗"两委"提出了"工、农、商、旅一体化，企业发展集团化，农民生活小康化、新村建设花园化"的"四化"发展目标。[2] 1996年，全村工农业总产值达到了1.41亿元，村级企业净资产额达1000万元，村集体可支配收入达56万元，农民人均年纯收入达2974元；[3]

---

[1]《唐昌镇战旗村党总支先进材料》（2000年4月5日），四川省郫都区档案馆藏，档案号149-001-0548-024，第1页。

[2]《唐昌镇战旗村党总支先进材料》（2000年4月5日），四川省郫都区档案馆藏，档案号149-001-0548-024，第2页。

[3]《唐昌镇战旗村先进事迹》（1997年11月5日），四川省郫都区档案馆藏，档案号149-001-0490-010，第1页。

战旗的收入跃居全县共260个村的第二名,提前两年跨入小康村行列。1997年上半年,战旗调整全村社会总产值口径,将老口径1.05亿元改为6312万元。同年,村集体经济纯收入为38万元,全村工业总收入为5988万元,税利为127.64万元,农民人均纯收入为1785元,人均收入1800元以上的农户所占比例达99.8%。[1]

在如图5-1所示的郫县唐昌镇[2]1994年经济工作表彰名单里,战旗的郫县先锋酿造厂、郫县先锋铸造厂被评为先进企业,在13个席位中占2席。罗会富(机砖厂厂长、会富豆瓣厂厂长)、杨忠模(机砖厂承包人之一)、冯忠会(复合肥料厂厂长)、王平(先锋酿造厂厂长)获评先进个人,在35个席位中占4席。

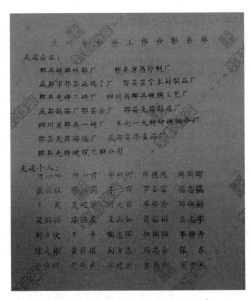

图5-1　1994年经济工作表彰名单[3]

这几年内战旗发生的最大的事情,是成立了成都市集凤实业总公司(简称集凤公司)。

---

[1] 《战旗村1997年上半年主要经济指标》,四川省郫都区档案馆藏,档案号149-001-0490-009。
[2] 1992年10月27日,郫县调整乡镇建制,撤销先锋乡,先锋乡所辖区域划归唐昌镇管理。
[3] 《中共唐昌镇委员会郫县唐昌镇人民政府关于召开九四年度农村经济工作总结暨表彰大会的决定》附表《先进企业和先进个人表彰名单》(1995年1月14日),四川省郫都区档案馆藏,档案号149-001-0455-015。

1994年，战旗被列为郫县改制试点，集凤公司作为管理型平台公司，下辖五大企业，各个企业的财务、经营独立，相当于在五大企业头上戴了一个共同的"帽子"。这五大企业分别是郫县先锋酿造厂、郫县先锋机砖厂、成都郫县复合肥料厂、郫县会富豆瓣厂、郫县先锋面粉加工厂。郫县审计事务所在1994年11月21日的审计报告中披露，这五大企业的基准日总资产为9 360 938元，其中固定资产原值为2 116 376元，净资产为3 066 690元。[1] 1995年，战旗村经过省上综合评价后获得四川省"富裕村"的殊荣，集凤公司董事长兼总经理高玉春被评为成都市乡镇企业家、郫县第二批拔尖人才，每月获10元津贴。集凤公司旗下最多曾有12家企业，12家企业不是同时存在的，陆陆续续有新开和倒闭的企业。1999年，与5年前相比，集凤公司的产品产量提高了1.12倍，营业收入提高了1.36倍，利润增长了1.19倍，资本收益率为94.4%。[2] 2003—2004年，五大企业就不再戴着这个共同的"帽子"了。[3]

集凤公司实行奖励制，如1995年制订的生产计划是豆瓣产量2000吨、调味品产量100吨、酱菜产量55吨，销售收入达408万元，利润达22万元（力争30万元），1994年的基础利润是16.1万元。如果可以完成生产计划，那么百分考核在95分以上的，厂长工资高于职工平均收入的两倍；完成利润目标后，厂长可以从按规定提取的奖励基金中获得30%的奖励；超额完成利润目标后实行"二三五"的奖励办法，即20%上交总公司，30%奖给企业厂长，50%用于企业分配。[4]

这五大企业中，会富豆瓣厂虽成立较晚，但是有着十分优异的表现。

会富豆瓣厂于1992年修建，1993年投产，启动资金约51万元，其中机砖厂拨了价值11.3万元的红砖用于会富豆瓣厂厂房的建设，建有厨房、库房、鲜椒房、小瓦房、机修房等，建筑面积共计2942.71平方米。除此之外，机

---

[1]《郫县唐昌镇战旗村五企业资产评估报告书》（1994年11月21日），四川省郫都区档案馆藏，档案号149-001-0445-015。

[2]《唐昌镇战旗村党总支先进材料》（2000年4月5日），四川省郫都区档案馆藏，档案号149-001-0548-024，第2-3页。

[3] 资料来源：2020年1月11日李世立访谈记录。

[4] 资料来源：《成都市集凤实业总公司1995年厂长目标责任书》。

砖厂还投资了将近40万元用于其他建筑原材料和工人工资支出[1]。1994年，会富豆瓣厂总资产为171.55万元，总负债为161.22万元，所有者权益达10.32万元。[2]

1993年，唐昌镇人民政府经济委员会对三联塑压厂下发的通知中提到，要求对方按照销售收入的4%~6%提企业业务费等费用，由厂长用于发展企业、拓展业务渠道。[3]由本通知一方面可见市场竞争的激烈程度，须计提专门的销售收入来满足进一步拓宽业务的需求；另一方面，稍有经济常识的人都心知肚明，4%~6%基本是一个经济单位的盈利率，这些计提作为业务费大大摊薄了企业利润，不利于企业进一步发展。

在激烈的市场竞争中，酒厂和复合肥料厂都不具备豆瓣厂那么高的资产专有性。酒厂受到了投机行为的影响，被迫降低自家的产酒质量。复合肥料厂在行业内假冒伪劣产品泛滥的情况下，还在同供销社和化肥供应商勾结，私自进货或是出卖指标，钻专用肥的空子。

20世纪90年代中期，由于市场经济和企业自身体制等多方面的原因，先后有5家集体企业倒闭。以复合肥料厂为例，该阶段复合肥料厂经历了大规模扩张带来的负债显化、受到了越发严格的市场监管，并受到了市场激烈竞争中"劣币驱逐良币"状况的影响。

在大量伪劣品横行的情况下，市场监管部门加大了对生产伪劣品的企业的惩处。这一行政监管措施对企业产生的直接影响是罚金和补税。更为致命的是，因之前大规模投入，企业不能及时产生效益，资金链断裂，导致资金流动性不足。又因金融政策的收紧，导致资金流动性不足的状况不能及时得到缓解。很多乡镇企业同时遭遇了外部监管趋严和资金流动性不足等困境，有大量企业因此倒闭或没落。战旗的凤冠酒厂和复合肥料厂只是一个小小的缩影。

---

1 资料来源：2019年11月3日罗会友访谈记录。
2 资料来源：《1994年资产评估申报汇总、明细表》。
3 《关于提取企业业务费用的通知》（1993年10月22日），四川省郫都区档案馆藏，档案号149-001-0429-010。

三、集体企业案例：复合肥料厂

距离村口的"战旗村"牌坊不远处，一栋临街洋房冒起阵阵炊烟，村民冯忠会一家准备开饭了。60岁的冯忠会是一家之主。这几天他心情大好，总是亲自下厨。

这是一个四世同堂的7口之家。冯忠会与父母、妻子，还有儿子儿媳，以及10岁的孙女都在。春节前夕，习总书记来到战旗村考察时，还曾与当时正在照全家福的这一家人有过亲切的交流。当习总书记问起冯忠会的父亲冯家祥过得幸福不幸福时，老人连连点头。幸福，是发自内心的。冯忠会一家的幸福生活，正是成都广袤乡村日常烟火的一道剪影。

资料来源：2018年3月7日《成都商报》。

报道中提到的冯忠会[1]，不仅是新时期战旗村幸福生活的代表人物之一，也是曾经在20世纪90年代为战旗创收不菲的复合肥料厂的厂长。他的经历跌宕起伏，与战旗的村企发展息息相关。

成都郫县复合肥料厂（简称"复合肥料厂"）[2]位于唐昌镇西郊战旗村，是一家化工高科技企业，始建于1991年。其距离国道317线6公里，彭温路3公里，谭家场火车站8公里，交通极其便捷。

复合肥料厂的立项原本并不在先锋乡，根据冯忠会的说法，是杨正忠听到消息后挖走了该项目。恰逢四川化工研究院研发了利用氯化铵制作氮肥的专利，这在复合肥领域是革命性的专利。1991年，经郫县武装部牵头，肥料厂由战

---

[1] 冯忠会：在酒厂做过技术员，后被提升为副厂长。酒厂关闭后，做过一年的流动酒贩。在复合肥料厂任供销科销售员，后任厂长。之后在广汉的某工厂做了两年的生产厂长。租赁制实行后，在复合肥料厂新厂长手下做事，帮肥料厂理顺了销售渠道和执法部门的关系。现在战旗村十八坊经营福星醪糟店，做线上线下销售。

[2] 成都郫县复合肥料厂自建厂以来，始终坚持"质量第一、服务至上、诚信为首"的经营宗旨。生产的"望丛"牌系列复合肥是根据我国不同地域、不同土质、不同作物的需求，以及不同作物生长点的需要，采用优质原料、科学配方研制而成的各种高、中、低浓度复合肥料和专用肥料。不仅适用于水稻、小麦、油菜、玉米、棉花、果树、西瓜、花生、烟草、茶树等20多种农作物的种植，而且对于改良土壤、服务生态农业和发展绿色农业具有积极作用。产品除畅销本县及周边的都江堰市、崇州市、彭州市、温江县外，还远销山东、陕西、江西、重庆等地。

旗村、先锋乡经委和大邑县农资公司三方组建。但是还未等建成，三家就因资金不到位分开了，实际上是战旗独家经营。战旗村出场地、厂房和流动资金，先锋乡经委派人员进行管理，四川化工研究院技术参股。

复合肥料厂运转初期，原始设备由四川化工研究院介绍，使用的是被淘汰的设备。第一轮贷款的流动资金是十几万元，易奉先负责协调银行贷款，镇政府提供担保。其他资金从机砖厂内部调用，利息低于一般贷款利息。但其中用于购买原材料的启动资金只有1万~2万元。[1] 1991年年底，原材料很难购买，负责采办的冯忠会登门拜访原材料厂的销售部科长，才辛苦求得原材料。

复合肥料厂建成初期占地10余亩，职工工资为70元/月。后占用铸造厂旧厂房，规模扩大为20亩。年产1万多吨，销售原则是"就近不就远"。销售人员通过跑基层供销社、农机站，待二者都同意后才取得经营权。随后复合肥料厂逐渐扩展销路，生产出的肥料被销往温江、崇州、都江堰等周边区县，甚至卖到了外省。[2]

1992年，肥料厂由镇企业办牵头管理，但战旗村认为，企业办派来的管理人员（周边村的村干部，曾搞垮过本村的水泥厂）存在购买设备时吃回扣且管理素质不高等问题，所以重新派了原先锋乡武装部部长苏运田（其军事素质、文化程度均比较高）负责管理，战旗村协办。1992年年底，战旗村村委就将复合肥料厂发包给贵州省贵阳师范专科学校科研所，由科研所具体管理工厂。双方约定，承包指标以效益为中心进行考核，从投产之日起，全年利润指标为8万元，利润分配执行保底分成的原则，即先保战旗村村委年利润4万元，再保科研所利润4万元，超出承包合同部分的利润除留50%作为企业发展基金用于扩大再生产外，剩余部分四六开，即战旗村村委得40%，科研所得60%，企业发生经营性亏损由科研所承担责任。

1994年，企业改制前，苏运田不再管理复合肥料厂；改制后，复合肥料厂销售员冯忠会担任厂长，此时肥料厂集体占股50%，职工占股50%，职工有30~40人。因设备技术改造，年产量由1万吨跃升为3万吨。厂长冯忠会

---

[1] 资料来源：2020年2月10日冯忠会访谈记录。
[2] 资料来源：2019年10月3日林根志访谈记录。

买了价值12万元的三厢夏利小轿车，复合肥料厂一时可谓风光无限，信用社的主任都跟着冯忠会去选车。

1995年，肥料厂高峰的产值达到了七八百万元，上交村集体的纯利润有十几万元，年税收近20万元，员工工资上涨为1000~2000元。复合肥料厂的原职工林根志表示："当时周边人都非常羡慕，都想到复合肥料厂上班。"但是，复合肥市场已经达到了饱和状态，竞争十分激烈。为了应对竞争，复合肥料厂开始生产各类专用肥，如水稻、小麦等粮食作物专用肥，经济作物专用肥，蔬菜作物专用肥，这些专用肥与原来的普通复合肥配方相同，只是更换了专用肥的名称，本质是"换汤不换药"。

到了1996年，复合肥料行业的产品劣化造成的农作物减产已经引起了监管部门的注意。起因是供销社和化肥供应商勾结，供销社私自进货或出卖指标，假冒伪劣产品流入农民手中。监管部门一时因供销社和化肥厂的勾结查不出问题，但是农民在使用复合肥后粮食产量出了问题。于是，国家大力抓质量，郫县复合肥料厂悄悄把销售出去的肥料拉了回来，生产销售就此进入了低谷期。同年，国家查偷税漏税，复合肥料厂被罚了20多万元。从此，复合肥料厂开始有两本账。[1] 1998年，复合肥料厂收归村集体，账面上亏损20万元左右。

1999年，复合肥料厂新投入48万元对生产装置进行改造，把过去年产仅有1万吨、只能生产氯化铵型低浓度的单一复合肥生产线，改建为年产量达3万吨的、能生产尿素型中高浓度的烟草、果木等专用肥的生产线。[2]

2000年的《成都郫县复合肥料厂关于提取开发基金和减免增值税不作利润计算的申请报告》中提到，"从1992年到1996年连续5年亏损，全厂员工大胆探索，开源节流,竭尽全力降低费用成本。到1997年年底收支基本持平，又经一年的艰苦努力，1999年年底微见效益"。之后还提到，"市场竞争激烈，生产面临库房面积狭窄、生产车间房屋低矮等问题。肥料企业是一个支

---

[1] 资料来源：2020年2月10日冯忠会访谈记录。
[2] 《唐昌镇战旗村党总支先进材料》（2000年4月5日），四川省郫都区档案馆藏，档案号149-001-0548-024，第2~3页。

农亏损的企业，建厂以来，靠国家给予的免增值税政策和社会集资，使企业在激烈的市场竞争中得以生存。为了迎接西部大开发这一历史机遇，也为了肥料厂今后办得更好，不致倒闭，特申请给予我公司（复合肥料厂）提取开发基金的优惠政策和不将增值税减免部分计作利润上交企业所得税的优惠"。

— 专栏 —

成都郫县复合肥料厂承包经营合同（1992年）

发包单位（甲方）：四川省郫县先锋乡战旗村村民委员会 法定代表人：易奉先

承包单位（乙方）：贵州省贵阳师范专科学校科研所

根据《中华人民共和国乡村集体所有制企业条例》《乡镇企业承包经营责任制规定》的精神，为了搞活企业，发挥科技优势，实现盈利，贵阳师专科研所（全民所有制单位）跨地区承包经营成都郫县复合肥料厂，经甲乙双方多次协商，签订如下合同。

一、承包时企业现有固定资产原值_____元，净值_____元，流动资产_____元，借入资金_____元，经盘点造册交乙方使用，承包期满后，固定资产残值归甲方，流动资金应如数归还甲方，如有短少，由乙方赔偿。承包后因扩大经营项目（如多元高效微肥）所需，投资由乙方自筹，承包期满后，乙方投资购置的固定资产归乙方所有。

二、承包指标以效益为中心进行考核，从投产之日起，全年利润指标为8万元，利润分配执行保底分成的原则，即先保甲方年利润4万元，再保乙方利润4万元，超承包合同部分的利润除留50%作为企业发展基金用于扩大再生产外，剩余部分四六开，即甲方得40%，乙方得60%。企业发生经营性亏损由乙方承担责任。利润分成在年终决算后兑现。

三、甲乙双方权责

1. 乙方在国家政策和法律规定的范围内享有产供销人财物（生产经营）自主权，有权决定设置内部机构、招聘干部职工，抵制乱安插人、乱收费和乱摊派，有权对职工进行行政处罚，有权决定用工形式和工资形式。

2. 乙方应自觉接受有关部门的监督、检查和指导，保证国家政策、法规、财会制度的正确执行。

3. 甲方应积极做好业务指导和信息传递，并协调地方关系、搞好各种服务，为企业的正常生产创造一个宽松的外部环境。

4. 甲方应帮助乙方申办流动资金的贷款，最多不超过100万元。

5. 由于经营不善、管理失职等人为造成损失而无法弥补时，甲方会同有关部门核实，有权提前终止承包合同，并追究责任人的经济责任。

四、双方需明确的其他事项

1. 财务管理按乡镇企业财务管理制度执行。各项提留按乡镇企业规定的比例提取。

2. 除账上所列各项固定资产外，使用的原酒厂库房和水电设施以及租用农民的用作场地的土地，一律实行租赁制，每年付租金 _____ 元，计入成本。

3. 使用复合肥生产专利技术和化工研究所监制标志应付的费用，由乙方继续承担。

4. 因扩大生产项目需要变更企业名称、经营范围和因承包合同的签订需要变更法定代表人，由企业申请，甲方协助办理。

5. 原有的债权债务由乙方继续履行，其中因呆账而收不回的款项由甲方承担，一概与乙方无关。

五、承包期限

承包期限为10年，自1992年12月起至2002年12月止。

六、违约责任

1. 双方都要认真履行合同，由于一方过错，造成本合同不能履行或不能完全履行时，由过错的一方承担违约责任，对方除有权向违约方索赔外，还有权提前终止承包合同。

2. 企业因遇到不可抗力的原因而导致无法生产，致使合同不能继续履行时，由双方协商研究解决。

备注：应收化学制品厂的款项明细为1992年的使用费18 000元，1992年的折旧费17 790.17元，1992年的统筹费8696元，应收材料款8 942.03元。应付1992年银行利息。合计53 428.20元（未包括银行利息）。（1993年2月13日）

资料来源：成都郫县复合肥料厂承包经营合同（1992年），四川省郫都区档案馆藏，《郫县先锋乡卷宗》，档案号149-001-0429-007。

注：本专栏中的部分数值空白，原因是原始档案缺失该值。

复合肥料厂2004年改成租赁制后，集体用现金收回了职工个人的股份。改制原因是集体每年只得到几千块钱的管理费，"肥水都流进了外人田"。当时职工支持改成租赁制，因为个人经营，不见利润和分红，而股份上交集体后变现更直接，1元的股份可变现3倍，比如，原本持有100元的股份可兑现300元现金。

改制实为厂长和村集体的博弈。对于转成租赁制的动议，冯忠会（原厂长）不同意，认为损害到了他的个人利益。于是村集体封账清查，会计把账本拿出来一看就发现了问题。经细查后发现存在四个问题：一是成品销售出去计成原价，二是在外库存不计销售，三是收入全是预售账款，四是年终总结才定价。总计发现存在80万元的账外资产（被村干部戏称为"小金库"），其中51万元是账目亏损。冯忠会也承认这51万元的亏损，但认为亏损是受经济环境的影响。村干部做了两手准备，一是私下找冯忠会谈话，告诉他如果不把这80万元还给集体，就可能面临刑事责任；二是如果同冯忠会谈不顺，就请郫县经侦大队来战旗村侦办。冯忠会意识到如果不把钱款交出来，可能会被判刑，就把这80万元还给了集体。尽管他始终认为51万元是受宏观环境影响的亏损，但还是"主动"辞了职。

2004年2月26日，冯忠会移交账目和印鉴给村集体，高德敏曾短暂地接手管理两个月。同年4月26日，冯忠会的法人职务被免，覃祥斌被任命为法人代表。清核所有资产是100万元，复合肥料厂被拍卖并租赁给了重庆一位卖建材的老板（该老板通过老乡知晓了消息，这位老乡是该老板在四川省干部培训学院的活动里认识的复合肥料厂的员工，该老板与覃祥斌也存在合伙关系），承包费是5万元。

进入 21 世纪后，战旗被列为水源保护地，社会对绿色健康的需求大于对经济利益的需求。2014 年，复合肥料厂厂址迁至眉山工业园区。70 名管理人员和职工也一同搬走，不愿意去的可以在战旗周边再找工作，搬迁工作逐步完成。同样受此影响，预制构件厂、树脂厂彻底关停。2015 年，复合肥料厂退出了战旗村的历史舞台，旧址拆除后和其他地块合并，被整合成了一整块的集体建设用地，成为四川集体建设用地入市的第一宗土地，在新时期又开始发挥新的作用。

第六章
集体经济二次改制与租理论视角下的改制分析
（1995—2003）

一、管理制度：股份合作制（1995—2003）

（一）政策背景

1992年12月24日，农业部出台了《关于推行和完善乡镇企业股份合作制的通知》[农（企）第24号文]，该文件是针对大部分乡镇企业政企不分的现象而提出的第一部正式发展股份制的文件。潜台词是大部分乡镇企业面临集体的权力过强的问题，企业需要给集体上交大部分积累，在一定程度上可能不利于企业经营。

1993年12月29日，全国人大通过并颁布了《中华人民共和国公司法》（以下简称《公司法》），使得股份合作制有法可依，同时也给股份合作制经济的发展和规范提供了可以借鉴的法律参照。1994年3月，农业部印发了《乡镇企业产权制度改革意见》，明确指出了乡镇企业产权改革的重要性、指导思想、目标、难点等，并强调乡镇企业产权制度改革最主要、最有效的形式是实行股份合作制。

（二）改制过程

"20世纪80年代中期，全国就陆陆续续在办村镇企业了，商品过剩，国家也在想办法解决这个问题，于是提出"改制"，过去提出"船小好调头"，改制时又提出"制造航空母舰"，叫企业强强联合。改制不是一下改下去，而是先搞试点，然后逐步推开。郫县被列入全国企业改制的试点县，郫县又把我们村列入企业改制的试点村,这是1994年,共两个村进行股份制改造,即战旗村和郫县县城边上的一个村。"

资料来源:摘自2019年7月李世立访谈记录。

1994年,战旗被列为郫县改制试点。郫县乡镇企业局给出指导意见,企业办公室专门派人来指导具体操作事宜,开始小范围试行股份制。[1] 共改了4家国有企业,2个村(战旗村和鹃城村)。1994年12月1日,战旗村向唐昌镇人民政府递交股份合作制改组请示,战旗的承包制改成股份制,于1996年完成改造。[2] 规模较大的砖厂、豆瓣厂、酿造厂、面粉厂和复合肥料厂参加了改制,铸造厂的规模也较大,但是由于联营未参与改制。

第一步,将以上5家企业合并,成立成都市集凤实业总公司(以下简称集凤公司),设置董事会和监事会,5家企业作为子公司。第二步,对5家企业进行清产核资,把家底弄清楚后,通过审计进行股份量化。资产盘点时,成本重置法和历史成本法同时使用。承包制下100%属于集体,股份制下收益分配权集体占50%,企业占50%。在企业的50%中,30%作为企业的法人股,用于发展再生产;另外20%作为职工股,按照职工入职时间长短、贡献大小、职称高低等来评定量化。企业法人是指企业法人组织,法人股就是集体股,概念比较模糊。[3] 认购职工股要求职工在公司工作一年以上,职级不一样,股份有所区别,如厂长的是职工股平均数的5倍。职工按照1:3的比例购买股份,比如职工出1元,量化为3元的股份。等到2003年转制,退股时同样是以1:3的比例返还股金。

在实际操作中,高德敏这样描述:"理论上是股份合作制企业,但是实际操作过程中,有些村干部在里面,他们把它当成私营企业干,当成承包企业,没有完全按股份合作制企业的管理操作办法规范管理。加上当年不像现在,财富管理比较混乱,而且存在大量的现金交易,没办法监管,因此造成大量的集体资产流失。"[4](诸多被访人认为此次改制不成功。)由于村集体有刚性开支,

---

[1] 资料来源:2020年1月11日李世立访谈记录。
[2] 资料来源:2019年10月5日杨勇访谈记录。
[3] 资料来源:2019年12月25日高德敏访谈记录。
[4] 资料来源:2019年10月2日高德敏访谈记录。

股改后村集体每年仍然会向企业收取固定租金。股份制的形式更多地体现在企业和职工间,例如,营业状况不好时公司还会给村里交钱,但职工可能依照股份制不再分红。

(三)改制结果

一是造成了企业资产份额缩水。参考集凤公司改制后(1995—1999)的资产变化表[1],从资产总计来看,从1994年的941万元上升到了1999年的1589万元,但1995—1997年间上升较为缓慢,只从1182万元上升到了1254万元,作为资产规模比较大的企业,这样的速度属于较缓慢的。从1995年集凤集团董事长易奉先先生在股份合作制创立大会上的发言(见图6-1)可知,集凤公司现有企业18家,职工531人,固定资产580万元,产值3500万元。从财务数据[1]分析结果可以看出,该公司的存货周转率基本上呈现逐年递增趋势,说明存货增长的速度高于主营业务收入的增长水平,耗费存货成本。公司的流动资产周转率逐年下降,主要原因是营业收入下降得比较明显,公司经营情况恶化。2003年,公司大规模削减在建工程和长期投资,资产份额缩水,加之营运收入明显增加,总资产周转率上升幅度较大。

图6-1 发言稿《勇敢开拓、大胆创新、转换机制、集凤腾飞》[2]

---

1 资料来源:《集凤公司改制后(1995—1999)的资产变化表》,战旗档案室。
2 资料来源:易奉先的题为《勇敢开拓、大胆创新、转换机制、集凤腾飞》的发言稿(1995年1月11日),战旗档案室。

二是集体资产流失。1994年到1997年，企业基本还是正常运行的。但是由试点到逐步推开，企业改制逐步深入，就变得越改越差，这是个渐变的过程，尤其是1998年之后，各个厂的效益下滑得很严重。股份制初期，经营者持股比职工股平均数高5倍，在整个企业股份中只占3%～4%，达不到5%。但是在20世纪90年代末期，改制深入后郫县的政策是，凡是本厂职工购买企业股份，可优惠20%，一次性付款又可以优惠20%。在优惠40%的基础上，体制改革办公室说还可以有优惠，总的算下来可以优惠50%，也就是出一半的钱就可以把企业买下来。与此形成鲜明对比的是，厂长只占了不到5%的股份。[1] 随着管理人员心态的不平衡，管理效率逐渐下降，相应的集体资产开始大量流失，等到1999年，村集体负债已达200万元。[2]

三是股权结构混乱。厂长私下交流，自己占的股份只有3%～4%，企业资产100万元的话，自己花50万元就可以买了。经营者思想发生变化之后，对企业影响很大。有的厂长表示："企业怎么是集体的？应该是我个人的，当初集体为企业投资5万元，现在我将其变成50万元，甚至100万元，是我经营得好。集体投资5万元，把5万元还给集体就可以了。"在这种思想的影响下，经营上出现了问题，效益自然就低了，有的企业出现了2年没有红利的情况，职工的不满情绪就冒出来了。另外，在访谈中了解到，时任村支书的公信力不强，部分厂长不满其任集凤公司董事长，因为他除了管理村集体的企业，还经营自家企业。当然，这只是原因之一，股份制下给厂长的分红不高，自主权下降，也有很大影响。比如，管理人员的股份占比过低，造成了管理人员不愿意对企业进行长期固定资产的投入，这种影响短期内不明显，但长此以往带来的效益降低就会显化。在这个过程中，同样存在集体占股但是投资不足的现象。比如，机砖厂和会富豆瓣厂的厂长罗会富在会议上就公开批评这种现象："村上只保村上，不管厂里，如果是股份制，那么集体是否应该进行资金投入呢？如果购买50万元的机器，那么村上是否应该出资25万元呢？"[3] 改制试点中不合理的股权结构，造成了集体和厂长的囚徒困境，双方都不愿意做长期

---

[1] 资料来源：2019年6月7日李世立访谈记录。
[2] 资料来源：战旗村1999年3月3日会议记录。
[3] 资料来源：战旗村2002年11月17日会议记录。

投资。企业演化成了既有集体性质，又有股份性质，还有家长制作风、家庭制管理等混杂产物。

为解决上述问题，2003年股份合作制转为租赁制。

二、管理制度：租赁制（2003—2020）

股份制转租赁制的关键，在于集体和承包经营者谁可以拥有对企业的绝对控制权。

对于集体而言，集凤集团旗下的5家企业的股份按村集体占50%、经营者和职工占20%、企业法人占30%构成。按照《中华人民共和国公司法》的规定，实行股份合作制的企业的股权可以在内部进行调整，转让、赠送都可以。村集体占50%的大股，把20%的由经营者职工个人持有的股份回购过来，集体就对企业拥有绝对的控制权了。

对于承包经营者而言，1994年改制，在所有权上打开一个缺口，用企业发展扩大的说法给企业留法人股30%，为股权二次改制留下了缺口。早在2001年，承包经营者曾要求将集体用于发展再生产的20%的法人股奖励给经营者，这样经营者就可以拥有绝对的控制权。时任村委会主任李世立提出必须经过股东大会同意，使得经营者未能达成目的，这也是李世立在随后的村委会换届选举中落选的原因之一。

此次转制于2003年[1]开始，2010年完成。[2]在村干部的描述中，此次转制也被称为"承包"。流转资产、固定资产分别租赁给个人，但是固定资产的所有权在集体。实际上，在1982年的承包制下，各个厂子交完承包费后，并未对集体进行分红。[3]

（一）转制过程

首先，进行转制的准备。2002年下半年，相关负责人开始参观南街村、

---

1 村主任杨勇的说法是，从1998年就开始进行股份制转租赁制了，历时十几年。
2 资料来源：2019年10月5日杨勇访谈记录。
3 资料来源：2019年10月2日高德敏访谈记录。

刘庄村、华西村并学习经验。[1] 两委干部积极学习理论知识并不断实践，为改制做准备。2003年，战旗花了3000元请西南财经大学经济研究学院的教授专门讲授所有权和经营权方面的有关课程。教授讲课全程进行录像，如果当场听不懂，课后也可以反复播放学习。

其次，及时清除转制障碍。只有高德敏和李世立认为转制，走将企业收回集体的"回头路"是可以实现的，其他人都不相信。企业改制需要通过董事会表决，但由于董事会成员中有很多被改制的厂长，所以不同意的声音就很多。于是村集体换了思路，开始高价用现金回购村民的股份。在李世立看来，实质上村上花的这部分钱也是村民的钱，应该针对不同的承包经营者，采取不同的谈判政策。比如，跟厂长商量，如果现在卖出个人股份，村集体还会购买；倘若之后再卖股份，集体便不会再回购，其所持的这部分股份就成了"空股"。再如，如果不同意集体购买，因厂房所占土地属于集体，便可以通过上涨土地费来施压。最终村委会用约70万元[2]，回购了经营者和职工所占的20%的股份。

2003年2月正式改制，固定资产和无形资产租赁经营。基于过去流动资产流失严重的问题，村集体对流动资产进行了一次性拍卖，将流动资产卖给经营者，从而实现一次性变现。这里的一个关键点，在于集体如何对流动资产进行定价。村集体对每个厂制定一个基础的价格，考虑到承包人的贡献，原则上优先满足原法人。企业经营者不接受的话，就在村内进行公开招标，实行竞争性定价，价高者得。具体操作是，先让原法人重新核实账目价值，集体再依据账目上的原始成本定价（杨忠模认为是市场价值，并不是购买价值[3]）。比如，豆瓣、辣椒是五角一斤，中间花费的人工费用等都不计算在内，就只算账目上是五角，实际的价格可能是七角、八角。也就是说，所有厂定的价格都比市场价低（但是只对原材料有用）。

率先改制的企业是会富豆瓣厂和机砖厂。会富豆瓣厂的固定资产租赁合同3年一签，流动资产估值70多万元，实际价值却有80万元甚至100多万元。经营者认为不会有竞价的人，遂将原材料价格定得比较低，不认可集体定价。

---

1 资料来源：2020年1月11日李世立访谈记录。
2 高纪开. "老黄牛"的"牛"劲[N]. 成都晚报，2010-04-23(4).
3 资料来源：2019年12月25日杨忠模访谈记录。

罗会富的女婿给出70万元的价格未果,杨奎以72万元拍下厂子,罗会富家族竞拍失败。也有说法是,罗会富的女婿忙于在外地批发布匹,照顾其他生意,压根儿没有报名。

2003年4月19日,机砖厂的流动资产被拍卖,砖坯价格扣除5%的耗损,水坯价格为8分,红砖价格为9.5分,标底是4万元,4个村民竞标,机砖厂最终以6.1万元的价格由村民文朝明竞标成功。[1] 土地费不变。

2004年6月8日,先锋酿造厂的原材料按照未加工的按账目价、加工后的按市场价的方式进行定价。比如水瓣子(即蚕豆瓣),成员价是0.7元/斤,市场价是0.9~1元/斤,协商价是0.8元/斤。考虑到2002年下半年开启了新一轮宏观经济景气周期,物价上涨,转制在经济上行期,集体恰好吃了一波涨价红利。[2] 该厂的流动资产总计为388万元,新厂长分期支付,村集体把流动资产拍卖所得资金转为债权,以10%的利息借给新厂长。流动资产拍卖后,变现420万元,用于发展再生产。高德敏书记事后回顾,改制后村集体进账500多万元!

(二)转制成效

一是对于村集体而言,集体资产不再流失,村集体收益增加。

第一部分为拍卖流动资产所得,共计420万元(李世立的说法)。

第二部分为租金收入,2004年之前村集体每年的承包收入(土地+固定资产+流动资产)为28.5万元。固定资产和土地的租金变为32.5万元后,额外增加了4万元。

第三部分为利息收入。以上420万元可以进一步产生利息收入,村集体除了留一部分开支和再发展基金外,其余资金(大约300万元)再返给新厂长使用,年利息收入就有30万元。规避风险的措施是需要"两委"开会同意,且只能够借给企业,并且要企业以流动资产做抵押。从会议记录可以看出,复合肥料厂借款25万元;酿造厂借款30万元;[3] 面粉厂借款20万元,月息6厘,

---

[1] 资料来源:战旗村2003年4月19日会议记录。

[2] 资料来源:战旗村2004年6月8日会议记录。

[3] 资料来源:战旗村2004年2月6日会议记录。

以流动资产做抵押；铸造厂借10万元扩建车间。[1]

二是可以强化党支部的作用。股份合作制下，党支部很难发挥作用。既管不动，也管不了，效益下降了，党支部还得背锅。村民会审视支部书记在任时给村民分了多少钱，从而倒逼每一任村支书都努力发展经济。租赁制下，支部权力大了，"是因地制宜，不是简单地走回头路"。李世立书记认为，"只会开汽车的司机，却非要开飞机，结果只会寸步难行（股份制好比飞机，租赁制好比汽车）"。

至此，村集体和承包经营者的关系空前恶化。在私有化的大潮下，为什么村集体如此主张掌握企业的控制权呢？村干部倾向于把集体化描述为一致性的制度延续，但现实操作困难。即使在个体化程度较高的浙南农村，村干部也具有加强集体经济的天然特征，他们所处的位置促使其自发地加强集体经济，只不过集体化的发展较为困难。因此，战旗逆潮流而动，加强集体经济的动机是具有普遍性的。在所有村干部都具有加强集体经济的天然特征下，战旗的村干部顶住了这场私有化大潮，其他村干部大多是"迫不得已"地顺势而为。

三、宏微观因素与乡镇企业改制

以乡镇企业为代表的中国农村工业化，是在特殊的历史条件下、特殊的政策环境中产生和发展起来的。它的发展一开始就超越了各国工业化发展的一般规律，而带有自身的种种特点，被人们誉为"中国特色"。[2]

从宏观因素上看，原有乡镇企业的设备本来以二手和；低端设备为主，但是乡镇企业得到这些设备时，价格并不低；而且，改制会使得旧设备折旧显化，因此在后续使用中需要通过农村合作金融获得支持，对设备更新换代，这其中农民合作金融是乡镇企业资金的一个重要来源；但1997年金融危机爆发，农民合作金融被取缔，正在运行的金融体系突然被宣布为非法，金融机构所有的

---

1 资料来源：战旗村2004年2月21日会议记录。
2 林青松，杜鹰. 中国工业改革与效率——国有企业与非国有企业比较研究[M]. 昆明：云南人民出版社，1997.

贷款也都变成了非法贷款，所有不想还钱的人就都不还了，大量赖账就此产生。信用违约是由突然发生的制度因素所造成的，最终又演化成农信社和农行系统的坏账。再加上前几年中央采取紧缩的政策，针对经济过热强制做空，首先被波及的是中小乡镇企业。外部条件趋于恶化也造成了乡镇企业内部矛盾的加剧。战旗在这个过程中，轻资产的酿造厂、豆瓣厂，因郫县豆瓣的历史传承，受到的冲击相对较小。其他的重资产、重技术的企业，如酒厂和复合肥料厂，均受到了严重的冲击，酒厂甚至因资金周转不灵而被迫破产。

在这个意义上，改制本身是宏观外部条件趋于恶化的压力之下的微观机制的改变。微观机制的改变表现为技术、管理能力、资金能力和人才等劳动力要素的谈判地位陡然提升，而所有重资产投入的设备（折旧中）的谈判地位下降，导致大量的公有制企业贱卖等现象大范围发生，再加上外部资金环境不力，因此改制本身是做空的宏观调控政策引起的连锁反应。

从微观因素上看，根据让·巴蒂斯特·萨伊的理论，商品的价值是由劳动力、资本和土地这三个生产要素协同创造的。三个要素可以部分替代，稀缺要素可以成倍地替代其他要素。20世纪80年代对土地的限制较小，在此不讨论土地要素。

关于劳动力要素，在原来的农业生产方式下，劳动力的主观能动性一旦形成有规模的组织，就能够得到巨大的释放效应，也就是劳动力投入的乘数效应。战旗通过该效应形成社队企业，然后发展成乡镇企业。尽管劳动力作为原始积累仍发挥着重要作用，但是进入工业化阶段后，工业对资本、技术、管理等有了更高的要求。工业对于要素的规制要求远高于农业，二者已经有了因业态差别而形成的对要素的作用需求的差距。

关于资本要素，在农业进入工业形态时，劳动力投入的乘数效应被资本投入的乘数效应所替代，这恰好是制度变迁的原因。改制中资本的稀缺性大大凸显，尤其是20世纪80年代的物价水平非常高，资金客观上呈负利率状态。在负利率的情况下，战旗通过把之前在民兵训练中获得的社会资源变成了在经济中获得的资本，这意味着战旗村已经先于其他村庄占有了一部分通货膨胀与资金利息的收益。因资本的稀缺性和通货膨胀率之间的巨大差额，导致这一部分的变化形成了战旗制度变革的外部条件。比如，在复合肥料厂建厂的过程中，战旗得到了招商引资的内部消息，并且获得了政府给予的贷款。

此外，需要注意的是，相关利益群体的认知和传统习惯也会对改制产生影响。一是村集体，作为地方政府与村民的"中介"，其行为选择是影响改制的重要因素，因此村集体在改制中决策自由度的大小，决定了该地区各村集体资产股份合作制方案的多样性程度，同时也会对一个地区改制时最有可能被选择的核心原则产生影响。[1] 二是资产起源人的认知，集体资产股份合作制改革也涉及地方对集体资产起源的认知，它直接左右着一个地区村集体资产改制时，最有可能被选择的核心原则，同样也是集体资产股份合作制改革中核心分配逻辑差异的来源。

1994年股份制改革的重点在于资产清算和确认依据，经过十余年的发展，企业体量早已超过原来的范围，并且早期的集体企业性质使得很多贡献都难以被准确归类，在危机或风险爆发时，自然会从隐性变为显性，继而在实践中表现为一个博弈的过程。同时，1994年的股份制改革是自上而下的试点性质的改革，自主性较差，也与当地对集体资产起源的认知（包含习惯、传统等因素）相差较大。这也是战旗村干部对1994年股改评价复杂的原因之一。

四、租理论视角下的乡镇企业改制

经济学关于租的研究最早源于土地的收益分配。重农主义者认为租金是超过给土地所有者必要支出后的剩余。托马斯·罗伯特·马尔萨斯将地租定义为"土地所有者持有的所有产出的部分，但从本质上来说源于耕作，是一种包括资本使用的利润的支付"。[2] 大卫·李嘉图以及同时期的威廉·配第和詹姆斯·安德森等进行了进一步的探讨。[3]

阿尔弗雷德·马歇尔的"准租"研究、约翰·贝次·克拉克以及保罗·安

---

[1] 金文龙. 产权的社会建构：农村集体资产股份合作制改革研究[M]. 北京：社会科学文献出版社, 2019.

[2] Malthus T.R. Inquiring Into the Nature and Progress of Rent[M]. Baltimore: John Hopkins Press, 1903.

[3] Spiegel Henry W. The Growth of Economic Thought，Englewood Cliffs[M]. NJ.:Prentice-Hall Inc, 1971.

东尼·萨缪尔森[1]和罗伯特 D·托利森的"经济租"研究实现了租金概念的质的飞跃,使地租概念完成了从特殊范畴到一般范畴的演化。比如,马歇尔认为租金还包括被称为准租金的、暂时没有供给弹性的生产要素的报酬。租金的概念逐渐扩大为使用土地、劳动、设备、货币甚至制度等资源所做的支付,是"生产要素的实际收益减去机会成本的余额"。笔者认同亚当·斯密的思想,认为租金在本义上是所有者基于垄断地位所占有的剩余分配。[2]

图 6-2 和图 6-3 所示为不同宏观经济形势下企业的收益变动,以及固定租制度框架下经营者的预期收益的变化。图 6-2 为宏观经济上升时期企业的收益分配情况,图 6-3 为宏观经济萧条时期企业的收益分配情况。

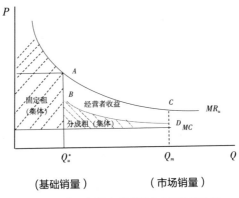

图6-2 宏观经济上升时期企业的收益分配

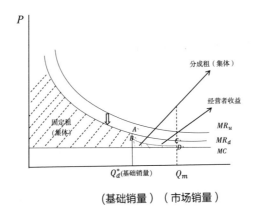

图6-3 宏观经济萧条时期企业的收益分配

---

1 Samuelson Paul A..1971. Economics, 3d Canadian edition (corresponding to 8th American edition), Toronto: McGraw-Hill of Canada, Ltd.

2 董筱丹.组织租与治理成本——现代化进程中的农村冲突与地方治理问题[D].北京:中国人民大学,2009.

上升期间：$Y_{up} = f_u(Q) = \int_0^Q (MR_u - MC_u) d_q$

下降期间：$Y_{down} = f_d(Q) = \int_0^Q (MR_d - MC_d) d_q$

上交租金（固定租+分成租）：$R_T = R_F + R_P$

经营者收益：$P = Y - R_T$（Q^* 到 Q_m 之间的分成收益）

Q_u^* 和 Q_d^* 分别表示为支付给集体的固定租所需的市场销量，u 和 d 分别代表上升期和萧条期。宏观经济上升时期，经营者收益为 S_{ABCD}，如图6-2所示；萧条时期，由于 MR 下降，则 MC 下降，基础销量 Q^* 增加，经营者收益为 $S_{A'BCD}$，如图6-3所示。如果 $Q_d^* > Q_m$，则经营者收益为负数。

改制原理是用支付一次性成本的方式，交易掉原固定租和分成租。如果这个固定成本远低于初始建厂投入成本，意味着企业的无风险资产增加，这样优化资产配置在萧条期非常重要。

那么，改制之后，固定成本（FC）的变化可以不计，只是边际成本（MC）上升（过去无偿使用的集体流动性资产需要支付使用成本），如图6-4所示，则日常经营性收益为①+②+③的面积。这对于维持企业现金流非常有利。

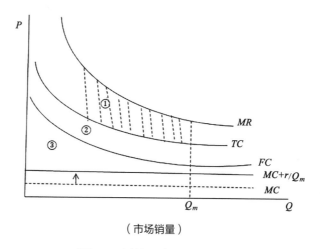

（市场销量）

图6-4　改制之后企业的收益分配

结合宏观经济状况可知，上升期的边际收益、边际成本和市场容量都大于萧条期。在上升期，企业完成固定租所需要的销售量低于萧条期。在萧条期，企业完成固定租的销售量如果大于萎缩了的市场容量，则意味着经营者负盈利。但是，固定租加分成租情况下，会优先分配固定租。那么，承包者就成了风险的第一承担者，风险和收益点朝风险加大的方向移动。此时，如果有条件收购企业，则交易方式变成了用一次性支付替代租金支付，支付价格和租金之比可以和地租购买年相比较。如果有制度性优惠，能够低价格收购，则意味着企业有了一笔无风险资产，极大地优化了企业的资源配置效益。所以，改制是萧条期经营者的经济理性下的制度变迁需求。

具体来看，工分制下的租值，即制度租的内部化。"制度租"也可看作是一种"权力租"，产生的必然结果是制度收益与制度成本分配的不平等和不对称性具有组织内部性。制度租可以通过组织来内部化占有分配，租值不会耗散，有利于生产发展。

承包制下的租值，即制度租的外部化。承包制把原来内部化的租值演变成了不同的资本深化程度，重资本和轻资本有不同的租率。承包制把集体原来可以内部化占有的制度租，演化成了不显化的潜在租，潜在租又被承包者占有。制度租的内部化到制度租的外部化，就演化为承包者个人占有潜在租，同时等于把负外部性甩给了集体。而且，当潜在租被承包者占有时，承包者会认为这属于个人收益。当潜在租被个人占有时，租值发生耗散，这才有了租赁制转制。例如，砖厂烧砖产生污染、豆瓣厂占用水源等外部性，因之前这些企业属于集体企业，外部性是被隐藏的，但是承包制实施后外部性就会显化。

租赁制实际上是潜在租的明租化，流动资产的评估、处置、拍卖等行为把潜在租转成了明租。第一次改制把工分制条件下的制度租变成了一个承包制条件下的潜在租，制度租从内部化转变为外部化，然后产生负外部性；再到第二次改制集体收回租值，把组织显化成了一个租赁制的租金收益，这是战旗村乡镇企业改制的完整复杂过程。

第三篇 2003—2019

绿色战旗
——重构新型集体经济与生态化转型

"三农"问题是"一个人口膨胀而资源短缺的农业国家追求工业化的发展问题",它因工业化而产生,也必然因"去工业化"而化解。

过去一百多年,我国被迫追求工业化,走由西方主导的工业文明道路,"三农"问题因此而产生。新中国成立后,百废待兴,受西方国家的封锁,工业化的原始积累只能从农业来获得。改革开放后,城市化和工业化导向的市场经济的发展,仍然需要从农村获取土地、劳动力和资金,造成这三大要素长期净流出。此外,因城市工商资本过剩而引起的"资本下乡"和"农业产业化"政策,造成农业生产过剩和大面积农村面源污染。总之,"三农"问题呈现出越来越严峻的局面,一些农村群体性治安事件,规模之大、强度之高前所未有。

21 世纪初,整个发展脉络逐渐转向持续增长和化解"三农"问题。党中央在 2002 年提出"三农"问题是全党工作的重中之重,开始调整政策,2003 年将其延伸为全国的重中之重,并于 2005 年提出新农村建设,国家投入向"三农"倾斜。据测算,2003 年到 2012 年,中央财政"三农"投入累计超过 6 万亿元。此后,2012 年,生态文明战略确立;2013 年,新一届政府提出"新常态",主动进行工业供给侧结构性改革;2014 年,提出推进城乡要素平等交换和公共资源均衡配置;2015 年,配合国家战略调整提出生态文明综合改革,并且通过精准扶贫执行贫富差别再平衡战略,并承诺 2020 年消除贫困;2016 年,提出农业供给侧结构性改革,推动新型城镇化与新农村建设双轮驱动、互促共进;到 2017 年,党的十九大提出乡村振兴战略,强调走生态文明发展道路,不再是工业化和城市化优先发展,而是强调农业农村优先发展。**这些方向性的调整,从根本上改善了"三农"处境,标志着"三农"问题已然进入化解之道,也重新给出了非产业化或非经济化竞争收益空间。**

由于以往的集体积累不足以成为新的投资,21 世纪初,战旗再度崛起,正是因为抓住了国家战略转型的重要历史机遇,靠的仍然是"机会性制度收益"。党的十九大指出,中国已经进入社会主义新时代,中国社会的主要矛盾已经转化为人民日益增长的美好生活需要和不平衡、不充分的发展之间的矛盾,为此需要进行供给侧结构性改革,全面优化产业结构。这是对新世纪之初中国出现的一系列机遇与矛盾的回应，既要抓住机遇，也要应对挑战。**从机遇来看**，一方面，中国已经形成完整的产业门类和强大的物质生产能力，中国在 21 世纪初成为世界第一产业大国，许多主要产品的品类和产量都是世界第一，过去生产不足导致的供需矛盾基本得到了解决，具有产业升级的物质基础；另一方面，中国具有世界上规模最大的中等收入群体，这一群体消费能力的释放，将为中国提升产业结构提供巨大的市场空间。**从挑战来看**，一是自 1998 年开始，中国全面进入供大于需的局面，产业收益下降到难以自我维持的低水平；二是外需成为拉动消费的主要力量，导致经济外向度加大；三是主要污染物排放量居世界第一，环境污染导致发展不可持续；四是形成了世界上规模最大的工人群体，国内社会矛盾累积，治理挑战空前之大。

以上机遇与挑战也意味着，历经所谓的改革及制度调整而被包下来的利益集团，大多因具有一定的保守性而不可能跟得上中央的调整，但凡能够跟上中央指挥棒、及时进行结构性调整的，都会有制度性收益。而这也正是战旗村能在新时代生态化竞争中重举战旗再出发的重要制度条件。

具体来看，首先，**中产阶级崛起带来的绿色消费需求和"市民下乡"带动的城乡融合，促进了农业三产化向绿色生产方式转型，"三农"发展客观上已经成为国家生态文明战略的主要载体，这是缓解过往工农业生产中的环境污染问题的重要途径，也是乡土中国搭乘 21 世纪发展快车的重要机遇**。进入 21 世纪以来，中国社会结构发生了重大变化，中产阶级崛起。这部分群体有极强的购买力，并且相当一部分被分配到了与绿色生产有关的行为当中，绿色是其消费行为中十分重要的组成部分。如果村庄能够及时跟上这部分需求，就既能从政策上又能从市场上获得超额收益。战旗村恰恰是这样做的。成都市是在中国强调区域再平衡的战略下再度崛起的一个西部特大城市，它本身也有一个很庞大的中产阶级群体。中产阶级群体的消费能力向外辐射，就有了战旗农文旅结合的开发战略。

与此前 20 年的农业产业化造成巨大的负外部性不同，绿色生产具有很高的正外部性；但需要有一定规模的不可分割的空间作为基础条件。据此解读战旗村在新时代的生态化竞争中战绩辉煌的秘密，恰恰在于其进行了有效的村域内的空间整合。因克服了空间细碎、增加了空间平面延展性与纵向立体度，而增加了经济和社会空间容量，容纳了多样化的生态空间和多元的产业生态，即用自然生态空间的改善作为基础，促进产业生态空间和社会生态空间的改善。用政治经济学的租理论来讲，**战旗获取的是"空间租"**。

需要进一步指出的是，能够对农村已经高度细碎化的空间在全域范围内进行有效整合的，只能是乡村基层的集体经济组织。通过村社内部动员来形成内部化处理交易成本的独特制度优势，能够低成本地整合山、林、水、土、湖、草等多种生态资源，形成立体的、互补的生态化开发战略。相对而言，市场经济逻辑下的产业化投资主体往往只能进行单一向度的平面整合，以获取单一领域的市场机会收益，而这往往会对生态环境造成极大的负外部性。

但是当前农村基层集体经济组织大部分基础薄弱，如何能在空间整合和营造中担当主力呢？**为此，需要从头梳理战旗村的集体经济在 21 世纪之初是如何从近乎零值起步**，如何借政策东风一步步发展壮大，达到集体资产 6000 多万元，以及集体建设用地估值 2 亿多元的经济规模的。

第七章
土地再集中与集体经济再出发
（2003—2010）

2002年，战旗村领导班子换届，李世立被任命为党支部书记，高德敏被推选为村主任。伴随着政治结构变动的是村内经济格局的调整和发展方向的转变。

在企业方面，主要表现在前文所述的由股份制转型为租赁制，将企业的经营主导权收归集体所有，这是村集体再出发的重要前提。集体化改制使集体资产不再流失，村集体收益——包括流动资产的拍卖收入和后续的利息收入，以及固定资产和土地的租金收入不断增加。村集体收入的增加，成为后续土地集中、成立合作社等一系列壮大集体经济行为的重要基础。另外，企业改制增强了新成立的村领导班子的组织能力和公信力，这在动员村民响应土地集中方面发挥了重要作用。

集体经济重建的另一个重要工作内容是土地再集中，以土地再集中为基础的空间重构，成为战旗村21世纪初从近乎零值起步重建新型集体经济的重中之重。

土地集中的过程就是土地价值不断被发现和实现的过程。在政治化竞争阶段，土地是一个村庄最重要的资产，但其实现的主要是一产的价值，即最主要的产出是农产品。在产业化竞争中，土地只是承载产业资本的一个资源基础和空间基础，村庄最重要的财富来源是产业的经营，最重要的限制是市场和资金，所以土地在这一阶段显得相对不那么重要。进入21世纪以来，村庄的土地价值有了再次被发现的机会，但是这时实现的主要是以土地为基础进行农村空间资源三产化开发带来的价值增值。虽然新一届领导班子于2003年重启土地集中的时候，并没有特别体会到土地三产化开发的价值，但是他们关注到上一阶段（即土地二产化）开发的利益已经相对固定且到了产业过剩阶段，由于产业经营风险加剧，因此村集体将发展策略转向在土地上重新做文章。土地集中后首先获得的是土地规模化经营后产生的级差地租，之后又在三产化开发中获得了"空间租"。

土地价值的发现和实现，与国家战略转型及宏、微观经济社会发展的背景是分不开的。

首先，进入 21 世纪以来，国家战略转向区域再平衡和城乡再平衡发展，成为西部农村土地价值显化的重要契机。2003 年，胡锦涛提出了科学发展观，强调以人为本，树立全面、协调、可持续的发展观，促进经济社会和人的全面发展，统筹城乡发展，统筹区域发展，统筹经济社会发展，统筹人与自然的和谐发展，统筹国内发展和对外开放，成为中国共产党的重大战略思想。2006 年 12 月 8 日，国务院常务会议审议并原则通过了《西部大开发"十一五"规划》，目标是努力实现西部地区经济又快又好地发展，人民生活水平持续稳定地提高。**进入一个新的发展阶段后，土地价值有了空前的表达，这时应如何进行政策配套，农村如何在城乡统筹发展中分享土地增值收益，需要有制度性的探索。于是，成都市和重庆市被设立为全国统筹城乡综合配套改革试验区。**重庆市和成都市都是西部地区典型的"大城市带大农村"，城乡二元结构矛盾突出。在中西部选择具有重大影响和带动作用的特大中心城市，设立国家统筹城乡综合配套改革试验区，**凸显了国家在新的历史时期加快中西部地区发展、推动区域协调发展和城乡统筹发展的决心**，这既是加快建立改变城乡二元结构体制机制的需要，也是探索中西部地区发展模式的需要。**战旗村作为西部地区重要城市成都市的一个典型村庄，享受的正是这种战略转型带来的土地价值显化和增值的机会性收益。**

其次，如何在金融资本全球化的条件下让乡村继续成为软着陆的载体，用它的土地资产、自然资源甚至生态环境来形成吸纳货币的条件，是亟待解决的问题。在增加财政收入动机的驱动下，地方政府在 2002 年以后对土地开发、基础设施投资和扩大地方建设规模的热情空前高涨。加快城市化需要大量资金，而此时的地方政府已经是赤字缠身。金融资本已经"独立"，地方政府再难依靠银行进行投资，唯有土地资源资本化还可以国家之名来支配。于是，政府利用垄断地位以极低的价格从农民手中征收土地，以土地作抵押来套取银行贷款，然后将贷款投入基础设施建设中，逐渐形成了进入21世纪以来"高负债+高投资=高增长"的发展模式。在这一轮由地方政府和金融资本联合推动的征地高潮中，土地就变得比一般的实体资产更具有增值潜力。但是，土地增值收益在农民、地方政府、开发商等主体中的分配非常不均衡。**乡村在这个过程中实现自身土地增值、壮大集体经济的有效途径仍需探索。**[1]

再次，从郫都区的整体规划来看，**通过土地整理促进土地价值实现和农业结构转型升级，是缓解城乡用地矛盾、促进城市经济转型的重要手段。**随着生产力的发展、城市化进程的加快，不仅存在过于依赖土地财政、第二产业衰落、严重依赖外部投资等问题，而且这里的**城乡用地矛盾日益突出、耕地后备资源不足、人地矛盾日渐突出**。《郫县土地整治规划说明（2011—2015年）》中显示，郫县（现郫都区）自2006年以来，安排土地开发整理项目20个，农用地整治项目17个，整治农用地116 633.85亩，新增耕地面积8403亩，新增耕地率7.20%；建设用地整治项目3个，挂钩周转指标1266.9亩，节约建设用地面积825.45亩。**通过土地整理增加了耕地面积，提升了耕地利用效率，实现了耕地占补平衡，优化了土地利用结构，提高了建设用地节约集约利用水平，也为建立现代农业奠定了良好的生态环境基础。**

2018年，郫都区发布了《郫都区土地整治规划（2016—2020年）》，意在通过统筹安排农村土地整治、城乡建设用地增减挂钩及工矿废弃地复垦利用等各项土地整治活动，合理引导资金，优化城乡用地结构和布局，既能促进耕地保护，改善农民居住环境和农村基层设施建设，**也能促进节约集约用地，缓解城乡用地矛盾，**美化城乡生态环境，加快城镇化进程。成都市也计划按照"世界现代生态田园城市"的历史定位和长远目标，**发挥都市边缘区在促进城市经济成功转型、提升城市影响力和辐射力上的关键作用，同时为农业与农村发展提供空间。**在这个大背景下，**能规模化地进行土地整理、提供土地收入的村庄就符合上级政府的客观需求，从而可以得到额外的制度收益。**同时，对于乡村来说，城乡居民消费结构加快升级，为拓展农业农村发展空间增添了巨大带动

---

[1] 杨帅，温铁军.经济波动、财税体制变迁与土地资源资本化——对中国改革开放以来"三次圈地"相关问题的实证分析[J].管理世界，2010(4):32–41,187.

力，通过土地整理转向三产化开发、促进空间资源价值实现，是"去工业化"下的唯一可选路径。

最后，从微观层面上看，郫县许多村庄都通过土地经营和开发使土地价值得到了显化和增值，村集体收入也得到了显著增加。从1999年12月《关于郫县村集体可支配收入现状的调查》中可以看到几个村庄的土地增值成果。花园镇筒春村充分利用本村花卉种植的产业优势，走"公司+农户"的路子，引导和组织农户扩大种植规模，村集体可支配收入由几千元增长到了几万元。安靖镇雍渡村党支部于1998年抓住中心村建设的契机，开发土地18 000平方米，吸引资金600多万元，增加村集体可支配收入20多万元，安德镇黄烟村也利用镇上在村上搞中心村建设的契机，大力开发房地产，有效增加了村集体可支配收入。从1995年至1999年，全县村集体通过各种土地经营和开发方式，促使可支配收入翻番的村达46个。

在以上土地价值显化的宏、微观背景下，战旗村在维护村庄资源权益以获取可持续收益、农户家庭收益最大化等综合因素的驱动下，在土地由家庭承包经营改革20年后，开始了土地再集中的过程。首先，对于村集体来说，一方面，**企业转为租赁制后，发展面临瓶颈**，村集体此时只能得到固定的租金收益。从更长远的角度来看，固定的租金收益只是眼前的利益，要获得持续增加的收益，就要将资源掌握在自己手里。而对于一个村庄来说，最重要、最基础的资源就是土地。正如高德敏所说："土地是最基础的资源，所有的资源都附着在土地上，我把土地权属确定清楚了，其他就清楚了。"**另一方面，村庄要开办新厂或扩建旧厂，都需要土地资源**，而该时点上的土地存量基本已经被充分利用，只能通过集中土地来进一步获取可开发利用的土地资源。因此，新一届领导班子必须要做的就是突破组的限制，在全村范围内集中土地，同时将组的权力上收到村集体处，这是新一届领导班子的考量。**对村民来说，土地集中也符合其对家庭内部经济利益的考量。**随着村民在村内企业和村外就业比例的增加，打工相对于务农来说，收益更多而风险更小，造成村民对土地的依赖性逐渐降低，很多村民已不愿或无力继续种地，在农业税阶段，有些人甚至将自家土地送给别人种。据李世立回忆，2000年左右，战旗村全村1600多人，有400多人务工，大多是在村上的企业上班，把土地送给别人种的情况很普遍。

土地再集中是战旗村在新时代生态化竞争中逐步发展壮大的关键，也是村庄实现和维护资源权利长效机制的基础。一方面，土地再集中实现了村域空间的整合和重构，为日后产业和社会的生态布局、实现全域资源综合开发、获取"空间租"奠定了空间基础。**另一方面，**土地再集中也是对乡村社会的重新整理和对"新集体"的重塑，"集体经济"作为其中重要的中间变量，可以有效降低包括政府在内的任何外部主体与分散小农建立契约关系的交易成本。同时，农民组织起来才能有通过对等谈判形成合理契约的基本条件，提高农民表达和维护自己合理利益的能力。

总之，将企业经营主导权收归集体和推进土地集中的转变几乎同步开始，二者共同促成了战旗村基层集体经济组织从基础薄弱向在空间整合和营造中担当主力的转型，通过再组织获取了国家战略转型中的"机会性制度收益"。

具体来看，在实行家庭承包经营制度20年后，战旗村的土地再集中主要经历了以下几个阶段。

一、2003年土地集中初试水

战旗村耕地从20世纪80年代开始实行的一直是家庭承包经营制度。1980年9月，《中共中央印发〈关于进一步加强和完善农业生产责任制的几个问题〉的通知》对包产到户的形式予以了肯定。1981年，家庭联产承包责任制已经在中国农村大部分地区推广，但战旗大队绝大多数村民不愿意将土地分下去。1982年，县领导不再批准推迟执行的申请，战旗开始走上家庭承包经营的道路，将集体统一耕种的土地发包给农户耕种。**进入20世纪90年代，成都市农村经济开始全面向市场经济转轨**，出现了"公司+农户"等经营形式，着力发展农村"双层经营体制"。与之对应的是，成都市**农村土地适度规模经营与土地流转机制**也逐渐发展起来。**1998年，第一轮承包已全部到期，同年年底，战旗村进行了第二轮土地承包工作。**第二轮承包严格按照"大稳定，小调整"和"明确所有权，稳定承包权，放活使用权"的原则，将承包期延长到了30年。

20世纪90年代，村上就存在村民之间流转土地种植蔬菜的情况，但主要是村民自发的行为，流转面积较小。2002年，李世立、高德敏上任，土地的流转和集中经营成了村集体的主要工作内容之一。

早在20世纪60年代，战旗（时属金星大队）的李世炳就到大寨参观学习，随后便开始积极响应全国号召的"农业学大寨"运动，在农田水利改造、民兵建设和干部群众思想改造方面都做出了巨大的成绩，使得农业尤其是水稻、小麦在短短几年内就达到了高产。当时学习的是通过改变农业的基础条件，进而获得级差地租的自力更生、艰苦奋斗的精神。

类似的，2003年8月，李世立和高德敏选择了新时期全国先进的集体经济强村——华西村、南街村、刘庄村，参观学习了一周左右。以华西村为例，华西村以农副业起家，完成了农业村工业化的转化，后又转向注重产业多元发展和村庄综合发展，并在这个过程中形成了比较强的集体经济。可以看到，和过去学大寨有所不同的是，这时候学习的不仅是艰苦奋斗改变农业生产条件，还有在这个新的发展阶段如何重建新型集体经济。考察学习以后，二人最终得出了这样一个结论：凡是村级集体经济实力强的，一般都没有分户经营土地，而是将土地资源经过整合后由村上实行规模化统一管理经营。[1]李世立说："华西村在包产到户之前，集体经济已经初具规模，包产到户会对其经济有损，所以其一直发展集体经济……南街村在1981年承包到户，1984年又把土地收上来办企业，实行'共产主义'，私自办企业的会被逐出村。这两个村的集体经济都发展得很好。而据了解，小岗村虽然在承包到户后调动了农民的生产积极性，增加了粮食产量，但在谋求村庄整体发展建设方面受到了限制。"

但是，推动土地集中并不是一次外出学习后的随机选项，站在当时的历史时空下看，首先，当时成都市已经先于全国其他地方开始了城乡统筹的制度探索，尝试推动土地向规模经营集中。2003年开始，成都市就实施了"统筹城乡经济社会发展、推进城乡一体化"的战略，积极探索以城带乡、以工促农，城乡互动、协调发展的有效途径。2003年年初，新一届成都市市委、市政府

---

[1] 资料来源：《战旗村志》（未刊稿）。

在总结双流县"三个集中"（工业向园区集中、农民向城镇集中、土地向规模经营集中）经验的基础上，决定在全市范围内开展以推进"三个集中"为核心的"城乡一体化"改革。

从村内来看，推动土地集中经营有两大动因。其一，土地集中经营以后由村上代缴农业税是对村集体和农户都有利的选择。据高德敏书记说，当时村干部有一个很重要的工作就是催缴"公粮"，这项工作占据了村干部很大一部分的时间和精力。土地集中经营以后由村上代缴农业税，一方面村干部可以从这个繁重的工作中解脱出来，为村庄谋求其他发展，并且适度的规模化种植也有利于提高农业产量，争创先进；另一方面，对于当时已经越来越不依赖农业生产的村民来说，也可以减轻土地耕种负担。**其二，土地集中有利于为村庄发展村办企业或引进外来企业腾挪空间**。李世立谈及此时说到，最初设想的是每个小组内每人拿出3分（1分=66.7平方米）地集中起来，然后每个小组集中的土地再通过调整，逐渐集中到村委会，最后用这块集中的土地开办新厂。虽然这个设想由于实施难度较大而没有实现，但是这在很大程度上体现了当时战旗村寻求集体经济新发展的探索。

经过此次外出学习，李世立和高德敏二人更加坚定了原本就想推动土地集中、壮大集体经济的决心。当然，这并不是要对其他村庄的发展经验照搬照抄，而是要在总结其他村发展经验与教训的基础上，结合战旗村的实际情况，寻找战旗村自己的发展之路。但是集中村内的土地资源这一点是相对明确且一定要做的事。

回村后二人开始了紧锣密鼓的动员工作。由于9月底到年底是战旗村每年调地的时间（小组内把"减"的地调给"增"地的人），为了不耽误第二年农业生产，二人的计划是，土地集中工作要在2003年9月25日前落实下去。在9月里，组织召开多轮会议，先召开**村"两委"会议**，确定适合战旗的发展道路；然后召开**全村党员代表大会**，对实施方案进行充分讨论；之后又召开**队长会议**、**队内会议**及**村民代表大会**，号召村干部、党员、队长起带头作用，了解村民意向并确定方案如何落实；最后由各队长具体负责各组成员的动员工作，通过召开会议了解每户的实际情况。

战旗村原有的土地分配方式使得组内人均耕地面积一直保持相对均等，这

也是实现土地集中经营重要的有利条件。第二轮土地承包后,战旗村与全国其他村庄一样,各组内人均亩数是相同的。而不同的是,川南地区由于地处丘陵盆地且人多地少,很多村庄都有每年调地的习惯,战旗村也是如此,每年都会趁田空期间调整土地,即将已去世或外嫁者的土地调给新生儿或新嫁妇。除了新增人口仍在排队等地或个别人多占土地的情况,这样的习惯再次保障了组内人均亩数一致。如此,相较于一般的"增人不增地、减人不减地",由家庭内部自行协调的土地分配方式而引起的组内人均亩数差异较大的情况,战旗这种土地分配方式极大地降低了组内土地集中和重新分地时的动员难度。

另外,战旗农业收益重要性的相对下降也降低了土地集中的难度。20世纪八九十年代,随着村内企业的结构化扩张,三要素(土地、劳动力、资金)的投入都不同程度地向第二产业开发倾斜,农地转为厂房用地,大量劳动力转向工业和其他产业,村上1/3左右的劳动力成了半工半农的新型农民,对农业的资本投入强度也下降了。村内企业的快速扩张使得农业产出和收益的相对重要性不断下降。从1986年郫县的《农村经济收益分配情况记录表》上可以看出,与和战旗村人口相近的几个村进行对比,战旗村集体固定资产原值达到了52万元,其他村均在10万元以下;战旗村村内企业就业人数达到了300人以上,其他村均在100人以下;战旗村人均工资和奖金可以达到85元,而其他村基本在10元以下。因此,相较于其他村庄,战旗农业的相对重要性和农民对农地的依赖程度更低,土地资源整合也更为顺利。

农民对土地的依赖性减弱但仍须缴纳农业税的现状,创造了集体与村民交易的条件,村上承诺集中经营的土地所获收益将帮助组内农民缴纳农业税。新中国成立后,农业税的征收是全年一次计算,分两次征收。夏征交小麦,秋征交黄谷或大米,税率以5%为起点,最高不能超过30%,水利粮每亩征收20斤。从1950年起,不分公粮、自筹、水利粮等,每个农户都合并起来上交,由县里统一划拨。1954年国家实行统购统销政策,每个农户除完成以上各粮的上交任务外,还要售出余粮支援国家建设。从1985年5月17日国务院批转财政部《关于农业税改为按粮食"倒三七"比例价折征代金问题的请示》开始,农民在交"公粮"时,可以不再上交粮食实物,而是用现金代替。由表7-1可知,2004年2组农业税平均为37.49元/亩,每户最少交43.49元,最多交303.31元。

据国家统计局数据显示，2004年四川省农村居民家庭人均纯收入为2518.9元。**即便农业税占人均收入的比重不大，但对于勤俭持家的村民来说，免缴农业税仍旧是具有吸引力的交易条件。而且村民无须再面对这部分土地的农业生产可能会面临的自然风险和市场风险，这部分风险均由村集体承担。村里承诺，将用集中土地后的流转收入所得代缴农业税，流转收入不足以缴纳农业税的部分由村集体承担。**加上自20世纪80年代战旗村发展工业以来，有许多村办集体企业，村内务工和外出务工人员增加，务农收入占家庭总收入的比重降低，**村民对土地的依赖性减弱**。综上所综，只要平均每人将3分地交给集体，就能免缴所有的农业税，这个条件对农户来说还是很有吸引力的。

表7-1 2004年度2组每户土地面积与农业税清册

编号	面积（亩）	正税（元）	附加（元）	税金（元）	尾欠（元）	合计（元）
1002045	3.47	108.42	21.68	130.1	0	130.1
1002046	2.31	72.17	14.43	86.6	0	86.6
1002047	4.63	144.66	28.93	173.59	0	173.59
1002048	4.63	144.66	28.93	173.59	0	173.59
1002049	4.63	144.66	28.93	173.59	0	173.59
1002050	4.63	144.66	28.93	173.59	0	173.59
1002051	6.17	192.78	38.56	231.34	0	231.34
1002052	6.17	192.78	38.56	231.34	0	231.34
1002053	4.63	144.66	28.93	173.59	0	173.59
1002054	5.78	180.59	36.12	216.71	0	216.71
1002055	5.78	180.59	36.12	216.71	0	216.71
1002056	2.31	72.17	14.43	86.6	0	86.6
1002057	6.94	216.83	43.37	260.2	0	260.2
1002058	6.94	216.83	43.37	260.2	0	260.2
1002059	8.09	252.76	50.55	303.31	0	303.31
1002060	3.47	108.42	21.68	130.1	0	130.1
1002061	1.16	36.24	7.25	43.49	0	43.49
2组汇总	81.74	2553.88	510.77	3064.65	0	3064.65

另外，在动员过程中，村干部外出学习获取的外部经验和信息也有效地形成了村内的意识形态供给，有利于促进村民形成集中土地就能过上好日子的美好预期。在动员大会上，村干部给村民播放华西村、南街村的光盘，介绍这些村是如何通过集中土地资源、发展集体经济过上好日子，并且住上与城里人一样的好房子的。通过广泛宣传动员村民要统一思想，强化了"农业要发展，就必须实行规模经营"的理念。

这种预期也唤醒了战旗村村民深入人心的集体记忆。战旗村自独立成村以来，八届村支书一直秉承走集体化道路的发展思路。在民兵时期，战旗大队就被确立为先进、树立为标杆。即使是在1982年将土地承包给个人时，村办企业仍旧在集体手中。所以，"集中起来干事情"的集体意识早已烙在战旗村每个村民的心里，特别是老一辈人。也正因为有这样的历史，村民才对集体有更强的信任感，对于土地集中经营的接受度也就更高。

但是，动员中还是遇到了很大的困难。其中一大阻力就是由于过往20年土地家庭承包经营改革进行得比较粗犷，因此存在既得利益不均的问题。过去分地时考虑到土质和区位等因素，条件较差的农田可能一亩半或两亩算作一亩，这就导致土地占有方面利益不均衡的问题，有些人实际耕种的土地面积明显多于土地承包证上的面积。一方面，这里面有人钻了空子，从而多占了资源；另一方面，在经历土地整理和改造以后，农田综合条件之间的差异显著缩小，但一些人仍然占有着比承包面积更多的土地。所以村里这时进行土地集中，就需要将每户占有的土地面积重新拉平，而这部分既得利益者也势必要让渡自己多出来的土地，于是就会产生很大的阻力。

另外，村民担心土地集中后流转困难引起后患，同时怀疑集中土地后村干部可能会从中"吃钱"。于是村上积极寻找可以流转土地的种植大户，还制订了详细的资金管理办法。但是由于**组内精英动员能力的差异和队内利益格局的差异等原因，每个组都存在不同程度的动员难度**。刚开始的目标是对全村9个组都进行组内土地集中，但一轮动员过后，**只有5组、7组、9组愿意尝试组内土地集中**。李世立当时属于6组，但是由于组内矛盾较多且积怨已久，最终没能动员成功。高德敏不但在自己所在的5组积极动员，还带动了7、9两组。

7、9两组组长的动员能力也比较强,最终,在高德敏书记和组内精英的动员下,5、7、9三组相对顺利地做通了动员工作。**但是在最后关头,9组由于组内一个村干部的家属和9组组长在调地过程中产生了一些矛盾而没有达成协议,最终只有5、7两组内达成了土地集中的决议,成为全村土地集中的先行者,一定程度上带有"试点"的意义。**

时任5组组长的廖代建作为亲历者详谈了这次土地集中的过程。村上召开组长会议后,廖代建组织5组村民开会,并选出了两三个村民代表,组长和代表再开会讨论本组每户的具体情况、可能遇到的问题及相应的解决方案,先从村民代表、村干部、党员及其亲朋好友开始,以院落为单位挨家挨户做动员工作。**在这个过程中,有诸多因素发挥了重要作用。**

首先,从20世纪六七十年代开始,战旗大队的精英就开始带领村民艰苦奋斗,在村内建立起了村民对村集体较强的政治信任,这种前期构建的信任是促成土地集中的深厚的社会基础。从建村到20世纪90年代中期,战旗村先是借助军民共建的契机,通过农田水利基本建设来提高粮食产量,解决村民的温饱问题,然后通过创办村集体企业发展集体经济,增加村民的收入。村集体带领村民白手起家,填饱了肚子,赚到了钱,由此,**村民对村集体建立起了很强的政治信任**。这不是一般村庄能轻易做到的,因为这是多位村支书前赴后继地带领村民朝着一个目标努力的结果,而且村民是享受了制度红利的。且不说一般村庄有没有这样的政策环境,仅仅是多位村支书的目标一致性也是很难具备的。尽管在2000年左右,战旗村集体经济收益下落到几乎为零,但是**村集体通过集体经济改制,扭转了过去投工投劳形成的集体积累被个人大量占有的局面,"盘活"了过去积累的政治信任,并且使利益导向从倾向于少数精英转为注重村庄整体发展。**

村内精英除了带领村民白手起家,在村企扩张的过程中,村办企业管理也一直掌握在"有较高政治觉悟、有一定实际工作能力和较强事业心"的人手中。因此,**从政治化竞争阶段的集体化劳动到产业化竞争阶段的结构化扩张,都是在共同劳动这一信息非常充分的条件下筛选村庄领袖的过程**,村内精英的办事能力和道德水平都是经过村民考察的,这也进一步强化了村民对村集体的政治信任。

2003 年，正是在由李世立和高德敏带头的村集体的强力动员下才有的这次小集中。高德敏作为村主任和 5 组的重要代表，主抓了 5 组、7 组、9 组等组的动员工作。此外，组长的号召力、组长对问题的理解程度和解决问题的意愿强度也是很重要的。李世立就特意提到，5 组、7 组的组长是比较有说服能力和深谋远虑的，很理解并愿意去推动这件事，所以 5 组、7 组推进的速度也相对较快。从微观的角度来说，在土地集中的动员过程中，哪怕村民与亲友、村干部的关系再好，如果村民对村集体不信任，村民也不会被亲友、村干部说服而同意土地集中。反之，村民对村集体的政治信任较强时，只要与自己的利益冲突不大，村民还是愿意支持村集体的工作的，甚至是在集体利益大于个人利益时，可能也会接受亲友和村干部的游说。**正是基于对村集体较强的信任基础，才使村民相信村集体的预期能够实现，并且愿意先交出土地，后享受收益，从而完成了其他村庄难以实现的村民组织化。**

其次，川西林盘[1]这种以姓氏或宗族为聚居单位且呈散状分布的居住形态，大大降低了动员的难度，廖代建在做动员工作时就充分利用了这一点。以 5 组为例（见图 7-1），5 组当时有 49 户，共 200 多人，其中吴氏家族有 10 户（5 组能人杨勇也是后来小集中土地承包者，其母亲姓吴），**高氏家族**有 9 户（高德敏所在家族），**王氏家族**有 7 户（王氏与高氏有姻缘关系），**廖氏家族**有 3 户（5 组组长廖代建所在家族）。在村民代表、村干部的带动下，**过半农户（带动的农户共 29 户）**签字同意。有一些**从众的农户（共 10 户）**处于观望的状态，见大多数农户签字后也相继签字。**剩余 10 户较为"顽固"的农户**还有所顾虑，做动员的人员就根据每户的具体情况逐一突破，解决他们的顾虑。对于个别因占地多而不愿意参与小集中的村民，村集体则会要求其拿出土地承包证，跟他摆事实讲道理，说明他实际占有的土地亩数多于土地证上所写亩数，而多出来的这部分土地本应收归村集体，并且集体有权让其支付占地费。**通过以上努力，土地集中最终获得了 5 组全体村民的同意。**

---

[1] 川西林盘是指成都平原及丘陵地区农家院落和周边高大的乔木、竹林、河流及外围耕地等自然环境有机融合形成的农村居住环境。

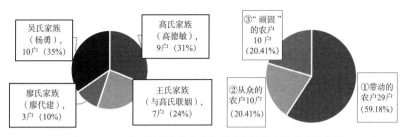

图7-1 2003年5组家族势力和组员对土地集中的态度示意图

此外，与其他组相比，5组、7组较差的土地质量与区位也是这两组相对其他组更容易形成集体行动的重要原因。 从全村来看，2组、8组的土质最好，5组、6组、7组、9组的土质不好，从图7-2中可以看出，这4个组单位面积计税产量最低，从人均计税产量看，5组、7组显著低于其他组。据高德敏介绍，之所以只有5组、7组做成了这件事，一个很重要的因素是这两个组的地下水位高，导致田里十分潮湿，土地相对其他组更为贫瘠。其他组亩产能达到1200斤，这两组的亩产平均要比其他组低300斤左右。李世立也在访谈中提到，5组、7组集中的土地离组里村民居住的院子远一些，区位不太好。**对于土地基础条件更为薄弱的5组、7组村民来说，拿出3分土地换来免缴农业税显然对自己更有利，即集体行动带来的组织化收益与个体单独行动所获收益的差距比其他组更大，这也是动员工作更容易进行的原因之一。**

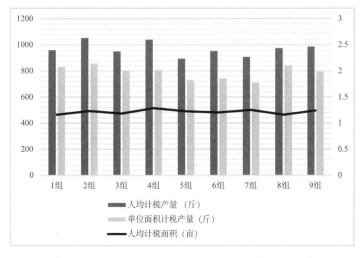

图7-2 1985年战旗村各组土地计税情况对比（以大米计）

最终，仅有5组和7组完成了动员。为了不耽误农业生产，两组开始紧锣密鼓地进行土地勘测、集中和重新分配的工作。5组有210多个人，人均约1.3亩田，加上边角的土地，共有将近300亩土地。经村民同意，重新测量土地面积（包括田坎）并评估土地的肥沃程度，每人拿出0.21亩地，最终划出了约50亩最贫瘠的土地，交由村集体流转经营。7组约180人，共有约200亩地，也集中了约50亩土地。两组其余土地则不考虑土地承包证上的土地数和原来实际占有的面积，而按当时实际人口数重新平均分配，之前未得到土地的新生儿、新嫁妇都可以分得土地。

重新分地的过程中之所以没有产生什么矛盾，主要是发挥了村社理性形成的总体相对公平的内部化机制，达到了多种维度下的综合平衡，使本可能产生一系列矛盾的分地过程进行得十分顺利，极大地降低了内部交易成本。首先，分配土地时综合考虑土质肥沃程度、地块大小、离宅基地远近等因素，将土地分为两个等级，每户都能分到不同等级的土地。同时，尽可能保障新分土地为原承包土地，优先给每户分配临近宅基地的土地。若有两户看中同一地块，则采取抓阄的形式，整个过程要公正、公开。另外，土地重新分配是以院落为单位进行的，先以院落为单位，后在院落内以户为单位重新分配土地。在熟人社会里，个人利益受亲邻关系、道德约束的影响，因此，村民对于土地的分配不再只追求个人利益最大化，而会在院落之内综合土质、大小、距离等因素。

在整个过程中，村集体负责引导，配合组长完成土地集中的工作，带头改田、修路、挖深沟并提供资金支持，进一步强化了村民对村集体的政治信任。 比如，两个组各集中约50亩土地后，趁着冬季降水较少之际，村里带头进行农田改造、修路并挖深沟。除了对集中区进行改土外，村上还开展了道路、沟渠等基础设施的建设，在原有的道路上铺柏油面，共计2~3公里，花费数万元（主要用于购买材料），有部分政策补贴。村民愿意参与的都可参与，村上主要补贴人工钱，每人10元/天。

村上还负责寻找并对接土地集中后的承包经营者。经由村集体流转，最终

5 组集中的约 50 亩土地被当时的村内农业大户杨勇（2010 年至今担任战旗村村主任）承包。在耕种之前，杨勇自己掏钱进行了修路和挖深沟[1]，第一年种的是蔬菜（小白菜等），每年租金为 **380 元 / 亩**，由于成本较高和市场过剩等因素，蔬菜种植亏本了，后来转种花卉。**7 组集中的约 50 亩土地承包给了邻镇的种植大户李永昌**。交给李永昌之前，这块地先由村上花费了一两万元进行土地修整、挖沟排水，所以租金略高，为**每年 480 元 / 亩**，比 5 组多出的 100 元就是因调田改土和基础设施完善而产生的级差地租。随着配套基础设施的逐步完善，第二年租金都上调到了**每年 500~600 元 / 亩**。

村里信守承诺，用从杨勇和李永昌处收取的土地租金为 5 组、7 组全体农户代缴农业税，这相当于给了农户保底流转费，同时为农户承担了农业生产的自然风险和对接市场的交易成本。以 380 元 / 亩或 480 元 / 亩流转出去的土地而获得的收入，除去农业税和其他管理成本，中间盈余部分作为该组收入，由村上代为管理，除了替农民代缴农业税外，还替组内农户缴纳独生子女费等费用。第二年对外流转的租金上调后，盈余也相应增加。

2006 年，郫县人民政府宣布全面取消农民负担的农业税和农业税附加，至此，农民破天荒地成为种田不交粮、不纳税的零负担农民。农业税取消后，这两块地流转所获租金就分别在 5 组、7 组内按人头平均分配。

— 专栏 —

村内流转大户——杨勇

杨勇，原 5 组组员，2010 年开始担任战旗村村主任。

1988 年，杨勇高中毕业后来到村里豆瓣厂上班。

杨勇从 1993 年外出打工到 2000 年这段时间内，做过无线电维修员、农科院培训员、弹簧床垫技术员、工艺品维修员、厂长、销售员、保管员，积累了很多专业技能和企业管理经验。

2000 年，杨勇回村流转当时 4 组的 20 亩土地种植花卉苗木，前 3 年均亏损，2003 年才开始盈利。

2003 年，战旗村进行组内土地集中，杨勇承包了当时 5 组的 50 亩地，租

---

1 资料来源：2019 年 10 月 2 日高德敏访谈记录。

金为每年380元/亩。当时需要预付租金，为筹2万元的租金，杨勇还曾向信用社贷款。2003年、2004年，他种植玉米、小白菜等，因土地租金压力较大、投钱修路并挖深沟投入大、市场过剩、菜价波动等因素而亏本。由于一直亏损，杨勇改种草坪，种了半年后，收益依然微薄，于是转而种植花卉苗木。

2006年，在全村大规模集中土地的过程中，杨勇继续流转土地，将承包的土地总面积扩大到了涉及4组、5组、6组的300亩土地，并种植花卉苗木至今。目前土地租金是按900斤大米的市场价折算的，约2000元/亩，每年结算一次。2006年其总销售额达100多万元，其中苗木占80%，花卉占20%。杨勇每年都要出去参观考察，及时调整花卉苗木品种。

据杨勇说，2003年至2010年，他一共协助村上解决了50~60人的就业问题。现在村内300亩花卉苗木需要长期工人近30个，每年人工成本达70~80万元；化肥、薄膜等农机材料费用一年需要约20万元；买苗一次性花费20万元；土地租金是600万元。每年成本160~170万余元。杨勇称目前仅能达到收支持平，盈利甚微。

除了在战旗村内种植300亩花卉苗木外，2014年，镇上找到杨勇，希望他协助开发镇上的200亩荒地，种植观赏性桃花。由于那片地原来一直撂荒，很难找到人接手，而且种植桃花能带来游客，促进周边商业和旅游业的发展，因此不收土地租金，免费交给杨勇经营。当时杨勇带人花了半年时间，共投入300多万元开荒、种植、打造景观。2015年桃树开始开花，2016年达到盛花期。一般每年3~4月是花开得最盛的时候，而这时正值春季踏青旺季，慕名而来的游客逐渐增多，带动了周边餐饮业和旅游业的发展。但是杨勇称，由于前期投入较大，至今仍没有回本。

资料来源：2019年10月6日杨勇访谈记录。

二、2006年新政推动500亩耕地向合作社集中

2003年，在5组和7组作为试点各自集中约50亩土地之后，计划第二年继续在其他组推动土地集中。但是一直到2005年，战旗村土地集中的面积都没有发生太大变化，仅有一些村民相互流转土地种植蔬菜花卉的情况，**土地集**

中步伐减缓。而此时战旗村需进一步发展村办企业，正面临土地约束、农地分散且种植效益低等困境，如何进一步推进土地整理成了一个难题。

这时，成都继续探索城乡统筹发展的一系列政策，成为战旗村进一步推动土地集中的契机。政策补贴提高了村民的收益预期，进而又促进了500亩土地向合作社的集中。这次集中作为一个过渡阶段，既是上一阶段组内小集中的顺延，也是下一阶段借助宅基地完成整理全村耕地大集中的前奏。

首先，2005年7月8日，郫县县政府颁发了《郫县征地拆迁补偿安置暂行办法》和《郫县征地拆迁补偿安置暂行办法及实施细则》，同年7月19日发布了《关于开展农村"拆院并院"试点工作的意见》，8月4日发布了《关于统筹推进农民向城镇集中的意见》，继续推进"三个集中"工作。唐昌镇政府也发布了《关于推进城乡一体化工作实施意见》，该意见指出要进一步推进唐昌镇城乡一体化工作，积极做好以战旗村为重点的农民新村建设规划工作；大力发展农业专业合作经济组织，最大限度地将单家独户的农户组织起来，力争三年内将"支部＋协会＋农户"的模式覆盖全镇27个村；推动土地向龙头企业和优势项目集中，大力发展现代农业和规模农业，提高农业竞争力，在现有的蔬菜种植基地、花卉种植基地、优质稻种植基地、榨菜种植基地的基础上，力争2005年建立3~5个优质无公害农产品基地，带动农户发展优质无公害蔬菜种植。

根据以上政策指导意见，战旗村结合本村的具体情况，在镇政府的引荐下，请来成都市村镇设计院的设计师来帮忙制订村庄整体规划，有意将全村的农用地、宅基地、经营性建设用地重新配置，为实现土地规模经营和集中居住做准备。预算为9万元，但是直到2006年，只完成了规划的一部分，实际仅花费5万元，[1]但也可见从这一时期开始，战旗村已经考虑在全村范围内进行空间规划，土地进一步集中已经势在必行。

另外，成都市推进土地适度规模经营的制度探索和鼓励政策也在逐步完善。主要内容是，坚持以稳定农村家庭承包经营制度为基础，按照依法、自愿、有偿的原则，采取转包、租赁、入股等形式，**稳步推进土地向农业龙头企业、农村新型集体经济组织、农民专业合作经济组织和种植大户集中，实现规模化、**

---

1 资料来源：2019年10月2日高德敏访谈记录。

集约化经营。通过工业向集中发展区集中,以工业化带动城镇和第三产业发展,创造转移农民的条件;通过农民向城镇集中居住区集中,聚集人气和创造商机,进一步带动产业和城镇发展,同时也为土地规模经营创造条件;**通过土地向规模经营集中,转变农业生产方式,发展现代农业**;加强农村土地整理工作,充分运用城乡土地级差收益和占补平衡政策,筹集农村建设资金。

在政策推动下,到 2006 年年底,全市共实现土地规模经营 160 万亩。战旗村土地流转速度在这一阶段也明显加快。2005—2006 年,来战旗村流转土地的村外人员逐渐增多,主要是规模化种植蔬菜和花卉苗木。种植蔬菜的流转费用一般每年是 600 元 / 亩,种植花卉苗木的流转费要高一点,每年最高可达 780 元 / 亩。[1]

在以上扶持政策和外部流转者的刺激下,土地价值进一步显化,于是村上有了成立土地股份合作社的想法,同时,土地价值显化也成为撬动村民接受土地集中的重要方式。村里考虑的是,成立合作社后便可以此为名推动土地突破组的界限,在更大范围内规模经营,为集中居住做准备;还可以申请政府的合作社相关补贴来改善农业生产条件和完善村内基础设施,提升农业级差地租,这样做可以促进土地进一步整理。由此,土地集中开始加速。

在集体企业改制后,2003—2006 年,村集体收入增加了 500 万~600 万元,也为撬动合作社成立、完善村庄规划提供了**资金基础**。

2006 年下半年,村集体计划成立土地股份合作社,并拟定了章程、土地作价方式等。但由于政策不允许,暂时没有注册,因此土地集中速度并没有急剧加快,当时**仅集中 500 亩土地,涉及 2 组、3 组、4 组、8 组**。[2] 之所以集中这几组的土地,是因为这块地成片且院落少,地势高,区位、土质等各方面条件较好,改造成本相对较小。

这次土地集中的过程相比上一次要顺利得多。村上从 2006 年上半年就开始做村民的动员工作,由于不同村民的利益诉求不同,村集体在土地集中的过

---

[1] 资料来源:2019 年 10 月 2 日高德敏访谈记录。
[2] 集中 500 亩土地涉及 2 组、3 组、4 组、8 组是李世立的说法,高德敏的说法是集中的 600 亩土地涉及 3 组、8 组、9 组。

程中也必须处理不同村民交易成本不同的难题，针对不同村民采取的动员措施也必然不同。

确实存在非常不愿意流转土地的村民，对于这少部分人，村上尽量给他们调地，以在保证他们的个人利益和确保流转土地能连片之间达成平衡。当然，如果村民实在不愿意调地也不勉强，他们仍然可以耕种自己的土地。这说明在土地调整和集中的过程中，村民的退出成本几乎为零。当村民想自己种地时，随时可以退出，集体会尊重村民的这种意愿并予以回应，而不是采取强硬手段。这种维护村民自耕土地权利的工作方法，反而减少了其他村民将土地交给集体的顾虑，使农民更愿意将土地交出来。

"当时有人不同意（流转土地）。以前测量土地面积的工具不统一，有的用尺子，有的用别的，我们统一做了计量器，却被摔烂3个。还有的不愿意调整土地，我说，你的证就是存单，集体就是银行，你把钱存过来，你取哪块地我都可以承包给你，只要数量、质量不变。"

资料来源：2019年12月26日高德敏访谈记录。

但总体来说，动员工作还是较为顺利的，主要原因如下。

一方面，之前5组和7组的小集中强化了村民对村集体的信任，从而促进了土地的进一步集中。土地集中是否产生增值收益、收益分配是否合理、村集体是否有能力保障集体财产不流失，这些顾虑都会影响村民对村集体的政治信任。2003年土地集中后，村上对土地进行改造，土质变好了，耕作成本降低了，土地收益增加了，村集体信守承诺代缴了5组和7组村民的农业税之后还能有所盈余。**这些实实在在的好处都进一步强化了村民对村集体的信任基础和对土地集中的收益预期，降低了动员土地集中过程中的阻力。**

另一方面，由于成立合作社后进行土地规模经营可以申请政府补贴和基础设施建设项目补贴，村集体以此构建了较强的土地价值显化预期，通过承诺合作社采用"800元/亩保底+50% 二次分红"的分配方式，让村民形成了较强的收益预期，成为吸引村民将土地交给合作社的重要利益诱因。村委会会议记录中显示："土地集中是完全自愿的，这是大势所趋，只有土地集中，土地价值才会提高，政府才能支持，农民才能获益。希望大家正确看待大局与局部、集体与个人的关系，人人只看自己的利益是做不好工作的。"但是，关于给村民分配利益的方式，无论是风险由合作社承担，给村民固定租金，还是风险全由村民承担，村民都不会同意。前者无法获得土地日后的增值收益，后者更是不符合小农作为风险规避者的农户理性。而"保底+分红"的分配方式则既可以通过保底租金给予村民稳定的收益，又可以使村民持续获得土地日后的增值收益。最开始定的保底收益是每年720元/亩，但是很多村民反映保底收益太低，于是从2008年开始，村上将每年的保底收益提高到了800元/亩，比当时村内最高流转费还多20元，且是预付租金，降低了村民的风险和顾虑。村集体承诺流转土地的费用减去800元的溢价部分扣除成本后，由村民和村集体五五分成。基于以上分配方式，村民对收益增加有了信心，便更愿意将土地流转给村集体，极大地降低了土地集中过程中的矛盾。同时，村民又可以在合作社上班，从而获得工资收入。由于当时已经有了修建新居集中居住的规划，合作社这一吸纳就业人员的举措也刚好符合农户期望获得稳定收入的考虑。[1]

此外，在农外就业普遍的情况下，农业的基本生存保障功能弱化，而且按基础地租将土地流转到集体手里，对于村民基本生存的影响相对较小，这就降低了土地集中的阻力。 此时不但有很多村民在村内企业上班，而且外出打工的村民也不断增多，村上给村民算了一笔账："3亩地2个人种，一年一个人纯收入是2400元，而2006年外出打工，一般一天能挣30~40元，也就是一个月有1000多元，一年1万多元。"[2] 因此，将土地交给合作社经营也是符合家庭内部增加收入、降低风险的理性预期的。

正式推进土地集中是在秋收后实施的，村民与种植大户原来签订的土地流转合同均作废，改为和村集体签订协议。这样，原来由农户自己对接种植大户，现在通过合作社将村民手中的土地集中起来，再由合作社将土地流转给种植大户（以村外人员为主，主要种植蔬菜和水稻），既降低了小农搜寻信息的成本，也降低了种植大户与众多小农协调土地流转的交易成本，同时，对于合作社来

---

[1] 从《战旗村志》（未刊稿）中可知，全村有200多人由此成为农业工人。2008年，战旗村农民人均纯收入达7133元。

[2] 资料来源：2019年12月26日高德敏访谈记录。

说，这也是提高土地利用效率、促进土地价值增加、争取政策补贴的重要途径，可谓多赢。另外，村上与种植大户提前做过"约定"，如果村上要集中居住，承包合同就自动废止。当然，也有部分村民认为，经由合作社经营会降低自己到手的租金，因此不愿意将自己流转给种植大户的土地交由合作社管理，对于这部分人，村上也充分尊重他们的意愿。

合作社成立后，**县农发部门花费300多万元为战旗村修建沟、路、桥等基础设施**，涉及原3组、8组、9组和部分2组的土地，战旗村约一半的农用地都在此次设施建设中获益。[1] 由政府出资配套水电甚至大棚，改善了农业生产的基本条件，**村里几乎无成本地获得了第一笔级差地租**。另外，设施化农地更有利于资本密集型农业的发展，村里调整农业产业结构后，**又产生了第二笔级差地租**。改善农业生产条件后，每年租金（按大米的市场价折算）为900~1000元/亩，2008年达到了每年1200元/亩，此后年年攀升，峰值达到了2200多元/亩，目前一般为每年2150元/亩。[2] 头几年经营状况好的时候，租金是预付，2015年、2016年花卉苗木市场行情不太好，很多种植大户采用了后付租金的方式。合作社"保底+分红"的利益分配方式，使得**产生的这些级差地租**在支付村民保险、农田水利维护、合作社经营管理等费用后，可分配利润得以**在村民与村集体之间进行二次分配**。

可以说，政策补贴增加了村集体的运作空间，提高了村民的收益预期，收益预期又促进了土地集中。而且，土地的政策补贴因有规模要求而具有高度的不可分性。这也是战旗村利用政策支持的有利外部条件，以耕地和宅基地为基础进行村域范围内的空间重构的开端。通过将土地集零为整后所获得的政府补贴和产业升级等收益，其实是空间重构所形成的**"空间租"**。在后续经验中可以不断看到，"空间租"是新时代战旗村集体经济收益和集体积累的主要来源。

---

[1] 资料来源：2019年10月2日高德敏访谈记录。
[2] 资料来源：2019年10月5日杨勇访谈记录。

— 专栏 —

战旗蔬菜专业合作社发展历程及现状

为实现土地经营规模化，2006年，战旗村计划采取引导**农民以土地承包经营权入股、村集体注入资金的方式，组建战旗土地股份合作社**。但由于政策不允许注册为土地股份合作社，**因此当时并未注册**。据天眼查资料显示，**直到2008年11月7日合作社才正式注册，此时名为郫县战旗金针菇专业合作社，2009年9月2日更名为郫县唐昌镇战旗蔬菜专业合作社**，注册资金为10万元。2013年，由于国家级示范社的评判标准为资金达100万元以上，成员人数达100人以上，可以申请示范社，所以战旗蔬菜专业合作社的注册资金变更为106万元，村委出资50万元，选出104人代表全部成员，以土地入股折算成无形资产56万元。

2014年8月，郫县发布的《战旗村农用地股份制合作试点工作要点》，要求修改完善合作社章程，重点增加承包农户以土地承包经营权中的经营权入股合作社后的土地股份的设置办法、股权管理、股权收益分配办法等内容。战旗村本欲将蔬菜专业合作社直接转为土地股份合作社，但由于政策不允许，因此**2014年8月28日又成立了土地股份合作社，但土地股份合作社并没有什么业务，村内实际运营的合作社依旧主要是蔬菜合作社**。2017年10月27日，郫县唐昌镇战旗蔬菜专业合作社又随着行政区划更名而改为成都市郫都区战旗蔬菜专业合作社。

2006—2007年，合作社每年付给农民的土地保底租金为720元/亩；2008—2010年增长至每年800元~900元/亩，而当时其他村庄普遍是600元~700元/亩；2011年再次上调到了1200元/亩，此后基本不变，并固定于每季度末15号之前发放本季度租金。除了保底租金外，次年1月还会发放上一年的分红。2010—2012年村民每人分红200元，2013—2014年为300元，2015—2017为350元，2018年为400元。分红一般逐年略有增长，合作社发展初期盈利较少，便由村上将差额补齐。

合作社扮演着多重角色。一是土地经营管理者，对接种植大户、外部农业企业，将土地成规模地流转出去，降低投资者对接众多小农的交易成本，发挥土地规模利用优势。二是种植品种协调者，控制园区种植品种的选择，避免形成恶性竞争。三是很好的融资平台，可以承接农业方面的政策补贴，节约村上的发展资金。除此之外，还是农业政策的实施机构或中间机构。

合作社还为村内土地利用提供了机动性调整空间，村里最多时经营近500亩地，最少的时候约100亩。2017年，镇上规划调整土地利用方式，为助推乡村振兴整体规划顺利实施，将种植花卉苗木改为水稻和蔬菜轮作。为达到政府相关标准，合作社采取了自营的方式。截至2019年年底，合作社自营300多亩地。其中，近150亩属于林地，无法和其他土地连成片，于是由合作社管护，不需要经常管理，只须每年两次左右的锄草、施肥即可，既可作为绿化树木，也可对外出售。另外150多亩土地用于种植水稻，需要大量劳动投入，还要负责销售。2019年请示村内领导后决定当年不对外销售，而是将水稻加工成大米之后作为福利发放给村民，人均约30斤。

现有的合作社收益单一，更多地依赖于土地流转的收益，因此也在尝试收益结构的多元化发展。2019年合作社开始准备建设气调贮藏库，核心库区占地面积为约10亩，加上外围，占地面积共20亩左右。建成预计需要450万~500万元，资金一部分需自筹，另一部分计划申请成都市市级财政资金补贴，约300万元。项目预计2021年1月底完工，之后将面向周边区市提供蔬果保鲜、包装、配送服务，收取租金或服务费用。

合作社目前仅有三个固定工作人员：一个会计，一个出纳，一个技术人员，其他工人都是临时工。

资料来源：对合作社方磊会计、李世立等人的访谈及《战旗村2010年工作总结及明年工作思想》。

三、2007—2011年宅基地整理助推全村土地大集中

2007年7月2日，战旗村被列为"农村新型社区建设项目"试点，9个村民小组全部参与"拆院并院"，最终，新型社区安置了全村96%的人口，并将208亩建设用地整理为耕地后的指标挂钩到城市使用。该土地综合整治增减挂钩项目的实施，事实上是通过耕地集中的收益预期，撬动了全村宅基

地的整理，促进了耕地在全村范围内向合作社集中，实现了农地规模化经营。2009年9月，合作社集中流转土地1097亩；截至2010年年底，合作社集中土地约1600亩；到2011年年底，合作社已集中土地1820余亩，约占全村耕地的95%。

（一）"农村新型社区建设项目"试点申请和实施

2005年7月19日，郫县人民政府发布了《关于开展农村"拆院并院"试点工作的意见》，该意见指出，为进一步贯彻落实《国务院关于深化改革严格土地管理的决定》，大力推进"三个集中"，加快全县城乡一体化进程，积极探索农村集体建设用地利用方式，盘活、用好农村集体建设用地，切实改善农民生产、居住条件，意图通过拆院并院将分散居住的农村居民集中到规划的城镇、中心村或聚居点居住，从而将整理的耕地向规模经营集中，将置换出的建设用地向城镇和工业集中发展区集中，缓解建设用地紧张的矛盾，促进节约和集约用地。拆院并院整理后增加的农用地，经农村集体经济组织2/3以上成员或者2/3以上村民代表同意，报镇人民政府审核后，可依法流转用于农业产业化项目，流转收益归农民集体所有。

1996年，战旗村集体投入42万元修建了两楼一底、建筑面积达876平方米的综合楼。到1999年，村集体和个人共投资300万元建设新村区，共有近百户村民住进了新村规划区的楼房，主要是4组、8组的村民，大约占全村人口的20%，而其他农户的居住地仍相对分散。**从2005年开始，战旗村结合本村的具体情况着手村庄整体规划，为全村规模化集中居住做准备。但是由于配套政策还不完善，规划一直没有取得实质性进展。**

直到2006年4月，四川省、山东省、江苏省、湖北省、天津市被国土资源部列为首批城乡建设用地增减挂钩试点地区。作为全国第一批试点单位，2006年上半年，四川启动"城乡建设用地增减挂钩项目"试点，并决定在成都市首先开展试点工作，而成都市则把试点放在了唐元镇长林村。长林村面积达2294亩，其中约1/4为农村建设用地，全村人均建设用地0.382亩

（255平方米），通过"拆院并院"建成三个新村居住区，占地112.26亩，全村由此净增耕地263亩。因"拆院并院"而腾出来的农村建设用地指标被置换到了靠近郫县的犀浦镇和友爱镇，置换到1.35亿元货币收入。[1]

2006年下半年，战旗村村干部带着党员前去唐元镇长林村参观其"拆院并院"项目的实施情况后，更坚定了在本村实行"拆院并院"、集中居住的决心，也为后续实际操作提供了经验参考。

"去邻镇的长林村参观是很平常的事，没有组织。听说他们集中居住了，我们就过去看看。但长林村在集中居住中所遇到的问题，也确实给战旗村的集中居住提了醒。比如，要抓阄分房、规划建房。"

资料来源：2020年1月11日李世立访谈记录。

— 专栏 —

增减挂钩从这里起步：四川省成都市郫都区唐元镇长林村[2]

"建房坡还在，种地塘依然；寻声林盘里，烟飘话农闲。"漫步于四川省成都市郫都区唐元镇长林村，只见石板路在菜园与绿荫间蜿蜒，清溪静静地从村旁流过，极具川西民居风格的独栋小楼依山而建，在楠竹的掩映下格外清幽……

而在2006年前，这里还是另一番模样：农居多是土坯房，且布局分散、落败，泥土道路坑洼不平，农田零星，土地利用率低。是什么改变了传统农村脏乱、落后的面貌，又是什么让农村成为城里人寻找乡愁记忆、体验慢生活的理想胜地呢？**城乡建设用地增减挂钩正是美丽乡村蝶变的"密码"。**

1. 改变一个村：整合土地，释放发展空间

2006年前，长林村总面积达2299亩，人均占地1.61亩，但宜农地只有

---

[1] 北京大学国家发展研究院综合课题组. 还权赋能：奠定长期发展的可靠基础——成都土地制度改革实践调查报告 [R/OL]. (2009-06-24)[2021-01-21].nsd.pkv.edu.cn/rzyj/kyxm/tdzdyj/252840.htm.

[2] 土地资源网. 增减挂钩从这里起步：四川省成都市郫都区唐元镇长林村 [EB/OL]. (2018-08-16)[2021-01-21].http://www.tdzyw.com/2018/0816/84491.html.

1699亩。由于农户分散经营，农地中沟渠达21条，总占地面积接近40亩。在分散承包的耕地之间，田土坎面积达49亩，39个农家院落占地近358亩，废弃的独立工矿及荒草地有77亩，土地利用率很低。

然而，改变的时机来临。**2006年，四川省决定在成都市开展城乡建设用地增减挂钩试点，成都市则把试点放在了唐元镇长林村**。关键时刻，镇党委、政府却犹豫了：过惯了散居生活的村民是不是愿意到集中点居住呢？整理后的土地权属调整会不会引发新的矛盾呢？对此，许多基层干部说，这是捅不得的"马蜂窝"。

那试点做还是不做？唐元镇党委、政府把决定权交给了村民。经过一轮又一轮的宣传，增减挂钩政策深入人心，长林村村民坐到一起商讨，支持人数竟达到了80%以上。

67岁的江子通说："这是我这辈子做的最对的决定。"他回忆道，那时候他们一家6口人挤在父辈留下的砖瓦房里，每天从早忙到晚，一年收入才1万多元。现在他们不仅住上了总面积180多平方米的两层的新房，土地综合整治后又把自家土地进行了流转，每年光流转收入就有2万多元。

长林村党支部书记马德如说，增减挂钩政策释放了农村的发展空间，把农民从土地上解放了出来，实现了从传统单一的农业生产到农村经济多元化发展的转变。长林村成立了各类专业合作社共5家，人均收入从之前的4000元上升到了2017年的2.3万元。

2. 改造一座城：一个个村庄蝶变为美丽新村

长林村的成功试点，给成都这片土地注入了生机与活力。一场由市政府牵头组织、各部门协同作战、以农民意愿为前提、以资源整合为核心、以统筹城乡发展为目标的新时期土地综合整治工程，逐渐茁壮成长、枝繁叶茂。

为了让土地变资本，推动农村资产资本化及各生产要素的自由流动，2008年，成都市农村产权交易所应运而生。"通过增减挂钩，可以将整理出的指标拿到农交所挂牌交易，也可以用于抵押融资。"成都农村产权交易所的工作人员介绍道。

据介绍，截至2010年6月，成都市向村组集体颁发集体土地所有权证3.3

万本，向农户颁发土地承包经营权证 178 万本、林权证 64.9 万本、集体土地使用证 165.7 万本、房屋所有权证 157.1 万本。

2008 年汶川地震后，成都市打破了指标使用的区域限制，将增减挂钩与土地综合整治相结合，形成了农用地整理与建设用地整理"统一规划、分别立项、同步实施、分别验收"的土地综合整治新机制。新机制的实施不仅加快了灾后重建，还让更多的农民享受到了集体建设用地流转带来的土地增值收益。

2014 年以后，增减挂钩项目区的新村建设渐渐变成了以塑造川西农居风貌为特色，成片推进小规模、组团式、生态化、微田园的新农村综合体建设。

"建不建，村民来做主；怎么建，村民说了算。"成都市国土资源局规划处负责人说。在项目初始阶段，村里反复召开村民会议，将是否参与增减挂钩项目，新村规划选址、户型设计，建设队伍的选择等问题交给农民自主决定，构建政府引导、专家论证、村民民主议事的民主决策机制。在项目实施过程中，增减挂钩项目与推进农业产业化相结合，鼓励业主、专业大户和龙头企业投资开发，引导农民向农业产业工人转变或农业向第二、第三产业转移，实现农民从单纯依靠土地种植增收向租金保底、务工获薪和入股分红等多元化增收转变。

12 年来，一个个村庄蝶变为幸福美丽的新村，从房前屋后到田间地头，从集镇街道到乡村小路，一幅幅"生态宜居村庄美，兴业富民生活美"的乡村振兴新画卷正在着色添彩。据统计，2006 年以来，成都市已累计投入 600 亿元，完成增减挂钩项目立项 770 个，实施完工近 400 个，整理面积约 25 万亩，已建成集中居住区超 2000 个，实现集中居住 60 余万人。

3. 走出一条路：以增减挂钩推动城乡统筹

在崇州白头镇五星村，一排排白墙灰瓦水墨风的建筑错落有致，游客如织，产业兴旺，放眼望去就是百亩稻田……作为第三轮第一批农村扶贫开发重点帮扶村之一，五星村通过实施增减挂钩政策，使村庄风貌尽显自然之美，村民年均纯收入从 4000 元猛增至 1.8 万元。

收菜、抓鸡、喝茶、学陶艺,以增减挂钩政策为抓手,依托"农创＋文创"的发展思路,曾经寂寂无名的蒲江甘溪镇明月村成为《新闻联播》《人民日报》都报道的特色小镇。

邛崃市冉义镇通过增减挂钩项目,为万亩高标准农田建设腾出了空间。成立 10 家土地专业合作社,实现土地流转,有效解决了高标准农田建成后谁来耕种的问题;成立土地合作联社,在实现规模化、标准化生产的同时,打造了"冉义贡米"品牌,以优质赢得了市场青睐……

都江堰棋盘村小区蜿蜒地排列在山清水秀的山谷里,村民不用再泥腿进屋,不再担心地质灾害。现如今,自来水、电、天然气、宽带、电话一应俱全,小区里还配置了健身器材、篮球场、居民活动中心、报刊栏、图书室等。

12 年来,成都建设用地增减挂钩政策的内涵不断被扩展,从灾后重建到"小组微生"新农村综合体,成都走出了一条以增减挂钩推动城乡统筹、夯实"三农"发展基础的新路。通过对田、水、路、林、村的综合整治,实现了城乡居民生活同质化;将"创新、协调、绿色、开放、共享"的发展理念融入土地综合整治,让居民望得见山、看得见水、记得住乡愁。

12 年来,城乡建设用地增减挂钩政策从长林村起步,一直向外延伸。"巴山新居""藏家新寨""彝家新寨""牧民新居""美丽新村",巴蜀大地数十万名居住在土坯房中的农户通过增减挂钩住进了"小洋楼";一眼望不到边的绿色田野,河渠纵横、禾苗茁壮,一座座温室大棚掩映在绿树鲜花之中……从传统农耕到现代农业,四川在增减挂钩中谋定而动、依律而动。

"现在很多农民的生活真叫人羡慕,他们有了越来越浓厚的乡愁。"四川厅相关负责人说,"这乡愁是农民对生活的感激和对美好生活的憧憬。"

2007 年,国家和成都市又相继发布了统筹城乡综合配套改革政策,助推"城乡建设用地增减挂钩项目"加速实施。同年 6 月 7 日,发布了《国家发展改革委关于批准重庆市和成都市设立全国统筹城乡综合配套改革试验区的通知》,

要求两市从实际出发，全面推进各个领域的体制改革，对包括国家土地所有权、集体土地所有权、国有土地使用权、集体土地使用权在内的农村产权制度进行理论研究与实践创新，做到"先行先试"，为全国做示范。随后，成都市市委、市政府出台了《关于推进统筹城乡综合配套改革试验区建设的意见》，其中指出，探索建立城乡统一的土地市场，让集体建设用地在土地有形市场中自主交易、流转，与国有土地实行同地同价同权，实现"两种所有权，同一个市场"。城乡建设用地增减挂钩项目正是通过引导城乡用地结构调整和布局优化，推进土地节约集约利用，促进城乡协调发展的重要举措。

为解决城镇发展资金短缺的问题，搭建现代农业和新农村建设的投融资平台，多渠道增加对"三农"的投入，**2007年3月26日，成都市正式批准成立成都市小城镇投资有限公司（以下简称小城投公司）**，注册资金为1亿元。**2007年7月10日组建了成都市惠农投资建设有限责任公司**，由成都市郫县国有资产监督管理办公室全资控股。

在外部经验和相关政策的激励下，战旗村主动申请率先进行试点性改革，按市场化机制实施土地综合整治增减挂钩项目。2007年7月2日，郫县、新津、崇州等9个区(市)县报送的14个农村新型社区建设项目，成为小城投公司首批启动的项目。其中，郫县唐昌镇战旗村、新津县新平镇、崇州市桤泉镇三地的**"农村新型社区建设项目"作为试点项目率先启动**。

战旗村之所以能申请到这个项目，一个重要的原因是前期的"大学生进农家"活动极大地提升了战旗村的知名度。

2006年上半年，郫县开展"城乡思想文化互动试验"，推动"大学生进农家"活动，研究制定"高校—支部—农家""高校—支部—企业""高校—支部—农业产业化"互动发展的长效机制，故在全县寻找试点村，但是试点工作一直难以推进。事实上，在新农村建设和信息化建设中，当政策下沉到农村，落实教育、卫生、文化等各方面的具体工作时，都面临着"去组织化"后交易成本过高的问题，"大学生进农家"活动也一样。很多村也想争当试点以获取制度红利，但是大多数村并不具备承接这些活动的群众基础和工作能力。**而战旗村**

尽管当时正处于集体经济重建的初期，还没什么名气，但仍然保留着较强的集体经济基础和政治动员能力，这对于基层政府部门来说，是能以低交易成本很快实现一定工作成效的重要抓手。于是，唐昌镇政府便向县政府介绍将战旗村作为试点。

对战旗村来说，在过往政治化竞争阶段学大寨、抓民兵工作等紧跟政策方向、向制度借力的历史经验，使战旗村村委很快意识到，这是转变村民思想观念和将战旗村的名声宣传出去的大好时机，对日后争取各种对村庄发展有利的政治机会具有十分重要的意义。2006年4月28日的村委会会议记录显示，李世立认为："这次活动的开展对于建设社会主义新农村将起到巨大的推动作用，将在全村范围内产生巨大影响，尤其是思想文化方面。"在对高德敏的访谈中，他也回忆道："当时领导问我，你们想不想搞'高校+支部+农户'的大学生进家助推新农村发展的活动？有300多人。我说可以，300多人对战旗村宣传作用很大。他问你们需要补助多少钱才搞？我说不需要。"战旗村的村干部意识到这次活动背后的宣传效益是投入再多的广告费也不一定能获得的。之后，村干部召集队长、党员、村民开会讨论，开始为承接大学生进农家做准备。

2006年五一假期期间，来自西华大学、四川师范大学成都学院等几所高校的365名大学生住进了农户家里，与180户村民同吃、同住、同劳动了5天时间，1~9组每组每户平均接待2个大学生。活动期间，大学生参观了5家村办企业，坚持每天写一篇日记，每天为农户做一件有意义的实事好事，每人与结对农户家庭照一张合影，每人填写一张大学生进农家社会实践活动日志表；坚持带动农户做广播体操，帮助农户打扫院内环境卫生，帮助农户辅导孩子功课，以自己的行动和形象引导农户培养文明的生活习惯和生活方式；大学生们组织开展了舞蹈、书法、英语、普通话、汽车驾驶等各类培训活动，举办了以"讲文明更重要还是发家致富更重要"为主题的辩论赛，引发村民对自己的生活、生产进行深层次思考。同时，大学生们还开展了法律、养殖、计算机等方面的咨询活动，发放资料1000多份。成都市委宣传部部长还请来四川"笑星"李伯清与村民同台表演，丰富了农村群众的文化生活。与此同时，在开放性的交流中，大学生学习到了农民勤劳、善良、朴实的品质，感受到了村民们的质朴和热情，培养锻炼了自己的动手能力。

各方对这场被视为"城乡思想文化互动试验"的活动好评如潮。县委宣传部在总结材料中称，这种"高校+支部+农户"的工作模式是推进城乡一体化过程中"城市支持农村"的具体、生动的实践；该活动获得了全国政府工作十大创新奖之一；村民认为那5天"天天都像过年"；众多专家也从理论和实际效果上对这次活动进行了全方位的剖析，毫不掩饰赞赏之意。

之后，除了2008年因地震原因中断，每年暑假都会有60~100名大学生来到战旗村，与农户同吃同住20天左右，每户承接2~3个大学生。村上出钱，给每个农户200~300元补贴。2010年村民集中居住后，大学生就不再住在村民家中了，村里给大学生在村中另外找了地方居住。

这次活动的作用一方面体现在村内动员上，转变了村民的思想观念，为"拆院并院"的实施奠定了群众基础。大学生入户给村民带来了新知识、新思想，帮助村民养成了更好的生活习惯，丰富了村民的文化生活，缩小了城乡之间理念上的差距、精神上的差距、文化上的差距，村里的环境卫生也得到了改善。李世立同样感受到了这个变化："村里实施'三个集中'，村民们对'拆院并院'的认同度和积极性相比以前有了非常大的提高，促进了战旗村'村、企、农'互动经营的发展模式，提高了农业生产的组织化程度。"

另一方面体现在村外造势上。这次活动虽然并不是为申请"拆院并院"项目而开展的，但它使战旗村名声大振，让战旗村重新拉起了示范的"战旗"，为争创试点奠定了舆论基础。政府也可以借战旗村在这次活动中获得的知名度扩大此次试点的影响力。从对李世立的访谈中得知，2007年春节前，成都市市委书记等人来战旗村视察工作，李世立介绍了基于之前未完成的规划所做的关于集中居住的更为详细的村庄整体规划，并且介绍了战旗村打算如何利用现有村内企业和引进外部企业解决"村民上楼"后的就业问题和收入问题，从而降低"拆院并院"和土地集中的制度成本。领导表示，对战旗为"拆院并院"做的准备工作很满意。

春节（2007年）过后，市委、市政府上班的第一天便召开了农村工作会议，战旗村被列为"农村新型社区建设项目"的试点,当年开始进行"拆院并院"工作。[1]

战旗被列为试点后,2007年1—8月主要做了宣传动员、户型意愿调查、制订设计方案及规划、勘验旧房等工作。大多数村民的原有房屋已经十分老旧,村民对于低成本住进现代化小区十分向往。也有20%左右的农户由于自家房屋新建不久、担心种地不方便或住房成本高等原因而犹豫不决,为此,村上通过给予经济补偿、土地集中经营和引进企业解决就业的预期,在众多村民和村干部的带动下,最终基本做通了这20%的农户的工作。

2007年8月,战旗村正式启动"新型社区建设"项目,经省国土资源厅批准立项实施,村中9个组全部参与"拆院并院"。 新型社区建设以划地自建低层联体楼房安置为主,统建多层公寓楼安置为辅的方式进行。从8月(2007年)开始,广泛吸收村民意见,最终确定在2组、4组、8组的土地和3组的部分土地上建设新型社区,因为这里地势高,不容易被淹,交通也便利。对于新型社区建设点位内须先行拆迁的农户,按规定给予过渡费;其他农户先建后拆,则不给予拆迁过渡费。选多层公寓的农户按120元/人/月的标准发放过渡费,至交房为止;选划地自建的农户按80元/人/月的标准发放6个月。过渡期间农户住房及相关生活问题由农户自行解决,大多数农户由村里出面协商,将其安置在村里的空房子中居住。

2008年"5·12"地震后,新型社区建设停工2~3个月,直到2009年3月才基本完工,最终建成9.1万平方米的战旗新型社区。根据前期全村商讨出的分房方案,村民于2009年4月开始抓阄分房,2009年年底基本完成入住。**最终,社区安置全村共计469户(1655人)入住,集中居住率达到了96%**(其余农户在社区外道路两边,未纳入土地整理范围)。

通过整理村民原有的宅基地、院落等,新增440.8亩建设用地指标。经省国土资源厅验收,其中**215亩**整理为安置村民的战旗小区及基础设施,另外**208亩**整理为耕地。验收合格后,这部分建设用地指标采取城乡建设用地增减

---

[1] 2016年,四川省人民政府网站上公布了《四川省人民政府关于同意撤销郫县设立成都市郫都区的批复》,撤销郫县,成立成都市郫都区。

挂钩的办法挂钩到城市使用，实现土地出让收益 1.3 亿元。除偿还融资本息 1.15 亿元外，剩余的约 1500 万元大多通过政府补助等形式用于战旗现代农业产业园的基础设施配套建设。[1]

除了郫县的长林村、战旗村，据统计，2006—2008 年这三年内，成都市实施了 15 个挂钩项目，共申请挂钩周转土地指标 6980.23 亩。其中，农民安置区使用 1649.01 亩，置换区使用 5331.22 亩。通过挂钩项目，累计有 7578 户农村居民（总计达 24 869 人）住进了新社区。这 15 个挂钩项目在农村的投资共计 8 亿元，以新增城镇使用面积算，合平均每亩 15 万元，其中最高每亩 60 万元，最低 12 万元，平均每个农民从土地增值中收益 3.2 万元。尽管其中 6 个项目没有跨出同一个镇的行政范围，所有项目都没有跨出同一个县的范围，只是在一个较小的区位内实现较低的级差地租，但是，这已经是成都市在现行征地制的框架下积极增加农村和农民分享城市化土地收益最有效的实现途径之一，这不仅是近年来中央政策的要求，也是成都综合改革实践、统筹城乡发展的现实出发点。

图 7-3 所示为新型社区项目运作过程。

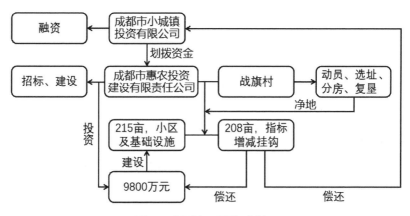

图7-3 新型社区项目运作过程

---

[1] 资料来源：郫县唐昌镇人民政府文件（唐府〔2014〕78 号）：《唐昌镇人民政府关于战旗村新农村建设情况报告》。但高德敏在 2009 年 10 月 2 日的访谈中表示，参照某些村庄 180 万 / 亩左右的价格，208 亩建设用地指标应得到约 3.6 亿元的指标出让收益，但是实际上战旗只拿到 9000 多万元。

— 专栏 —

战旗村"农村新型社区建设项目"

"新型社区建设项目"投资人的角色由**成都市小城镇投资有限公司（以下简称小城投公司）**承担，各区（市）县相应的分支机构则是项目业主，负责项目的具体实施，**成都市惠农投资建设有限责任公司（以下简称惠农公司）**就是战旗村的项目业主。小城投公司给惠农公司分阶段划拨资金，惠农公司作为项目业主负责招标和新区建设。

根据测算，战旗村"拆院并院"项目成本总计为9551.8万元，预计新增耕地244.7亩，每新增一亩须投入资金39.03万元。预算如下。

（1）按照县政府〔2005〕45号文件执行，拆除农村院落房屋及地上附着物的拆迁补贴成本为2987.1万元，平均每户补贴6.37万元，人均补贴1.91万元。该项目的农房拆迁实行自拆，拆除房屋及地上附着物的拆迁补贴标准按照县政府〔2005〕45号文件执行。一个是房屋部分，对于楼房补贴，须拆除楼房33 080平方米，按照280元/平方米的补贴标准，需资金926.24万元；对于平房补贴，须拆除平房63 324平方米，按240元/平方米的补贴标准，需资金1519.78万元；对于一般房屋补贴，须拆除一般房屋7278平方米，按100元/平方米的补贴标准，需资金72.78万元。另一个是附着物及苗木部分：按每人3000元计算，全村共需补贴资金468.3万元。

（2）新型社区建房成本和补贴资金总计需1157万元。测算依据：1人户、2人户及50%的3人户入住多层公寓楼，4人及4人以上户均入住低层联体楼房；低层联体楼房人均建筑面积按45平方米计算，政府每平方米(建筑面积)补贴80元作为风貌建设资金；多层公寓楼人均建筑面积按40平方米计；多层公寓楼统建价按700元/平方米进行测算，农户按300元/平方米购买。多层公寓楼成本据战旗村统计，1人户40户，2人户80户，3人户185户，由此计算，共有约480人入住多层公寓楼，政府共需补贴资金480×40×（700-300）=768万元。当时总人口为1561人，低层联体楼房成本：（1561-480）×45×80≈389万元。总计约1157万元。

（3）社区内部道路修建、配套设施建设、院落复垦，共需资金约2188.7万元。

（4）新型社区外村域道路、水利等基础设施建设及其他资金约3219万元。

按照成都市国土资源局《关于规范中心城区非城市建设用地整理与集中使用的意见》的规定，**战旗村腾出的土地指标只能在唐昌镇范围内使用，以唐昌镇2007年的土地价位，很难达到土地指标收益和投入资金的平衡**。为此，唐昌镇采取分步实施的办法，优先完成新型社区内部基础设施配套建设，村域其他基础设施建设争取在一定专项资金到位后逐步完善。[1]

从2007年到2009年，战旗村分批次得到小城投公司投资共计9800万元，用于实施土地综合整治和新型社区建设。开支主要包括：新型社区建筑成本5290万元（公寓300元/平方米，别墅480元/平方米），基础设施配套建设近2000万元，农民拆迁补贴2902万元（原住房赔偿最高280元/平方米），建设用地复垦整理299万元（土地复垦并由第三方机构评估后，再支付复垦费）。

2007年8月开始建设新型社区，以划地自建低层联体楼房（别墅）安置为主，统建多层公寓楼安置为辅。户型由村民自由选择后向村委会集体报名，按照报名数量确定低层联体楼房安置和多层公寓楼安置的实际比例。农户自建新居以幢或一定区域为单位，相关农户自行组织成立"业主委员会"，并以"业主委员会"为建设方，同施工单位签订新居建设协议，每户还要缴纳2000元保证金。一边建新房，一边做一部分人的思想工作，"做通一户就挨着修一栋"。

2008年汶川地震后，建设停工2个多月，然后楼房需要全部进行技术勘验，不过关的拆了重修，建筑成本大大增加。

2009年3月，新型社区基本完工，最终建成9.1万平方米的战旗新型社区。其中包括统规自建低层连体楼房（别墅）401套，建筑面积共计7.62万平方米，有5人户（260平方米）、4人户（220平方米）、3人户（170平方米）三种户型。农户以400元/平方米购买，政府每平方米（建筑面积）补贴80元作为风貌建设资金。统规统建多层公寓楼171套，建筑面积共计1.42万平方米，有2人户（80平方米）、1人户（40平方米）两种户型。农户以300元/平方米购买。拆旧

---

1 资料来源：郫县唐昌镇人民政府文件（唐府发〔2007〕23号）：《唐昌镇人民政府关于战旗村"拆院并院"拆迁安置方案的请示》。

赔偿后农户收支基本持平。10%的家庭（老人为主）选择了公寓，其余90%的农户选择了别墅，其中选择别墅的人中又有80%的农户选择了3人户型。地震之后每平方米的成本增加了50元，但农户缴纳的费用并没有变。常住人口每人名义上有35平方米的住房指标，超出部分的面积按照公寓楼单位综合成本价计算。但是由于每家农户经济能力和住房需求不同，指标可以在家庭之间内部交易。约有十几户进行了指标买卖，开始是1万元/平方米，后来卖到了1.3万元/平方米。此外，李世立书记认为，虽然当时村里没有几个人买了汽车，但是眼光要放长远点，以后年轻人都会有车，所以每套别墅都含一个车库。

社区建成后，**2009年4月开始抓阄分房**（2008年就已经开始充分讨论分房方式）。为了统一各户家庭成员的意见，做到公平、公正、公开，各户原则上派户主持已缴须补40%建房款的收据，采用抓阄方式确定先后顺序，再按抓阄新编号的顺序确定具体房位。三人户型（两层）、四人户型（两层）须在已按组确定的相对集中区域内进行统一分配，其余类型在全社区范围内进行统一分配。**2009年4月10日完成分房工作。**

李世立曾在2020年1月11日接受访谈时说："我们在组织分房的时候，（规定）只有你把钱交完了，才有资格抓阄……抓阄是在文化大院的主席台上（进行的），我们请了公证处的人监督。有7个纸箱，代表不同的户型。轮到你了，引领的人会带你去抓阄，抓到后与工作人员一起到财务处登记，登记时才能把号打开。"

资料来源：2020年1月11日李世立的访谈记录。

但是，由于现场施工受各类因素的影响（尤其是汶川地震），各标段施工企业均存在合同外额外增加的工程，自建房当时中标价格为480元/平方米，后因材料涨价等因素，每平方米又增加了58.49元，基础加深、购土回填、因地震而受损的风火墙修缮、"三通一平"等工作还需要150万元。各标段施工企业多次提出希望明确该部分资金的支付办法，经协商，战旗村自筹70余万元，剩余部分由惠农公司投入。但由于合同中价款不包含不可抗力造成的风险，因此落实也很困难。因战旗村在实施新农村建设过程中村集体投入较大，所以无力负担该笔款项，而再由社区业主自筹也无可行性。镇上资金压力也非常大，无法解决该项费用，所以迟迟未能答复施工方，各施工企业都在反映亏损，导致其在后期的移交和整改过程中不积极配合，同时还导致拆迁补偿款迟迟未能按拆迁补偿协议兑现，有些农户还为此到镇上上访。

分房后根据入住实际情况尚剩公寓14套，所有权属项目业主惠农公司。 战旗村2006年建设文化大院投入了43万元，绿化和风貌改造投入了35万元，因新型社区建设点位内的酿造厂搬迁建新厂投入了189万元。2007年3月，战旗新型社区规划设计、村民意愿调查、入户勘验封户、区建设点位内院落拆迁等应在项目中列支的由村上垫支的各项费用共计78万元，汶川地震导致企业和文化大院损毁，其中仅文化大院重建就需要资金200余万元，新型社区分房入住后的公共服务和社会管理等工作也需大量资金。累计所需资金超过了550万元，已出现极大的资金缺口。因此，2009年5月6日，村委会向唐昌镇人民政府**申请，将所剩公寓划归村上，由村上将其作为村集体资产来经营管理，收入将用于解决战旗村出现的部分资金缺口。**

分房的时候有的房子可能还没有装修完，因此装修后，住户最快的一个月就入住了；慢一点的到2009年下半年才入住，年底基本完成入住，极个别的到2010年年初才入住。

新型社区建设点位内的农户拆搬迁期限为自协议签订之日起至2007年6月30日止；**点位外农户在新型社区分房后才陆续开始旧房的拆迁工作，且拆搬迁期限为自统一交房之日起3个月内。** 规定时间内农户未拆搬迁完毕的，将由战旗村村委会按村规民约组织专门人员进行拆迁，所开支的费用由农户承担（以10元/平方米的标准，按拆迁房屋总建筑面积计算），并可搭扣总拆迁补偿款未支付部分。被拆迁人在协议规定时间内完成拆搬迁或书面同意无偿交由镇政府处置，经验收合格，镇政府按500元/户的标准给予一次性拆迁费奖励。但是有个别农户由于一些个人原因而迟迟不愿拆迁，导致拆迁工作持续了近一年时间。

该项目实现了农民低成本住楼房的愿望。农户按照建设成本实际支付建房

（购房）款3441万元，扣除拆迁补偿款2902万元后，平均每户仅须支付约1.15[（3441-2902）÷469]万元，在住房上，农民的投入仅占总投资的5%左右。建成的住房都进行了简装（墙面、厨卫简装），住统规统建多层公寓楼的村民，个人投入几千元到一两万元，添置家居用品即可入住。住统规自建低层连体楼房的这部分村民，缴纳的住房款与得到的补贴（原住房赔偿最高标准为280元/平方米）也基本折抵。总的来说，有1/3的住户要自己贴补几万元，有1/3的持平。装修、家具方面，根据家庭经济情况和个人意愿，有的村民不投入或少投入，部分村民经济收入相对较好，投入十余万元改善居住环境。

随着土地利用空间格局的变化，村庄的组织结构也进行了调整。村民集中居住后，按照居住距离重新分组以方便管理。之前小组有经营土地的权利，但现在小组的权利收归到了村上，组上的权力转换为社区管理、政策宣传、环境卫生保护、矛盾调节等公共事务。同时，2009年之前，每个组产生的盈余收入交由组内处理发放；2009年之后采取全村统一核算收支的办法，打破了组的界限。

该项目还完善了诸多基础设施的配套建设。完成绿化环境1200平方米，硬化道路、划分行车标志线6公里，铺设柏油道路10公里，新建标准化渠系8公里，村里的主要道路都安设了路灯和交通信号灯，公交车开进了新型社区，呈现出"村洁、路畅、水净、景美"的新面貌。在新型社区中，同步配套建设了幼儿园、超市、便民服务中心、卫生站等功能设施，占地2000多平方米。村民用上了光纤、自来水、天然气等清洁能源，享受到幼儿园、市场、超市、公共交通等便捷服务；还在灾后重建中修建了文化大院等基础设施，开展了"三新家园"示范建设，大大缩小了城乡公共服务的差距，促进了农民居住方式与生产、生活方式的同步转变，初步实现了城乡一体化，大大提升了村内物业价值，也进一步巩固了村民对村集体的政治信任。

资料来源：郫县唐昌镇人民政府文件（唐府〔2014〕78号）：《唐昌镇人民政府关于战旗村新农村建设情况报告》；郫县唐昌镇人民政府文件（唐府发〔2007〕23号）：《唐昌镇人民政府关于战旗村"拆院并院"拆迁安置方案的请示》；《唐昌镇战旗村新型社区拆搬迁补偿和住房安置协议书》；2009年5月21日唐昌镇人民政府《关于战旗新型社区房屋分配后不稳定因素的情况汇报》；高德敏等人的访谈记录。

— 专栏 —

郫县五大投融资平台

一、成都市惠农投资建设有限公司

2010年,成都市惠农投资建设有限责任公司(以下简称惠农公司)设综合部、财务部、项目一部、项目二部、合约部、工程部和保险部7个部门,有工作人员32人。惠农公司的全资子公司——成都市惠农产权流转担保有限责任公司,于2010年12月经四川省人民政府金融办公室核准,更名为成都市惠农产权流转融资担保有限责任公司(以下简称担保公司),下设综合部、财务部、业务部、风控部。两个公司实行"两块牌子、一套人马"的运作方式。惠农公司及担保公司自成立以来,在县国资办的领导下,严格按照县农业投资建设项目投资审查委员会(以下简称县农业投审会)对项目的审定、核准要求,助推郫县城乡统筹综合示范带的建设。

惠农公司及担保公司于2010年先后召开了两次县农业投审会,审议并通过了惠农公司及担保公司涉农项目19个,金额共计60 578.7万元。2010年7月28日,县农业投审会召开了第九次会议,审议并通过涉农投资两大类14个子项目,其中惠农公司融资、担保、委贷、投资项目6个,担保公司担保项目8个。同年11月16日,县农业投审会召开了第十次会议,审议并通过涉农担保项目5个。

惠农公司面对融资形势,创新工作举措,采取"项目+村级资产管理公司+区(市)县担保网+银行"的运作模式,充分运用产改成果,利用农村集体建设用地等农村产权进行抵押融资。同时,继续加强与市级平台公司、金融机构的对接与合作,按照郫县现代农业发展规划积极包装项目,多方面争取资金,对郫县新农村建设、农业产业化、农用土地综合整治等涉农项目进行支持。截至2010年年末,惠农公司通过直接融资、担保贷款等方式共计融资39 227万元。

惠农公司通过与市级平台公司、金融机构对接、合作,采取信贷、直投、担保等多种方式筹集资金,为"沙西线、IT"两带优质农业项目、唐昌镇战旗村和新民场镇云凌村新型社区项目挂钩周转地块土地综合整治项目、郫县粮油规模经营示范基地建设、沙西线农村土地综合整治、农村专业合作社、农民自主创业贷款共计22 340万元。

2010年，惠农公司完成固定资产投资总额4539.6万元。一是新民场镇云凌村新型社区建设项目完成投资1800万元；二是花园镇永泉村新型社区建设项目完成投资1500万元；三是基层农业服务站标准化建设项目完成投资1201万元，唐元、新民场、三道堰、古城、德源、红光、友爱各镇农业服务站已移交农发局；四是新民场镇园区三期道路基础设施建设项目完成投资38.6万元。

另外，惠农公司按照中央、省、市相关文件的精神，坚持"政府推动、财政补贴、市场运作、农户自愿、共同负担"的原则，对能繁母猪、商品猪、水稻、油菜开展政策性农业保险工作。全县2010年共完成水稻承保面积101 357亩、旱灾承保面积55 825亩、油菜承保面积34 424亩、商品猪承保24 292头、能繁母猪承保7031头的投保工作。

二、成都市郫县国有资产投资经营公司

2010年，成都市郫县国有资产投资经营公司作为郫县国资办履行出资人职责的国有独资公司，完成融资任务8.704亿元，下设财务部、项目部、资产营运部、综合部4个部门，有员工32名，有效发挥了公司融集资金的职能，为全县基础设施和公益设施、公共设施建设做出了积极贡献。

公司坚持"三个中心"（以"一种胆量"为中心，善于用明天的钱投资基础设施建设，置换今天的发展；以"一项创新"为中心，形成项目锁定资源、资源置换资金、资金推动项目建设的良性循环；以"一个办法"为中心，搭建融资平台，完善法人治理结构，健全监管体系），按照现代企业制度的要求经营，适应市场商业化运作，依法按程序推进项目投融资工作。

投资方面，公司2010年完成固定资产投资8.23亿元（含"戴帽"项目）。主要项目有郫县医院、安德自来水厂、郫县二医院、嘉祥外国语学校郫县分校、郫县四中、成犀路改造、小流域治污、郫筒镇望从安置园、唐昌镇鸣凤安置小区、红杨路、西梨路、经济适用房。

三、成都市西汇城市建设有限公司

2010年，成都市西汇城市建设有限公司（以下简称西汇公司）继续作为城市投资建设主体和投融资平台企业,并按照国有体制、遵循市场机制去运行,以"政府引导、市场机制、企业运作"为指导思想,认真实施郫县安置房、经济适用房、廉租房的投资建设,城市基础设施和公益设施建设,污水处理厂及排水管网的投资建设及管理,城市服务性项目(如医院、档案馆等)的投资建设,土地一级开发,商品房开发建设等项目。

截至2010年年底,西汇公司资产已逾100亿元,下辖成都北控蜀都投资有限公司、四川汇美置业有限公司、成都合作污水处理有限公司、郫县西汇三九八医院有限责任公司、郫县城交投资有限责任公司5家子公司。

公司认真贯彻落实县委、县政府重大决策和工作部署,深入实施"项目带动,投资拉动"战略,为推动郫县"一城两带三基地、宜居宜业现代田园城市示范县"建设而不懈努力。同时,公司坚持"把事做好"的企业核心价值理念,把握机遇,拼搏奋斗,打造企业核心竞争力,促进公司健康、可持续发展,为建设宜居宜业现代田园城市示范县及推动郫县经济社会发展做出了积极贡献。

在国家货币政策收紧和严格控制政府负债的政策背景下,公司坚持"多条腿走路"的创新融资思路,通过搭建多层次的融资结构和多渠道的融资方式,增强与各类金融机构的沟通、协调,先后与渤海国际信托、中铁信托、吉林银行、浙商银行、成都农商银行、成都银行等省内外金融机构成功进行信托产品、信托贷款等业务合作。

公司2010年完成融资14.6亿元,满足了公司在土地整理、安置房建设和基础设施建设等工作方面的资金需求,为郫县城市建设提供了资金支持,完成固定资产投资9.34亿元,竣工房屋面积22.75万平方米(包括犀池小区、鹃城家园、锦苑二期3个新居项目),完成土地整理380.86亩,超额完成县委、县政府下达的各项目标任务。同时,公司积极争取扶持资金,以合作污水处理厂二期项目获得中央财政资金支持1000万元;以郫县综合档案馆项目获得"中西部档案馆扶持资金"800万元。

此外,公司投资了土地综合整理与零星土地开发,截至2010年12月,公司累计完成土地整理3566.78亩。公司还投资了城市基础设施及公益设施建设(龙梓万片区梓潼一路、成都合作污水处理厂)、新居工程项目建设等。

四、成都港通投资开发有限责任公司

成都港通投资开发有限责任公司（以下简称港通公司）经过5年的发展，截至2010年年底，总资产已超过39亿元。郫县县委、县政府将港通公司的功能定位确定为服务推动"新型工业基地"建设；主要职责是负责工业港园区工业用地收储、地产开发，并负责协助工业港管委会对园区闲置土地及厂房进行清闲促建，对工业港园区主导产业项目的风险投资，同时搭建工业港园区企业融资、担保平台，整合成都蜀都中小企业融资担保有限公司、成都蜀西中小企业投资有限公司；还负责工业港园区基础设施及生活配套区建设的投融资管理，承担工业港园区物业管理公司的职责，以及负责工业港园区国有资产管理与资本运作。与成都蜀都中小企业融资担保有限公司和成都蜀西中小企业投资公司实行"两块牌子，一套人马"。

公司创新"项目锁定资源，资源置换资金"的工作思路，多渠道筹集资金，为工业港的快速发展提供坚实的资金保障，满足工业港发展建设过程中巨大的资金需求，为郫县经济快速发展做出了应有的贡献。全年（2010年）共完成融资8.5亿元，并完成"1519"项目第二期土地整理项目的拍卖工作。

基础设施建设投资方面，公司在工业港基础设施建设过程中，严格按照国家对工程项目的管理规范执行，严格遵守招投标程序，精心组织，统筹安排，科学管理，全力推进工业港基础设施建设。2010年完成西蜀国际规划道路及配套设施已拆迁部分的建设，完成调迁工业园规划道路及配套设施已拆迁部分的建设，完成合作污水处理厂及配套管网的整改工作。公司2010年完成基础设施固定资产投资3.5124亿元。

在新居工程项目建设方面，"新城佳苑"新居工程属郫县重大民生工程，也是港通公司承建的市级重点项目之一。该项目投资7.12亿元，建筑面积达239 244.5平方米，建成后将解决3005户5480名失地群众的安置问题。

五、成都蜀都川菜产业投资发展有限公司

2010年1月12日，成都蜀都川菜产业投资发展有限公司（以下简称蜀都川菜公司）正式成立。蜀都川菜公司系国有独资公司，注册资本为1.25亿元，是郫县县委、县政府为实施川菜产业功能区范围内新农村建设、基础设施建设、

拆迁房安置建设、农产品标准示范基地、土地综合整理和农业综合开发等项目而搭建的投融资平台和实施主体。

截至2010年年底，蜀都川菜公司总融资3.09亿元，为实施功能化园区内政府投资性项目建设、主动服务"两带"和沙西线新农村示范片项目建设奠定了基础。

公司在基础设施项目建设过程中，严格执行国家对工程项目管理的招标程序，精细组织，统筹安排，科学管理，全力推进川菜产业化园区基础设施建设。截至2010年年底，蜀都川菜公司全面建成川菜产业化园区3.2公里的骨架道路、5.4公里的产业化种植基地道路，以及统筹城乡示范带的515米道路等基础设施配套项目，总投入资金约4100万元。

公司为重点统筹实施农村土地综合整治项目，积极争取省、市国土和规划部门支持，在确保基本农田保有量符合规划的总体原则下，探索农村集体建设用地使用方式，更大程度地发挥市场配置资源的基础性作用，拓展产业发展和城镇建设用地空间，改善农村生产生活条件。截至2010年年底，蜀都川菜公司已全面启动唐元镇天星、锦宁等村的土地综合整理项目，项目总投资2.6亿元；完成唐元镇韭黄基地配套安置房项目实施方案、总平面图设计、户型图设计、天锦路段配套基础设施建设；集成推动现代农业发展和城镇农村新型社区建设，初步形成集约利用土地、加快产业发展、建设新型民居、改善发展环境的示范工作。

公司还按照县委加快推进沙西线新农村示范片项目建设的要求，组织力量，深入新民场镇净菊村调研新农村建设的情况。同时结合"创先争优"活动及净菊村发展的实际情况，自筹和争取县政策补助资金共计25万元，主动参与结对共建工作，扶持净菊村搭建了81个大棚，建成60亩大棚蔬菜种植基地，吸纳了35名工人，改变了"单纯资金支持为主，技术观念帮扶为辅"的传统帮扶思路，进一步明确了资金、技术、人员支持，产业培育，观念转变等帮扶重点。同时，园区企业收购了大棚种植的蔬菜，带动全村蔬菜产业发展，有效地改善了农民的生产生活水平，并得到了县级领导的高度评价与专报推广。

资料来源：郫县地方志编纂委员会．郫县年鉴2011[M]．成都：电子科技大学出版社，2012．

(二)"反收益预期"促进村内耕地集中

战旗村"农村新型社区建设"项目对地方政府有着重要的政治意义。它是全市第一批运用农村新型基层治理机制建设的成果,是充分尊重群众意愿、发挥群众主体作用建设新农村的示范典型;是全市第一个按市场化机制实施土地综合整治增减挂钩项目建设的农民集中居住区;是全市第一批按村(社区)公共服务和社会管理"1+23"配置标准建设的示范样板项目。

借助城乡统筹试验区的机遇,战旗村也获得了建设用地指标按城市定价的机会收益。但这样讲出来多少令人难以信服,因为其强调了外部政策与村庄行动之间的相关性,使整个事件呈现为简单的因果关系,仿佛只需政策利好就能激发村庄的迅速响应。而了解农村基层情况的人都知道,乡村建设从来就没那么简单过。

将其回嵌到村庄当时的情境中,可以对事件过程进行更为立体的还原。

项目实施后不久,**2007年9月11日,郫县县委发布了《关于推进农用地向规模经营集中促进农业产业化快速发展的意见(试行)》。该意见强调要继续推进"三个集中"**,立足现代都市农业目标,推进农用地向规模经营集中,加快农村经济发展及农业产业化进程,深入推进城乡一体化,千方百计增加农民收入,全面建设社会主义新农村,继续按照"一园三带四大基地"的农业产业总体布局[1],发展无公害蔬菜、花卉苗木、珍稀食用菌、优质粮油四大优势产业,努力把郫县建设成现代农业示范基地。县委还发布了土地流转奖励政策,鼓励村、社组织,发动农户以土地入股等形式组建农民专业合作经济组织,实现土地规模流转。流转面积在1000亩以上、流转期限在3年以上的,给予该集体经济组织5万~10万元的奖励。

在政策持续鼓励支持土地集中的背景下,以及全县农业产业总体布局的带动下,借助宅基地的整理和集中,村集体继续推动农用地集中,从500亩到

---

[1] "一园"指安德农产品加工中小企业园,"三带"指郫花路和红东路花卉产业带、沙西线生态休闲产业带、竹唐路无公害蔬菜产业带,"四大基地"指占地3000亩的蜀都花卉产业园、年产鲜盆花8000万盆的鲜盆花基地、万亩无公害韭黄基地和安德珍稀食用菌基地。

1820 余亩，占全村耕地的 95%，大大加速了土地资源的集中速度。

2009 年村民大规模搬入新居后，老宅自行拆除，战旗村便开始整理土地还耕的工作，同时动员村民将土地流转给战旗蔬菜专业合作社集中经营。据合作社管理人员称，拆除农民旧居后，需要请人一次又一次地清理院子里大大小小的石块，很多田都是一两年后才完成还耕复垦的整理工作并验收合格的。

集中居住后，很多村民耕作半径扩大，且随着村内企业吸纳就业人数的增加，村民自己耕种土地的意愿明显下降。于是村集体以项目为契机，借助对村民土地的广泛调整，成功动员绝大多数村民将还耕后的土地流转到战旗蔬菜专业合作社，由其统一经营。

从 2009 年开始，合作社才真正开始运行。2009 年 9 月，合作社集中流转土地 1097 亩，约占全村耕地的 60%。为配合县上成立现代农业产业园的总体规划，合作社将 700 亩土地承包给种植大户，余下的 397 亩经过复垦、整理，全部种植高端蔬菜。为此，合作社向唐昌镇农村商业银行贷款 130 万元。贷款分两批到位，分别是 80 万元、50 万元，各贴息 11 万元、7 万元。最后的利息由县政府补贴，用于配套设施建设。397 亩土地中含育苗中心 15 亩，其全部为钢架设施大棚，采用漂浮育苗法，即用液体培养基质育苗。所育种苗能够满足以战旗村为核心，辐射周边 3000 余亩的蔬菜种植量。380 余亩的新品种蔬菜种植中心为简易大棚，主要种植苦瓜、冬瓜、甘蓝等优质蔬菜，采用套种、间种等种植方式。郫县唐昌镇战旗蔬菜专业合作社解决了当地 100 多人的就业问题，带动了当地农户致富增收。

2010 年 8 月 21 日，战旗村发布了《土地集中实施办法》（以下简称《办法》）。《办法》中指出，全村村民进入新型社区居住后，土地集中经营已成为亟须解决的问题。为使土地产生更多的经济效益，推动战旗村得到更大的发展，村民议事会研究决定"拆院并院"，原宅基地整理为耕地后，原使用者不再享有使用权，而由集体集中加入承包地面积中，参加承包地的确权分配，承包地实行全村统一人均确权。

《办法》还规定，承包地确权后，村民按照依法、自愿、有偿的原则，**将本村农户的承包地（包括还耕后的宅基地）、自留地入股到战旗村农业股份合**

作社（战旗蔬菜专业合作社）进行统一经营，实行"保底+分红"的效益分配方式。对不愿入股的农户，按确权的面积由全村统一另行划地，不享受因土地产生的效益。凡按规定划到社区居住和全家（老人户口单立的含子女）土地全部入股的村民，年满60周岁的从2011年1月开始，每月领取30元养老补助金（原重阳节的160元补助金取消）；土地没有全部入股的，待全家入股后再发放养老补助金，但需推迟几年。

《办法》中对是否入股的农户的收益和福利分配差异的设置，对广大村民起到了较强的动员作用。截至2010年年底，合作社集中土地约1600亩，约占全村耕地的80%，涉及495户共1551人。其中，流转给种植大户的土地为1420亩，租金收入为187万元；合作社直接经营土地320亩。由于复垦的农田比较贫瘠，投入大、产出低，截至2010年12月，合作社共投入土壤改良费用9.6万元。

到2011年年底，合作社集中土地1820余亩，约占全村耕地的95%，采取三种运作方式：一是合作社集体经营90亩，建成15亩现代化蔬菜育苗中心，加强新品种试种示范；二是引进业主和龙头企业16家，流转土地1740亩，集中发展现代农业；三是加强村内集体企业发展，壮大集体经济。通过园区建设，建成400亩无公害蔬菜种植基地；建成320亩标准化、规范化的现代农业观光大棚；建成160亩标准化食用菌种植基地，实现年产值9000万元；建立600亩妈妈农庄，发展有机蔬菜600亩；积极探索与五季蔬菜生产和销售公司合作，按照四六分成的方式增加合作社和农民的收入，提升了战旗现代农业产业园的辐射带动力。[1]

战旗村农业股份合作社集中运作土地，规模逐渐扩大后，获得了一系列政策奖励或补贴。2011年，战旗村农业股份合作社被评为四川省级示范社，获得奖金10万元；2015年，合作社申请生态沟渠建设项目资金45万元，用于蓝莓基地的沟渠建设；2016年，合作社申请区财政资金25万元，用于冬草莓基地的田间机耕道和观光车道的修建；2017年，合作社又申请生态沟渠建设项目资金25万元，用于修建吕家院子到乡村十八坊一段的沟渠。合作社的会

---

[1] 郫县唐昌镇人民政府文件（唐府〔2014〕78号）：《唐昌镇人民政府关于战旗村新农村建设情况报告》。

计方磊说:"大项目能否入驻战旗村,其实是由区政府决定的,而村上需要配合园区做好协调周边水利等工作。项目入驻后,区政府会根据实际情况给予政策资金支持。"

截至2019年年底,合作社共运营管理1937亩农用地,1670人入社,占全村确权人数(1704人)的98%,其余人则选择自己经营土地,这部分人的需求也可以得到满足。

合作社不仅集中了土地,而且通过"保底+分红"的分配方式,让农民成为农业工人,获得工资收入,让住入楼房的农户获得了稳定的收入。

另外,为解决村民入住楼房后居住成本增加、土地集中后剩余劳动力增加等问题,响应全县"一园三带四大基地"的农业产业总体布局,村集体开始引进企业以解决土地集中后村内的就业问题。据高德敏说,在同等情况下,村里肯定选择吸纳就业岗位更多的企业。

为切实加快现代农业发展步伐,增强战旗新农村建设的产业支撑,**2007年3月,郫县唐昌镇引进郫县农业产业化龙头企业——成都榕珍菌业有限公司(以下简称榕珍菌业)落户战旗现代农业产业园**。该项目计划总投资8000万元,规划面积1000亩,其中一期建设占地300亩,投资4000万元,计划打造西南地区最大的标准化、工厂化的珍稀食用菌生产基地。当时该项目建成后预计日产鲜菇40吨,实现年产值6000万余元,吸纳农业产业工人800余人,务工收入达600万余元,并且可以推动园区土地规模流转,对促进土地向规模经营集中、推进农业产业化进程起到积极的作用。

榕珍菌业于2007年8月3日正式在战旗现代农业园区落户,占地301.5亩(城镇规划区范围外)。2008年3月中旬基本完成项目一期300亩的建设,总投资4000万余元,同年3月下旬投入生产。榕珍菌业在战旗村主要是对杏鲍菇、金针菇等菌菇进行育苗和种植。由于杏鲍菇的生产周期比较长,且一年365天都在生产,每天都在出货,每天生产50吨左右的菌菇,从制包、接种、采菇,到修菇、排包、包装、销售,这些都需要人工操作,因此需要大量的、持续的劳动力投入。

公司目前共有员工约350名,员工中有大约60%是战旗村村民,此外还有周边金星村、横山村等村村民,其平均工资为3500元/月。

为扶持设施农业项目,政府对榕珍菌业食用菌生产用电按农业生产最低价位执行,所流转的农用地也给予50%的租金补贴,此外还给予设施补贴818.58万元、设备补贴170.14万元、生产管理用房补贴25.7万元、贷款贴息扶持122.2万元等总计1000多万元的补贴。**政府对于该项目非常重视,一个很大的原因就是这是一个劳动密集型产业项目,可以吸纳农村众多剩余劳动力,提高农民的收入水平。**[1]

— 专栏 —

回乡创业、科学致富——成都榕珍菌业有限责任公司总经理李宗堂

成都榕珍菌业有限公司法人代表、总经理李宗堂,郫县唐昌镇人,中级农技师,四川大学远程函授经济管理专业毕业,1983年投身菌类产品的种植和研究,拥有26年食用菌种植经验,在国内食用菌行业享有盛誉。1987年,李宗堂率先利用高海拔的地理优势和气候条件进行黄色金针菇的反季节生产种植研究试验,总结出了一套完整、规范、成熟的金针菇反季节栽培技术,现已被广大反季节种植户借鉴和采用。李宗堂成为四川地区金针菇反季节生产的创建者,在食用菌行业有着丰富的运作经验和良好的口碑,并兼任成都绿源菌业有限公司经理。他的影响和带动,促进了四川食用菌产业的发展,帮助了广大农民致富增收。

2007年,李宗堂带领一班人,在郫县唐昌镇战旗村、金星村实地考察后,投资兴建了成都榕珍菌业有限公司,专业从事食用菌产业化开发,集生产、加工、贸易于一体。公司规划占地面积300亩,其中基础设施建设180亩。2008年6月,公司前期基础设施建设基本完成,2008年当年产值达到36万元,2009年

---

1 资料来源:郫县唐昌镇人民政府文件(唐府函〔2007〕37号):《关于成都榕珍菌业有限公司建设项目的说明》;郫县唐昌镇人民政府文件(唐府发〔2008〕16号):《唐昌镇人民政府关于成都榕珍菌业有限公司享受农业生产用电优惠政策的请示》;郫县唐昌镇人民政府文件(唐府发〔2008〕19号):《唐昌镇人民政府关于成都榕珍菌业有限公司享受农用地租金补贴优惠政策的请示》;郫县唐昌镇人民政府文件(唐府发〔2008〕101号):《唐昌镇人民政府关于拨付成都榕珍菌业有限公司享受政策扶持资金的请示》。

基础设施建设基本完成投产，年产值达720万元。

李宗堂深入实践科学发展观，因地制宜，推广并走出了"公司＋协会＋专业户＋农户"的新模式。他始终坚持"开发菌业、利国利民、成就自我、实现梦想、互惠双赢"的创业宗旨，充分发挥公司的专业生产作用，建立唐昌镇菌类协会，并与省市县菌类协会密切合作，推广先进的生产技术，发展和帮扶专业户生产经营。同时，他吸收失地农民进企业，帮助和促进农村劳动力转移，解决了100余名农民的就业问题，带动农民增收200万元，实现了企业和农户的"双赢"。

李宗堂带领公司以科技为先导，科技创业，高效循环。长期以来，传统菌业生产对温度、气候的要求都比较严格，大棚生产具有很大局限。李宗堂结合当今国内外先进技术，大力发展以恒温厂房为主的生产基地，其具有四季产出、不受气候等外部条件影响的优势。同时他不断研发新的菌种，开发出反季菌类10余种，收到了良好的经济效益，对于郫县乃至全四川省菌类产品升级换代起到了良好的促进作用。

李宗堂为实现菌业产业深度开发，于2008年年底与四川农业大学和西南民族大学的生物研究机构协同完成了菌渣转化为优质饲料和优质有机肥料的前期研究工作，2009年初步进行饲料和复合肥生产，实现了生物资源的二次利用。

李宗堂始终坚持"以人为本，共同富裕"的理念，不仅培训企业职工，而且对唐昌镇的农民和慕名而来的种植户也给予免费培训。李宗堂于2009年开始举办"榕珍菌业生产大型科普培训"活动，参加人员达800余人，至2009年10月已举办了6次培训班，培训2000余人次。通过培训，企业的示范作用得到了充分发挥，并带动了唐昌镇46农户220余人从事菌类生产，实现产值60万元。

李宗堂不仅抓企业经济效益，也十分注重党政、群团工作建设，先后成立了公司党支部、工会、团支部，保障了职工的合法权益，充分发挥了工、青、妇等群团的组织作用，并做出了表率。与此同时，公司工会与职工签订了集体合同及企业工资集体协议、女职工权益保护专项集体合同，形成了企业和谐发展、职工主动参与的良好发展局面。

李宗堂于2006年荣获全国食用菌行业"新闻人物"、四川省优秀人才、

2007年度全国农村青年创业致富带头人、中国食用菌行业2007年度新闻人物、四川省食用菌产业技术创新联盟副理事长、成都市党员干部科技致富奔富裕示范个人、第八届成都市优秀青年、首届郫县优秀青年、科技致富奔小康带头人、2008年四川省十大杰出青年农民等称号,并多次获得县、市、省及行业奖励。

2010年,李宗堂受到省市领导的高度赞扬,成都市长葛红林等多次与李宗堂进行交流,并到榕珍菌业公司进行考察和指导。

资料来源:郫都档案馆提供的相关文件。

至此,回顾"农村新型社区建设项目"实施的整个过程和后续加速土地集中、建设农业产业园的过程,可以看到, 2006年成立合作社集中了500亩土地之后,在政策补贴促使耕地增值预期不断增加的情况下,土地流转的速度有加快的趋势。但是宅基地分散客观上成为耕地集中的障碍,由于村民的居住地比较分散,耕地也因此被分割。

只有村民集中居住,耕地才能集中,宅基地的整理与耕地的整理本来就是一体的。在这种情况下,战旗村主动申请实施土地综合整治增减挂钩项目,试图通过耕地集中的收益预期,撬动全村宅基地的整理,促进耕地在全村范围内进行集中和农地规模化经营。**课题组由此提出猜想:宅基地分散客观上成为耕地集中的障碍,耕地集中带来的增值收益有助于促进宅基地集中,这是战旗村最初主动申请"农村新型社区建设项目"并最终实施成功的一个重要原因。** 战旗村能够迅速和土地增减挂钩的政策对接,果然"功夫在诗外"。这个项目的全称"土地综合整治增减挂钩"看上去是两块分开的内容,实际上是一体的。

课题组甚至更大胆地推想:幸亏战旗村实施宅基地整理是在农村建设用地价值尚未显化的2007年,村民对宅基地尚未形成收益预期,因此建设用地资源的整合才能进行下去。 倘若价值完全显化,那么将极大地增加整合的难度!这也符合课题组对"三级市场"中村内一级市场运行的建议:一级市场低定价,这样才能有效构建村民对于资源增值的收益预期,促进经营权流转和资源整合。而"外部政策—村庄行动"的叙述框架内含的逻辑顺序恰好相反!

一般而言，建设用地的收益预期高于农地，而在本案中则恰好相反，宅基地的收益没有形成，而农地集中的收益则已经显化，用农地未来的增值收益去撬动看上去不值钱的宅基地的整理，再去拍卖整理之后形成的指标，因为市场价格在不断提高，这时候拍卖的收益是非常高的。在那个特殊时期，农地和建设用地的"反向收益预期"极富戏剧性地成就了战旗村的空间整合，使耕地和宅基地都在全村范围内进行了集中整理。如果一开始每家每户的地块都是被明码标价且收益固定的，恐怕这个村集体就很难对建设用地进行整合了。

四、经验归纳：撬动土地集中的村社理性

战旗村近十年的土地集中过程，内含的是由村庄多维结构形成的综合性内部化机制，这是中国形成几千年基层稳态治理结构的制度基础。课题组在经验性地归纳现象之后，从制度经济学角度将其归纳为"村社理性"这一有假说性质的理论解释。具体来看，在不同阶段，村社理性发挥作用的领域和方式不同。

2003年，当村上想在队内进行土地小集中时，首先面临一个传统的集体经济强村，在经历了产业化竞争阶段相对私有化的发展后，想重建尚属于初级阶段的集体经济，可以利用什么工具和机制动员村民，就成了需要考虑的问题。

当时战旗村领导者的做法是从农民生活的基本问题——农业税出发。对当时的村民来说，土地仍是基本的生存保障，农业税是关系到每个农民切身利益的事情。当时农业税已经转变为缴纳现金，农户需要拿着地里的粮食去市场上卖，以获得货币收入，因此农民不仅要面临农业生产的自然风险，还要面临粮食供需和价格波动的市场风险。同时，农户在社会化服务尚不完善的农业生产中，在包括买种子、买化肥、找机耕队、卖粮食等在内的很多环节上都会产生较大的交易成本。而这时村里承诺，将用集中土地后的流转收入代缴农业税，流转所得不足以缴纳农业税的部分则由村集体承担。那么对于村民来说，将一部分土地上交集体就是非常划算的事情，因为这样可以将自己一部分的自然风险、市场风险和交易成本转移给村集体承担。对于土地基础条件更为薄弱的

5组、7组的村民来说，这一做法更有吸引力。可见，利用村民对于风险规避的理性选择撬动土地集中，是利用村社理性低交易成本处理问题的办法。

在5组内部动员的过程中，还利用了社会资本强化村民对村集体的信任，构建了村民对土地集中的收益预期，这是村社理性发挥作用的另一种方式。一方面利用村庄历史发展过程中积累的强政治信任基础，另一方面以姓氏或宗族为聚居单位，以村干部和村内精英为纽带，撬动亲缘网络和友缘网络发挥巨大的带动作用，最终顺利地做通了全组的工作。

土地集中后是否产生增值收益、收益分配是否合理、村集体是否有能力保障集体财产不流失，这些都会影响村民对村集体的政治信任，其结果是正向还是负向决定了政治信任是被强化了还是弱化了。2003年土地集中后，村集体不仅代缴了5组、7组村民的农业税，还能产生剩余收益，用于对集中的土地进行农田改造，或用于修路等，提高了级差地租，这些结果都进一步强化了村民对村集体的政治信任和对土地集中的收益预期。

此外，除去集中的土地外，剩余的土地在5组、7组内进行了重新分配，这个过程中也形成了相对公平的分配方案，这种在村社内部形成公平分配的机制正是成员权最基本的体现，也是村社理性的重要内涵之一。分配以院落为单位进行，综合考虑土质肥沃程度、地块大小、离宅基地远近等因素，达成了亲缘、友缘、地缘构建的关系网络下多种维度的综合平衡，甚至还采取了"若有两户同时看中同一地块就抓阄"的办法，最大限度地减少了内部可能产生的矛盾。正是因为利用了这种内部机制，才使本可能发生一系列矛盾的分地过程进行得十分顺利，极大地降低了内部交易成本。

总的来看，在队内小集中的这个阶段，土地价值还不明显，这时仍然是从农户最基本的需求出发，利用村庄的内部关系结构，在重建集体经济的初期迅速撬动村社理性。这次小集中尽管集中的面积很小，但是土地集中的价值初显，在村民中形成了初步动员，唤醒了战旗村村民的集体记忆，锻炼了新一届领导班子的政治动员能力，更重要的是，其作为"试点"探索了集体经济再出发时哪些工作机制是可行的、有效的。

2006年是合作社集中500亩土地的阶段，除了继续利用上一阶段验证可行的方式外，更重要的是，这一阶段有了较为有利的外部制度环境。借助土地流转和成立合作社促进土地规模化经营的激励政策，村集体承诺合作社采用"保底＋分红"的分配方式，让村民形成较强的收益预期，成为吸引村民将土地交给合作社的主要利益诱因。

合作社成立后，政府出资兴建配套水电设施甚至大棚，改善了农业生产的基本条件，村里几乎无成本获得了第一笔级差地租。除此之外，设施化农地更有利于资本密集型农业的发展，调整农业产业结构后又产生了第二笔级差地租。产生的这些级差地租通过合作社"保底＋分红"的分配方式在农民与村集体之间进行二次分配，使村民享受到了实实在在的收益，这些行为都强化了村民对村集体的政治信任。

此外，村民与种植大户原来签订的土地流转合同均作废，改为与村集体签订协议。也就是说，种植大户可以通过合作社和众多小农对接，这样既降低了小农搜寻信息的成本，又降低了种植大户与众多小农协调土地流转的交易成本。同时对于合作社来说，这也是提高土地利用效率、促进土地增值、争取政策补贴的重要途径，可谓多赢。

2007—2011年，借助"拆院并院"对宅基地的整理，将土地从500亩集中到1820余亩的这个阶段，延续上一阶段借助政策补贴进一步强化农民的收益预期，推动土地进一步集中。这一阶段土地价值开始极大地显化，于是利用土地大规模集中后引进外部产业资本或自我土地开发带来的预期收益（包括土地保底租金和分红、福利待遇的增加、就业岗位的增加等）对农户进行动员，这是基于前两个阶段政治信用的建立和强化才能使用的手段。

回顾以上几个阶段可以发现，对村民进行动员，每个阶段利用的都是村社理性在多个维度的表现，包括历史传统、对村集体的信任基础、对村社的良好预期、村庄的社会网络、内在的公平机制等。当这些因素和外部政策结合起来时，就能在村社内部自发地、低制度成本地、相对稳定地完成村民的土地和宅基地的集中，整个过程中没有出现政府、村干部或外部投资者急于农村拆搬迁而在短期内"密集动员"等情况。其他很多村庄在土地被征占、农转非的过程中，随着土地增值、集体经济的快速发展，农村集体经济组织成员权益的矛盾不断凸显，导致部分人员集体上访甚至越级上访。相较于此，战旗村这一过程进行得相对平稳，没有出现很多导致社会不稳定的治理问题和利益纠纷。因为利用集体与个体农户之间的重复博弈机制和多维结构性关联，已经基本做到了村内信息的充分与低成本共享、村内利益相对公平的分配，从而在很大程度上化解了潜在矛盾，内部化地处理了成员合作及财产关系转变中的交易成本。

除了以上所述的村社理性在促进土地集中方面的作用，村社理性还具有依托村社组织进行内部资源动员来进行资本积累的功能。例如，合作社保留50%的分红，后来的集体资产管理公司保留10%的法定公积金和20%的资本公积金用于扩大再生产。当面对村庄形成的收益在分配中是更倾向于集体还是个人的问题时，7组组长表示："现在是发展阶段，还要保存很多基金在集体内部，以保证下阶段的发展，不可能现在就分下去。如果把钱统一分配下去了，将来如何发展？还不如把钱交到村上，所以大家都能理解。"高德敏也说："你分了做啥子嘛，你这个分的钱，一年分一千又不抵用，但是积累起来就可以办大事。"

村社是一个基于共同的血缘、地缘关系形成的地理单位，并且是生产、生活、生态合而为一的，村社内部自然有它处理问题的办法。找到这个办法后，村社就可以比较低的交易成本完成这个过程。

第八章
产权制度改革与集体建设用地入市
（2008—2015）

2008年年初，成都市农村产权制度改革拉开序幕，战旗村被县委、县政府确定为农村产权制度改革试点村，开始推动农村土地和房屋的确权登记颁证工作，并以2011年4月20日为节点，确定集体经济组织成员1704人。然后战旗村将1938.36亩耕地中的1937.448亩平均分配给1704名集体经济组织成员，由郫县唐昌镇战旗蔬菜专业合作社统一经营。集体经营性建设用地由成都集凤投资管理有限公司[1]进行经营管理，实现全村土地的统一管理、统一流转、统一分配。战旗村通过明晰产权，为清产核资和成立集体资产管理公司等入市准备工作奠定了基础。

2015年2月，郫县被纳入全国33个农村集体经营性用地入市改革试点。2015年3月到8月，在县镇政府的相关要求下，战旗村抓紧进行了包括清产核资和成立集体资产管理公司等在内的入市准备工作。最终，迈高公司以52.5万元/亩的价格取得这块集体建设用地40年的使用权，敲响了全省农村集体经营性建设用地入市交易的"第一槌"。"第一槌"的意义不在于拍卖的这块地本身，而在于通过交易发现了资产价格，使村里留存的其他集体建设用地有了定价参考。其作用可以说是"一槌敲响三面鼓"：一是改善了村集体从银行获得融资的信用条件；二是增强了村民对村集体经济组织的信心，降低了集体对整个村域内资源进行整合的交易成本；三是提升了村集体对外谈判的地位，让资本成为工具而非主人。如此来看，这个"第一槌"除了使战旗村再一次获得了"明星"效应外，更重要的功能是，通过交易"发现价格"，从而实现了自我赋能。同时战旗村借集体建设用地入市"第一槌"敲响的契机，获得了制度性机会收益。

---

[1] 2012年3月19日，"成都市集凤实业总公司"更名为"成都集凤投资管理有限公司"，由郫县唐昌镇战旗投资管理有限公司以99.59%的股权占比控股。

一、产权制度改革：明晰产权奠定入市基础

与新型社区建设项目一同进行的还有另一项重要工作——集体经济组织成员资格认定。

要从根本上解决好"三农"问题，就必须唤醒农村"沉睡的资本"，让农民享有与城市居民同等的财产权利和发展机会。**2008年1月16日，成都市委、市政府出台了《关于加强耕地保护进一步改革完善农村土地和房屋产权制度的意见（试行）》（成发〔2008〕1号）**。该意见强调，在坚持土地家庭承包经营是农村基本经营制度的核心的基础上，深化农村土地和房屋产权制度改革，开展农村集体土地和房屋确权登记，推动土地承包经营权和农村集体建设用地使用权。自此，**成都农村产权制度改革拉开序幕**，以建立"归属清晰、权责明确、保护严格、流转顺畅"的农村产权制度，实现农村资产资本化，推动城乡生产要素自由流动为目标，以"还权赋能"为核心，开展了农村集体土地所有权、集体建设用地（宅基地）使用权、土地承包经营权、林权和房屋所有权的确权登记颁证工作。

2008年11月7日，郫县召开了农村产权制度改革工作会议，要求在4个月内完成全县涉农地区的确权颁证工作。全县农户将领到《土地承包经营权证》《集体用地使用权证》《房屋所有权证》三证。**战旗村被县委、县政府确定为"农村产权制度改革"扩大试点村，于次年（2009年）2月为村民办完"三证"。**

农村产权制度改革的一个重要基础就是集体经济组织成员资格认定，但是这和战旗村原有的村社成员权资格认定存在一定的矛盾。政策导向要求将集体经济组织的成员资格界定后固化下来，这就和随着人口变动的成员权认定有很大差异。在战旗村土地价值不断显化、集体经济逐步壮大、成员身份也随之增值的阶段，这个问题就更加明显。因为一旦成员权资格固化，日后新增人口就无法享受集体经济增值带来的收益。

但是，战旗村作为先进村，不能违背政策导向行事，而且村庄确实存在一定的明晰财产边界的内生需求。当时农村新型社区建设项目已经基本完成，面临跨越组别在村的层面的土地集中，以及相应的村庄治理结构的变动问题，同

时可能要进行全村的资产清理工作，集体资产也在逐步增值。这时到底哪些人属于村集体经济组织的成员，具有土地承包经营权，享有集体资产日后增值收益的分配权及村民自治权利，就成为一个不得不面对的问题。

综合考虑政策导向和村内情况之后，2010年，战旗村出台了《战旗村集体经济组织成员界定办法》。该办法规定，集体成员资格以家庭为单位，生不增、死不减。但是在集体经济组织成员资格最终认定之前，原先因外嫁、读书等原因将户口迁出的村民，可以自由选择是否将户口迁回战旗村，只要去派出所办户口登记并经过本社2/3的成员同意，即可成为集体经济组织的成员。此外，新增人口也可以被界定为集体经济组织成员。**这些规定，既符合政策要求，又给了村内一定的运作空间。**

最初村内计划以2010年9月30日为节点确定集体经济组织成员资格，但是由于上述协商过程进行得较慢，故一直确定不下来。直到2011年三四月，短期内可预见的新增人口的财产权得到了满足，村内才逐渐达成一致。最终经集体协商讨论，**以2011年4月20日为节点，确定集体经济组织成员1704人。**

我们每年确权调整土地的具体时间是9月30日到12月30日。因为这个时候秋收，田都是空的，所以我们原本定的确权截止日期就是2010年9月30日。但是确定成员的时候，有的人可能想到12月要招女婿或娶媳妇、小孙子要出生等，有这类情况的人就一直阻止，一直推到2011年4月，这个时候大家都没意见了，那我就一锤定音，以4月20日这天为节点，做我们的确权工作。

资料来源：2019年12月26日高德敏访谈记录。

随着人口变动增大，成员资格固化可能会产生一系列问题，因此村里计划出台**《战旗村集体经济组织成员界定办法补充意见》**，设定成员资格调整周期。且由于承包地能调整，但宅基地无法新增，因此将来新增的集体经济组织成员只享受集体经济组织的收益分配权和相应土地的承包经营权，不再分配宅基地。

由于2010年新型社区建设项目的土地整理工作完成后，全村几乎全部土地都已流转到合作社并由合作社统一经营，因此在确定成员资格后，经村民代表大会讨论，全村村民签字形成决议，通过了《战旗村集体土地及房屋确权方案》。该方案指出,战旗村范围内的原村、社的集体土地归全村集体经济组织成员共同所有,办理村集体土地所有权证,通过郫县唐昌镇战旗蔬菜专业合作社和成都集凤投资管理有限公司分别对耕地和集体建设用地进行管理经营,实现全村土地的统一管理、统一流转、统一分配。

然后,村内将全部耕地(包括原有耕地和旧房还耕后的新增耕地)平均分配。

在正式界定成员资格之前,战旗村于2011年3月25日召开了村民会议,4月6日经2/3成员同意后通过了《关于实行"农村土地承包经营权长久不变"有关问题的决议》,具体内容如下。

(1)本村承包地基本情况:承包农户总数为529户(1704人),集体耕地实测总面积为1938.36亩,全部承包并确权到户,无机动地剩余。

(2)实施土地承包经营权长久不变的时间节点。2011年4月20日起,承包土地不再进行调整,实行"增人不增地,减人不减地",承包地到期后自动续期,集体经济组织不再收回重新发包,也不再因自然灾害造成的承包地毁损等特殊情形而调整土地。

(3)征地补偿由农民集体讨论确定。

(4)可自愿流转,申请抵押贷款,一次性转让、继承、赠予。

2011年4月20日成员资格界定完毕后,村委会为发包方,将1938.36亩耕地中的1937.448亩平均分配给了1704名集体经济组织成员,每人分得1.137亩土地。2011年7月15日签订土地承包合同,以户为单位颁发承包经营证书。

这次分地打破了组的界限,将全村人均占有耕地数量拉到了同一个水平线上。由于本身人均耕地差异就相对较小,而且这个时期村民的收入已经越来越不依赖土地,因此,据7组组长说,分地过程进行得比较顺利。

当时7组人均耕地为1亩3分,5组人均只有8分地,刚开始集中的时候大家会觉得不公平,但随着组内人口的变化,人均耕地也自然地出现了面积的波动,人均占地也不是固定的。而且大家集中到村上就是一个集体,平均是很自然的事情,所以村民没有太多意见。其实现在农民更关心的不是土地,是自己的收入、就业机会等。

资料来源:2019年10月4日7组组长访谈记录。

2009年全村整合时，我先把每个组内的矛盾解决了，然后再解决每个组之间的矛盾。比如说1组可能人均土地多一点，重新整合打破了组的界限（1组可能就不愿意），我就说要集中居住，有可能住的是人家8组的地，是不是？虽然8组的地比你少，但是你又凭啥住8组的地？所以为了集中居住，不要斤斤计较了……

资料来源：2019年10月2日高德敏访谈记录。

这次全村均分土地不仅是面积上的重新分配，而且按照国土资源部的要求确定了地块位置和"四至"。并且为了解决将来的产业用地问题，村里把地分成了几块田，一块田分成8份，分给个人，因此一个人最少有10处田，降低了单一村民对于某一大片土地的话语权，从而降低了占地过程中和村民谈判的交易成本。由于只是确定承包地，村民并不实际经营土地，因此这一过程中没有发生什么矛盾。合作社将土地集中后采取两种运作方式，一种是合作社自己经营90亩工地，其中15亩建设现代化蔬菜育苗中心，加强新品种试种示范；另一种是引进业主和龙头企业16家，流转土地1740亩，集中发展现代农业。

同样地，集体建设用地（确权给农户的宅基地除外）也由全村统一经营，具体由成都集凤投资管理有限公司进行经营管理，实现全村土地的统一管理、统一流转、统一分配，日后产生的增值收益由集体经济组织成员平均分配。[1]

二、集体建设用地入市："一槌三鼓"自我赋能

新中国成立之后，我国在立法上确立了实施城市规划所需集体土地的征地单轨制。长期以来，集体土地只能在被征为国有土地、转变土地性质之后，才能通过招拍挂入市。但是我国基层一直在自主开展农村集体建设用地使用权流转入市的探索，其最早可追溯到20世纪90年代的广东省南海区，此后各地开始出现农村集体建设用地入市流转现象。

2004年国务院出台的《国务院关于深化改革严格土地管理的决定》，以

---

[1] 郫县唐昌镇人民政府文件唐府〔2014〕78号：《唐昌镇人民政府关于战旗村新农村建设情况报告》。

及 2005 年国土资源部发布的《关于规范城镇建设用地增加与农村建设用地减少相挂钩试点工作的意见》，为农村集体建设用地打开了间接入市的合法途径。2008 年，在国际金融危机的冲击之下，各地征地规模不断扩大，征地矛盾随之加剧。2008 年，党的十七届三中全会提出了要"建立城乡统一的建设用地市场""缩小征地范围"及"在符合规划的前提下推动集体建设用地与国有土地享有平等权益"，从总体上明确了农村集体建设用地入市改革的方向。

2013 年，党的十八届三中全会上，中央宣布实行"三块地"改革，建立城乡统一的建设用地市场，在符合规划和用途管制的前提下，允许农村集体经营性建设用地出让、租赁、入股，实行与国有土地同等入市、同权同价的制度。**2015 年 2 月 27 日，全国人大常委会通过了《全国人民代表大会常务委员会关于授权国务院在北京市大兴区等三十三个试点县（市、区）行政区域暂时调整实施有关法律规定的决定》**，选取了北京市大兴区、辽宁省海城市、上海市松江区、山东省禹城市、河南省长垣县、湖北省宜城市、**四川省郫县**等试点县（市、区），作为农村"三块地"改革试点，**标志着集体经营性建设用地入市改革试点进入实质性的实施阶段。**

战旗村在耕地和集体经营性建设用地确权工作完成后，就开始全面清理核算集体资产，计划清理核算资产经村民代表确认同意后，将全部集体资产进行股份量化，成立股份制公司，变村民为股民。但是，这一工作进行得一直较慢，这也与战旗村集体资产价值增值较快、成员身份的价值随之增加带来的村内阻力有关。

直到 2015 年 2 月，郫县被纳入全国 33 个农村集体经营性建设用地入市改革试点，《郫县农村集体经营性建设用地入市制度改革试点实施方案》发布才出现转机。高德敏书记得知农村集体经营性建设用地入市改革试点政策后，立刻决定申请将战旗村纳入改革试点，因为这对于当时的战旗村来说，是土地价值发现和实现的绝佳机会。战旗村地理区位不佳，地处郫县边缘，土地价格本就不容易体现出优势，在这个发展阶段也有较强的资产价格发现的需求。出让的地块原被村集体所办复合肥厂、预制构件厂等租用，一年租金不到 10 万元，厂区环境不达标，还影响村容村貌，几年里被陆续关停。地腾出来了，却遇上了开发难题。2014年，成都一家企业看中了这块集体经营性建设用地，想长期投资发展乡村旅游业，还给了100万元定金，但由于相关手续无法办理而最终告吹。当时战旗村有许多这样的建设用地，正需要一个开发土地价值和打响战旗村名声的机会。

但是根据《中华人民共和国土地管理法》的规定，要成为试点需要满足如下条件。

（1）符合土地利用总体规划、乡（镇）村建设规划和土地利用年度计划。

（2）必须是农村集体存量建设用地或者已经依法批准为建设用地的农用地，规划用途为工业、商业等经营性用途，集体公益性建设用地和宅基地则不能进行交易。

（3）集体经营性建设用地必须依法登记，要权属清晰且合法、"四至"清楚、没有纠纷。

（4）需经本集体经济组织2/3以上成员或者2/3以上村民代表同意。

（5）在具体操作中，更倾向于将入市实施主体确定为根据所有权主体授权的具备法人资格的、市场化程度更高的经济实体或组织，以便入市相关工作的推进。

（6）要有健全的财务制度、完善的入市收益分配方案等。

郫县发布的《关于开展农村集体经济组织股份制改造试点的意见》指出，为配合农村集体经营性建设用地入市试点工作，依法规范入市主体及其收益的内部分配行为，凡涉及农村集体经营性建设用地入市的集体经济组织，一律纳入股份制改造试点的范围。

放眼整个郫县，满足全部入市要求且能拿得出较大地块入市的村庄寥寥无几。城郊土地大多早就被征用、占用，拿不出产权清晰的、没有历史负担的地块参与集体建设用地入市政策；或者早就以很高的租金租赁出去，缺乏入市的动力。而据高德敏书记所说，**当时入市条件相对充分的几乎只有战旗村，这主要得益于战旗村前期准备工作做得非常充分和扎实**。例如，企业改制使集体掌握了企业的经营主导权，因此村集体对企业所占建设用地的利用有较大话语权；"拆院并院"在全村范围内大面积地整理了村内耕地及建设用地，改变了地块分散的状况；2013年给旧厂房的60余亩建设用地办了9宗使用权证，这里就包含日后入市的地块；[1] 2015年成都市开始施行重新修订过的《成都市饮用水水源保护条例》，水环境保护要求下的旧厂拆迁也为战旗村腾出了更多可用的建设用地，地块入市后用来发展商业和战旗村的产业结构升级方向也是一致的；此外，战旗村还界定了集体经济组织的成员资格并明晰了产权，清产核资工作也正在进行。

2014年调查数据显示，当时战旗村共有699.9亩建设用地，其中，国家所有的建设用地面积为11.94亩，约占集体建设用地总量的1.71%，主要为公路和其他独立建设用地。**其余为集体建设用地资源，共687.96亩**。全村集体建设用地中的**村庄面积为475.65亩**，约占集体建设用地总量的69.14%；**其他独立建设用地的面积为**103.32亩，约占集体建设用地总量的15.02%；**交通水利及其他建设用地面积为**108.99亩，约占集体建设用地总量的15.84%，如表8-1所示。[2]

表8-1 战旗村2014年集体建设用地情况

单位：亩

权属单位名	公路用地	农村居民点用地	其他独立建设用地	特殊用地	总计
战旗村1组	28.47	16.76	0	0	45.23
战旗村2组	0	101.62	42.25	2.1	145.97
战旗村3组	0	16.83	28.03	0	44.86
战旗村4组	28.16	87.82	0	0	115.98
战旗村5组	0	0	0	0	0
战旗村6组	0	0	0	0	0
战旗村7组	43.02	0	0	0	43.02
战旗村8组	7.24	228.82	31.17	0	267.23
战旗村9组	0	23.8	1.87	0	25.67
总计	106.89	475.65	103.32	2.1	687.96

---

1 2019年10月6日杨勇在接受访谈时说："1999年前形成的建设用地是历史固化的，不花一分钱就可以办。1999年后就要花钱，每亩地要交12.54万元的指标钱和2万元的罚款，还要交500元钱工本费。所以这9宗60亩不花钱的地先办，还有70~100亩的地是1999年以后的，还没办。以后有钱了再办。"

2 郫都区唐昌镇人民政府2017年5月发布的《成都市郫都区唐昌镇战旗村土地利用规划（2006—2020年）》（采用2014年调查数据为基础补充调查后形成，规划范围为战旗村村域范围内全部土地，辖9个村民小组，辖区面积为1.95平方公里）。

可见，全村农村集体建设用地资源总量较大，其中"其他独立建设用地"基本被村内厂房所占。后续成立集体资产管理公司后，村集体对这一部分土地的利用方式具有较大的资源配置话语权，其潜力挖掘空间大，为经营性集体建设用地入市提供了资源保障。

但是，战旗村还不完全满足入市的各项要求。例如，战旗村成都集凤投资管理有限公司和土地股份制有限公司均无土地入市的经营权限，村委会是基层自治组织，不是经济主体。战旗村根据郫县提出的"明确集体经济组织合法市场主体地位"的修法建议，按照土地所有权与使用权分离的思路，创新设计了"产权主体＋实施主体"的组织结构，由村民委员会代表农民集体行使农村集体建设用地所有权；以锁定的战旗村集体经济组织的1704名成员为股东，组建"郫县唐昌镇战旗资产管理有限公司"，将该公司作为集体经营性建设用地入市的实施主体，授权委托其实施土地入市，代表农民集体行使农村集体建设用地使用权及相应的经营权和收益权。该制度的设计有效地保障和维护了集体经济组织成员的土地权益。郫县提出的这一"明确集体经济组织合法市场主体地位"的建议，在《中华人民共和国民法总则》修订中被吸收采纳。

《郫县农村集体资产清产核资和股份制量化操作规程》规定，清产核资明细表和资产负债表需公示15天，参与股份量化人员名单经村民大会讨论后需公示15天，集体资产股份量化到人方案需公示15天。即使其他工作均在公示期内并行开展，也至少需要45天方可完成程序。**为争创农村集体经营性建设用地入市"第一槌"，2015年3月到8月，在县镇政府的相关要求下，村上抓紧进行了入市准备工作。**

早在2008年，战旗村就发布过《集体经济组织体制改革方案》，对集体经营性资产与非经营性资产进行全面清理，将经营性资产交由成都集凤投资管理有限公司进行经营管理，非经营性资产交由村集体资产管理委员会管理，并要求明晰产权，固化量化到人。**2015年8月6日，战旗村委会再次发布了更为详尽的《郫县唐昌镇战旗村集体经济股份化改造试点工作实施方案》，对所有集体资产进行股份量化**，参与股份量化的人员以2011年4月20日界定的战旗村集体经济组织成员为准，形成股权固化的决议，保障集体经济组织成员持有集体资产股份长久不变。原则上只设个人股，不留集体股。股权持有人对股份享有所有权、处置权和收益分配权，可以继承、赠予和转让股份，但不得抽回股份和提现。

2015年8月10—11日村两委召开会议，就集体经济股份化改革试点相关事宜进行商议。

2015年8月12日举行村民代表大会，表决通过了《在战旗村开展集体经济股份化改造试点工作》的决定。

2015年8月15日晚召开村民代表大会，组建战旗村经营性建设用地入市试点工作小组；确立了战旗村集体资产管理公司的发起人、股份配置、人员配置、董事会成员、监事会成员等；并讨论确立战旗村集体资产管理公司的资产范围，建议**由清产核资工作小组对全村的集体资产、资源、资金进行全面清理，经村民代表确认并同意后，将资金注入战旗村集体资产管理公司**。

2015年8月17日注册成立了郫县唐昌镇战旗资产管理有限公司，并将其作为集体建设用地入市主体，同时村民变股东，以增加村民的财产性收入。公司以村议事会成员（35人）为发起人，村主任杨勇担任法定代表人，注册资本为1704万元，以2011年4月20日为节点锁定集体经济组织的1704名成员均为股东，每人拥有1万元股本。股权以家庭为单位共有，具有不可拆分性，但可户内继承（至今两三户绝户，其股份收归集体）。

2015年8月20日召开郫县唐昌镇战旗资产管理有限公司股东代表大会，讨论并通过了《战旗村集体经营性建设用地出让方案（草案）》。本次拟出让宗地面积8964.43平方米（合13.45亩），该宗地所有人为唐昌镇战旗村村民集体，经战旗村2015年8月15日的村民代表大会讨论决定，以集体建设用地出资入股到集体资产管理公司，并于2015年8月19日将土地使用证变更到郫县唐昌镇战旗资产管理有限公司名下。土地用途为其他集体建设用地，使用权类型为划拨，已完成确权颁证。根据《唐昌镇战旗村村庄规划（2011—2020）》，该宗地的性质为村庄商业服务设施用地，出让年限为40年，以无底价挂牌方式出让；容积率≤2.0；建筑密度≤50%；建筑层数为整体4层，局部5层；绿地率要符合相关规定要求；其他土地利用要求按 2015 年 8 月 19 日郫县规划管理局核发的《（集体经营性建设用地）规划条件通知书》执行。

会议还讨论通过了《资产管理有限公司的收益分配方案（草案）》（以下简称《分配方案》），净收益在提取 40% 盈余公积金（用于公司再发展）、30% 公益金（用于本集体公共福利和公益事业）、10% 风险金（用于弥补公司亏损）后，剩余部分（净收益的 20%）给本公司的 1704 名股东按股分红。后《**分配方案**》按公司章程及股东代表大会决议进行细化：年收益的 **10% 为法定公积金**；**20% 为资本公积金**，用于扩大公司经营；**20% 用于村公共福利**（事实上从 2009 年开始，村集体就为村民统一购买了医疗保险，为 60 周岁以上老年人发放养老补助等；年满 60 周岁的老年人 50 元/月，70 周岁以上的 100 元/月。公司成立后依然坚持发放这些福利，2009 年医疗保险是 10 元/年，2019 年已经上涨到 220 元/年，一年需 30 多万的福利费用支出）；**15% 用于社区公共管理**（含社区治安、环境整治、社区卫生保洁等）；**15% 用于社区及村域基础设施配套建设及维护**（含水、电、气、视、讯、道路、绿化等）；**20% 分配给集体经济组织成员**。[1] 土地入市成功后，2016 年年初，战旗村集体经济组织所有成员均获得现金 520 元；2016 全年，村民医疗保险费共计 206 670 元，2015 年 10 月至 2016 年 9 月发放给 60 岁以上的老年人的补贴共计 262 500 元；2019 年年初，战旗资产管理有限公司的每个股东得到上一年度分红 95 元。

当时战旗村有集体建设用地近 600 亩，如何确定哪些土地可以上市，成为摆在战旗村人面前的问题。战旗村原计划将沙西线北侧符合"两规"的地块（共 65.51 亩）作为入市试点，建设战旗乡村十八坊旅游商业服务综合体项目（分为"乡村酒店""郫县豆瓣非物质文化遗产展示区"等）。后在区委、区政府的指导下，按照定基数、定图斑、定规模的"三定"原则，认真梳理村域内符合《土地利用总体规划》《战旗村村庄规划》和产业发展规划的地块，最终锁定村属原复合肥料厂、预制构件厂及老村委会办公楼所在地块。该宗地于

---

[1] 郫县唐昌镇人民政府文件（唐府〔2014〕78 号）：《唐昌镇人民政府关于战旗村新农村建设情况报告》。

2012年按坐落位置分别确权颁证给村委会，产权明晰，地势优越，完全符合集体经营性建设用地上市条件。

2015年8月26日，战旗村将原有村办复合肥料厂、预制构件厂和村委会老办公楼总计为13.447亩的集体建设用地放在郫县公共资源交易服务中心挂牌交易，挂牌时间为2015年8月26日至9月7日。根据土地估价结果、基准地价、政府产业政策和土地市场情况，参考四川天成土地评估有限公司2015年8月19日的估价（49.33万元/亩），该集体建设用地最终挂牌起始价定为49.5万元/亩，每次举牌增加1万元/亩。此外竞得人还需缴纳竞买保证金133万元（竞拍地价×出让土地面积×20%），由战旗资产管理有限公司委托郫县公共资源交易服务中心收取。

9月7日，迈高公司以52.5万元/亩的价格，取得这块集体建设用地40年使用权，敲响了全省农村集体经营性建设用地入市交易"第一槌"。入市土地竞拍价格共计706万元，按照《集体经营性建设用地使用权挂牌出让竞买须知》，竞得人在签署《郫县集体经营性建设用地使用权出让合同》之日起10日、50日、90日内分别支付地价款的30%、40%、30%，竞得人缴纳的竞买保证金（133万元）转为最后一笔地价款。此外，土地增值收益调节金由竞得人在成交地价款外另行缴纳，缴纳比例为该宗地成交地价款的15%。首笔土地出让价款交付之日起5个工作日内按周围现状基础设施及现状自然条件移交土地，并且竞得人从交地之日起6个月内须动工建设，从动工建设之日起18个月内完成宗地红线范围内规划确定的全部工程项目的建设。

经过战旗村和迈高公司双方协商，最终决定以成立共同的运营平台的方式合作，计划按照"旅游兴村"的思路继续推进战旗村AAA景区建设。[1] 2016年7月13日的村委会会议记录显示："昨天迈高公司和村上初步沟通，拟成立一个平台公司，对景区进行规范管理。村主任杨勇认为，成立平台公司有助于旅游升级，成立平台公司的宗旨就是把战旗村推广出去，并规范景区的管理。我们合作的目的是引导村民有序经营，使集体的资产经营效益最大化。"7月21日村委会又召开会议，记录显示："在平台公司的成立问题上，

---

[1] 2012年12月14日，战旗村第五季花田景区迎来国家AAA景区评审组检查验收。

镇上建议我们慎重行事，管理人员互派，各自承担费用，定岗定员管理，在收益分配上多预留发展基金。"7月25日村委会会议记录显示："平台公司人员费用两边互派，双方各自进行补助。"8月24日村委会会议记录显示："为了统一管理，我们与迈高公司成立合作平台，统一对景区进行统筹管理，合作的具体情况是村上占49%的股份，迈高占51%的股份，形成村民公约，规范景区运营。"

经过一年左右的磋商和准备，2016年11月7日，双方共同出资，注册成立了全村景区运营平台——四川花样战旗旅游景区管理有限公司。"花样战旗"这个名字是基于当时迈高公司给战旗村做的策划定位——花一样的战旗，花一样的耍（玩）法。公司注册资本为100万元人民币，迈高公司和战旗村的成都集凤投资管理有限公司（战旗资产管理有限公司的子公司）分别出资51万元和49万元，分别占股51%和49%。截至2020年，**在该平台运营的仅有"第五季香境"商业综合体和村内的一个停车场**。之所以取名"第五季"，是因为妈妈农庄之前已经在战旗村做成了"第五季"这个品牌，迈高公司认为使用同样的主题有利于区域品牌的一致性，所以当时和妈妈农庄联系后，各方决定一起做战旗村的"第五季"品牌。"第五季"指的是将周末游和节假日游作为除了一年四季之外的第五季。最终迈高公司投资7000万余元打造了"第五季香境"商业综合体，2018年4月正式启动运营，内有民俗小吃、酒店等商家入驻。

事实上，清产核资工作在集体建设用地入市之时并未彻底完成。2015年8月27日，战旗村召开清产核资工作小组会议；9月11日开始由工作小组聘请**专业资产评估团队，对除承包地和村民确权的宅基地以外的所有集体资源、资产、资金，在2011年的基础上再次进行全面的测量勘验和审核评估**，明确各类资产的权属，建立核算账目，涉及集体资产认定、评估方案起草、意见征询等环节。其中，集体资源包括所有未确权农用地、经营性集体建设用地、非经营性集体建设用地，集体水利、电力、交通等生产性设施，教育、文化、卫生、福利等公益性设施；集体资产包括有形资产和无形资产、债权和债务；资金包括村集体的现金、银行存款等。具体来看，未确权农业用地和其他未被利用的土地，按照村内农业用地流转价格2150元/亩进行估值；建设用地参考邻村建设用地政府征收价格，以4.6万元/亩进行估值；厂房、桥梁、树木等地上附着物均以建设成本或种植成本计价。[1]

  2016年1月20日，战旗资产管理有限公司召开股东大会，总结清产核资成果。经村民代表大会审查后张榜公示，并由集体经济组织成员（或成员家庭户主代表）签字确认，**最终核定全村资产总额为4607万元**，应收土地款705万余元（当时正在办理手续过程中）。若要全面清理所有资源需要多花费20万元，董事会的意见是暂不评估，若要交易，再对实际交易的对象进行评估。

  经过清产核资，包括农用地、集体建设用地、房产、道路、水渠等在内的所有集体资源、资产、资金的产权全面界定清晰。高书记说，战旗村在这方面比其他村做得更为彻底，之所以如此重视土地产权的界定，是因为土地是最基础的资源，所有的资源都附着在土地上，把土地权属确定清楚了，其他就都清楚了。和战旗村相比，很多村集体概念已经淡化，集体能力已经弱化，集体资产权属不清而渐渐"私有化"，村集体根本拿不出地来入市。**尽管入市之时战旗村的清产核资工作尚未完成，但是村集体对集体建设用地和村内集体企业仍然拥有较高的自主支配权，因此战旗村才能一次性将原有村办复合肥料厂、预制构件厂和村委会老办公楼总计为13.447亩的集体建设用地拿来入市**。

  战旗村响应集体建设用地集中入市政策，作为试点之一，利用全国土地制度改革试点的契机，敲响集体建设用地拍卖"第一槌"的故事，人们已经耳熟能详，《中华人民共和国土地管理法》在一定程度上也是基于郫县等全国试点的探索、创新、实践而不断修正完善。然而，细读该村下面的工作汇报，会发现这一槌敲得并不那么简单，所谓"醉翁之意不在酒，在乎山水之间也"。

---

[1] 乡村十八坊投资1100万元，截至2019年年底，一共有5700万元资产存量。

2015年，战旗村抓住郫县被列为全国土地制度改革试点的契机，将原属村集体所办的复合肥料厂、预制构件厂和村委会老办公楼的13.447亩闲置集体经营性建设用地，以每亩52.5万元的价格出让给四川迈高旅游资源开发有限公司，全村收益超过700万元，成功敲响了全省农村集体经营性建设用地入市"第一槌"。截至2019年年底，全村共清理出集体建设用地近200亩，集体资产估值超过2亿元，通过入股经营、自主开发、直接挂牌等方式建设乡村振兴学院、乡村十八坊等项目。其中，由迈高公司投资7000万元建设的川西文化旅游综合体已建成开街。战旗村还利用土地承包权、建设用地使用权、生产设施所有权等各类产权抵押融资6000万余元。其中，"第一槌"入市项目用集体建设用地抵押，获得成都农商银行贷款授信1500万元，实际贷款410万元。

资料来源：战旗工作汇报《牢记嘱托，砥砺前行，加快建设乡村振兴示范区》。

众所周知，在城市作为外部市场给定的影子价格下，乡村当期最大收入就来自集体建设用地的开发。战旗村靠集体建设用地入市"第一槌"获得了706万元的收入，**为什么手上还有近200亩建设用地"捂盘惜售"呢？**

答案很明显，战旗村虽然每亩地拍出了50多万元的价格，但相比城市的土地开发收益，这甚至只是一个零头，净土地出让者所获收益与土地开发者的收益相去甚远。而且土地拍卖只能取得一次性收入，拍完了村里就失去了发展的后备资源，因此**只有自我开发，才能最大限度地实现土地"三产化"增值收益。**

国家土地制度改革的方向就是城乡土地"同权同利"，问题在于，**农村受资金不足制约严重，没办法进行自我开发**，去实现"同权"及获得"同利"。这种情况下，"第一槌"的意义不在于拍卖的这块地本身，而在于使村里留存的其他集体建设用地有了定价参考，也就是说，其最主要的功能就是通过交易发现资产价格，其对应的更大的意义是，没有出让的土地也是有这个价值的（"全村共清理出集体建设用地近200亩，集体资产估值超过2亿元"），从而为将来的自我资本化开发埋下了伏笔。这一点从对高德敏的访谈中也可以得到验证。

我那块地一共是 20 多亩，我不想一下全卖了，只卖了 13 亩多，我还想自己去搞一些东西。地当然是越多越好，但是我想搞个配套。农村的土地没有价，出让土地更多地是为了进入市场，使资源变为资本，才能使它的价值最大化。改革的其中一个重点就是让农村集体经营性建设用地和国有建设用地同地、同价、同权、同责，这是多大的吸引力呀！

另外，我也很想得到这个全国"第一个"土地入市的称号，搞了个"第一"，中央就会宣传，那么全国各地的人都会来，你想这个广告效应（有多大）！我就算把全部的地钱拿去搞宣传，也达不到这个效果啊！

而且这个拍卖确定了一个价格，我们和外部合作的话，以后所有的出让价格都不会低于这个价。习总书记来了以后，地价一下子翻倍到了 100 万元 / 亩。现在很多人来跟村里谈合作，不是他要不要，而是我给不给他的问题。

资料来源：2019 年 10 月 2 日高德敏访谈记录。

在做清产核资时，建设用地的价格是 4.6 万元 / 亩；2015 年 6 月 24 日村委会会议中讨论引进水上娱乐项目时讨论了土地定价问题，认为建设用地应以 25 万元 / 亩作价入股；2015 年 9 月迈高公司拍得这块地的价格是 52.5 万元 / 亩；而现在战旗村可以对外要价到 100 万元 / 亩，如和妈妈农庄协商的建设用地使用权价格是 100 万元 / 亩。战旗村正在与一家旅游公司协商合作，集体经营性建设用地要价也是 100 万元 / 亩。客观上说，这相当于一个价格标准，至少现有合作中没有低于 52.5 万元 / 亩这个价格的，至于实际是否合作就是另一回事了。

随着战旗村开了农村集体经营性建设用地入市先河，各村"沉睡"的土地资源被陆续唤醒。郫县以农村土地制度改革试点为契机，通过集成运用各项土地政策，不断盘活闲置土地资源，实现资源变资本。截至 2018 年 7 月，全区农村集体经营性建设用地已入市 42 宗，共计 542 亩，获土地出让收益 3.8 亿元、增值收益调节金 0.8 亿元、与契税相当的调节金 1002 万元。

农村集体经营性建设用地是农村集体资产中最重要的组成部分，全国农村集体经营性建设用地面积大约有 4000 万亩。这些集体建设用地长期存在布局分散、利用粗放等问题，战旗村通过集体建设用地入市改革，盘活了农村存量土地，提高了土地资源利用率，激发了农村土地资源的活力，实现了农村土地资源的价值。

其通过土地拍卖发现交易价格的作用可以说是"一槌敲响三面鼓"。

一是改善了村集体从银行获得融资的信用条件。

金融难以和"三农"结合的一个机制性原因就是，农村缺少银行认可的抵押品，农村所拥有的大多数资源性资产都难以进行市场化交易，也就难以估值和质押。

以此次改革为契机，郫县创新市场融资模式，为企业融资和社会资本投放铺路搭桥，将农村集体经营性建设用地使用权纳入农村产权抵押融资风险基金保障范围，由市、区两级风险基金对收购处置的净损失按4:6的比例分担，并对开展农村集体经营性建设用地使用权抵押贷款的金融机构实施专项奖励和信贷激励。

战旗村在这一次土地拍卖之后，全村利用土地承包权、建设用地使用权、生产设施所有权等各类产权抵押融资6000万余元。其中，"第一槌"入市项目用集体建设用地抵押，获得成都农商银行贷款授信1500万元，实际贷款410万元，实现了集体经营性建设用地抵押权能。迈高公司总经理曾旭东介绍，公司取得土地后，将主要进行乡村旅游配套设施建设。在建设过程中面临资金困难时，成都农商银行郫都支行创新推出了集体经营性建设用地抵押贷款，于2016年12月向迈高公司发放贷款410万元，期限3年，年利率为6.525%，为项目顺利实施奠定了基础。

但是，集体经营性建设用地抵押贷款的前景尚不明朗。虽然国家在政策方向是鼓励的，根据2020年实施的新《中华人民共和国土地管理法》第六十三条的规定，通过出让等方式取得的集体经营性建设用地使用权可以抵押，但是还缺乏具体政策和操作方法的支撑。例如，具体用什么条款做、用什么形式做、针对不同项目的利率标准是什么等问题仍不是很明晰。

此外，2007年《国务院办公厅关于严格执行有关农村集体经营性建设用地法律和政策的通知》中规定：农民集体所有的其他建设用地使用权流转，禁止入市后土地用作商用住宅开发。因此，到底采取何种经营方式获取收益来偿还贷款尚待探索。在这种情况下，许多银行并不敢贸然发放贷款，导致拥有农村集体经营性建设用地使用权的主体很难通过土地抵押融资解决资金问题，也导致农村集体经营性建设用地入市推进困难，入市后土地未能得到充分、有效利用。

二是增加了村民对村集体经济组织的信心，为吸收村民闲余资金打下了良好基础，降低了村集体对整个村域内资源进行整合的交易成本。

只有村社内部"资金变股金"，充分动员村内资金剩余，才能降低村内对外部资金的依赖，扭转一般地区的资本主人地位。但村民是否愿意集资入股取决于村民对未来收益的预期，"第一槌"明确了集体资产的市场估值，有助于提升村民对于集体经济的信心，进而提升了村民入股集体经济的愿望。2019年村里已经着手组建资金合作社，参与村内土地资源的自我资本化，从而获取"资金变股金"的收益。村里拟通过专项集资建设一个青年旅社，作为资金合作社的首个项目。这是战旗村内融资的第一次尝试，选择风险小的项目起步，有利于逐渐培养村民的信心。

此外，与征地相比，农村集体经营性建设用地入市，农民收益明显高于征地补偿。长期以来，我国实行的是按照农业亩均收益倍数的低价征地政策，农民在征地中所获补偿过低。而在集体建设用地入市中，村集体和村民得到的收益分配比例明显增加，入市后农民还可以在后续经营中持续获得土地增值收益分配。为让集体资产持续壮大，村民利益长久有保障，村级公益事业可正常开展，村级事务能顺利运行，在兼顾国家、集体和个人利益的前提下，郫都区制订了针对外部分配的"两级调节"和针对内部分配的"二八原则"，将缴纳土地增值收益调节金后剩下的净收益按照"二八原则"进行分配。将土地净收益的20%用于集体成员现金分红，80%作为村集体公积金、公益金等，保障了村民长远生计，促进了集体经济可持续发展。

三是提升了村集体对外谈判的地位，让资本成为工具而非主人。

村集体凭借资源与外部投资者合作时，因建设用地资源增值从而提高了谈判地位。各地在招商引资对外合作时，往往在资本面前大幅度让步，一方面是由于本地资本稀缺，另一方面则是由于资源难以获得正常的定价。但是对于战旗村与迈高公司合作共建的花样战旗平台公司来说，双方的合作地位则基本对等，村集体持股49%，迈高公司持股51%。而且根据双方协定的收益分配方式，溢价收益中迈高公司其实只拿到约 1/4，收益的约 3/4 归属村集体和村民。而在 2017 年开始的乡村十八坊的开发上，从前期投资、建设开发到后续对入驻商家的经营管理等方面，战旗村都已经全面掌握了开发的主导权，一般投资者想按照迈高公司这种方式参与投资就行不通了。

村集体对外谈判地位的提升还体现在，随着农地和建设用地地价的提高、村庄整体商业氛围的营造和游客流量的不断增加，战旗村对外来企业收取的租金也在逐年提升。以郫县满江红调味食品有限公司为例，该公司 2010 年 10 月入驻战旗村，租赁土地 15 亩用于修建豆瓣加工厂，第一年土地租金为 7 万元，每年约合 **4667 元/亩**；2015 年开始，原租赁的 15 亩土地租金上涨到每年 **1 万元/亩**，而同时段本村同样生产豆瓣的富友绿色调味品有限公司的土地租金每年仅要 **3650 元/亩**。可见，村集体在引进外来企业时议价能力不断提升，且可以利用自己逐渐提高的谈判地位，在土地租金等方面向村内企业倾斜，从而在一定程度上维护了村内企业的发展优势。

如此看，这个"第一槌"除了使战旗村再一次获得了"明星效应"外，更重要的功能是通过交易"发现价格"，从而实现"自我赋信""自我赋能"和"自我赋权"。 对很多学者来说，这些制度经济学的基本原理都因略显晦涩而被束之高阁，学术讨论往往强调"一私了之"，没想到在这里被战旗村活用，不得不令人由衷钦佩！

从集体建设用地入市的前后过程来看，战旗村和迈高公司都在利用集体建设用地入市政策获取机会收益。

首先，战旗村借集体建设用地入市"第一槌"的契机，获得了高于正常土地市价的政治溢价收益。2018 年 2 月 12 日习总书记来战旗村视察以后，村里对集体建设用地的要价更是翻倍到 100 万元/亩，对标的全部是国有土地价格，战旗村又"吃"了一个政治溢价收益。

战旗村之所以能在区位不佳的情况下，以每亩 52.5 万元的高价出让土地，获得共计 706 万元的收益，并且起拍价 49.5 万元就已经极大地高于市场价，**一个很重要的原因是，战旗村是为数不多能拿出这么多满足入市要求土地的村。** 作为全省"第一槌"，也需要有较大地块入市来树立标杆，提供更可靠的参考价值，并在国内众多试点中先声夺人，因此在这个叫价过程中，战旗村是有一定谈判地位的。

反观贵州省湄潭县，2015年8月27日，全国农村集体经营性建设用地入市"第一槌"在贵州湄潭敲响了，拍卖宗地面积3332平方米，约5亩，最终以80万元成交。平均每亩地价仅16万元，这和拍卖的土地面积过小不无关系。湄潭县调查结果显示，湄潭县村集体经营性建设用地为308.33万平方米（4624.95亩），其中可直接入市的仅有12.35万平方米（185.25亩），可调节入市106.07万平方米（1591.05亩），但是这些土地分布在120个村，且许多地方并不集中连片，这种细碎分散的土地分布状况给入市和后续开发都带来了极大的难度，也就很难提高拍卖价格。

虽然入市价格不是完全由地块面积决定的，但如果不能进行空间分布上的整合，以零散小块的集体建设用地入市，确实十分不利于提高建设用地的入市价格。战旗村由于前期土地清理、清产核资等准备工作做得到位，因此可以把原来的村办复合肥料厂、预制构件厂和村委会老办公楼三块地合并，一次性整体拿出13.447亩的集体建设用地，体现了村集体成规模利用土地的优势，获得了"第一槌"的政治效应，也由此获得极高的政治溢价收益。

尽管战旗村能一次性拿出这么多满足入市要求的土地，但考虑到乡村开发的特殊性，这仍然是一个具有较大风险的投资。在没人敢接盘的情况下，政府为了争创全省"第一槌"而去协商，说服了迈高公司来接盘，才最终以52.5万元/亩的价格成交。

综上可见，市场化发现价值是这个制度变迁名义上的说法，实际上并不是完全市场化的定价，而是"第一槌"带来的广告效应刺激了各方利益。在多方作用之下，战旗凭借自己土地规模的优势获得了一大笔机会收益，这笔收益也成为后来战旗进行乡村十八坊开发的重要基础。

对于迈高公司来说，虽然花费706万元拍下了这块地，但是也借此机会搭上了多方便车。

首先，搭上了以妈妈农庄为代表的村内原有产业投资者的便车。2015年迈高公司进入的时候，妈妈农庄已经建成，村内已具备较好的三产基础和较大的客流量，这是吸引迈高公司进入的一个重要因素。妈妈农庄付出了巨大的成本所营造的农业观光园等三产化开发成果，都变成了迈高公司可以宣传使用的概念甚至是可利用的资源。从这一点看，迈高公司"吃"的是妈妈农庄的溢出效应。

妈妈农庄可以被看作战旗村的战略性投资者，因为其承担了前期投资和持续亏损的代价，帮助战旗村进行了基础性的全域空间营造。但是对于妈妈农庄来讲，后续的很多三产化开发收益并未内部化，而是溢出了。当然，妈妈农庄得到的好处就是，在习总书记考察以后，战旗村获得了许多政治经济资源，也带动了妈妈农庄的三产开发快速发展起来。

除了妈妈农庄，迈高公司也搭上了蓝莓园、草莓园等基地营造的产业基础的便车，但是后者也因集体建设用地入市后的资源涌入增加了收益。

综上可以看出，战旗村多方主体是结构性互相支撑的关系，总体来说收益和成本是相对平衡的，各种主体一方面丰富了战旗村的业态，为其他主体带来了正外部性和溢出效应，同时自身也在搭着战旗整体业态和名气的便车。

其次，迈高公司搭上了战旗村原有基础设施建设、空间营造、产业基础和村内治理结构的便车。迈高公司进入战旗村后，打造了"第五季香境"商业综合体，而这除了要依赖村内原有的基础设施和景观营造，还要借助村庄的产业基础（尤其是三产基础），包括后来村集体投资开发的乡村十八坊，并且为了避免纠纷和矛盾，还要借助村内的治理基础。

迈高公司在这些基础条件下将迈高模式应用于战旗，借助战旗村在习总书记考察之后的响亮名气，获得了品牌价值提升和迈高模式推广的收益。这也就是迈高公司愿意出 706 万元拍下这块地，以及能接受在花样战旗平台中只拿 1/4 的溢价收益的重要原因之一。另外，虽然"第五季香境"投资 7000 万余元而目前收益不佳，但是商铺已经全部转让，转成轻资产模式，大大降低了经营风险，这更说明了迈高公司"吃"的是机会收益。

从某种角度来说，迈高公司也可以算是战旗村的"战略性合作者"，不同于妈妈农庄——帮助战旗村将整个发展方向战略性地转到了另一个轨道——对战旗村有战略性作用，迈高公司是自身战略性扩张下机会性地选择了与战旗村合作，对迈高公司本身是战略性的。这一点从迈高公司自成立以来经历的几次重要转型可以略见一二。2015 年 3 月迈高公司经营范围（房地产开发和营销代理）中增加了"旅游项目的开发""旅游项目策划服务""会议及展览服务""大型活动组织服务"等与旅游相关的业务，公司名称也由"四川迈高置业有限公司"变更为"四川迈高旅游资源开发有限公司"；2017年12月经营范围增加了"企业管理咨询服务""企业形象策划服务""策划创意服务""旅游咨询服务（不含旅行社）"；2018年11月经营范围增加了"商务咨询服务（不含证券、期货、金融类及投资咨询）"。可见，迈高公司的业务转型和对战旗村业务的介入是大体同步的。或者说，迈高公司借助与战旗村的合作完成了自己的业务转型和升级。正如迈高公司高管所言，迈高旅游作为村镇发展服务商参与战旗村的项目，也成为迈高公司参与乡村振兴服务工作的一个里程碑。

第九章
新时代的产业生态化与生态产业化转型
（2011—2019）

党的十九大报告指出，中国特色社会主义进入新时代，需要进行供给侧结构性改革，全面优化产业结构。这是对世纪之交的中国出现的一系列机遇与矛盾的回应，我们既要抓住机遇，又要应对挑战。

一、生态化转型的宏观背景与时代特征

从机遇来看，时至今日，世界已经由产业资本主导的工业化时代过渡到金融资本占主导的金融化时代。中国已经成为产业资本总量最大的国家，且拥有完整的产业门类和强大的物质生产能力，因此必然面临激烈的国际博弈。中国的21世纪生态文明战略转型与习近平新时代中国特色社会主义思想的确立，都与社会发展的不平衡与不充分关系重大。乡村的治理失序、产业衰败、文化劣俗和环境破坏是最严峻的不充分，为此有"产业兴旺、生态宜居、乡风文明、治理有效、生活富裕"的乡村振兴二十字方针；过去生产不足导致的供需矛盾基本得到解决，具有产业升级的物质基础；社会结构的变化创造了新的社会经济需求，中国具有世界上最大规模的中等收入群体，中国社会科学院2016年10月的报告指出，中国已经进入中等偏高收入国家行列，这部分消费能力的释放将为中国提升产业结构提供巨大的市场空间。

从挑战来看，一是自1998年开始，中国全面进入供大于需阶段，产业收益下降到难以自我维持的低水平；二是外需成为拉动消费的主要力量，导致经济外向度风险加大；三是形成了世界上最大规模的工人群体，国内社会矛盾累积，治理挑战空前加大。

20世纪我国发展农业的宗旨是为工业提供原始积累,农业的产业化发展也主要围绕车间化生产的二产农业展开,对环境产生了严重的负外部性。党的十七大、十八大都提出要加快转变经济发展方式,并强调了生态文明的重要性,农业三产化发展就是符合要求的发展方式,即实践环境友好型生产方式,通过空间资源增加附加值,深化农业现代化发展。

产业生态化是当前阶段实现供给侧结构性改革和经济高质量发展的内在要求,对于中国同国际标准接轨,规避贸易壁垒、减少贸易摩擦有不可忽视的作用。从20世纪90年代起,"清洁生产""循环经济""可持续发展""绿色发展"等政策指导得到了全社会的广泛响应,生态产业园区、绿色循环园区在各地纷纷建成,工业废弃物排放在产值增长的前提下得到了有效控制。尤其是2001年中国加入世贸组织后,在内外双重压力的作用下,产业生态化取得了相当大的成效。但是物质产业和全社会循环还有些欠缺,固体废弃物综合利用率提高幅度相对较小(从2000年的45.9%到2014年的62.1%),在2010年后还出现了综合利用率下降的趋势,说明固体废弃物全社会循环利用还存在一定的进步空间。同时,累积存放的工业废弃物也需要以合理的形式重新利用或降解,这也是机遇面前需要解决的严峻问题。

二、以组织整合和要素整合为基础的空间重构

战旗村能在新时代的生态化竞争中拥有辉煌的战绩,其契机可以总结为两点:一是村内提前完成了土地资源的有效整合,为后续空间资源的利用开辟出了空余平台,使村集体在对接外部企业的过程中掌握了话语权;二是紧跟中央的步伐,及时响应生态化发展政策,对村内企业结构进行了转型。

(一)集体经济组织的作用

生态化转型是生态文明的价值化实现形式,目前要做的是把"沉睡"的资产盘活。要把国家投入农村中的可以变成生产性资产的这部分资产作股到新型

集体经济中去，一次性提升村级集体经济的资产总量，让村级干部变成村级资产管理公司的负责人。

空间资源需要全域开发，但农村90%以上是小农，财产资源边界高度分散，这种情况不利于形成整体的空间景观，所以一定要靠改善乡村治理来缓和干部和群众之间的关系，实现空间资源的整体开发。有了空间资源整体开发，才能实现货币回流。政府财政、金融等信用扩张必然会造就一大批高收入群体，让他们去乡村消费、投资，才能使乡村大有机会沉淀货币。

2009年，战旗村完成了村域资源集中，农村的各资源性资产要素不受外部环境的影响，由村集体经济组织牵头，动员村民参与民主协商，对村内资源性资产进行一产化定价，实现资源变现资产，进行货币化或资本化运作，收益由合作社按股返给集体，再对成员的股权做分配。这样一方面有利于村集体在财力有限的条件下进行资源整合，集体经济组织可以托底回购之后再转租；另一方面能够在二级和三级市场获得更大的溢价收益，[1]即把原有资源性资产细分后作股投资，发展生态产业，促进生态产业化向产业生态化发展，以保证资源性资产所有者长期、稳定、可持续的利益。这种以金融替代财政的做法，既可以防止政府负债率、杠杆率过高，又能有效撬动过剩的金融资本，保证农业生产绿色、安全、高质量、可持续地发展。

战旗村资源整合对企业发展形成的优势有以下几点。首先，由于前期的统一动员工作，战旗村将包产到户给村民的土地，重新集中回村集体手中，因此战旗村是周围村庄内唯一具备发展条件的区域，企业可以直接和村子、合作社商讨土地交易的问题，区域集中且节省了沟通成本。其次，集体经济组织在土地集中的过程中对区域资源进行了垄断，市场谈判的话语权增强，和外资谈判过程中可以形成平等互信的交易关系。此外，对于企业而言，战旗村在集中土地的过程中对周边道路、沟渠的修缮工作都进行了完善，企业达成合作意向后可以直接使用现成的资源。由此可见，村集体通过前期的土地集中，完成了组织内部的重新塑造，外部成本的内部化产生的组织成为企业的竞争优势，进而

---

1 唐溧，刘亚慧，董筱丹.土地确权与市民下乡的创新性机制分析[J].福建农林大学学报（哲学社会科学版），2018(2):1–5.

实现良好的村企互动。

（二）水源地政策催动转型

2010年国务院公布的面源污染普查报告显示，农业已经超越工业和城市生活，成为中国面源污染的第一大污染源。所以在讨论农业现代化的同时，农业污染不可忽略。

随着产业发展和环境污染的矛盾日益加深，如何可持续地进行环境保护，成为发展中要关注的重点。我国淡水资源总量为28 000亿立方米，人均淡水资源量仅为2100立方米，为世界人均水平的28%。因此，在新型城镇化加速建设时期，各地必须加强水资源的保护和管理，尤其是人口密度较大的城市和生态赤字的城市，更要通过加强水环境规划、水资源管理体制改革、水污染控制、水源地保护等措施来防微杜渐。

成都市于2015年开始实行《成都市饮用水水源保护条例》。该条例提出了一系列有利于加强对水源地保护的措施，保障饮用水安全和城乡居民身体健康。其中划定为保护区的柏条河就是流经战旗村的饮水河，成都市水六厂就位于柏条河下游20多公里的位置。2016年下半年，成都市水七厂也建在了唐昌镇，就在距柏条河100米的位置取水，因此战旗村成了重要的水源保护地之一。为积极响应市里水源保护地政策，2016年村集体商议后，关闭了铸造厂、复合肥料厂等8家影响水源安全的企业，这其中有不少企业盈利势头大好的企业，如原有的钢铁铸造厂，每年为村上创造税收接近千万元。但由于生产环节高污染、高能耗，不仅群众意见很大，而且不符合水源地的建设标准，因此考虑到之后的绿色产业发展方向，村子以壮士断腕的决心将其关闭。

由于前期村集体土地资源集中的工作已经完成，2016年关停旧厂的工作得以顺利进行，谈判主体只涉及企业和村集体，减少了沟通成本。李光菊主任表示同期关闭的企业中有几个厂子虽然不涉及水源污染问题，但由于产生的粉尘污染、空气污染等问题不符合战旗村的产业发展规划，因此都统一进行了关闭处理。这是村集体经济转型发展过程中遭遇的一次短暂阵痛，但随之而来的是产业标准的升级革新。在关闭多家企业后，先锋生态调味品有限公司、富友豆瓣厂、郫县满江红调味食品有限公司和"浪大爷"4家农副产品加工企业成了战旗村的支柱企业。结合生态化发展的新时代趋势，战旗村对几家企业的生产经营提出了更高的要求，规范了村内业态发展环境，这也为"第五季香境"的休闲旅游业、乡村振兴学院的培训业务等三产项目的建设腾出了足够的空间。[1]战旗及时克服空间细碎问题，增加空间的平面延展性与纵向立体度，进而增加了经济和社会空间容量，容纳了多样化的生态空间和多元的产业生态，即用自然生态空间的改善作为基础，促进产业生态空间和社会生态空间的改善。

三、空间资源生态化利用在战旗村的实践

（一）产业生态化推动传统农业转型

随着国民生产总值的提高，社会经济发展逐步向好，人们对生活的期许从温饱拓宽为绿水青山、空气清新，即追求人与自然的和谐、绿色低碳的生活方式。生态化的农业发展不仅满足了居民对休闲需求的追求，而且也体现了绿色发展的思想。

生态化农业是与消费需求升级相适应的农业，其生产经营活动及其产品所对应的需要层次和消费阶段处于比附加值更高的地位，这也成为农业三产化发展区别于其他农业形态的重要因素。社会心理学家亚伯拉罕·马斯洛对人的需要层次按重要性进行了划分，并形成了需要层次理论。根据一般理解，当低层次的需要得到满足之后，更高一层次的需要会更显化。在农产品的消费方面，随着收入水平的增长，人们对农产品的消费也由对量的需求转化对质的需求，即追求农产品在社交、审美等方面带来特殊的体验。

---

[1] 战旗汇报资料：《牢记嘱托 砥砺前行 加快建设乡村 振兴示范区》（郫都区最终稿）。

1. 榕珍菌业

现代社会经济发展日趋成熟，人们对普通农产品的标准逐步提升为高品质、低污染且能与环境相容。在这种新的经济背景之下，坚持创新、协调、开放、绿色、共享这5种发展理念，加快转变农业发展方式，逐步完善农业基本结构，提高农业在人们日常生活中所起到的作用，转变传统农业观念，建立新产业、新状态，确定"转方式，调结构"是农村工作的主线。

种菌菇不能只靠天吃饭。位处平原地区的成都四季分明，守着一亩三分地等待适宜温度的种植方式无法保证菌菇的产量，而往返于山地高原间基地的迁徙，对人力和物力也是极大的耗损，种植的辛苦和不可控的收益完全不成正比。

战旗村和榕珍菌业互相抛去橄榄枝发生在2007年。时值战旗村率先在郫县开始土地统一流转，组织村民集中居住，合作社集中了全村98%以上的土地为产业转型做准备。作为村域内部资源的整合者，战旗村通过对村内资源内部"初次定价"，提高了集体经济对外谈判的地位，吸纳了外部投资人进入"二级市场"来实现乡村要素再定价。在彭州一带长期从事食用菌种植的李宗堂瞄准机会，萌生了通过办厂搞现代农业，摆脱靠天吃饭的想法。

2007年8月，在原战旗村5组的近200亩的土地上，成都榕珍菌业有限公司创办了起来。一期园区厂房共占地300余亩（其中包含金星村的100余亩土地），培育杏鲍菇过程中的拌料装料、灭菌、放种、低温培养等工序都在这里完成。公司依托中国西部丰富的食用菌产业资源，以振兴西部食用菌产业为己任，用现代经营理念整合资源，搭建中国西部食用菌产业核心平台。公司引进规模化的流水生产线，实行标准化流程管理，启用严苛的质量管理体系，打造西部首家标准化、规模化、周年化的食用菌工厂化生产基地。

发展后期，榕珍菌业先后与西华大学、四川农业大学等建立合作关系，进行食用菌种植、微生物发酵等关键技术攻关，先后完成科研合作项目42项，开展科技成果转化合作20项，研发新品种82个，研发食药用菌加工副产物利用技术3项，突破了许多制约农业发展的瓶颈。不仅是传统农业产业，"互联网+"的现代农业产业同样在战旗村找到了立足之地。

"2007年我们在战旗村建厂首次开始种植杏鲍菇时，一个菇只重200多克，而按行业标准，菇平均 450 克才算合格。"[1] 榕珍菌业战旗村厂长王德勇感叹于现代化技术带来的变化。2018 年，榕珍菌业在全国已设有 4 个分厂，仅战旗村分厂年产值已达 1 亿元，销售份额占我国西南片区的 60%~70%。

2. 妈妈农庄

当城市逐渐拥挤时，才意识到开阔的世界在乡村。随着"大城市病"蔓延和房价快速上涨，城市空间资源的稀缺性日益增强，农村广阔的视野及动植物生长所形成的"生命景观"，受到越来越多缺乏生存空间的城市市民青睐。这些自然景观和文化风俗等构成的人文空间，能够带来更大、更直接的消费效用，客观上具备旅游、休闲、教育、养生等服务功能，也就具有了新的三产化开发的经济价值。当开门见山、推窗望月、仰望星空在城市成为奢侈的想象时，远离光污染和大气污染、仍然保留着纯净空间的农村就有了开办旅游、农宿和亲子自然教育等活动的机会。

妈妈农庄就是遇上了战旗村生态化转型起步的机遇。受 2007 年房地产行业投资过热行为的影响，2008 年上半年，全国房地产开发投资额延续了 2007 年略高于 30% 的同比增长幅度，房地产整体市场供应压力较大。因此房地产开发商四川大行宏业集团有限公司选择向空间资源丰富、收益长线平稳的乡村旅游业转型，在巴中地区进行多项乡村土地投资项目开发。

我说我不想跟农民打交道，因为跟农民打交道太扯皮了。他说我们那里有合作社，已经建起来了，就这样，所以他就把我引过来了。

因为我们土地（权属）很简单，跟村上签个协议，明天就可以给你，因为（土地）都在合作社手里面，不在农民手里，很快就给你了。

资料来源：2019 年 10 月 5 日妈妈农庄的李总访谈记录。

一张名片和几十通电话的合作邀约，集中好的土地资源就是战旗村坚持不懈的底气。2010 年，战旗村村域资源整合基本完成，时任战旗村主任高德敏拟对本村发展进行产业转型的规划，利用闲置土地进行附加值更高的产业经营，

---

[1] 刘维. 战旗村：依托绿色发展走自己的乡村振兴之路 [EB/OL].(2018-11-23)[2021-01-21]. stdaily.com/cxzg80/kebaojicui/2018-11/ 23/content_733557.shtml.

带动集体经济发展。利用一次随郫县招商局共同赴北京参会的机会，高德敏与有农旅投资意向的大行宏业集团董事长搭上了线，在与高德敏的多次沟通中，大行宏业对战旗村的要素整合情况有了大致的了解，并意识到企业下乡的一般顾虑在战旗都能得到解决。第一，战旗村的集中居住已经完成，村内土地权属非常简单，避免了因分散的小农户占有财产而导致交易成本过大的问题，直接对接集体下属的资产管理公司，实现了获得土地投入建造的时效性。第二，大行宏业相中了战旗村视野开阔的河滩荒地，且有闲置的宅基地和院落结构，可以节约建设期的投入成本。第三，汶川地震发生不久，天灾的伤痛使人们对去都江堰旅游有所忌惮，战旗地处都江堰和彭州郫县的交界处，拥有都江堰地区的湿润气候，且距离成都市区仅40公里，充分满足了市民周末短途观光的需求。

达成合作意向后，2010年战旗村以农用地作价入股，每亩金额1600元，与大行宏业合作成立第五季资产管理公司，规划建设"战旗第五季·生态田园村"，其中大行宏业占股95%。另一说法是，战旗村依照周边国有土地的定价，将23.8亩集体建设用地以每亩50万元作价入股[1]。战旗村主要负责园区的管理工作。

妈妈农庄以开办农村观光农业为主，集酒店、餐饮、会议培训、婚庆筹备及农家田园休闲等体验于一体。2012年已建成20亩的设施观光农业园和3万平方米的休闲会所、乡村酒店等第一、第三互动产业项目，同年正式开园营运。项目分为两期：一期的功能区包含酒店、餐饮、会议室和休闲区域，占地600亩，由租赁取得，租赁期为50年；二期主要为花卉大棚区，让村集体年增收30多万元。

荒草地上迎来了产业转型的新起点，战旗村开出了四川第一片薰衣草景观花田。仅凭地理位置的优势，妈妈农庄只是广袤土地上众多开办乡村旅游企业中的一员，并不足以吸引游客驻足，于是投资方站在商业角度对引流方法进行了改变。2011年战旗村出现了第一个地标性景点——薰衣草园，这是四川的第一家薰衣草庄园，也是战旗的第一次生态化转型。还未正式开业，战旗村就已迎来每天5万人次的游客量，初步尝到转型红利的战旗村跟上步伐，出资对村内道路进行修缮，同时也从村民手中购买苗木为妈妈农庄进行景观资源的支

---

[1] 郫都区农业农村和林业局内部报告.乡村振兴的郫都经验案例集[R], 2018.

持，将游客休闲观光的质量提升到最大化。2012年3月，妈妈农庄正式营业时，已经是配套完整的生态化酒店庄园了。

（二）探索机遇：文化振兴助力生态产业化

生态化转型的关键在于把生态环境优势转化为生态农业、生态工业及生态旅游业等生态经济优势。乡村振兴的关键在于活化农村不被定价而长期沉淀的生态资源。通过生态资源价值化实现形式的创新，促进城乡要素有序流动，从而实现生态建设投入与效益良性循环。

榕珍菌业的标准化生态农业激活了一产农业，妈妈农庄的休闲观光带动了三产文旅，生态化企业的加入为战旗村的产业规划赋予了新定义。因此即使水源地政策使战旗被迫关停了较多收益高却不符合绿色发展要求的企业，但村内仍有可持续发展的新动力。

榕珍菌业和妈妈农庄共同栽下了生态化大树，将战旗乡村旅游的名片派发了出去，战旗在树下乘凉的同时也没有忘记主动栽树，让绿持续。

1. 乡村十八坊

集体经济组织作为生态资源所有者与外部资本平等交易，促进内外部沟通形成的市场，能够平稳而持续地引入外来资本，撬动本地资源面向城市和第三产业开发，形成价值化增值。而大规模的增量收益又能为集体经济组织扩大再生产，以及为村社集体提供公共服务、改善乡村治理，进一步增加区域总地租的经济基础。

乡村十八坊是村集体在生态化转型中走到"台前"的机遇。妈妈农庄、蓝彩虹采摘园等企业将战旗打造成了农、文、旅结合的口碑品牌，让战旗村脱离了依赖种植业进行生产的局限性。但是这一品牌并未实现内部化价值，集体入股仅存在于土地租赁的层面，不参与经营和土地附加值的发掘。前期的生态化转型中，集体处于被动的幕后位置。乡村十八坊的创建灵感来自2011年开办的第11届全国"村长"论坛大会，会议中沈泽江老师提出农业公园的概念，引起了高德敏书记的兴趣。当时筹备产业转型的战旗村正需要这样的项目来实现空间资源价值显化，但是由于资金和可用面积的限制，最终只保留了其中

"乡村十八坊"的概念。

前期协助外来企业在本村发展生态化产业的经验，不仅为战旗自主转型支付了试错成本，同时战旗村也借助外来产品打造的品牌效应，获得了银行的资金支持。2015年2月，战旗村抓住郫县被列为全国农村土地制度改革33个试点县之一的历史机遇，对13.447亩村办企业闲置用地以49.5万元/亩的价格公开挂牌入市，最终以52.5万元/亩的价格出让给四川迈高旅游公司。这一过程中，村集体获得收益706万元，这让战旗有了重新筹备建设乡村十八坊的启动资金。乡村十八坊的总投资近3000万元，超过70%的投资来自银行贷款。前期在生态化转型中积累的农、文、旅口碑，为战旗村支付了信任成本，周边多家银行以低额利息向其提供了贷款。除此之外，资产管理公司也对党员干部和村民进行了社会资金筹措，通过承诺较高的利息获得了超过50万元的社会资金。[1] 2017年3月，乡村十八坊一期开始修建，修建成本是每平方米900多元；2018年9月2日开始修建第二期，修建成本为每平方米1100元左右；[2] 同年12月完成了文化大院片区"乡村十八坊"的旅游综合配套规划；2019年1月开始招商。[3]

乡村十八坊的押金收取方式部分借鉴了陕西袁家村的模式，不同点在于袁家村采取合作社的方式，有钱投资才能入股，由战旗村则是以集体经济组织的形式统一入股。对商户收取的押金额度依据进驻时间和店铺面积决定，第一期（2018年8月8日）商户的押金是优惠价，即600元/平方米，第二期（2019年1月）押金上调为1000元/平方米。乡村十八坊负责人、战旗村综合办（党群服务中心）主任林根志介绍："收取押金主要是为了稳定商户，排除不稳定的因素。"收取的押金会在三年后开始退还，第一年退还30%，第二年再退还30%，第三年退还10%，余下的部分作为房屋基础配套的保证金。一般会要求商户租满3年，对经营不足1年退出的商户退还90%的押金，剩余10%作为维修成本；对经营1~3年退出的商户退还80%的押金，村集体将收取的押金用来投资建设。

和商业化模式的景区运营平台相比，乡村十八坊的押金机制设定得更有"人

---

1 资料来源：2019年10月5日战旗村乡村十八坊负责人林根志访谈记录。
2 修建成本包含材料费、人工费等全部成本，2018年的价格上涨是因为原材料涨价。
3 资料来源：2019年10月2日高德敏访谈记录。

情味"。迈高公司在战旗村打造的花样战旗景区运营平台占股51%，属于低资本投入的轻资产经营，战旗村集体作为第二股东，包揽了村内治理和资源统筹等乡土性强的行政工作，分担了迈高的进入风险，为其铺垫好了基础，因此迈高可以专注于公司擅长的经营类核心业务，如平台的设计开发和市场推广等内容。"第五季香境"商铺建成后，迈高就将产权转让给了入驻的商户，短时间内"结束战斗"，回收了建设成本，将之后的经营风险一并转移给了商户。乡村十八坊则与商户们共同承担平台建立初期的成长成本，集体资产管理公司负责出资建设、管理和维护，占据主导地位。押金机制降低了商户进退的风险，使他们避免承担沉淀成本，战旗用信任感稳定了商户。

商户进驻第一年村子不收取任何租金和提成，但是村集体资产管理公司会从商户进驻的第二年起，通过村子统一的收银系统（截至访谈时，即2019年还是收提成的工作人员直接到每个商户去收款），从每天的营业收入中抽成10%，直接参与到乡村十八坊经营的前端分配当中，不仅行使管理职责，还包括日常管理和提成回收。这部分收入50%被纳入公积金、30%被纳入公益金，剩余的20%以货币形式作为村民分红的收益，每年由村集体资产管理公司统一结算后分配。[1]

生态产业化是生态资源优势在市场经济环境中实现健康、稳定发展的有效途径，可以更高程度地盘活生态资源，增强、放大生态服务功能，实现农业自然资源的价值转化。借用前期日本设计团队的话来说，就是：**"要搞乡村旅游，一定要让大家记住乡愁，要是城市人最喜欢的东西，而且不好复制，让游客来了还想来第二次。比如说有些农产品、手工产品，游客来了以后只能在这儿买，在超市都买不到的，别无分店。"** 乡村十八坊的建设初衷就是整合区域生态、文化、民俗等资源，挖掘其中的文化内涵，赋予产品新的附加值，发展符合战旗村品牌化、特色化的集体企业，并以商业模式实现价值变现。游客刚走到门口时，眼见着售卖的只是排成一排的民俗物件，而在乡村十八坊里挨门挨户地走上一趟再来看，这儿真正卖的是滋味纯正的川西文化。[2]

---

[1] 资料来源：2019年10月5日战旗村十八坊负责人林根志访谈记录。
[2] 资料来源：2019年10月2日高德敏访谈记录。

2. 郫县豆瓣博物馆

作为后期向第三产业转型发展的企业,满江红食品科技有限公司(以下简称满江红公司)搭乘了两趟战旗的"顺风车"。

2009年,富士康和成都市签约入川,占用德源镇大面积土地建设生活配套区项目。原本在德源镇办厂的满江红公司欲寻找新的办厂地点,这时期经过资源整合的战旗村有充分的区位优势,不仅提供的租金比川菜园区更为优惠,而且保留着闲置的厂房车间,节省了满江红公司办豆瓣加工厂的建造成本。除此之外,战旗村内办豆瓣厂已有先例,为后发企业满江红公司的进入支付了产业发展中应对市场风险、组织结构、研发产品等前期成本。基于熟人引荐和地缘信息网络搭建的互信关系,2010年10月1日,满江红公司和战旗村签订合同,战旗村将村属原先锋酿造厂的和蜀都包装厂固定资产租赁给满江红公司,租赁经营期限为20年。

表9-1所示为满江红公司在战旗村租赁土地的变化。

表9-1 满江红公司在战旗村租赁土地的变化

时间	原土地用途	面积(亩)	租金	用途
2010年	先锋酿造厂	15	7万元起[1]	豆瓣加工
	蜀都包装厂			
2015年	先锋酿造厂	15	15万元	豆瓣加工
	蜀都包装厂			
	预制构件厂	厂房外加1亩土地	10万元	
2018年	先锋酿造厂	15	15万元	豆瓣加工
	蜀都包装厂			
	预制构件厂	1	10万元	成立郫县豆瓣博物馆
	文化大院	一栋综合楼外加10亩土地	1300斤大米/亩 房屋租金:10万元	

随着战旗村的农、文、旅发展步入正轨,满江红公司顺应产业融合发展的趋势,扩大产业范围,享受了战旗村向第三产业转型发展的红利,并且通过前

---

[1] 合同原文:2010.10.01—2011.09.30租金为7万元,第二年起每年递增2万元,直至租金为每年15万元封顶,以后每5年根据实际经济情况调整一次租金。

期办厂积累的信任成本获得了地价优惠。2018年2月25日，满江红公司和战旗村签订了租赁期限为20年的合同，用于建设乡村十八坊之一的豆瓣坊，以及郫县豆瓣非物质文化遗产传统制作展示基地。战旗村将文化大院内10亩设施用地和文化大院一栋综合楼租给了满江红公司，其中建设用地租金按每亩每年1300万斤大米的指导价格确定，房屋租金为10万元。

郫县豆瓣博物馆的场馆设计主要由满江红公司完成，期间也有请外部装修公司辅助设计修改，设计费用约为14万元，博物馆的修建共花费1000万元，费用由满江红公司独立承担。设计师从郫县豆瓣依托的独特地域环境出发，综合当地人文、地理、历史，遵循"弘扬传统饮食文化，展示豆瓣悠久历史，塑造独特博物馆形象"的原则，打造了一个文化底蕴丰厚，集展示、收藏、宣传于一体的博物馆形式，并使其成为郫县地方文化形象的一张名片。经过整体多次修改调整后，郫县豆瓣博物馆于2018年9月30日正式建成开馆。[1]

自郫县豆瓣博物馆开馆以来，博物馆每天平均接待约3000人游客参观，来自全国各地的人们充分体验到了川菜之魂——郫县豆瓣"酱法古今，匠法自然"的传承与灿烂。[2]

四、新农业，新资源，新价值

（一）绿水青山就是金山银山

乡村振兴战略是党的十九大提出的一项重大战略。乡村振兴是针对国家生态文明转型的基础性战略调整，要求利用外部资本，通过生态产业化、产业生态化实现生态资源的价值化，服务于乡土社会、山水田林湖草乃至优质的空气。

土壤、气候和水源都是战旗村得天独厚的生态优势。第一，这里是成都市

---

[1] 四川新闻网.了解豆瓣传奇、体验豆瓣制作，郫县豆瓣博物馆今日开馆了[EB/OL].(2018-09-30)[2021-01-21]. http://scnews.newssc.org/system/20180930/000911830.html.

[2] 成都全搜索新闻网.博物馆建起来 把千亿豆瓣产业发扬光大[EB/OL].(2019-02-12)[2021-01-21]. http://news.chengdu.cn/2019/0212/2032150.shtml.

的水源保护地，高标准的生态政策要求保障了第一产业生态的品质和安全；第二，区位优势获得的自然禀赋为第二产业加工业提供了适宜的环境，如这里的水可以制作出口感好的豆瓣酱，企业可以生产出拳头产品，打造口碑、品牌，实现收益增加；第三，自然资源是第三产业发展的核心资本，妈妈农庄盛放的紫色花海、楠木林边清冽的潺潺流水，以及郫县豆瓣博物馆满溢酱香的酿酱大缸，都是被发掘出的自然的礼物。

1. 区域专有性

地域特性是农产品区别于工业产品的最大特点之一，也是生态多样性的典型表现。例如，地形地貌不同会引起水热条件的差异，坡向、海拔、土壤等自然要素的差异会造成农产品品质的不同。因此，即使有先进的工艺，也很难精确满足农产品对环境的依赖。

自然禀赋的持有权是战旗村得天独厚的引资优势，豆瓣酿造也是"顺天时、借地利、求人和"的工艺。满江红公司的副总经理罗艳华也曾提到战旗村水质的生产优势："就拿做郫县豆瓣的水来说，在其他地方我们也做过豆瓣酱，就是没有这里的味道醇正。"[1] 郫都区位于成都平原中心，四季分明，终年湿润，无霜期长，年平均气温 15.7 ℃，年平均日照时数 1264.7 小时，平均相对湿度 84%，极有利于多种微生物生长繁殖和多种霉系充分完成酶解作用；都江堰的水质通过地表软化，流经到战旗村是刚刚好的程度，为郫县豆瓣翻、晒、露的工艺创造了良好的自然条件。

郫都区位于岷江上游的都江堰灌溉区，水源无污染，水质条件好，属于成都市水源保护区范围，且富含多种矿物质，尤其是含有多种微量元素，为郫县豆瓣的制作提供了稳定而优质的酿造用水。地表土层由第四纪沉积物发育而成，土层深厚，土壤以水稻土为主，可耕性和通透性较好，宜种性广，富含磷、钾、钙、镁、锰等矿物质，自然肥力高，有利于辣椒、蚕豆等多种农作物的生长，为郫县豆瓣的生产提供了优质原料。[2]

---

[1] 科技日报.绿色发展，战旗村变"短板"为"优势"[EB/OL].(2018-12-05)[2021-01-21]. http://news.sina.com.cn/o/2018-12-05/doc-ihmutuec6270309.shtml.

[2] 中新网.成都郫都区：布局千亿级产业集群 助推川菜香飘世界[EB/OL].(2019-03-15)[2021-01-21]. https://cbgc.scol.com.cn/news/124663?app_id=cbgc&from=timeline.

2. 生态景观营造

"到处皆诗境，随时有物华。"奔波于喧嚣的城市，人们追寻诗和远方的原因大抵在于此。乡村坐拥山水，清晨推窗即是鸟鸣伴着薄薄的晨露，傍晚霞光毫无保留地洒向田间屋瓦。

春耕、夏耘、秋收、冬藏，传统农业的生计凝聚在这简单的四季中，乡村旅游的休闲功能为农业赋予了新的定义。在勤恳耕作的传统四季中，增添了文旅的新季节，留住人们匆忙的脚步，停下来看看绿水青山的秀美，农业播种的不仅是生产，也是生态。

经营前期，妈妈农庄的经营重心旨在稳定客流，尽管收益连续3年呈亏损状态，但其依然选择牺牲门票收益，置换客流。多数游客只是抱着观光的目的来花田游玩、拍照，欣赏着湛蓝天空下五彩斑斓的大风车，却可能一杯水的消费也不会产生，离开后只带走眼底的景色。而用景观生态作名片正是妈妈农庄的视觉营销策略。

用眼睛看是我们最先了解世界的方式，同样，在消费市场中，这也是消费者对产品的第一认知方式。通过可视化的感官体验，可以吸引顾客产生对产品的潜在兴趣，从而促成推广行为。就像火遍全球的星巴克咖啡，人们很少在电视上看到它的广告，但上班族手捧咖啡杯的行为自成一道风景，"星巴克"就是小资惬意的代名词。视觉营销传递的信息，可以让潜在客户迅速产生消费的兴趣，妈妈农庄也是这样策划的。或许是雨后放晴的某天，天空一碧如洗，人们走进战旗村，看阳光顺着村内小院的瓦檐一缕一缕地倾洒在宽阔的柏油路上。空气里弥漫着带点水汽的植物清香，马鞭草和薰衣草的紫色被洗过之后更鲜亮了，矗立的风车滑梯在花海中若隐若现，穿梭其中或径直走在旁边的行道上，满眼都是惬意的田园风光。将生态资源映在人们眼底就是最好的资源变现，尤其是在村落社会中，亲朋间的口口相传就是最好的广告。通过前期的口碑积累，2015年结算时，妈妈农庄已转亏为盈，开始步入正轨。

（二）新旧交替，资源附加值升级

新旧企业的"换岗"，是战旗村"前浪"和"后浪"在生态化转型中的一场对话。村域资源集中的完成为战旗村支付了谈判成本，战旗村在筛选后迎来了多个进驻企业。在成都市水源地保护政策的硬性要求下，战旗村为生态化转型的可持续发展关停了多家高污染企业，闲置企业的厂房和生产设备也为战旗村的转型扩张提供了招商资本。

产业延续的前提是"前浪推动后浪"，旧企业为新企业支付市场探索成本，并以闲置资源搭建好发展的基础平台。豆瓣行业在战旗村发展已久，先锋酿造厂1981年投入生产，1990年在郫县豆瓣评比大赛中夺得第二名。好的企业口碑迅速为先锋打开了市场，富友豆瓣厂和满江红公司作为后发企业，享受了先锋为战旗村豆瓣产业发展支付的应对市场风险、组织结构、研发生产技术、研发产品等成本的优越条件。签约入村后，除了向村集体交付土地租金外，满江红公司无须再投入额外的资金修建厂房。满江红公司对闲置了的原属先锋酿造厂的生产车间进行简单改造后，便可以投入生产，在上风上水的战旗村，顺风顺水地大展拳脚。

"前浪"领进门，探索在个人。产业兴旺的故事得交由"后浪"用新思维来书写，就像荒滩地上"长"出蝶群飞舞的庄园花海，闲置的文化大院再次迸发新的文化。四川的气候其实不适宜种植薰衣草，但从旅游开发角度考虑，"第五季"决定启用这个新鲜的尝试。李总专门去普罗旺斯考察学习，请教专家进行育种指导，最终以马鞭草和薰衣草结合种植的方式，打造出占地600亩的薰衣草庄园这张生态化景观名片。原本闲置的荒滩地也因此获得了新生，地面附加值增加的同时，还通过文旅口碑带动了村内的土地一起增值。生态化转型中的村集体也可以算作"后浪"中的一员，经由资源整合后变得更独立，在转型前期摸爬滚打，在幕后协助其他企业，积累经验后终于决定走到台前。2015年，战旗村选中了村办复合肥料厂、预制构件厂和村委会老办公楼的用地入市拍卖，并最终在郫都区公共资源交易服务中心以700多万元的总价成交。这部分资金部分成了乡村十八坊启动资金。此外，村口文化大院就像是战旗村的门面，区位优势为乡村十八坊赋予了迎客名片的使命。乡村十八坊凭借前期的产业口碑，聚拢了整个区域的特色产品，借众人之力，在战旗村燃起川西民俗文化汇集的新焰，成为战旗村新的文旅支柱，吸引游客观光。

转型不易，持续更难，成长的"后浪"须承担起"前浪"的责任，使业态多样性得以延续。在战旗村工业化探索的进程中，先锋酿造厂、机砖厂等企业都曾为村内经济增长作出巨大贡献。如今工业村顺应时代趋势，以生态化转型寻求可持续发展，村内的新兴企业，借力"前辈"的厂房、空间架构，顺利进行经营的同时，也顺应战旗村的发展节奏，转型第三产业。满江红公司以第二、第三产业联动的形式，打造了郫县豆瓣博物馆，开展兼具弘扬非遗文化的体验式营销，2018年营业额达到了600万元，成为以旅带销的典范。习总书记到访战旗村则为乡村十八坊的建设注入了新动力。富有川西特色的传统手工产品因习总书记的青睐，口碑价值增加，游客量和销售量持续走高，巩固了打造地方特色品牌的积极意义。而妈妈农庄作为打头阵的"后浪"，也在与不同企业的互动联系中走过了经营疲惫期。虽然薰衣草的新鲜感已过，但薰衣草花田滋养出了蓝莓园、草莓园、乡村十八坊等的新鲜感。同时，这些层出不穷的新鲜感也使战旗村在乡村振兴的道路上成为标杆，促进了战旗红色品牌的形成。困顿于转型的妈妈农庄也搭上了"顺风车"。品尝到文化资源的红利后，妈妈农庄拓展会议培训业务，以红色教育为主，将战旗村在地化的文化转化为乡土教育，园区原有的酒店也刚好可以满足学习团队的食宿需求。

（三）打造有内涵的乡土文化

农、文、旅在发展中存在功能不均衡的问题，农业的文化传承功能在市场经济的冲击下逐渐衰退，休闲旅游功能则异军突起。多数民俗文化村是"换汤不换药"，观光、采摘、农家乐、农文旅结合等内容，只注重浅层面的旅游观光，缺乏内涵是难以维系后续的可持续性发展的。因此，在物质供应充足的情况下，多数乡村仍呈现出了萧条态势。

2012年11月，党的十八大从新的历史起点出发，作出"大力推进生态文明建设"的战略决策。乡村振兴的目标在于乡村文明复兴，让陷入凋零的乡村重新焕发生机。文化是乡村复兴的自信底气，也是乡村寻求产业化发展的稀缺资源。文化振兴乡村的重点应体现在对在地文化的挖掘上，即合理利用符合本村开发的空间资源,以保持乡土文化为基础原则,才不会让民俗村落因外来资本无序堆砌而昙花一现。

特定区位的豆瓣产业不仅是获取经济效益的单元,也是村庄农业文化的载体和记忆。郫县豆瓣全国闻名,被誉为"川菜之魂",这个称号不是一朝一夕得来的,20世纪80年代郫县豆瓣的广告就已经遍布在公交车车身和广告牌上,如图9-1所示。一颗蚕豆,通过脱壳、浸泡,拌上小麦粉,再利用米曲制曲,自然发酵后变为甜豆瓣。将自然卷曲的上等二荆条(四川地区的一种辣椒)拌盐、轧碎入池发酵,制成辣椒胚。将甜豆瓣与辣椒胚混合、入缸,经历翻、晒、露等工序,最终才成为四川人餐桌上必不可少的豆瓣酱。在郫县豆瓣博物馆里走一圈,豆瓣的历史和滋味悠然呈现在眼前,这也是郫县豆瓣博物馆创建的初衷:致力于展示中国最具历史传承的调味产品。

图9-1 郫县豆瓣的广告

工业旅游是郫县豆瓣博物馆的点睛之处。前期豆瓣加工厂的进入为博物馆提供了内在成本积累,公开第二产业的生产场景以打造第三产业的观光景观,匠人匠心贯穿始终。办厂初期,为保证郫县豆瓣的醇正滋味,罗遵荣董事长多次拜访豆瓣非物质文化遗产传承人曾正云大师寻求合作。曾正云提出的合作前提是,**"要请教正宗手艺,就需要传统的晒缸一千口。"**[1] 在寻访四川多地后,罗遵荣在横山镇找到了适宜烧制酱缸的泥巴。站在博物馆的点酱台上向下

---

[1] 内容来源于四川卫视2019.03.11播出的《蜀你最美》栏目,视频资料在郫县豆瓣博物馆展厅内播放。

俯视，一排排盛满红彤彤酱料的大缸尽收眼底，满江红公司的生产工人在其间不时翻盖，查看每口酱缸的发酵情况，豆瓣酱生产过程自成一景。

郫县豆瓣博物馆的观赏线路依豆瓣酿造的流程而设置，从隐约嗅到豆瓣香，到知晓豆瓣如何香，最后亲自闻见豆瓣确实香，打破了仅停留在表面的观光体验。博物馆采用川西传统建筑的造型，收藏历史工具、文物等3000多件，并设有蜀酱坊、郫县豆瓣中国"非遗"印象主题馆、郫县豆瓣传统制作展示基地、蜀府窖1393、郫县豆瓣创新馆、制曲馆、传统晒场和体验馆等展区。[1] 从乡村十八坊走进郫县豆瓣博物馆，会经过那一大片酱缸，初见时大多游客只会觉得景象壮观、滋味浓郁。走进馆内，两旁便是豆瓣发源文化的介绍，从蜀地气候温润适宜酿造，到明末清初蜀人用辣椒代替蒟，制出豆瓣酱的缘起。穿过制作展示车间，可以看到基础的石磨、筛架，以及加工输送的提升机、烫瓣桶，古蜀酱文化结合郫县豆瓣酿造技术的历史缩影跃然眼前。品着满馆的酱香走进味"道"长廊，在这里可以看到郫县豆瓣酱曾获多位中外领袖的认可，一股自豪感油然而生。

作为连接过去、现在和未来的纽带，文化存在的意义在于启蒙、思考和创新，蜀府云馆中展示了满江红公司的数字化生产流程。生产豆瓣酱初期，为了既克服传统工艺制作工期长、难以量产的难题，又在工业化生产中保留传统的豆瓣味道，满江红公司与四川大学、西华大学联合进行研发，采用多菌种发酵法，解决了生产周期长和味道不醇正的问题，实现了传统技艺和现代市场需求的良好结合。这是满江红公司的进步，也是豆瓣文化的传承。以从"前店"到"后坊"的形式浏览过酱园历史后，再次站上点酱台时，眼中的酱缸内承装的不仅是酱料，还有川西的自然气候和制曲酿酱的匠人工艺。

博物馆旁的体验馆内摆放了多张火锅桌，游客能亲自体验制作豆瓣、试吃不同种类豆瓣酱等项目。郫县豆瓣博物馆促使消费者为文化认同等非使用价值买单，不仅实现了以旅带销的营销策略，也为乡村十八坊的特色文化氛围添砖加瓦。

无独有偶，在距战旗村20公里左右的青杠树村，蜀绣文化也以"水隐桑田"的公园形式，丰盈着"以美为媒"的农、文、旅业态。

---

1 成都市人民政府网站. 郫县豆瓣博物馆在战旗村开馆 [EB/OL].(2018-10-01)[2021-01-21].http://www.chengdu.gov.cn/chengdu/home/2018-10/01/content_2b0d6ca78a7e467a811aa09913d79bb3.shtml.

— 专栏 —

水隐桑田，锦绣故里

蜀绣，顾名思义，即川西平原特有的刺绣技艺，晋代《华阳国志·蜀志》中将蜀绣和碧玉、金、银、锡、锦等并称为蜀中之宝，可见蜀绣文化也是巴蜀文化的重要组成部分之一。

青杠树村被誉为2015年中国十大最美乡村之一，村内利用林盘、水系和农田进行生产生活布局，长期致力于美丽新村的建设，以"美"为发展理念，将粮食作物种植和乡村旅游定位为村内主导产业。为弘扬传统文化，丰富村内业态，青杠树村和成都市蜀绣产业商会会长、成都蓉锦蜀绣文化发展有限公司董事长蔡世民达成合作意向，投资2.5亿元在村内成立蜀绣工作室和展示基地。

2019年3月10日，青杠树村的"水隐桑田·绣里"项目正式开园迎客。水隐桑田·绣里是国内唯一集桑蚕丝绸文化、蜀绣"非遗"文化、文化旅游产品研发和科普教育于一体的体验式主题文旅综合体，园内融合了服饰文化、休闲、体验、文博会展的整个产业链。

不同于郫县豆瓣博物馆以原有企业的第二产业场景，共享第三产业景观，绣里依托村内自然优势，引徐堰河河水，将园区内景点串联起来，契合青杠树村生态湿地的空间布局。蜀府水源滋养万物，三分桑园内种植了近30种桑树苗木，天气晴好时，可以嗅着桑叶散发的清香，赏远处长春堰的飞瀑直下。浏览了蚕桑繁茂后，"十亩之间"和生态博物馆动静结合地再现了一针一线的魅力。博物馆通过绣品的发展历程和丝绸之路等板块，全方位展示了蜀绣的前世今生。一幅幅精美绝伦的蜀绣作品焕发着勃勃生机。"十亩之间"则以互动形式增强游客的体验感，游客通过体验蜀绣、木雕、竹编等"非遗"文化，可以加深对农耕文化的认知。

2018年年初，习总书记到战旗村视察时，蜀绣就作为特色展品一同在展厅展出，习总书记参观的两幅展品是1995年于新疆出土的汉代蜀地织锦护臂"五星出东方利中国"的蜀锦复制品和取材于罗中立的名画《父亲》的蜀绣作品,这幅作品由两位绣娘耗时一年绣成,习总书记对精湛的蜀绣技艺表示了肯定。

作为传统文化的传承载体,青杠村的绣里也和郫县豆瓣博物馆一样,承担着宣教的职责。依托川西的蜀绣文化,蜀绣展示基地为当地源源不断地培养拥有蜀绣技艺的乡土人才,传播优秀传统文化,引导村民居家灵活就业,辐射带动周边区域培养绣娘近百名。

资料来源:郫都区农业农村和林业局内部报告.乡村振兴的郫都经验案例集[R].2018:26.

除浓烈的红辣酱,川西平原上还有丰富的民俗民生。郫县豆瓣是名声响亮,且已规模化生产的传统工艺产品,博物馆的存在为传承"非遗"文化锦上添花,深化了豆瓣产品的价值内涵。而传统手工业的小商铺,只是乡村景区随处可见的民俗一隅,且鱼龙混杂,有的与当地民俗毫无关联,只是为了蹭乡村旅游带来的客流量红利。时间久了,民俗也因千篇一律的杂货摊子变了味,景观生态模糊了在地意义,失去了文旅价值。

2018年2月12日,习总书记来到战旗村考察乡村振兴工作,"精彩战旗"特色产业在线服务大厅里展示着云桥萝卜、手工布鞋等特色农副产品和手工艺品,各类特色民俗成果令习总书记赞不绝口。视察为展出的产品带来了关注度,习总书记的肯定也传递出认可的信息,领袖作用吸引着群众追捧。同年春节假期里,战旗村人流如织,成为游览观光的热门景区。小吃摊备了原来5天份量的汤圆粉,1天就卖光了;习总书记专门要花钱买一双的唐昌布鞋也成了"网红"产品,销量直接翻了好几番。[1]

乡村十八坊承担起的是重整民俗文化的责任,将散落于四周的传统工艺聚拢起来,并以商业模式实现价值变现。为保证入驻商铺的"正统"民俗味,在招商引资初期,乡村十八坊分别从经营能力、工艺性和商业可持续发展性3个方面,对商户进行综合考量,以留住味道醇正的川西民俗文化。

---

1 四川日报.成都市郫都区战旗村:全力走在乡村振兴前列[EB/OL].(2018-02-27)[2021-01-21]. http://sc.cnr.cn/sc/2014cd/20180227/t20180227_524145561.shtml.

五、生态化转型的正外部性

（一）生态可持续，让绿色长青

生态化转型的迫切性主要体现在生态污染问题日益严重上。随着农业现代化的迅速发展，1981—2017年，中国粮食总生产量由3.25亿吨增加至6.18亿吨，人均占有量超过了世界水平。但与之相关的弊端也接踵而至，如农业生产成本增加、农业资源利用率较低，以及因生态污染问题带来的农产品质量安全隐患等。

尽管近几年在"一控两减三基本"政策的实行下，我国化肥用量增长率出现下降趋势，但农作物亩均用量仍然高于发达国家的平均水平。过量使用化肥带来高生产成本的同时，也会导致土壤性状恶化，不利于维持农业生态系统的平衡。因此，增加有机肥使用量势在必行。

战旗村的生态起步也构建了适合成都平原的具有生态经济价值的生产、消费、还原的产业体系。榕珍菌业为战旗村带来了生态产品，通过对污染环节进行调整，将产品转化为优质的生态产品，实现了环境资源变优质生态产品的溢价效益。传统的食用菌生产因生产规模受限，菌渣较难进行二次利用，同时有产生污染的隐患，影响了食用菌质量。榕珍菌业遵循"循环农业"的理念，使用豆粕、麸皮、蔗渣等作为原料，通过微生物技术对原材料中的有机物质进行乳酸发酵，处理后的菌渣可以释放出丰富的碳、氮，二次加工后可作为肥料和饲料原料，从而形成良性循环。此外，食用菌厂每天约产生36吨废弃菌包，一年产生的菌糠渣料约1.3万吨。这些菌包混以人畜粪尿、麦麸、米糠等可以做堆肥，还可以配合微生物生产优质有机肥1.5万吨左右，在成都平原农业生产无养殖业的情况下，很大程度上解决了农业生产中有机肥短缺的问题，实现了农业的绿色发展。

生态化转型是循序渐进的正向带动过程，完善生态环境基础建设，也是落实"绿水青山就是金山银山"的重要举措。薰衣草花海为妈妈农庄打开市场的同时，也按下了战旗村生态整治的启动键。大量游客的到访让战旗村看到了农文旅初次转型的喜人前景，村集体出面从村民手中购买了大量苗木，将当地特有的植物装饰在园区内，作为配套景观。通过资源内部化的形式，为妈妈农庄支付了景观资源升级的成本。

生态的美感在于整体的协调，大生态里山水林田湖草是一体的。生态要素之间唇齿相依的关系，放在小环境里亦是如此，即乡村景观和乡村生活的一体性。完善生态环境基础建设，就是落实习总书记"绿水青山就是金山银山"理念的重要举措，让小环境和大生态更加相得益彰。游客慕名来景区观赏，途经村落时，村内环境便已纳入游览体验。

妈妈农庄还未正式营业就已吸引来大批的游客，出于对景点可持续发展的维护和为村内在产业转型中争取更多话语权的综合考虑，战旗村主动出资对庄园周边的道路、沟渠进行修缮。周围环境与妈妈农庄内部的雅致景观保持统一，提升了景区的整体视觉美感，村内的基础设施也得到了整修。妈妈农庄正式营业时，园内功能区已装修完善，村内通向景区的道路平坦宽敞，文旅美感增加。

此外，村域资源集中为战旗村获得了招商引资的主动权，面对水源地保护政策的要求，战旗村的行动虽然被动，但并不艰难，妈妈农庄的经营过程就是一次对环保行动的试错检验。妈妈农庄开放初期，村内的铸造厂还在经营，铸造配件时使用受热易分解的氯化铵来定型。尽管园区的景观建设赏心悦目，但飘散的刺激性气味令不少游客的观赏体验打了折扣，这个观光反馈也引起了村内的重视。后期妈妈农庄的经营渐入佳境，文旅品牌效应撬动了战旗村的土地价值，转型的红利也让村内对外招商引资有了更足的底气，于是2014年村集体关停了铸造厂。

2015年，水源地保护政策正式颁布，前期的生态化转型和关停企业的试错，缓解了经济低迷对战旗村的冲击，后期的生态化转型也有了更严谨的环保要求。乡村十八坊在商户入驻前期会对商户的产品工艺进行筛选，符合民俗手工艺的同时，也要满足生态可持续性的要求。例如，烧烤类盈利可观的餐饮行业，由于制作过程中会产生污染而无法通过成都市水源地保护政策的要求，因此进入会受到限制。

自然先于人类而存在，我们不仅需要用系统的思维考虑如何管理自然资源，同时也应尊重自然资源间的内生规律，在充分考虑生态系统自净功能的基础上进行人工干预，实现多要素生态功能的整体提升。

（二）带动周边，共建绿色家园

由于城乡二元结构体制及人地关系高度紧张的基本国情，再加上农业本身的比较效益低下，尽管农业生产率不断提高，但仍无法阻止农业地位下降、农业人口外流、农业生产环境恶化及农村的日益凋敝。尤其是随着农村青壮年劳动力的大量外流，"老人农业"现象普遍。村域资源集中打破了传统的小农经营模式，农民增收不再单纯依赖农业，农民也得到了实实在在的好处。村民不仅享有土地效益分红，还能进入企业务工。村民的收入由以前的以种田收入为主，逐步转为以务工收入或其他经营项目收入为主，实现了农民收入结构多元化。

带动就业是产业转型体现得最明显的社会功能，村民完成了由农民身份向产业工人身份的转变。妈妈农庄的苏总提到，"**转型后的战旗村更亲民了**"，因为随着村内业态的换血，村里形成了良好的产业发展基础，村民也有了在家门口稳定就业的机会。在榕珍菌业，生产一线的员工大概有2/3是战旗村村民，解决了村内近500名村民的就业问题。乡村十八坊在招商引资时也会优先考虑村内创业者，乡村十八坊内近80%的商户是本村村民，村内的话语权点燃了村民的创业热情。

在我国的传统社会里，农业生产一直高度嵌入村庄社会中。村社既是生产共同体，又是生活共同体，村社网络使村民间的合作互动受到"人情"的约束，因此外来企业带动的社会功能是双向的，不仅拉动村内就业，同时基于村社网络的"人情"约束，村民工作的积极性会因熟人间的比较而自觉提升。除此之外，战旗村集中资源后的招商策略是直接与企业对话，村集体作为合约中的一环，也会对村民的工作起到担保和监督的作用，为入驻企业节约了筛选员工的成本。为了增强村民的专业技术，榕珍菌业还与村"两委"进行合作，以车间作为实训基地，定期组织村民参观菌菇生产流程、学习种植技术，掌握除耕种之外的其他专业技能，完成新农民身份的转变。这类技术性强的"体面"工作，吸引着更多村内的年轻人留在家乡，共建热土。

前文中提到生态化转型是正向带动的过程，这一点不仅体现在基础生态建设的逐步完善上，同时也体现在村与村之间的互动上。例如，空间资源的盘活让战旗村拥有了百花齐放的机遇，也让战旗成了孕育成功经验的平台。2015年榕珍菌业的产值达到了1亿，李宗堂将其转让给村里股东后，又在邻近的平乐村创办了成都汇菇源生物科技股份有限公司。开展新企业的同时，在战旗村办厂过程中积累的经验也被传给了邻村。汇菇源的不少产业工人曾是个体菌菇种植的散户。榕珍菌业在战旗村办厂的成功，让原本"靠天吃饭"的种植散户看到了生产新前景：搞农业还是要靠技术、靠规模才有竞争力。外来企业的成功和经验内化为村庄品牌效应的价值，为村集体之后的招商引资支付了信用成本，促成了更多企业和战旗村的合作，完善了产业基础，壮大了集体实力，让战旗村主动担负起了带动周边村发展的社会责任。由于村内产业基础良好，几年前战旗村内的就业问题就已基本解决，现在已有余力为周边村提供就业岗位。[1]例如，乡村十八坊中的共建坊就是战旗村和贫困村结对帮扶的销售平台，战旗村凭借村内稳定的客流量，为其他村的特色农产品带来了销路。

知名度高了，要承担的社会责任也就重了，战旗的生态化转型也发挥了宣教的功能。目前，郫县豆瓣的制作技艺已被列入第二批国家级非物质文化遗产名录，郫县豆瓣博物馆充分发挥了宣教功能，积极开展文化交流展览活动，为广大群众和专业人士提供了交流平台，进一步保护、传承了郫县豆瓣文化。2018年11月8日，唐昌林盛小学组织学生到郫县豆瓣博物馆开展研学活动，孩子们通过文化墙了解到了蜀国文化和郫县豆瓣的发展历史。在工作人员的讲解下，孩子们对豆瓣的制作工艺、品质、荣誉有了详细的了解，既熟悉了自己

---

1 资料来源：2019年10月2日妈妈农庄苏总的访谈记录。

家乡的特产，又培养了观察、合作、交流、收集信息等能力，同时还感受到了劳动人民的勤劳有为，加深了对家乡的热爱之情。此外，乡村十八坊的第四期项目也初步规划为开办研学活动，以集体名义成立旅游服务公司，和周边学校对接，开展包含红色主题教育、"非遗"特色文化教育和农耕文化教育的特色研学活动。前期积累的品牌效应，也让战旗村获得了郫都区政府的支持，顺利和区内多所中小学建立了合作关系。[1]

---

[1] 资料来源：2019年10月5日乡村十八坊负责人林根志的访谈记录。

第四篇

专题研究

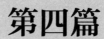

第十章
社会资本运作与土地价值增值
——以 2003 年以来的土地集中与开发为例

一、农村土地价值增值的宏观背景

2018 年中央一号文件中明确提出，推进农村第三次产业融合发展，是加快现代农业发展的重要内容。农村第一、第二、第三产业融合发展，是实施乡村振兴战略的重要举措，也是推动农业增效、农村繁荣、农民增收的重要途径。对于乡村来说，**三次产业融合发展，使低附加值产业向高附加值产业转型，提高了土地的增值收益**。而以村集体为主体的土地集中，可以降低企业流转土地的成本，有利于招商引资，助推产业振兴。另外，从产权的角度而言，**土地产权越细碎化，越难以实现功能上的升值**。赵燕菁提出，土地产权由分散到集中，提供配套设施，按土地用途划分功能，再与业主进行交易，符合利益最大化的原则，[1] 同时，他也指出产权细碎化会导致土地等自然资源贬值。[2] **由此，若要通过三产化开发提升土地价值，首先要整合土地资源**。但是，一般村庄是难以整合土地资源，进而实现土地价值增值的。原因在于农业是工业发展的基础与支撑，自改革开放以来，中国为实现经济的快速发展，以农哺工，由此造成农村青壮年劳动力外出务工，大量土地被用于非农化开发，资金向城市流动等现象。**在劳动力、土地、资金三要素外流的背景下，村庄要再集中土地、把农民组织起来，就变得非常困难了。**

尽管进入 21 世纪以来，我国经济快速发展，人口流动增速，农村的产业

---

[1] 赵燕菁. 关于城市不同土地用途的最优比例 [J]. 北京规划建设，2018(4):150–152.
[2] 赵燕菁. 论国土空间规划的基本架构 [J]. 城市规划，2019，43(12):17–26,36.

结构、社会结构随之发生转变，农村也经历了从相对封闭、可独立运转、抗风险性强的村庄向半开放式的城镇化的村庄过渡。在这个过程中，德高望重者或大姓家族对于村庄治理的影响力被削弱，**农村社会受到了外部的冲击与挑战**。[1] 但是，这并没有完全改变农村是熟人社会的情况，**以亲缘为起点的农村社会网络仍然在推动村庄发展中发挥着作用**，村社内部成员间的相互信任也依旧为集体行动带来红利。社会资本可以理解为组织内成员获得的资源，这种资源是在因人情往来而搭建的社会网络中获得的，[2] 它有助于组织内成员与其他成员进行交易，开展合作，并且获得自身的利益。而土地集中本质上是村集体对土地承包返租的过程，村民虽然会从自身所付出的成本与获得的收益两方面进行考量，进而做出决策，但很大程度上是受村民与村民、村民与村集体之间的社会资本影响的。同时，更为广义的社会资本也会促进土地增值的实现。

基于以上分析，本专题重点探究战旗村如何通过运作社会资本，促进土地集中，进而提高土地价值的。

本专题从政治信任、制度场、亲友缘网络、链接型网络 4 个方面，将战旗村的社会资本对土地增值的影响机制进行了归纳，如图 10-1 所示。

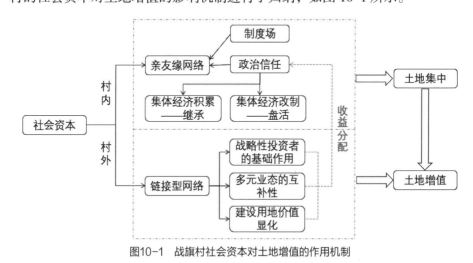

图10-1 战旗村社会资本对土地增值的作用机制

---

1 赵泉民，李怡. 关系网络与中国乡村社会的合作经济——基于社会资本视角 [J]. 农业经济问题，2007(8):40-44.

2 张文宏. 社会资本：理论争辩与经验研究 [J]. 社会学研究，2003(4):23-35.

二、政治信任的基础和强化作用

（一）集体化时期积累的政治信任是促使土地集中的深厚基础

政治信任，简单说就是村民对村集体的信任，前期的强政治信任是后期亲缘网络和友缘网络得以发挥作用的基础，也为中期能够顺利开展土地集中打下了坚实的地基。那么，**前期较强的政治信任是如何建立起来的呢**？20世纪六七十年代的宏观背景主要可概括为四点：一是温饱问题尚未解决，甚至是制约发展的重要因素；二是全国上下正处于"农业学大寨"时期；三是70年代初期中央及地方紧抓民兵工作"三落实"，即组织落实、政治落实、军事落实；四是当时尚处于人民公社时期，包括土地在内的公共财产和生产资料归公社所有。战旗大队建村初期还是一穷二白的。

当时别的村的姑娘都不愿意嫁到我们村来，因为条件太艰苦了。农民参加集体劳动的时间每天在12个小时以上，个人还要种地、分配农作物，当时的劳动时间都应该在十三四个小时。当时还有顺口溜来形容条件较差的土质："种田不种蒋家湾，终年排不开，一年种一季，收割找点点"。

资料来源：2019年6月7日李世立访谈记录。

在这样的大环境下，战旗大队全队社员在第一任、第二任村支书蒋大兴和罗会金的带领下，在县武装部的支持下，通过整理土地提高粮食产量，解决了全队的温饱问题。战旗花费近10年的时间由一个贫困大队发展为粮食产量位居全县前茅的先进大队，也为后来发展工业解决了后顾之忧。

当时全国许多大队都处于同样的宏观背景之下，为什么战旗大队能够实现反超呢？战旗大队在农田水利建设等方面，能够有超过其他大队的更为突出的成绩，**很大程度上与军民共建、运用准军事化的动员方式有关**。20世纪70年代，温江军分区的副司令员带队到各地检查民兵工作的落实情况，看见战旗大队的民兵工作抓得好,然后县武装部就把战旗大队作为军民共建的榜样,并专门派工作组常驻战旗大队,帮助战旗大队对民兵进行军事化训练。其他大队抓民兵工作就会影响生产,而战旗大队采取了"以农养武,以武促农"的策略,成功地将训练时间避开了劳作时间。同时,民兵把雷厉风行的战斗作风带到了生产中。战旗大队通过抓民兵工作和农田建设,提高了农业生产效率,增加了粮食产量。

党的十一届三中全会后,全党的工作重心转移到了经济建设上,之后的战旗村也调整了发展思路。第四任村支书杨正忠在小土窑的基础上创办了第一家村集体企业——机砖厂,获得收益后又陆续创办了多家村集体企业。第五任村支书易奉先[1]在担任村主任、村支书期间,总共创办了11家企业。战旗村每年纯收入可达几十万元。战旗村发展村集体企业,不仅壮大了村集体经济,而且极大地增加了村民的收入。

"在一般村庄,工人的月工资在30~40元,能拿50元就是非常好的工作了,家庭中只要有一个人是工人,日子就好过了。而我们村一个人一天就能挣1.8元,且出勤率很高……20世纪80年代,罗慧平一家劳动力比较多,年终分配获得了3000多元,在当时产生了很大的影响力。"

资料来源:2019年6月7日李世立访谈记录。

从建村到20世纪90年代中期,战旗村先是借助军民共建的契机,通过搞农田水利建设来提高粮食产量,解决村民的温饱问题;然后通过创办村集体企业发展集体经济,增加村民的收入。村集体带领着村民白手起家,填饱了肚子,赚到了钱,由此,村民对村集体建立有了很强的政治信任。这不是一般村庄能轻易做到的,是多位村支书前赴后继地带领着村民朝着一个目标努力的结果,而且村民是享受了制度红利的。且不说一般村庄有没有这样的政策环境,就说多位村支书的目标高度一致也是很难得的。

---

[1] 易奉先于1978年当选为村主任,1993年当选第五任村支书。

政治信任的基础作用又是如何体现的呢？ 集体化时期积累的政治信任为土地集中打下了坚实的基础。尽管在2000年左右，战旗村集体经济下落到几乎为零，但是过去积累了非常深厚的政治信任，村集体通过集体经济改制，扭转了过去投工投劳形成的集体积累被个人大量占有的局面，盘活了过去积累的政治信任。正是因为这种信任，才使村民相信村集体给的预期能够实现，并且愿意先交出土地，后享受收益，这也就完成了其他村庄难以实现的村民组织化。所以，政治信任是亲友缘网络能够发挥功效的基础，也有利于促进土地集中。

（二）政治信任的不断强化促进土地集中

土地集中后是否产生增值收益，收益分配是否合理，以及村集体是否有能力保障集体财产不流失，这些因素都会影响村民对村集体的政治信任，其结果是正向的还是负向的，就反映了政治信任是被强化了还是被弱化了。

2003年土地集中后，村集体不仅代缴了5组、7组村民的农业税，而且对集中的土地进行了条田改土，提高了级差地租，没有出现未帮村民代缴农业税的情况。2006年土地集中后，村集体也有着良好的信用记录。与第一阶段不同的是，农业税取消了，农民以土地入股到合作社，享受800元保底+分红。但由于合作社刚起步，收益不佳，直到第三阶段才开始发放分红。这一阶段，合作社承接了与土地相关的农田水利基础设施建设，进一步提高了土地的级差地租。2010年左右土地集中后，村集体将土地流转到合作社，村民可以有1200元保底金+分红，60周岁以上老人享受每月50元补贴。同时，合作社还花费了两年的时间整理土地，提高了级差地租。由此可以看出，土地集中的每个阶段，村集体都持有良好的信用记录，既提高了级差地租，又保障了村民的收益，不断强化村民对集体的政治信任，也促进了下一阶段的土地集中。

三、制度场的撬动作用

（一）正式制度的撬动作用

纵观土地集中的几个阶段，每个阶段都与国家制定的政策息息相关。2003年，战旗村以免缴农业税为条件，集中了5组、7组各50亩土地。2005年农业税取消后，以农业税撬动土地集中的方式无法再继续推行，集中土地的设想也暂且搁置。2005年下半年，郫县颁发了土地整理相关文件。战旗村开始着手做村庄规划，并为集中居住做准备，先集中了500亩土地，暂时流转给两位经营大户，来种植水稻和蔬菜。同时，为享受土地规模经营的政策补贴，战旗村成立了蔬菜专业合作社，经营集中的500亩土地。2007年，战旗村成为"新型社区建设"项目试点。2009年，随着村民搬新居，旧居拆迁与宅基地复垦的工作相继展开。2010年，战旗村集中了全村80%的土地；2011年，成员资格认定后，集中的土地达到了全村土地的98%。

1. 政策撬动2003年的小集中

自20世纪80年代战旗村发展工业以来，村里有许多村办集体企业为部分村民提供了工作岗位。同时，随着乡镇企业的发展、户籍制度的调整、制造业向沿海地区的转移，外出务工的人员数在增加，所以土地收入占家庭总收入的比重不高，村民对土地的依赖性不强。而且，当时仍然需要缴纳农业税。尽管当时农业税仅占人均收入的1%，但是村民拿出3分地，村集体便为其代缴全部农业税，这对村民来说也是具有正效益的。对于仍然选择耕种土地的村民来说，耕种剩余1亩左右的土地所得收益全为自己所有，同时也省去了因缴纳农业税而花费的时间和精力。对于土地撂荒的村民来说，不用支出一部分家庭收入用于缴纳农业税，而且还省心省力。战旗村就通过这样的方式，撬动5组、7组各集中了50亩土地。当然，仅仅代缴农业税还不足以实现小集中，因为面对同样的政策，只有5组和7组完成了。一方面，这与组长积极推动这件事有关，亲友缘网络也在其中发挥了作用；另一方面，由于要避免土地大面积集中后出现荒芜的情况，再加上村集体原本只是想试试水，不想耽误正常的农业生产，于是在当年9月30日，土地集中就截止了。

2."拆院并院"政策促进全部土地大集中

将"拆院并院"回嵌到村庄当时的情境中，对事件过程进行更为立体的还原，可以发现，宅基地的整理与土地的整理本来是一体的。由于村民的居住地比较分散，土地也因此被分割，只有村民集中居住，土地才能全部集中，宅基地分散在客观上也成为土地集中的障碍。在这种情况下，战旗村被列为"农村新型社区建设项目"的试点，按市场化机制实施土地综合整治与城乡建设用地增减挂钩。结合事件进展的具体过程可知，在政策补贴导致农地增值预期的激励下，土地流转的速度加快，农地集中带来的增值收益有助于促进宅基地集中。

（二）非正式制度和正式制度联合应用降低了土地集中的难度

1.正式制度的非正式运作有助于化解土地集中时的阻碍

村集体利用土地承包制度约束处于制度场中的村民，解决了因土地亩数不均而阻碍土地集中的问题。在1998年二轮土地承包时，同一小组内人均亩数是一致的。所以，在2003年土地集中的过程中，对于个别情况，如因多占地而不愿意参与小集中的村民，村集体则会要求其拿出土地承包证，将实际占有的土地亩数多于土地证上所写亩数的部分归还村集体，并且集体有权让其支付占地费。

2.习俗等非正式制度也促进了土地集中

二轮土地承包后，战旗村与全国其他村庄一样，各组内人均地亩数是相同的，而不同的在于，川南地区由于地处丘陵、盆地且人多地少，很多村庄都有每年调地的习惯，战旗村也是如此。每年八九月田空期间调整土地，将去世或外嫁者的土地调给新生儿或新嫁妇。除了新增人口仍在排队等地或个别人多占土地的情况，这样的习惯再次保障了组内人均土地亩数一致。如此，**相较于一**

般"增人不增地、减人不减地"、由家庭内部自行协调的土地分配方式而引起的组内人均亩数差异较大的情况，战旗村这种非正式制度极大地降低了组内小集中并重新分地的动员难度。

四、亲友缘网络的促进作用

2003年，战旗村能够集中5组的50亩土地，亲友缘网络的运作是最主要的促进因素。

在土地集中的动员过程中，亲友缘网络的运作有助于实现土地集中，而亲友缘网络的运作其实是建立在政治信任的基础上的，并且制度场为其提供了运作的条件。亲缘网络为家族中每个成员提供支持。亲缘关系比一般的关系更紧密，所以村民之间的社会信任也就更强，进而降低了动员难度。制度场在动员工作中充当了杠杆，因为有利可图或至少不亏的交易才会获得家族成员的支持。另外，亲缘网络的运作使过半的农户同意土地集中后，组长又通过友缘网络动员剩余农户集中土地。总之，这是**个别有声望且愿意集中土地的村民或村干部，在较强的政治信任的基础上，在有正效益的制度场的条件下，运作以血缘、姻缘为纽带的家族网络（即亲缘网络），继而带动友缘网络的运作，顺利推进了土地集中的工作。**

和亲缘网络一样，友缘网络也是在信任的基础上、制度场的条件下运作的，进而促进了土地集中的工作。但两者也有不同之处，一是亲缘网络是强关系，而友缘网络是弱关系；二是亲缘网络不能或很难生成，而友缘网络则是可以培养的。

2006年，战旗村修建了文化大院，既有篮球场、乒乓球室、健身房等运动场所，又有图书馆、电子阅览室等学习场所，还有休闲娱乐的茶厅、咖啡厅、歌舞演练厅、影视放映厅、露天大舞台。村团总支部、老年人体育协会、企业家等带领全村群众组建了阅读队伍、健身队伍、表演队伍等，其中组建的"战旗文工团"逢年过节都会举办综艺晚会。文化大院的建立培养了村民之间的友缘网络，拉近了村干部与村民之间的距离，促进了第三阶段的土地集中。

亲友缘网络能顺利地发挥作用，促使土地集中，其背后是村集体置换了土地功能。在计划经济时代，土地收益没有市场化，政府征地就会解决以这份土地为生的人口的就业问题。所以，征地过程几乎是没有摩擦的，农民也因为被征地后可以"吃皇粮"而愿意交出自己的土地。而当土地成为农民退无可退的最后保障后，在资本下乡流转土地时，如果农民不能获得持久的工资性收益或者社会保障，村民怎会愿意拿出土地？战旗村村集体正是先满足了村民对于土地的保障需求，才说服村民对土地进行集中。土地对于村民特别是老年人而言，是有保障功能的。村集体通过在集中土地、引进企业、增加集体收入后，以分红、提供就业岗位、代缴养老金的方式，提供了村民原先通过土地才能获得的保障，所以村民才愿意集中土地。

五、链接型网络的提升作用

武考克等人在科尔曼的基础上明确了链接型网络的定义，链接型网络指的是处于不同阶层的人因互动而建立社会资本。本书认为，链接型网络的运作在促进土地增值时具有结构化的特征。亲友缘网络是关于村内关系的构建，村内网络关系具有继承性，无外乎如何盘活、进一步强化，而链接型网络更多地体现在村外的关系上，需要花费更多的精力去构建。

图10-2形象地展示了结构化链接型网络的内在机制。①代表的是妈妈农庄，妈妈农庄发挥了战略型投资者的基础作用；②代表的是蓝莓基地、冬草莓基地等后入驻战旗村的企业，在妈妈农庄开辟了战旗村乡村旅游道路的基础上，蓝莓、冬草莓等企业才陆续加入，后加入者打造的旅游资源又与前者形成了业态上的互补；③代表的是建设用地价值显化，包括市政府参与的新型社区建设项目，以及迈高公司、政府参与的集体经营性建设用地入市，而土地增值的集中变现则体现在集体经营性建设用地入市上。①与②主要是以农用地为主，进行旅游资源的开发，③是对建设用地进行三产化开发，两者之间也形成了业态上的互补。

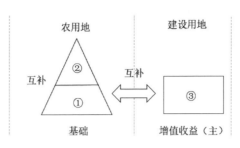

图10-2 结构化链接型网络的内在机制

战旗村在完成土地资源整合的过程中，就已经通过搭建村外的链接型网络为提升本村的土地价值蓄力了。表10-1列举了促成战旗村土地增值的关键事件及对应的链接型网络的构建方。

表10-1 促进土地增值的关键事件及链接型网络的构建方

年份	村外链接型网络的构建方	促成事件
2006	郫县宣传部	新型社区建设项目试点
2007	成都市委书记	
2008	四川大行宏业集团有限公司某高管	打造妈妈农庄
2013	四川蓝彩虹生态农业有限公司	建立蓝莓基地
2014	成都裕丰祥农业科技有限公司	建立冬草莓基地
2015	郫县政府、迈高公司	四川省入市"第一锤"

资料来源：郫都区县档案馆相关资料及相关人员访谈记录。

（一）链接型网络的运作促进了以农用地为主的三产化开发

前文已经提到，妈妈农庄的入驻是战旗村由发展第一产业转向发展第三产业的起步。高德敏主动与四川大行宏业集团有限公司（以下简称为大行宏业集团）某高管建立了链接型网络，再加上具备的客观条件——战旗村前期通过集中土地整合了空间资源，这才使战旗村能够引入妈妈农庄。

首先，两者是如何建立链接型网络的呢？这次合作的起点是在北京的一个招商会上，高德敏主动结识了大行宏业集团的某位高管，二人经常私下往来，建立了良好的关系。在交流的过程中，高德敏提出想引进一个项目促使乡村产业转型，这与大行宏业集团谋求向旅游业转型的思路不谋而合。之后，大行宏业集团派人前来战旗村考察。经过前后不下50次的考察，最终与村集体形成了一致意见。

其次，链接型网络是如何运作的呢？ 战旗村在整合了村内的空间资源后，需要与外部进行合作，对已经整合了的资源进行战略性的投资开发，而妈妈农庄就是战旗村土地集中后的战略性投资者。为了引进妈妈农庄，高德敏主动与对方高层建立链接型网络，而网络能够发挥作用，也是基于网络进行的资源互换。一方面，战旗村做出了经济上的让步，以建设用地作价入股，妈妈农庄每年只需缴纳每亩2200多元的使用费，而建设用地实际价值的剩余部分则经过第三方机构评估后，从妈妈农庄每年的净利润中扣取，农用地每年每亩的流转费用为1575元。另一方面，由于战旗村已经进行了土地集中，可以直接通过合作社流转连片的土地，妈妈农庄流转了农用地约400亩，建设用地23亩，如此规模是一般村庄难以达到的。现任妈妈农庄董事长的李文革也提到，选择战旗村的原因有4个：一是在与高德敏的多次联系中，其执着的精神打动了大行宏业集团的管理层；二是战旗村地理位置优越，恰好位于都江堰水源保护区内，生态环境好，适合发展旅游业；三是集团正值转型期，意欲把发展重点转移到乡村旅游上；四是战旗村村里已经整合好了集体资产，可以直接对接，不用再与单个村民打交道。

战旗村利用其良好的生态环境发展在地化的、进入门槛很低的旅游业，同时，不同业态之间可以形成互补，这比单一的产业经营，或者不在集体平台上、没有整体规划的经营要更有优势。妈妈农庄入驻战旗村后，其打造的薰衣草节成为当地的爆款活动，这也使其他企业主动寻求与战旗村的合作。同样地，村干部也运用链接型网络引入了其他企业。2013年，四川蓝彩虹生态农业有限公司与村集体合作，流转了160亩土地种植蓝莓，以发展观光采摘为主。蓝莓基地连接妈妈农庄，形成了成片的观光旅游带。2014年，成都市裕丰祥农业科技有限公司流转了合作社土地60多亩，用于种植冬草莓。2015年，四川省满江红食品科技有限公司修建了郫县豆瓣博物馆，充分开发了郫县豆瓣的文化价值。这种多元业态互补的形式，不仅促进了战旗村旅游业的发展，而且互补性所形成的外力效应也可以通过提高集体分红或租金等方式体现出来。自2010年引进妈妈农庄起,战旗村每1~2年就会提高农民土地入股的分红(50~100元不等)。同时,村集体还会为村民缴纳最低标准的养老保险,为满60周岁、70周岁、80周岁的老人每月分别提供50元、100元、150元的补助。这些收益分配方式又强化了村民对村集体的政治信任,促进了土地集中及村内其他事务的开展,形成了良性循环。

土地集中对村域内的空间进行了有效的整合,因克服了战旗村空间细碎的问题、增加了空间的平面延展性与纵向立体度,而增加了经济和社会空间容量,容纳了多样化的生态空间和多元的产业生态。战旗村以比较低的成本,把农用地、宅基地收到集体手中进行统一配置,然后不断地招商引资,对外谈判。最开始谈判时,战旗村报出的价格是相对比较低的,但战旗村利用企业负反馈的敏感性,不断地提高自己和企业谈判的能力。

(二) 链接型网络的运作促进建设用地的价值显化

2006年,郫县宣传部和战旗村在"城乡思想文化互动试验"中构建了链接型网络,通过这层网络关系,他们带着各自的资源,为达到各自的目的而展开合作。于战旗村而言,他们可以得到宣传,扩大自己的影响力;于郫县宣传部而言,有村庄愿意参加试验活动。这次看似微不足道的活动,却成为战旗村进一步发展的基石。"大学生下乡"活动经过宣传部的报道,提高了战旗村的知名度,再加上战旗村根基稳,故被县里树为了典型。2007年春节前夕,经县里推荐,成都市委书记等人视察战旗村,早在2003年就已经开始整合土地资源的战旗村,无论是在土地规划上还是农民意愿上,都初步具备了集中居住的条件。于是,2007年春节过后,战旗村就被列为新型社区建设试点村。政府项目资金的注入、政策的引导,无疑加速了战旗村土地资源的整合,且促进了村庄整体的规划布局,这极大地节约了企业入驻及开发的交易成本,也让妈妈农庄等企业看到了战旗村的巨大潜力。在这个过程中,链接型网络发挥着重要作用。

首先，战旗村与郫县之间较强的链接型网络是在长久以来的互动中构建起来的。一方面，郫县需要打造典型作为该县的宣传点；另一方面，尽管在2000年左右，战旗村因乡镇企业改制而未能"飘"起来，但"瘦死的骆驼比马大"，战旗村的集体经济收入仍然是远超全县其他村的，再加上战旗村也在积极主动地为谋发展而集中土地。双方需求契合，进而在网络关系之上互惠互利。战旗村先在村内整合资源，县政府为其提供阶段性的政策和资金支持。

其次，强链接型网络又为搭建新的链接型网络创造了条件。战旗村是通过县里举荐才获得了一次向成都市委书记等人展示自己的机会，而成都市政府与战旗村建立的链接型网络与前文提到的两层链接型网络一样：战旗村通过自我发展已经基本满足集中居住的条件；成都市政府了解其情况后，给予政策和资金的扶持。由此可见，仅仅建立链接型网络是不足以促进资源整合、提升土地价值的，网络发挥作用的背后是双方资源的互换。

上文介绍的是链接型网络的运作，下面将阐述链接型网络的运作是如何提升土地价值的。

2015年，集体经营性建设用地入市政策发布，郫县被列为全国农村集体经营性建设用地入市试点地区。战旗村在国家政策发布之后，第一时间着手进行全村的资产核算，并成立了公司，为申请建设用地入市做准备。与此同时，地方政府想争取首宗集体经营性建设用地入市，便劝说四川迈高旅游资源开发有限公司拍下战旗村的建设用地，迈高公司综合考虑政治因素、战旗村的旅游资源开发基础等，同意合作。由此，三方基于链接型网络，为达成各自的目的而交换资源。迈高公司以每亩52.5万元的价格拍下了战旗村13.447亩建设用地，敲响了四川省农村集体经营性建设用地入市交易的"第一槌"。这是战旗村最主要的一次土地增值变现，拍卖所得的706万元大部分用于村庄的再发展，少部分分给了村民，再次强化了村民对集体的信任。与此同时，迈高公司与战旗村合作成立了四川花样战旗旅游景区管理有限公司，主要由迈高公司以轻资产的方式对拍下的这块地进行三产化的集中开发，购买商铺的业主可以通过招商或自营提供餐饮、住宿等实体服务，这与妈妈农庄、蓝莓种植基地、冬草莓种植基地等营造的三产化开发的景观基础形成了业态互补。

此外，实现三产化开发型土地增值的原因还包括**获得了垄断性的制度收益**。在制度场的作用下，战旗村所获得的土地增值收益是垄断性的。战旗村原来是以一产化的成本占有二产化的建设用地，在由于保护水源而使二产化产能退出的情况下，直接转到三产化，不仅节省了成本，还获得了很大的制度红利。2009年，农村集体经营性建设用地的指标卡得很"死"，大多数地区不再具备利用自己的土地进行三产化开发的条件，而战旗村先行一步，有了垄断性的收益，不仅自己级差地租很高，而且周边也不再有同档次的竞争者。

六、结论

本章主要有以下发现。

第一，在村内，亲友缘网络在制度场内，基于政治信任，能够促进土地集中。过去村集体经济在发展壮大的过程中积累了深厚的政治信任，集体经济改制盘活了政治信任，为促进土地集中奠定了基础。制度场通过影响场域内个体或群体的行为，促进了土地集中。制度场可以分为正式制度和非正式制度，其中，正式制度的非正式利用也是构成制度场的部分。正式制度的撬动作用具体体现在农业税撬动小集中，"拆院并院"反向预期收益促进土地集中。亲友缘网络的运作会直接促进土地集中，具体表现为亲缘网络带动友缘网络，进而促进土地集中。友缘网络与亲缘网络的不同之处在于，前者是弱关系，但可以后天培养。

第二，在土地集中的基础上实现土地增值，需要扩展亲友缘网络，形成土地资本化开发所要求的链接型网络。首先，土地集中是实现三产化开发型土地增值的基础。土地集中对村域内的空间进行了有效的整合，增加了村集体与外部谈判的筹码，逐步实现了土地的增值。一方面，空间资源具有整体性的特点，当对空间资源进行三产化开发时，作为空间资源的载体，土地也需要具备整体性；另一方面，产权细碎化会使土地等自然资源贬值。其次，链接型网络的运作呈现结构性的特征，村庄内部进行资源整合后，需要与一个战略投资型的企业合作，在三产化开发初具规模时，才能吸引更多的企业入驻，进而形成多元业态。同时，建设用地的三产化开发也是多元业态的一种，而建设用地入市是土地增值的集中变现。

第三，土地增值必然体现为收益分配，而收益分配强化了之前形成的土地集中的格局。土地增值在本书中主要包括3个方面：一是提高级差地租，来源包括村集体投入、政策资金支持、企业自行投入；二是农用地由低产值转到高产值，主要是指由种植一产的粮食作物转到种植经济作物，并开发其三产的价值，如观光农业、采摘农业；三是建设用地的价值显化，包括土地增减挂钩、集体经营性建设用地入市。土地增值后的收益分配为村民提供了福利，且增值过程中引进的企业也为村民提供了获得工资性收入的机会，这些都强化了村民对村集体的政治信任，进而又促进了土地集中、提升了土地价值。

第四，不管是亲友缘网络还是链接型网络，它们能够发挥作用，背后都是各方对于经济因素的考量。亲友缘网络促进土地集中的背后，是村集体利用土地增值收益置换了土地对于村民的保障功能；链接型网络促进土地集中、提升土地价值的背后，是村集体、企业、地方政府通过交换资源来达到各自的目的。

第五，除社会资本运作直接或间接地促进土地增值外，实现三产化开发型土地增值的原因，还包括获得垄断性的制度收益。

第十一章
村社企业发展的"天时+地利+人和"
——以先锋酿造厂为例

《荀子·王霸篇》有云:"农夫朴力而寡能,则上不失天时,下不失地利,中得人和,而百事不废。"

在如今的郫都区,豆瓣就是这样一种依靠质朴的劳动和努力即可让村民获得丰厚回报的商品。

在我国的西南一带流行酱菜、辣味久矣,豆瓣则是不同地区人口和文化交融的产物。相传明末清初,湖广填四川,福建汀州府孝感乡翠享村人陈逸仙迁入郫县,子孙繁衍,久居此地,人称"陈家笆子门"。康熙年间,陈氏族人将辣椒、食盐与晒干的胡豆混合用于调味,成为郫县豆瓣的雏形。咸丰年间,陈氏后人陈守信(号益谦)借鉴豆腐乳发酵之法,以灰面、豆瓣、盐渍辣椒为原料发酵生成豆瓣,开宗立户,取号首"益"字,以及咸丰年的"丰"为时记,又取天、地、人之"和",创办了如图11-1所示的"益丰和"号酱园。后又有"顺天号""元丰源""绍丰和"等酱园。

图11-1 "益丰和"号酱园

1915年，四川军政府到西藏犒劳驻军，决定选用郫县豆瓣，郫县知事分别向"益丰和""元丰源"两家酱园订购2万公斤豆瓣。以荷叶、油纸、竹篓盛装的豆瓣历经3个月被送达雪域高原后，揭开外包装依旧色泽如初，四川军政府特此嘉奖并赠牌匾以资鼓励。20世纪10—40年代，"元丰源"和"益丰和"两家酱园各自拥有晒场近10亩、缸25 000口、工匠近40人，年产豆瓣40万斤左右，规模已十分壮观。

20世纪50年代，"益丰和""元丰源""绍丰和"合并，组建为国营郫县豆瓣厂，在地方政府的支持下不断发展壮大，1981年正式注册"鹃城牌"和"益丰和"商标，1983年获四川省人民政府颁发的优质产品荣誉称号，1985年荣获轻工部优质产品称号，1988年获首届中国食品博览会金奖。携带着种种赞誉与嘉奖，郫县豆瓣产品行销全国各地。

与上述具有官办背景的国有企业不同，本书介绍的郫县豆瓣厂是战旗村一家名为"先锋"的村办企业。它是战旗村首家豆瓣企业，1980年开始建设，次年建成投产，时名"战旗豆瓣厂"，除经营豆瓣外还酿造酱油；1990年更名为"先锋酿造厂"[1]，2004年转租赁制后更名为"四川先锋生态园调味品有限公司"。这家村办企业从创办到2004年改名为公司，大部分时间的经营者都是高玉春，2004年后法人代表变更为高玉春之子高林，注册资本500万元。所营"先锋牌"注册商标先后被评为"成都市著名商标"和"四川省著名商标"[2]。曾有人赞誉："川菜之魂乃豆瓣，郫县豆瓣数'先锋'。"

这家村办企业的演变过程大致是，第一阶段，借助农业集体化和乡村工业化两大时代机遇，依托村社积累和在地化资源起步，是谓"占天时"；第二阶段，在市场化转型期，依靠企业实力与经营者的管理才能，将郫都区空间资源的比较优势面向全国扩张，是谓"享地利"；第三阶段，在村庄生态化转型中，有别于一般的资源资本化企业因对环境严重负外部性而在环境整治中被"关停

---

[1] 2019年10月3日高玉春在访谈中这样解释先锋酿造厂名字的由来："我们这儿有个前进豆瓣厂，我说你既然可以前进，你（也）可以后退，先锋永远是先锋，不能往后退的。（当时）世界上只有3个'先锋'，即日本音箱是先锋，广东豆腐乳是先锋，然后就是我们了。"

[2] 根据《战旗村志》，1998年"先锋牌"注册商标被评为"成都市著名商标"，2005年被评为"四川省著名商标"。

并转",先锋酿造厂因一直秉承"生态产业化、产业生态化"的理念,而成为村内少数存续经营的企业之一,通过改制重构企业与村庄的利益边界,重构村企合作共赢的治理关系,是谓"得人和"。

先锋酿造厂的创办经历并不是一个特例,如果说西部地区这样的案例不多,人们很难发现其内含的一般性规律,那么东部地区这样的机制就相对比较普遍了。20世纪80年代有名的乡镇企业四大家——胶东、辽东、苏南、浙北——都是动员村社内部资源承接城市产业资本而发展起来的,其中最有代表性的就是苏南模式。苏南乡镇企业在村社理性内部化机制的作用下,快速完成了资本原始积累及后续演变,战旗村正是在这一时期与苏南在不同空间产生了"同频共振"。

一、依托村社整体资产优势"占天时"

(一)创办:集体化框架内的资本原始积累

马克思对经济发展和社会再生产过程的描述中指出:"无论是社会的考察还是个别的考察,要求货币形式的资本或货币资本作为每一个新开办企业的第一推动力和持续的动力。"这揭示了任何形态的产业都必须经过资本原始积累形成以货币资本为出发点的一般性资本循环规律。以货币资本为出发点的资本循环,就是用货币购买生产资料与劳动力,再将劳动者与生产资料结合,进而创造剩余价值,最终售卖商品获得更大数量的货币资本。货币构成了这个过程的初始动力和经常性动力。

因此,资本原始积累如何进行,是我们进行理论解读的逻辑起点。

而中国农村工业化蹒跚起步时的微观主体——乡镇企业——却是在制度夹缝中产生的,并不具备形成货币资本的条件。20世纪70年代,国家产业资本原始积累初步完成之际,借恢复与西方国家外交关系的机会,大规模引进国外设备而进入国家产业结构调整期,但"四三方案"与"八二方案"先后导致

1974年、1978年两度财政赤字，进而演化为国家工业化进程中的又两次经济危机。

1981年，第四次经济危机全面爆发，农村推行以"大包干"为名的家庭联产承包责任制，极大地解放了生产力，扩大了以农民为消费主体的内需，宏观经济缓慢恢复。1982年起，政府连续发布5个"一号文件"，鼓励农村普遍实行家庭承包经营制度，社队工业也有了自主发展的空间。尽管危机之下政府对企业增加税收、紧缩信贷并偏向城市工业，但社队企业仍以对国家财政贷款的低依赖性迅速占领了消费品市场。[1] 1983年，邓小平在听取苏州农村发展汇报，了解华西村小五金工业的发展道路后，发出了"想不到乡镇企业异军突起"的感叹。同年，浙江省萧山市的鲁冠球承包了农机修配厂，制造汽车配件，开始了小工厂向大型民营企业发展的传奇经历。在十几年的时间里，乡镇企业宛如无声的惊雷，从无到有且发展壮大，占据了工业增加值的一半以上，且这些乡镇企业大多是县以下的农村工业。

我们的问题意识正是在上述宏微观背景的回溯中形成的。**在农村先天性资本极度稀缺且政府财政捉襟见肘的双重不利条件下，乡镇企业是如何迈出资本化的第一步的呢**？当事人的回忆提供了乡土中国化危为机的线索。

> 当时你要办工作（要用）的（设备），就是竹篾（等简单材料），装豆瓣的竹篾反过来就做凳子用。（办厂的资金是来自机砖厂的）4500元，你把原材料买了。那个时候还是拿黄牛拉酱油。一个老头，赶一头黄牛，拿到都江堰那地方卖。

资料来源：2019年10月31日高玉春访谈记录。

看似简单的回忆，却给出了非常重要的信息。第一，**村办企业依托社区内部未定价或低定价的要素，可以极大地节约工业化起步的成本**。第二，**乡镇企业起步时最稀缺的要素是资金，而村社内部资金融通使用的内部化机制，极大地降低了资金要素的获得成本**。战旗豆瓣厂是由全村第一个社队企业——"先

---

[1] 温铁军，等. 八次危机：中国的真实经验 1949—2009 [M]. 北京：东方出版社，2013.

锋"机砖厂——出资4500元建设的,用原始资本购置了竹篾和原材料,1981年正式投入生产,产品包括豆瓣和酱油。在集体化框架下,战旗豆瓣厂仅需要购买发酵专用的材料物件,因为作为村社全体成员所共有的事业,企业用地需求可以在集体化框架内低成本地解决。战旗豆瓣厂最初的面积为1亩左右,厂内职工共5人,其劳动报酬不是发工资,而是像社员在生产队出工那样记工分,年终划到生产队统一核算,这就减少了在途资金,从而降低了资金成本。而且,劳动者最终的收入与整个生产队年终工分兑现分值有关,并不在企业内单独核算,这一方面表明企业是集体出资兴办的,因此全体收益归于集体;另一方面也表明,集体替企业承担经营风险,再进一步讲,是集体的全部成员共同承担着集体的全部经营风险,这就具有了集体内部依托农业、依托多样化经营而化解企业风险的内部化机制。对于盈利企业,人们说得比较多的是类似苏南地区压低分值来增加企业积累,例如,"可能我在企业挣2元,拿到生产队就是1.6元(或者)1.8元"[1];但很少有人会注意,如果企业经营失败了,那么企业给劳动者结算的报酬就是其他成员在其他领域(主要是农业)所创造的。

可见,将有限的"三农"剩余转变为社队工业发展的初始资本,是通过村社理性——社区的内部化机制——来实现的。低成本的土地、劳动力在资本原始积累过程中是有重要贡献的要素,村集体在砖厂的剩余形成初始资本,这种队内出地、出钱、出物、出劳动力的方式成为农村资源资本化的最主要的途径。同时,从后来村企的结构化扩张进程看,村社内部通过自我剥夺来完成资本原始积累的方式一直延续了下来,哺育了10余家企业,奠定了20世纪90年代产业化竞争阶段战旗村在"达标升位,争优夺旗"等地方评比中的优势地位。

(二)经营:制度红利支撑100%毛利率

战旗豆瓣厂投产后的生产经营,要经历从货币资本到生产资本的转变。战旗豆瓣厂主要产品——豆瓣和酱油——的生产经营过程,也是低成本、高利润的,这同样与宏观政策环境密不可分。

---

[1] 资料来源:2019年6月7日李世立访谈记录。

成都市一、二、三、四、五、六厂都是国有企业，他们有计划经济，他们那（的）国家供应粮便宜，半成品就便宜，我们家（代指企业）在他们那儿买点半成品，（简单加工后）我就出去卖了。

不管这海椒是一角、两角（还是）八分钱（一斤），反正我只给你（供销社）8%的管理费。你给我收10万斤，（总成本）就6000元，（我给你支付）480元手续费。因为我只要成本低，利润就高。

资料来源：2019年12月26日高玉春访谈记录。

从访谈记录中可以看出，豆瓣的原料来源有两个：一是从成都市国有企业采购半成品豆瓣、豆豉；二是委托供销社收购附近地域的海椒，向供销社支付收购管理费。计划经济下的国家供应粮价格低，豆瓣0.36元/斤，海椒0.06元/斤。生产豆瓣时，两者比例维持在4∶6，一斤豆瓣成品需要4两豆瓣、6两海椒、2两盐，原料成本大约为0.2元，按照市场批发价0.39元/斤售出，利润约为0.2元/斤。考虑到价格波动，毛利润率有时候可以达到100%[1]。

对于战旗豆瓣厂这样一个几乎没有任何机器资本投入的企业，为什么可以获得100%的毛利率？原因之一就是社队企业"搭便车"获得了宏观制度收益。

这需要简单地追溯一下历史背景。

20世纪50年代，中国开始实施计划经济，有一个很明确的核心——为国家工业化资本原始积累提取剩余，为此而形成的价格结构有两个特点：一是工农产品交换中的价格"剪刀差"，农村通过低价售卖农产品而高价买入工业品向城市工业输送剩余，这方面的理论研究比较充分；[2,3]二是价值增值集中体现在终端销售环节，生产环节之间基于成本价结算，降低了整个生产体系的资金使用量，而在面向社会消费者的销售环节陡然提高定价，一次性获取前端所有环节的利润。因为供给侧从生产到销售都是国有单位垄断的，而国家又

---

[1] 此处毛利润率反映单位成本获得的利润，即成本收益率，后文采取同样的计算方法。

[2] 严瑞珍，龚道广，周志祥，等.中国工农业产品价格剪刀差的现状、发展趋势及对策[J].经济研究，1990(2):64–70.

[3] 孔祥智，程漱兰.中国农村经济体制变迁及其绩效的经济分析[J].教学与研究，1997(10):25–30.

是资本原始积累的最主要主体,所以这样的制度安排有其逻辑上的合理性。在大多数时期,国家对于城乡非国有单位的生产经营活动都是严格限制的,以维持上述价值链闭环运行,保证增值收益掌控在国家手里。在发生经济危机时也有例外。

1958年到20世纪60年代上半期,在极端困难的经济条件下,国家放开对农村工业的限制,鼓励农村大办"五小工业",但对商业和服务业仍然进行严格限制。1979年到1984年,在经济危机和严峻的财政赤字的压力之下,政府鼓励农村大办社队工业(后来改名为"乡镇企业"),允许农民从事国家垄断控制的商业和服务业。战旗豆瓣厂成立的1981年,正是社会全面爆发经济危机的年份。一方面,国家政策松动,社队企业也可以直接面向市场;另一方面,全社会商品滞销,国有企业普遍面临市场萎缩、资金周转不灵的压力。在这种情况下,村办企业才有了与城市国有企业建立合作的机会。

战旗豆瓣厂与供销社的合作也是同理。供销社具有流通领域的制度和社会网络优势,兼有行政性流通机构和企业性经济组织的特征[1],为社队企业提供服务,既避免了资金占压,增加了业务收入,又有利于社会化的商品交换,解决农产品产销矛盾。

在所有收益都集中在销售终端的价格体系尚未改革,但市场主体已经放开的情况下,战旗豆瓣厂上联国有单位,下接终端消费市场,实质上是分享了过去由国家垄断性占有的从原料加工到出售的全产业链收益,村社企业只需要支付进入一个产业环节的成本,而国家则支付了从无到有构建整个产业链从经济基础到上层建筑的全部成本。与城市工业部门相比,农村工商业的边际投资收益率更高。所以,村办企业的自主发展带动了城镇化与工业化,低成本地占领了一般消费品市场,成为20世纪80年代推动国家经济复苏的主力。

对战旗豆瓣厂的另一种商品——酱油——的简单经济测算,也充分印证了乡镇企业发展初期进入现有价格体系的比较优势。成都市的酱油、醋酿造业比较发达,酿造历史比豆瓣更久远,生产工艺与产品质量基本满足了消费者的需求,本地品牌的市场份额在80%以上。战旗豆瓣厂生产酱油的这一阶段,以

---

[1] 黄少安. 合作经济的一般规律与我国供销社改革[J]. 中国农村经济,1988(07):24–27.

1981年为例,酱油的主要原料——黄豆和小麦——的价格分别为0.345元/斤、0.155元/斤。参照传统工艺酱油的原料配比,计算得到酿造酱油的成本为0.074元/斤,同期售价为0.24元/斤,成本利润率超过了300%。[1] 这对于刚刚步入工业化的乡村来讲,显然是一个不可多得的利好机会。后期的市场环境与此时形成了鲜明对比:1989年黄豆价格上涨到了1.2元/斤,比1981年增长了247%,而同期成品价格上涨到了0.48元/斤,尽管增长了100%,但与水涨船高的生产成本相比却是杯水车薪。

— 专栏 —

酱油价格变动:先锋酿造厂产品转型的一个可能背景

通过访谈我们可以了解到,企业经营后期以豆瓣为主产品,酱油生产逐渐退出。此专栏收录了酱油售价及原料价格变动情况,介绍企业产品选择的客观背景。

据四川省农业改进所资料记载,1937年,成都市酱油每斤(下同)为0.143法币,到1945年,日本投降时,涨到了203.73法币,比1937年上涨了约1425倍;1948年涨到了1345法币,比1937上涨了约9040倍。

新中国成立以后,在20世纪50年代,酱油价格起伏很小,一级散装酱油每斤零售价(下同)一直在0.24~0.28元(人民币,下同)。在三年困难时期,酱油价格上涨。1960年上涨到了0.50元,比正常年份高出1倍左右。为减轻群众负担,国家把酱油列为"18类生活必需品"之一,价格在原水平上被冻结。随着国民经济的调整和供应情况的改善,价格又基本恢复到20世纪50年代的水平。

"文化大革命"开始后,物价冻结,酱油价格稳定,但原材料价格上涨幅度很大。主要原料黄豆每公斤的价格在1983年为0.324元,1986年为0.432元,1989年为2.4元,比1983年上涨了约6.4倍。麦麸价格上涨幅度更大。加上

---

1 传统工艺酱油的主要原料配比为黄豆600斤、小麦360斤,每斤混合原料平均生产标准酱油3.7斤,960斤原料可生产酱油3552斤,共计成本为0.345×600+0.155×360=262.8(元),销售收入为3552×0.24=852.48(元)。

燃料价格上升,贷款利率提高,工缴费用及营业外损益(如退休职工的退休金等)增大,产品价格又多年未做调整,大多数企业都出现亏损,生产难以为继。为不影响市场供应,市政府召集各有关部门研究,决定在产品价格调整前(1986年1月—5月),对企业免征营业税,帮助企业渡过难关。

1986年5月起,逐步提高了酱油价格,由0.24元提为0.34元;1989年提为0.48元。

资料来源:成都市地方志编纂委员会.成都市志·物价志[M].成都:四川辞书出版社,1998.

可以说,村社获得的制度收益是转瞬即逝的机会性收益。这时村庄基础对于能否获得机会收益具有决定性作用。尽管是低成本起步,战旗村还是要拿出4500元现金购置必要的生产设备。在那个资金极为稀缺的年代,海椒收购价仅0.06元一斤,4500元就相当于75 000斤海椒!只有像战旗这样已经拥有了比较雄厚的集体资产的村庄,才具备抓住机会的条件。试想,其他村庄看到赚钱机会才开始攒钱,等攒够了钱想加入的时候,这扇窗恐怕已经关上了。同样的制度环境下,不同村庄把握机会的能力不同,导致了之后巨大的发展差距。

需要注意的是,在当时的制度空间下,乡、村集体经济组织与国企、供销社同属"体制内单位",彼此的交易成本较低。而私人则基本不具备与国企对接的条件。故而,战旗豆瓣厂获得的这个机会性的收益是全体村民的,而不是哪个个人的。

二、"一头在内,一头在外"享地利

(一)资本扩张与宏观经济危机

"资本一方面要力求摧毁交往(即交换)的一切地方限制,夺得整个地球作为它的市场;另一方面,它力求用时间去消灭空间,也就是说,把商品从一个地方转移到另一个地方所花费的时间缩减到最低限度。资本越发展,资本借以流通的市场，构成资本空间流通道路的市场越扩大，资本同时也就越是力求在空间上更加扩大市场，力求用时间去更多地消灭空间。"

资料来源：马克思，恩格斯.马克思恩格斯全集：第46卷（上册）[M].中共中央马克思恩格斯列宁斯大林著作编译局，译.北京：人民出版社，2009.

如经典政治经济学理论所言，完成资本原始积累的企业基于生存发展的需要，将继续通过内部积累、追加投资、吸纳外部资源等方式扩大资本规模。

承包人也讲道："**厂子完成任务、上交任务（之后），额外要生存、要发展，必须要扩建，（我就用）额外挣的钱来（扩建），余下的钱就增加固定资产。**"国家工业化艰难完成起步后，从20世纪80年代起就进入了产业资本扩张阶段，对村办企业来讲，完成资本原始积累后也普遍产生资本扩张的需求。自20世纪80年代以来，全国乡镇企业在工业化、城镇化的机会收益预期的作用下，自觉追加投入，面向需求爆发性增长的一般消费品市场，保持着30%以上的年均产出增长率，高于同期国营工业增速10个百分点，成为促进经济复苏与再度高涨的主力。乡村工业化引领着经济快速增长，从1983年起，我国经济出现了连续五六年的内需拉动型增长，农民收入在1988年的经济危机来临之前连续4年高于城市居民收入。[1]

只不过政府一如既往地偏向城市工业的政策导向，如同乡镇企业头顶的"达摩克利斯之剑"。再加上为刺激增长而推行的市场化改革引爆种种制度成本，依靠内部化机制完成起步的乡镇企业更需要形成比较优势和经营智慧，才能抵抗风险，获得持续性发展。

比如，自1988—1990年改革开放以来的第二次经济危机的爆发，就是对乡镇企业的一次大考验。

20世纪80年代，乡村工业化形成消费投资需求两旺的局面，价格体系不合理的问题日益暴露。从1985年起，政府全面开展市场化价格改革，农副产品的统购派购制度取消，除少数品种实行合同订购价和指导价外，绝大部分商品的价格都放开了，物价上涨趋势渐趋明显。1988年，相关部门先后决定调整粮、油收购价格，主要副食品（肉、蛋、菜、糖）的暗补改为明补，放

---

[1] 温铁军，等.八次危机：中国的真实经验1949—2009[M].北京：东方出版社，2013.

开名烟名酒价格，提高部分中高档卷烟和粮食酿酒的价格。市场日趋活跃之余也产生了"乱涨价，乱收费"的问题，上半年物价月均增加1.4个百分点，"价格闯关"引发的全社会大抢购更是将7月、8月物价涨幅推高到16.5%、19.3%。尽管相关部门在9月进行了一系列治理整顿，当年全国的零售物价上涨指数仍然达到了18.5%，工业原材料、燃料等购进价上升了19%。以成都市为例，1988年的零售物价指数上涨25.7%，仅10月份便上涨了41.1%[1]。从宏观货币结构上看，自1986年起，货币投放速度显著高于整体经济增长速度，当年（1986年）的政府财政赤字以全口径核算达200多亿元，1988年更是超过了300亿元。

政府为治理恶性通货膨胀而采取的物价调控、投资抑制、信贷紧缩等政策，使银行存款贷款利率相继提高，企业资金使用成本上升，加上产品销路受限，企业间相互拖欠货款，全国范围内的连锁负债问题突出，我国爆发了通货膨胀和生产停滞并存的周期性经济危机。这场危机对技术装备落后、资金外汇短缺、经营管理人才缺乏的乡镇企业而言，无疑是沉重的打击，不少企业因此负债经营，甚至破产倒闭。

战旗豆瓣厂恰是在这样的宏观背景下不断发展壮大，从有限区域范围走向全国，在20世纪90年代中期已然达到主营业务年收入超过500万元规模以上工业标准。我们将企业转危为机的机制归纳为路径依赖地发挥人力资本的作用，面向全国进行市场扩张，彰显地域优势，面向本地种植原料，降低原材料成本，形成"一头在内，一头在外"的发展模式。

之所以说路径依赖，原因在于纵观战旗村发展的全过程，每一阶段都有优质人力资本在发挥作用，这才形成了村庄在政治化、产业化、生态化竞争中的持续动力。从1983年起，企业开始施行承包制，这意味着村庄内部具有经营管理才能的劳动力与村办企业相结合，成了真正意义上的企业家。在这之前，这类管理者更多是依靠村庄这个大平台发挥作用，产生的收益由全体成员共享，风险由全体成员分摊，属于村庄整体拥有的人力资本。而承包制下，企业家个人因为发挥经营管理才能应对市场风险，从而获得对应报酬，这其实也离不开

---

[1] 成都市地方志编纂委员会. 成都市志·物价志[M]. 成都：四川辞书出版社，1998.

已经通过内部化机制完成资本原始积累的村办企业提供平台。不同之处是，企业经营收入不再是集体化时期的工农统一管理分配，而是开始采取"固定指标＋超额分成"的分配形式。

— 专栏 —

制度的演变

1983年，战旗豆瓣厂由集体经营转变为承包经营，承包方与集体签订的《社队企业联产责任制承包合同》（见图11-2）明确规定：1983年，年产值15万元，承包方需要上交集体1.2万元，包括管理费1500元，固定资产折旧费4150元，利润2900元，设备贷款利息2950元，土地租金500元；以上款项按照季度上交，一季度3000元，二季度2000元，三季度2000元，四季度5000元。承包方完成上交指标后，超额利润集体占50%，承包方留50%自行安排。

1985年，承包方与集体签订的《社队企业联产责任制承包合同》（见图11-3）规定：1985—1988年，产值19.71万元，承包方需要上交集体1.4万元，包括管理费、固定资产折旧费、利润和其他费用，按照季度上交。承包方完成上交指标后，超额利润集体占20%，承包方留80%自行安排。这80%中承包人留40%，战旗豆瓣厂留60%用于扩大再生产。

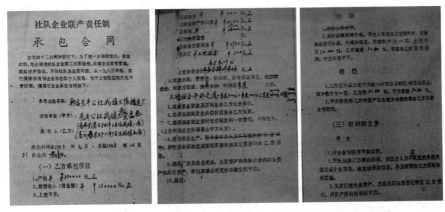

图11-2 《社队企业联产责任制承包合同》（1983年1月—1983年12月）

备注：管理费是指多种经营办公室收取的管理费用，固定资产折旧率约为10%，设备贷款利息率约几厘至1分。

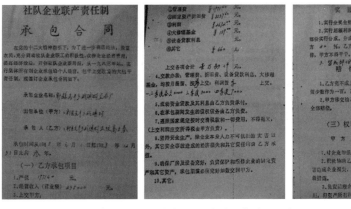
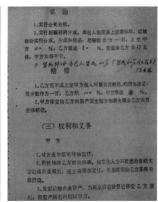

图11-3 《社队企业联产责任制承包合同》（1985年1月—1988年12月）

1991年，承包人与集体签订的《郫县乡镇企业系统承包经营合同》（见图11-4）规定：在承包期间（1991—1993年），企业总产值分别为1991年90万元，1992年100万元，1993年110万元；包干1991年上交甲方4万元，1992年5万元，1993年6万元；通过账务所得的纯利润，厂方有权开支40%。

资料来源：《社队企业联产责任制承包合同》1983、1985—1988、1991—1993，战旗村档案馆藏。

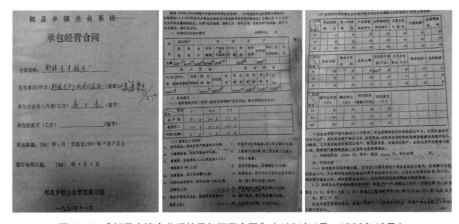

图11-4 《郫县乡镇企业系统承包经营合同》（1991年1月—1993年12月）

集体与企业的收益分配变化，从3份合同文本提供的资料中可见一斑。按照10%的折旧率可以推算出固定资产值的变化：1983年，企业固定资产为4.15万元，约为初始资本4500元的9.2倍；1985年，固定资产为8.54万元；1991年，固定资产净值为30万元，约为初始资本的67倍，这表明企业经营规模不断扩大。按照企业上交集体的收入占年产值的比重，计算不同承包期内的集体收益率：

1983年为8%（1.2÷15），1985—1988年为7.1%（1.4÷19.71），1991年为4.4%（4÷90），1992年为5%（5÷100），1993年为5.5%（6÷110）。在超额利润的分配上，集体占比从1983年的50%下降至1985年的20%。可以看出，随着经营管理制度的调整，原本由村社全体成员共享收益、共担风险的分配方式，开始呈现以集体、企业作为利益边界的特点。

先锋酿造厂的厂长高玉春回忆承包制时期的利润分配时谈道："**我交了承包费、国家税收（之后），（剩下的利润）都没有拿给集体，给车间主任、骨干拿奖金啊，（一年的）工资发了（之后）就额外给（他们）点钱，（再）有钱我就买车了，买了桑塔纳、红旗，还有131北京，桑塔纳是业务车，131汽车属于运输车。**"[1] 这里需要做一点释义：从工业企业成本核算的一般过程来理解，因为公司中层管理者的福利费、奖励基金被计为产品成本，这类费用的增多意味着利润总额基数减少，参与分成的净利润也就随之减少了。

正是由于不同主体在承包制下"分灶吃饭"，利益分化，以及资源要素投入产生的增值收益分配能否满足贡献收益对等原则，成为了解企业发展过程的一条线索。

（二）面向全国放大空间资源优势

"（生产）关键是（看）销售，销得快就生产得快。几千个缸子轮换，只要你卖得出去就可以轮换，你卖得快我就轮换得快。厂里面的销售人员（每年）都去（参加糖酒会），那都是重要的机会，你要抓紧。"

资料来源：2019年12月25日杨洪福访谈记录。

这位职工的发言揭示了销售环节对于生产周期短、轮换速度快的酿造行业的关键作用。豆瓣厂是通过开拓新客户、产品差异化等传统手段解决销售问题的，例如，厂长每年都报名参加石家庄、郑州、西安等地的糖酒会，打品牌，做宣传；参加郫县豆瓣匿名评选大赛。1989年，运用个人的社会关系资源，

---

[1] 资料来源：2019年12月26日高玉春访谈记录。

用托收承付的方式，将价值 30 余万元的 6 车皮产品发往北京，成功打开了北京市场。自此，产品销路不断扩展，20 世纪 90 年代，基本形成了覆盖全国范围的销售市场。

看似普通的现象值得深思：一家村办企业的产品销售范围为何能覆盖全国市场？对此，需要从地理空间视角理解郫县豆瓣的垄断性优势。

众所周知，郫县豆瓣是四川人必备的调味品，赖其扛鼎的川菜以香辣在八大菜系中独树一帜，民间流传着"食在中国，味在四川，魂在郫都"之说。但郫县豆瓣被誉为"川菜之魂"并非偶然。一般解释是，郫县地处川西平原，气候湿润，春早夏长，秋雨冬雾，风力作用下的湿空气流动，提供了培育微生物菌群的良好环境。当地人民依照气候环境变化，形成了"晴天晒，雨天盖，白天翻，夜晚露"的生产技艺，所产豆瓣具有鲜红油润、辣而不燥、回味醇厚的郫地特色。

长江的北支岷江，是一条狂野不羁的河流，自李冰主持修建都江堰，将岷江分为内江和外江并依据水量实现自动分水之后，内江水自宝瓶口流入成都平原，使这里成为"水旱从人、不知饥馑"的"天府之国"。从大的地缘格局看，此地成为决定中国政治版图的重要杠杆，"得蜀而得天下"；从另一方面来看，中国各地文化的碰撞交汇形成了郫县豆瓣这一标志性产品。印度洋暖湿气流沿着世界屋脊一路爬升，在 4000 米的海拔上形成冰雪，又在高原阳光的照射下融化成水，流出山谷，进入都江堰，经宝瓶口，像扇面一样展开，分几条河道进入广阔的成都平原，再被沟渠条分缕析成细密的水网，和人的勤劳、物的丰饶一起编织出天府之国的图景。郫都区就处于从岷江到成都平原黄金水网的第一节点，是成都平原的上风上水之地。地处都江堰、郫都区、彭州交界处的战旗村，因受到都江堰内江四大干渠之一的柏条河的滋养，酿造产业繁荣发展。

水土异，则味不同。这种特殊的空间地理资源构成了郫县豆瓣作为商品的部分使用价值，也是造成产品差异化的重要因素。当郫县豆瓣打破地域限制，面向全国扩张时，豆瓣负载的地域特色也自然而然地在更大的地理空间中铺展开来，凝聚为产品的一项比较优势，在各种调味品的"围攻"中立于不败之地。

（三）在地化节约生产成本

即便有市场、有销路，在物价急速上涨、有关部门进行紧缩性调控的特殊时期（1988—1990），不少企业仍然面临原材料紧缺、生产费用上涨、货款回收难、资金链断裂导致生产停滞的压力。政府以"沿海经济发展战略"为名，要求沿海乡镇企业"两头在外"，让出国内原料与市场。战旗豆瓣厂巧妙地采用外地引种、本地种植的方式，解决了原材料短缺的问题，极大地节约了生产成本。

1990年，为了扩展经营范畴，战旗豆瓣厂更名为先锋酿造厂，扩充产品结构，推出盐（腌）大蒜、泡菜、冬菜、豆豉、泡海椒等酱腌菜系列产品，并由厂长从外地引进榨菜种子，免费发放给各户村民，带动1000多位农民种植，按照保护价0.08元/斤收购，走出了"公司+农户"的发展路子。截至1994年，战旗村全村榨菜种植面积约500亩，且开发了北味和川味榨菜，产量达150万斤，人均增收586元，企业获利39.2万元。一方面实现了农民增收，另一方面解决了原材料紧缺的问题，就地收购降低了生产成本，增强了产品的市场竞争力。同年先锋酿造厂向县政府提交了扩建年产1200吨蔬菜制品技术改造工程的农发资金请示，请求县政府解决60万元资金缺口，试图实现企业与农业共发展，加快小康建设进程。

1992年，先锋酿造厂以700元/亩的租金租用农户承包地，厂房面积扩大到了20余亩，年产量达百万余斤，职工增加至60余人，人均月工资为200~300元。1992—1994年，先锋酿造厂累计实现产值1460万元，收入880万元，利税123万元，成为名副其实的产业化竞争中的先锋。先锋酿造厂的厂长高玉春在此阶段因良好的经营管理能力，荣获"成都市乡镇企业家""成都市劳动模范"称号。

此中还有一个插曲。1995年高玉春当选战旗村党支部书记兼任集凤实业总公司总经理，1996年担任集凤实业总公司董事长。1994—1996年，村集体与先锋酿造厂签订的承包经营合同中，企业法人代表其实是王平，而非高玉春。1995年8月，王平被免去厂长职务，转而分管总公司供销工作，高玉春全权负责经营先锋酿造厂。

关于总公司与酿造厂治理结构的调整及背后的责、权、利已难以追溯，但至少20世纪80年代到90年代，企业发展的经济基础已不同于起步阶段，企业收益更多地表现为市场环境下的风险收益。先锋酿造厂在市场扩张中发挥了空间地理优势，同时又依赖在地化保障成本较低，内外结合享地利。

三、重构村企治理边界得人和

20世纪90年代，我国经历了两次经济危机，在一次次危机应对中总结经验，并于21世纪开启了生态化转型之路。20世纪90年代至今，以先锋酿造厂为代表的村办企业经历了两次调整：第一次是在1995年，由承包制转为股份合作制；第二次是在2004年，由股份合作制转为租赁制。

（一）滞胀型经济危机与股份化改制

1988—1991年的滞胀型经济危机喘息未定，意在增加出口创汇、化解外债危机而推出的对外开放战略，因中央政府加快货币化及放开股市、期市和房市三大资本经济领域而畸变为货币大量增发，掀起投资狂潮。不仅政府机关大办企业，社会投资欲望也急剧膨胀，群众纷纷参与投资、集资活动，债券、代币券利息高达20%~40%，而储蓄增长幅度缓慢。这一时期的经济过热被总结为"四热""四高""四紧""一乱"[1]，短期内连续出现的货币供应超常增长和财政赤字，再加上贸易累计逆差和长期债务压力，1993年，财政、金融、外汇三大赤字联合爆发，1994年CPI（中国居民消费价格指数）上涨幅度高达24.1%。应对此次危机的改革措施包括本币名义汇率贬值以促进出口，实行"分税制"改革以化解中央财政困境，缩减教育医疗等公共部门的财政支出，国有企业减员增效，限制地区间信贷以缓和金融困局。这些调控政策对中小企

---

[1] "四热"即房地产热、开发区热、集资热、股票热；"四高"即高投资膨胀、高工业增长、高货币发行和信贷投放、高物价上涨；"四紧"即交通运输紧张、能源紧张、重要原材料紧张、资金紧张；"一乱"即经济秩序混乱。

业的影响表现为资金稀缺，资金使用成本日益高昂。尽管1994年贷款利率为10%，但企业实际拿到的贷款利率为20%。银行信用膨胀直接导致企业间连锁负债与库存占压，甚至诱发生产停滞[1]。

正是在这一时期，战旗村被确立为企业改制试点村，由郫县审计事务所组织开展资产评估，村内进行股权划分与股份量化。1995年1月11日，战旗村召开改组大会，5家集体企业共同组建成立了集凤实业总公司。股权结构上，村集体占50%，职工占20%，企业占30%。其中，职工股份量化方式为，按100计算，职工人头均摊占30%，厂龄占30%，岗位占20%，职称占10%，贡献占10%。享受股份量化的在职职工以现金认购适当比例的个人股，以所持的个人股份作为企业的股东。[2] 先锋酿造厂股本金总数为203.90万股，其中集体股本数约为80.49万股，占比约为39.47%；职工个人股本数约为46.65万股，[3] 具体如表11-1所示。先锋酿造厂全厂职工按照1:3的比例出资购买股份（1元购买3股），实现了全员持股，按股比享受分红。

表11-1　1995年成都市集凤实业总公司先锋酿造厂股份占比及应分金额

	股本金数（股）	股份占比	应分金额（万元）
村集体股	804 893	39.47%	12.38
公司法人股	273 741	13.43%	4.21
企业共有股	445 623	21.85%	6.85
职工个人股	466 455	22.88%	7.18
两委聘用股	48 300	2.37%	0.74
总　计	2 039 012	100%	31.36

— 专栏 —

郫县唐昌镇战旗村五企业资产评估报告书

本专栏整理了1994年《郫县唐昌镇战旗村五企业资产评估报告书》全部内容，方便读者了解集体企业资产负债情况，原文如下。

---

1 温铁军. 我们到底要什么 [M]. 北京：华夏出版社，2004.
2 摘自先锋酿造厂《重大事件记录》。
3 参考1995年《成都市集凤实业总公司利润分配补充表》计算。

郫县唐昌镇战旗村村民委员会：

经唐昌镇人民政府立项批复和贵村的委托，我所成立由注册审计师、工程师、经济师和资产评估专业人员组成的评估小组，对村属五家企业进行了资产评估。经过一个月的工作，在村委会和企业的支持配合下，资产评估工作顺利完成。现将评估结果报告如下。

一、企业概况

四川省郫县先锋酿造厂、郫县先锋第一机砖厂、成都郫县复合肥料厂、郫县会富豆瓣厂、郫县先锋面粉加工厂等五家企业均属战旗村所属的村办企业，地处唐昌镇战旗村。基准日期总资产为 9 360 938 元，其中固定资产原值为 2 116 376 元，净资产为 3 066 690 元。经县体改委同意列入郫县村级经济组织改革的示范村，以推动全县村级经济组织改革进程，加快村级经济组织的发展。

二、评估目的

转换经营机制，实行股份改造。

三、评估的基准日期

1994 年 11 月 20 日。

四、评估的原则和依据

本次评估的依据：国家国有资产管理局、国资办〔1992〕36 号文件《关于印发〈国有资产评估管理办法施行细则〉的通知》，以及成都市资产评估管理中心有关资产评估的精神和公认的评估准则。

评估小组在本次资产评估中遵循的原则是客观、公正和独立评估，即遵循客观、公正、实事求是的执业准则，在评估工作中不受资产评估委托方（或资产占用单位），或其主管单位、政府部门及其他经济行为当事人的干预和干涉，保证资产评估结论的真实性和准确性。

五、评估范围和类型

对上述五家企业依法占有和合法拥有的全部资产进行整体评估。

六、评估的标准和方法

本次资产评估采用国家规定的重置成本标准、收益现值标准及相适应的方法。

七、资产清查

对五家企业资产的盘存清查,在统一确定的基准日期内同时进行。对资产盘存结果及债权债务的清理的会计处理,已在基准日期内的会计报表中调整,故在调整数栏目中,只调会计科目,不做资产总额的数字变动。

八、评估结论

根据确定的基准日期与资产评估的标准和方法,战旗村所属五家企业资产评估的结论为,基准日期总资产为 9 360 938 元,评估价值为 10 271 968 元,净增值 911 030 元,增值率为 9.73%;总负债为 6 294 248 元,所有者权益为 3 066 690 元,评估增值 911 030 元。

九、评估资格及法律责任

本所资产评估的资格,已由成都市国资局、成国资〔1993〕第 18 号文件批准授予。本所对上述评估结论的真实性承担责任。

郫县审计事务所

一九九四年十一月二十一日

资料来源:郫县审计事务所《郫县唐昌镇战旗村五企业资产评估报告书》。

这里需要注意的是,面对三大赤字爆发后普遍的资金成本上涨的问题,改变经营制度,发展股份制经济,发掘村庄内部资金,向本地社区居民、本厂职工集资,实际上发挥了替代银行高额贷款利息、缓解资金约束的作用。同期,国有企业改革方式是迫使职工买断工龄,减少富余人员,部分乡镇企业通过发展为私有化企业来获得贷款,但由于这些企业未能同步承担职工的社保,导致了大量群体性事件的爆发。

战旗村在股权设置上的创新之处是设立了职工股,给予村民共享企业发展成果的权利,这是对企业资产中职工劳动贡献的认可,保障了劳动者以劳动和土地替代资本投入所形成的资产权益。另外,尽管村企关系已从集体化时期的紧密共生演变为"脱嵌"程度加深,但由于企业没有完全脱离乡村集体经济,以集体企业的名号进行市场活动就有了合法性。同时,集体从企业收取的租金、管理费,用于社会公共开支。企业前期的利润总额相对维持高位,职工购买股份的支出在前几年的利润分红中也基本抵消。企业还安置了村内的部分剩余劳动力,与村民形成了利益联结,村民获得了股份分红、工资收入、奖金等多种收入渠道,这些都在一定程度上减少了改制的制度成本。

通过改制整合村内资金、人员,先锋酿造厂尚有条件通过资本增密的形式提高市场竞争力。改制后投入 10 万余元建设了贮存量为 100 万斤的豆瓣池,后续又建设了企业储料池、烘房,购置了成球盘、提升机[1]。战旗村也在产业化进程中高歌猛进。1996—1997 年,在郫县 261 个基层单位的考核评比中,战旗村以 7378 万元的工业产值位居第 10 位。1997 年村企产值达 6592 万元,位居第 7 位。

(二)生产过剩与第二次改制

在上一轮危机中,村社企业通过整合资源、劳动力并将其转化为资金,顺利化解了资本短缺的危机。不过,面对东亚金融风暴带来的以通货紧缩为标志的萧条,单个企业就"覆巢之下,安有完卵"了。

20 世纪 90 年代初期的滞胀型危机对经济发展有两大影响:第一,1994—1997 年连续 3 年的宏观调控,使城乡群体共同承担了制度成本,国内需求较 20 世纪 80 年代明显下降,出口成为经济增长的第一动力,我国经济对外依存度提高,受到国际经济周期的影响越来越大;第二,产业资本逐步走向过剩,追求逐利性的金融资本异化于实体产业资本。东亚金融危机就是这两大弊病的例证。

1997 年,东亚遭遇金融危机,直接导致我国出口减少,1998 年的出口增长率陡然下降为 0.5%,出口拉动增长从上一年的 4.2% 下降为 1.3%。外需收缩导致经济增速下降,连带就业压力增加,出现了 1999—2001 年以通货紧缩为标志的萧条,被对外净出口的增长所掩盖的国内供求总量矛盾日益凸显。对此,中央政府陆续推出了银行商业化改制,发行长期国债投向基础设施建设,出台调整区域差别和城乡差别的国家重大战略,采取"政府进入"的方式应对

---

1 根据《成都市集凤实业总公司 1999 年工作报告》《成都市集凤实业总公司 2000 年工作报告》整理。

危机，这也成为 21 世纪维持 10 年经济高增长的主要手段。[1]

在本轮危机中，国内不少学者指出，我国处于告别短缺、进入过剩的阶段性变化时期。以政府追加投资带动经济增长的粗放型发展方式，实质是制造了更大的生产过剩。事实表明，随着全球产业资本重新布局，我国在加入国际大循环的同时，出现了产业资本、商业资本、金融资本三大领域过剩。

— 专栏 —

21世纪初期郫县豆瓣行业发展情况

对于生产过剩这一现象，从郫县豆瓣行业的发展中可见一斑。

2001 年，郫县县政府明确将构建郫县豆瓣大产业作为发展目标，以构建全国最大的调味品基地为重要导向，不断通过资本经营构建豆瓣大集团，建设规模化、产业化企业。2004 年，郫县县域豆瓣生产企业达到 160 多家，主要分布在唐昌镇、花园镇、新胜镇、安德镇、唐元乡、友爱乡等 19 个乡镇，全县年均产豆瓣 7 万吨，年均销售收入达 2 亿多元，税收贡献 1000 多万元[2]，形成了鹃城、川老汇、丹丹、川郫、老吉师、恒星等特色品牌。

外部危机导致企业经营状况下滑，村企交易关系便难以维持，这成为促进双方利益结构调整的关键因素。

从 1999 年起，村"两委"、企业经营者针对股份合作制企业的发展问题进行了多次商议，出现了**"股份合作制企业不够完善，应加强管理，公司应对下属企业相当了解""企业厂长的报酬是职工工资的 3 倍，有年终奖金，公司的财务业务应管理好""改变集凤公司松散、不完善的机构，明确企业经营者、生产者、所有者，明确权责利"**[3] 等看法。

2001 年，鉴于总公司内有企业亏损严重，村集体动用集凤公司往年储备金参与分配。《集凤实业总公司 2001 年工作报告》中指出："**历年提留的储**

---

[1] 温铁军，等. 八次危机：中国的真实经验 1949—2009 [M]. 北京：东方出版社，2013.

[2] 杨建伟. 建协会产业兴农民喜：成都市郫县食品工业协会为振兴郫县豆瓣产业献计策 [J]. 农村经济，2004(1):43-44.

[3] 资料来源于战旗村档案馆藏的《战旗村委会会议记录》。

备金年初已进行分配,职工应分金额已全部转入个人股份,参与今年分配。"2000年12月,村集体股及"两委"个人股应分配的企业经营利润外加储备金分红共计61.2万元,收取管理费9.8万元,三项汇总,达71万元。村集体在本次股权变动中由负债变为盈余,时任村干部回忆:**"当时村委会是没有钱的,村委会负债,负债多少我记不清楚了,村上没有钱。(按照)储备金的50%,这样就分了46万(元),支出过去的负债30万(元),就还剩16万(元),村上就从负债变为(了)有钱。"**[1] 先锋酿造厂累计储备金达50.7万元,按照每股0.25元进行分配,职工应分116 613.75元。按照上述规定,转入职工个人股,2001年起先锋酿造厂职工个人股增加至583 068.75股,参与当年分配。

另外,集体企业中如何合理衡量企业经营者通过追加投资形成的利润增长,自承包制以来便没有明确规定。2001年,村办企业按照郫委发〔1998〕13号文件规定,将企业共有股全部奖励给企业经营者,先锋酿造厂企业共有股共计446 273股变更为经营者奖励股。[2] 2002年,经营者奖励股和积累股合计的583 143股,分配给经营者奖励股291 571股,剩余291 572股恢复为企业共有股,如表11-2所示。这一股权结构调整,客观来看是增加了经营者的收益。但从后续访谈中得知,经营者奖励股因种种原因并未真正实现。

表11-2 2000—2003年先锋酿造厂股权结构变动

股权状况		2000年	2001年	2002年	2003年
参与分配金额(万元)		17.92	11.66	9.16	6.53
股本金总数(股)		2 038 705	2 154 474	2 154 474	2 154 474
每股分配(万元)		0.0879	0.0541	0.0425	0.0303
村集体股	股本金数(股)	941 764	941 764	941 764	941 764
	应分(万元)	8.2781	5.0949	4.0025	2.8535
企业共有股	股本金数(股)	446 273	/	291 572	291 572
	应分(万元)	3.919 1	/	1.2392	0.8835
"两委"个人股	股本金数/股	48 300	48 300	48 300	48 300
	应分(万元)	0.4241	0.2613	0.2053	0.1463

---

1 资料来源:2020年1月6日李世立访谈记录。
2 根据《成都集凤实业总公司2001年工作报告》整理。

续表

股权状况		2000年	2001年	2002年	2003年
经营者奖励股	股本金数（股）	/	446 273	291 571	291 571
	应分（万元）	/	2.4413	1.2392	0.8835
职工个人股	股本金数（股）	465 498	581 267	581 267	581 267
	应分（万元）	4.0917	3.1447	2.4704	1.7612
积累股（原公司法人股）	股本金数（股）	136 870	136 870	/	/
	应分（万元）	1.2031	5.0949	/	/

资料来源：《成都市集凤实业总公司利润分配方案》（2000—2003年）。

客观来看，先锋酿造厂的经营情况，如表11-3所示，2003年度利润总额与1999年相比下降了73%，集体分红从1999年的13.02万元下降到了2003年的2.85万元，足足下降了78.1%。

表11-3　先锋酿造厂1999—2003年经营情况

经营状况	1999年	2000年	2001年	2002年	2003年
营业收入（万元）	464.98	440.03	361.73	366.23	418.78
营业成本（万元）	357.31	344.42	279.96	249.57	299.98
营业费用（万元）	33.85	33.88	34.63	61.72	62.03
营业税金（万元）	1.22	1.55	1.44	1.11	0.73
管理费用（万元）	30.19	30.30	31.90	37.83	42.05
财务费用（万元）	7.11	7.16	1.57	0.28	2.52
营业利润（万元）	42.14	29.88	12.23	15.72	11.47
营业外收入（万元）	0.63	0.29	0.80	0.37	/
营业外支出（万元）	0.53	2.35	/	/	/
利润总额（万元）	42.51	27.82	13.03	16.09	11.47
参与分配（万元）	28.26	17.92	11.66	9.16	6.53
集体分红（万元）	13.02	8.28	5.09	4.00	2.85

资料来源：根据1999—2003年《成都市集凤实业总公司损益表》整理。

2004年，战旗村集体推动了村办企业租赁制改革。村集体为回购职工股份，请专家讲解"经营权与所有权"的关系。职工个人所持有的股份是微少的，对应的权利是离散性的，本身不具有依靠股权实现收入增长的能力，而支持集体的股份回购行动可以获得及时的现金收入；经营者则需要考虑未来经营成本抬升带来的资金紧约束的问题。因此，集体与村民紧密结合符合村庄整体利益格局重构的要求。2004年5月29日，村集体以1元/股的价格，以现金支付的方式收回了先锋酿造厂的职工个人股，共有49名职工进行了股权转让，共计581 267股，具体如图11-5所示。

图11-5　先锋酿造厂职工股权转让花名册

收回企业后，集体对各厂资产进行盘存核资，以固定资产租赁、流动资产拍卖的形式将企业出租给了新经营者，且优先满足原有经营者的需求。2004年6月10日，先锋酿造厂固定资产合计约118万元，流动资产合计约462万元，长期投资25万元。[1] 2004年6月18日，村集体与先锋酿造厂签订《关于先锋酿造厂流动资产购买兑现协议》，村集体将先锋酿造厂流动资产出售给了原厂长高玉春，总值约489万元，扣除企业应付的税金、工资、个人借款本金和利息等约47万元，以及企业股份（包括经营者奖励股）约52万元后，应付现金约388万元。双方约定：2004年6月26日前，高玉春先支付259万元，剩余129万元由企业向集体贷款，协议规定贷款分3年还清，每年归还43万元，自2005年7月14日起计利息。[2]

流动资产的定价依据是，未加工的原材料按账面计价，加工后的产品按市场标准估计，均出售给租赁方。由于处于从2002年下半年开启的新一轮宏观

---

[1] 根据《先锋酿造厂2004年资产负债表》整理。
[2] 根据《关于先锋酿造厂流动资产购买兑现协议》整理。

经济景气周期,原材料价格上涨,仅以水瓣子为例,半成品的厂价为0.7元/斤,市场价为0.9~1.0元/斤,村企最终协商采取折中办法,以0.8元/斤计算。[1]我们将0.1元/斤的涨价归结为客观环境下的正常反映,集体在这一过程中获取了涨价红利。这样就不难理解原厂长对流动资产的异议了:"**我手里头的海椒五角二(分),加料工费加资金利息六角二(分),他(代指集体)卖给我八角二(分),赚两角!你(如果)不要就算了,我想不通(这种定价方式)。**"[2]

通过拍卖流动资产,为村庄转型发展注入了"源头活水",这点从该阶段开展的若干次情况小结、情况汇报中得以体现。2004年8月的《企业改变经营机制的情况小结》中强调:"**企业性质明晰了,资产属性清楚了,企业性质是集体所有制,经营是租赁制**""**更大的效益是增值效益,如果当时不改,3年过后企业就全部'死'了,这三四百名职工在全村就找不到事情做,这种后果是不可想象的**"。企业改制的同时,村集体紧锣密鼓地筹备土地集中工作,收回的流动资金成为村内的社会文化建设、公益开支的资金来源,成为撬动新时期生态化转型的杠杆。

对固定资产的处置是,租金价格3年调整一次,每年12月底交租。经过实地调研了解到,2008年3月,因村民集中居住的需要,先锋酿造厂厂址迁至沙西线沿线(战旗村村口马路对面)。旧厂房建筑、地上附着物及搬迁费补偿金共计142万元,由集体投入189万元组织搬迁和新厂房修建工作,新旧厂房建筑面积大致相同,维持在20亩左右。土地租金加厂房租金为40万~50万元/年。

这种集体收取固定租金、企业使用建设用地的形式,需要联系宏微观背景。2004年修订的《中华人民共和国土地管理法》对企业占用土地发展生产提出了刚性约束。同期,成都市提出并实施"三个集中"的发展思路,鼓励"工业向园区集中,土地向适度规模经营集中,农民向集中居住区集中",为土地规模集中提供财政补贴,战旗村经过土地整理和基础设施建设,价值显化。两个因素叠加,抬升了新进入的工业企业的用地成本。某位村民接受访谈时表示:

---

[1] 根据2004年6月8日会议记录,先锋酿造厂原材料价格最终确认为水瓣子0.8元/斤,干椒胚0.75元/斤,鲜椒胚0.85元/斤。

[2] 资料来源:2019年12月26日高玉春访谈记录。

"建设用地，比如郫都区交易所挂牌的价格是 80 万 / 亩，收益达 4 厘，直接按照作价的银行利率收租金，我应该收你 3000 元 / 月。"[1] 对比来看，集体每个月收取村办企业 1670~2080 元 / 亩的租金，是低于市场化定价的。集体对全村资源保有一定的调配权，也保障了企业厂址的顺利搬迁。

而且，集体仍然发挥着养育企业的作用。集体将资金以 10% 的利率贷给本村企业，产生的增值收益又回流到村庄，扩大了集体的积累，形成了村企良性生态。例如，2004 年 11 月《战旗村企业改变经营机制的情况汇报》中提到，先锋酿造厂需要支付 388 余万元流动资产款项，合同签订时应支付 2/3，但先锋酿造厂在实际操作中支付了 150 万元，该年应交的 120 万元尚未兑现。在后续会议中，双方协商后同意，"若在 2005 年 1 月底发工资有困难，村上借（给企业）20 万元资金给职工发工资（短期借款，如果企业有钱发工资就不再借予）"。

从整体来看，在经济环境不稳定且竞争加剧的情况下，以重构村企交易关系和治理边界来实现"人和"，为新时期村办企业的持续发展带来了竞争优势。

四、小结

生于忧患，长于忧患。乡镇企业的发展无法脱离外部宏观环境的约束，但又不是简单遵循外部环境给定的发展路径，这也是乡镇企业之"谜"历来受研究者青睐的原因。

从本专题来看，以先锋酿造厂为代表的集体企业，经历了起步、承包、改制、租赁，终归集体所有，享受天时、地利、人和带来的利好。其中的机制在于，自创立之初，村办企业便与乡村集体有着盘根错节的联系，依托村社内部完成资本原始积累，且在后续制度演变的过程中存在路径依赖，加上特殊气候、地理条件形成的独特空间优势，使这样一家酿造企业历经危机仍得以延续。

---

1 资料来源：2019 年 10 月 3 日妈妈农庄负责人访谈记录。

第十二章
一个宏观周期中的村社企业
——战旗村会富豆瓣厂的十年

成都市富友绿色调味品有限公司（以下简称富友绿色调味品公司）位于战旗村2组，占地面积约12亩，共有36名固定员工，主营产品为红油豆瓣、传统豆瓣和火锅豆瓣，年营业额为5000万~6000万元。富友绿色调味品公司的前身是会富豆瓣厂，于1993年正式运营，是战旗村最早进行豆瓣生产的企业之一。2003年转制后，企业法人变更为杨奎，注册资本为100万元，同年，更名为成都市富友绿色调味品有限公司。

一、宏观经济高涨中起步（1992—1993）

1992年，邓小平发表了南方谈话，把我国改革开放和现代化建设推入了新的发展阶段，同时肯定了乡镇企业也是公有制经济的一部分，在政治上给予其正确性评价，乡镇企业的发展从此迈上了新的台阶。1993年，国务院颁布了《国务院关于加快发展中西部地区乡镇企业的决定》，在资金、人才、制度上都给予乡镇企业政策支持，会富豆瓣厂就是在这样的宏观政策背景下建立起来的。

会富豆瓣厂的创办者兼厂长是战旗村机砖厂的前任厂长罗会富。

1949年出生的罗会富是一位木工，在新中国建设初期，工匠无论是对城市而言还是对农村而言都属于紧缺型人才。一般来说，如果让劳动力、资本、土地这三要素自由流动，城市势必会因为要素投资回报率高于乡村而更易于实现资源聚集，这也是乡村衰变的根源所在。然而在战旗村，这一人才自由流通的通路被人为地切断了。

> 1965年我在灌县打工，当时供销社招木工，我就过去帮忙做家具。做了大概一年的样子，他（供销社主任）就看上我了，就喊我回去把迁移手续办下来。我回去办手续时，支部大队书记（蒋大兴，时任战旗村第一任书记）就是不同意，我又回去继续上班。又做了不到半个月，村里就派我大哥罗会昌喊我回去，说是要帮他们大队搞建设，我很为难。你看那边（供销社）有很好的待遇，我这边家庭很困难，而且刚结婚，什么都没有。但我大哥说要是我不回来他就在那儿等，第二天我就跟着他回来了。

资料来源：2019年12月罗会富访谈记录。

战旗村出于留住人才的考虑，并没有让市场发挥资源最优配置的作用，而是通过政治手段和熟人关系网络为农村留住了人才，为日后村庄的发展积累了高质量的劳动力要素。此后，以罗会富为代表的技术型人才为战旗村创造了良好的基础设施环境，战旗村的工业化逐渐起步，罗会富承包的先锋第一机砖厂也成为战旗村集体企业的孵化器，陆续投资修建了豆瓣厂、酒厂、面粉厂、预制构件厂、肥料厂、蜂窝煤厂等乡镇企业，会富豆瓣厂就是机砖厂投资修建的企业之一。

据罗会友回忆，1992年，他正在先锋中学教书，被哥哥罗会富叫回到战旗村创办豆瓣厂，"富友豆瓣"的名称即由此而来。

同许多乡镇企业一样，会富豆瓣厂的三要素是依托集体经济而实现了从0到1的转变。

首先看资本要素。会富豆瓣厂的启动资金约51万元，其中机砖厂拨出了价值11万元的红砖用于会富豆瓣厂的厂房建设。会富豆瓣厂建有厨房、库房、鲜椒房、小瓦房、机修房等，建筑面积共计2942.71平方米。除此之外，机砖厂还投资了将近40万元用于其他建筑原材料和工人工资支出。[1] 1993年豆瓣厂正式投产运营后，出现了乡镇企业普遍面临的资金短缺问题。在乡镇企业很难获取银行借款的背景下，厂长通过集资的方式号召豆瓣厂的20多名职工和机砖厂的80多名职工共同集资，承诺一年后还清，利息1分，最终筹得

---

[1] 资料来源：2019年11月3日罗会友访谈记录。

100多万元现金，用于第一年的生产经营，从而解决了资金短缺的问题。从这里我们就可以看出乡镇集体经济企业的内生优势，由于厂长和员工都是战旗村当地的村民，企业带有很强的社会属性，这种镶嵌于乡土社会内部的社会关系网实现了对乡镇企业的赋能，让乡镇企业获得了城市资本所缺乏的社会资本，使其能以最低的成本调用村庄社会中的一切有利资源来实现资本积累。当然，企业家投入的个人信誉、名誉、权威及个人的大量劳动等无形资产也应当考虑在内。

其次是土地要素。乡镇企业发展之初，集体产权的性质决定了其使用集体土地发展工业的合理性和合法性，因而不需要支付相应的土地使用费或转让费等。1992年，企业与战旗村2组的村民签订协议，租赁10多亩的土地用于修建厂房，土地费每年每亩仅需1200元。在这个阶段，会富豆瓣厂"吃"的是政策红利和制度红利。1998年修订的《中华人民共和国土地管理法》颁布后，国家垄断了一级土地市场，企业征占农地的费用大幅度攀升，红利消失。

然后再看劳动力要素。会富豆瓣厂前期招募员工15人，全部为机砖厂职工的家属，且基本是本村村民，年龄在40~60岁。因豆瓣厂产品生产的特殊性，采用的是计件工资制，不设置保底工资。工人都是兼业型农民，他们农忙时务农，农闲时务工。农民不仅用接受低工资的方式为企业积累做出了贡献，同时还减轻了企业的固定成本压力。值得注意的是，会富豆瓣厂在起步阶段，企业的主要负责人都只领取了非常微薄的薪水，厂长未领取一分钱工资，职工更是贡献了自己的闲置财产用于企业经营。也就是说，乡镇企业不仅用极低的成本占有了大量剩余劳动力，且不存在城市资本下乡必须解决的企业文化和个体激励问题，这一切都来源于乡镇企业所独有的社会效应。

最后看会富豆瓣厂的分配方式。会富豆瓣厂创办于股份制改革的前夕，初期依旧采取承包制的模式，企业每年向村集体上交5万元的承包费，集体不承担亏损风险，也不参与剩余利润分配。会富豆瓣厂第一年的大部分利润都用于偿还企业对职工的欠款。

二、经济过热与萧条危机下的企业改制与经营（1994—2002）

外生性的制度变化总是与宏观经济波动相关。1993 年，财政、金融、外汇三大赤字同时发生，乡镇企业的债务危机爆发，政府"退出"高负债的乡镇企业，退出的主要方式就是推行股份化改制。

1994 年，全国开启企业股份制试点工作，郫县被列为全国企业改制的试点县，战旗村成为企业改制的试点村之一。为了响应政策，1995 年村集体将会富豆瓣厂和其他 4 家发展较好的企业进行了合并，成立了成都市集凤实业总公司（简称"集凤实业总公司"），下设董事会和监事会。这 5 家企业作为公司的下属机构，首先通过清产核资弄清家底，委托资产评估专业人员对企业进行资产评估。

会富豆瓣厂的评估结果为总资产 1 715 456 元，总负债 1 612 248 元，所有者权益 103 208 元。企业根据乡镇企业局发出的相关文件制订了股份化改制的方案，即 50% 股份属于集体；30% 股份属于企业发展股，用于企业再生产，不量化到私人；还有 20% 股份量化到职工和厂长。最后这 20% 的个人股需要认购，个人出资每股价值的 1/3。每人能分到多少股还要根据个人的贡献、工龄、职务等进行综合评估，厂长分配的股份不超过职工平均股份的 5 倍，并且，厂长占股不超过企业总股份的 5%。图 12-1 为集凤实业总公司 1994—1999 年的总损益表，从图片数据可以看出，股份化改制后的第一年，企业经营状况好转，1995 年的企业营业收入比 1994 年增加了 5 326 936 元，但到了 1997 年，会富豆瓣厂的利润大幅度下滑，关联企业机砖厂也出现亏损，亏损金额达 165 210 元。为此集凤实业总公司将会富豆瓣厂的部分利息和利润划拨给机砖厂进行分配。1998 年两厂亏损达 43 693 元。同期，集凤实业总公司为增加企业的流动资金实行了扩股计划，如图 12-2 所示，增加个人股 214 200 股。

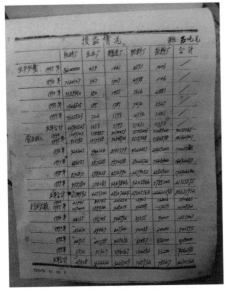 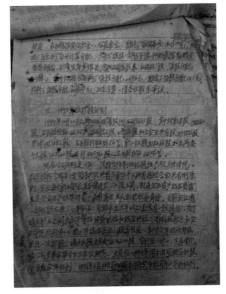

图12-1　1994—1999年集凤实业总公司损益情况　　图12-2　1998年集凤实业总公司扩股计划

资料来源：战旗村档案馆。

在股份化改制后，会富豆瓣厂由令人艳羡的高盈利模式转为负债模式，这是多种因素相互作用产生的结果。

一般认为，作为一种外生性的制度安排，股份制在嵌入村庄具体经营环境的过程中因交易成本过高而产生了负外部性。

由于股份合作制是一种先进的制度，对管理层人员要求较高，但乡镇企业的管理人员都是低文化的农民出身，无法将企业按照股份制的运作机制运作，还是基本按照过去的方式管理。他们把企业运营成了四不像，存在股份制、承包制、租赁制和私营个体等现象，也把家长制作风、家庭式管理带到了企业的管理中。前几年企业经营得还比较顺畅，后几年问题不断显现。

资料来源：《战旗村变迁纪实录》。

除此之外，由于村里有刚性开支，原先的承包制并没有因为股份制的实行而废除，股份制更多地体现在企业和职工间。例如，营业状况不好时，企业还会给村里交钱，但是职工依照股份制可能就不再分红。从这期间到之后再次集中改制，整个过程村里对产房和固定资产持续收租。据罗会富回忆，会富豆瓣厂每年都需要上缴5万元的管理费，除此之外还要进行股份分红，这使得经营者的可分配利润下降。同时，村庄集体经济的利润分配方式也发生了改变。在实施股份化改制、成立集凤实业总公司之前，企业的管理费全部上缴村集体。改制之后，企业上缴的管理费在集凤实业总公司和村集体之间五五分成。不明晰的分配机制产生了寻租空间，原本因公平、普惠的分配机制而产生的制度租赁发生租值耗散，经营者的积极性大打折扣。

与此同时，战旗村由于过早地承接制度转移，企业经营者分配到的股份远远低于后期其他乡镇企业股份化改制中分配给经营者的股份，这对战旗村的集体企业经营者产生了负激励作用。经营者思想逐渐发生转变，甚至出现转移集体资产的情况。2000年，战旗村展开了针对会富豆瓣厂亏损的调查，如图12-3所示，2000年会富豆瓣厂上报亏损24 094.19元，实际调查结果却是盈利12 952.80元，一部分收入被列入了账外，其中包括租金13 880元，利息收入13 209.95元，电费收入9 818.84元，抽空费收入128.80元，水费收入122.50元，出售废品等收入886.90元，除支付春节补助1000元外，有37 046.99元未列入收入计算利润。

图12-3　关于机砖、豆瓣两厂2000年亏损情况调查

图12-3　关于机砖、豆瓣两厂2000年亏损情况调查（续）

当然，我们也不能忽视当时的宏观经济背景。到了20世纪90年代末，乡镇企业大规模扩建，又赶上经济危机，过剩的生产能力所激化的乡镇企业间的竞争，再加上消费市场的萎缩，势必会导致企业的经营环境恶化。制度性的交易成本加外部宏观环境的萎缩，导致会富豆瓣厂的利润不断萎缩，而员工也多年未享有企业红利。会富豆瓣厂的分配情况和资产变动情况，如表12-1和图12-4所示。

表12-1　会富豆瓣厂1995—1999年分配情况

分配情况	1995年	1996年	1997年	1998年	1999年	合计
职工人数（人）	14	19	23	21	13	18
工资（元）	37 382	47 980	58 112	27 445	30 000	200 919
奖金（元）	8771	32 249	/	/	/	41 020
人均（元）	3296	4222	2526	1016	2307	/

资料来源：根据集凤实业总公司分配情况整理录入。

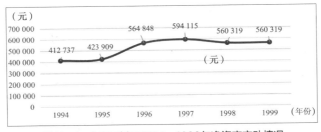

图12-4　会富豆瓣厂1994—1999年净资产变动情况

资料来源：根据集凤实业总公司分配情况整理录入。

三、企业转制与村社集体经济再出发（2003）

战旗村 2003 年推进的企业改制符合制度变迁的规律。2002 年，战旗村对村"两委"班子成员进行了微调，高德敏担任村主任。高德敏上任后，企业承包人想借此推进企业私有化改革，并且以各种理由推脱上缴管理费。出于经济精英施加的压力，也出于集体经济管控权的需要，战旗村开始进行第二次企业改制。

此次改制明显是内生性的制度变迁，且具有很强的特殊性。在当时改革普遍遵循的原则是"经营者持大股"和"集体股权退出越多越好"，周边村庄的集体经济几乎全部实现私有化，但战旗村不同。

当时就面临这个问题，正常情况下就继续销售（运营），全国那么多企业都在私有化，那次之后，留下来的村集体企业就寥寥无几了。如果当时随大流，企业就黄了。就在这个时候，村支部下定决心，绝不能让战旗村 1000 多人奋斗几十年所达到的资产毁了。如果我们让集体资产就这样流失，我们就成了战旗村的罪人，所以必须下这个决心，必须解决这个问题。但这也很难，对于股份制企业，能入股也能退股，到最后就资产清理、破产，等到那个时候就……我们当时很苦恼，想了很多解决办法，第一个是完善股份制内部运行机制，完全按照政府规定的来搞。但是不行，经营者年龄偏大、文化偏低，让他们变换思想，学习现代的经营管理，这根本不现实。换思想不行那就换人，但换人也不行，企业从一开始就是他经营、他办起来的，要把他换掉这哪行呢？第一条根本行不通。第二条是把股份所有制的企业重新改为集体所有制，相对来说问题更大，我们已经走出了"大锅饭"的时代，现在要退回去重新搞，很多人接受不了。但再不治企业就要"死"了。只能把它重新归还集体，这时候党支部的作用才能重新体现出来，这就是改革依据。

资料来源：2019 年 6 月李世立访谈记录。

当时战旗村的做法在整个大环境下实属异类，但我们必须明确，村委本身有内在动力强化集体经济。只有强化集体经济，党支部的作用才能重新显现。

但是这种自然的行动在周围其他行动的对比下反而显得异常，包括镇上的领导都认为这样做不妥，但还是选择让战旗村放开手脚去试。这也是我们党历来的传统，尊重基层的创新机制，发挥人民群众的首创力量。

为了收回集体对企业的控制权，战旗村先从转变经营者的思想入手，请来了西南大学的教授向村民讲企业的经营权和所有权问题。接着选定试点，逐步推广，罗会富手中的机砖厂和豆瓣厂成为早期改制的对象。当时的村委同厂长罗会富展开了谈判，承诺厂长在把厂子交回村集体且在职工签字卖出股份的前提下，村委奖励给厂长罗会富40万元，从企业共有股中提取。

企业改制后的股权结构为，股本金总数为271528股，村集体股占76%，职工个人股占24%。24%的个人股中又包含31%的职工已量化个人股，6%的村"两委"量化股，3%的认购股，60%的经营者奖励股。

村集体收回企业后，于2003年展开了资产量化工作。由于当年豆瓣厂是机砖厂投资的，因此评估时没有净资产。为解决这一特殊情况，当时和厂长商量，将当年机砖厂拨给豆瓣厂建厂房所用的红砖转换为资本（113 000元）进行量化。资产评估后，企业资产增值299 734元，未进行量化的部分，列入公司法人股。

资本量化后，村委马上公开招标，原则上**"优先满足原有经营者，减少矛盾"，但罗会富认为招标价格过高，没有参与豆瓣厂招标**。最终杨奎以76万元的标价获得了豆瓣厂的租赁权。村委将原豆瓣厂的厂房和剩余的产品原料以60万元（原单价2元的豆瓣折价成0.95元出售）的价格租给杨奎，杨奎每年须缴纳地租43 800元（12亩地，每年每亩租金为3650元）和厂房租金12万元（每亩1万元）。租金直接上交给成都市集凤实业总公司。村集体为了鼓励企业发展，给予豆瓣厂26万元的贷款支持，企业须每年支付10%的利息。

图12-5和图12-6为与罗会富有关的一些协议和定案数。

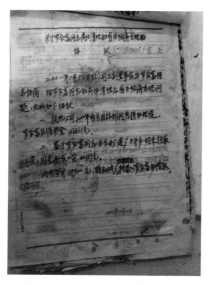

图12-5 关于罗会富同志离任清理的有关经济兑付的协议

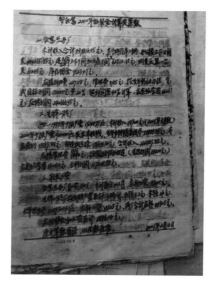

图12-6 罗会富2000年奖金计算定案数

2017年,富友绿色调味品公司的产值为5000万~6000万元,向村里缴纳各项费用共计451 624元。员工由原来的14人增加到了36人,员工月平均工资由2493.57元上涨到了4500元。

富友绿色调味品公司2018年的成本—收益结构如表12-2所示。

表12-2 2018年富友绿色调味品公司成本—收益结构

项目		金额(万元)	占总收益的比重(%)
成本	原材料	3500	70
	财务费用	150	3
	市场费用	750	15
	人工费用	100	2
毛利润(毛利润=营业收入-营业成本)		1500	30
纯利润(纯利润=毛利润-人工费-财务费用-市场费用)		500	10
总收入(原材料+毛利润=总收入)		5000	100

资料来源:2019年10月杨奎访谈记录。

表 12-3 为豆瓣厂改制前后的经营情况对比。

表12-3　改制前后经营情况对比

资产	2002年	2003年	2018年
总资产（元）	2 180 032.27	1 881 210.06	改制后的企业财务数据缺失
总负债（元）	1 383 851.99	1 019 859.06	改制后的企业财务数据缺失
所有者权益（元）	796 180.28	861 351	改制后的企业财务数据缺失
营业收入（元）	978 455.07	850 207	5000万~6000万
利润总额（元）	33 414.82	50 000	改制后的企业财务数据缺失
占地面积（亩）	13	13	12
职工人数（人）	14	14	36
月工资总额（元）	32 259.26	34 910	162 000
月平均工资（元）	2 304.21	2 493.57	4 500

资料来源：2002年和2003年的数据来源于集凤实业总公司2002—2003年财务报表，2018年的数据来源于2019年10月对现任厂长杨奎的访谈记录。

关于第二次企业改制，我们不能忽视非正式组织在其中发挥的作用。非正式组织是指人们在长期的社会交往中逐步形成并得到社会认可的一系列约束性规则，包括价值信念、伦理道德、文化传统、风俗习惯、意识形态等。豆瓣厂资产量化出租的方式起到了保全集体资产的作用，原本隐藏在承包制和股份制中的租值被显现，增加了村集体可支配的资产。与此同时，企业通过改制的方式放宽了经营权，明晰的产权使得企业在愈发激烈的市场竞争中得以存活，不仅确保了村集体后续的资金收入，同时还避免了因企业倒闭造成大量职工失业而产生的社会成本。但是，租赁制仅是保全集体经济的一个权宜之计，因为这种方式会限制企业未来的发展空间。也就是说，改制并没有结束，如今的战旗村仍在探索着集体经济的出路。

第十三章
空间资源整合开发的模式创新
——迈高公司与战旗村的合作探索

四川迈高旅游资源开发有限公司（以下简称迈高公司）是成都市郫都区一家专门从事村镇发展服务的企业，从区域策划、设计、建设到落地运营全链条参与。迈高公司前身是一家村办企业，后来改成民营企业。其最早是酒厂，后来生产酒精，也有一些固定资产（如加油站等），一步步走来，**从20世纪90年代开始，公司业务逐步转向乡村建设**，开始协助村镇做一些乡村基础建设的工作。

迈高公司探索出一条农村集体经济发展新路径。根据迈高模式的基本做法和内在规律，这种模式可以凝炼为以"优势互补、权责匹配、公平对等、共建共享"为核心，以搭建"一大平台"促聚合，以推动"两大分离"强动能，以构建"三大机制"添实效，以实现"四个再造"助发展，开启村企互补共建式新型集体经济发展路径的"1234"迈高模式。本专题对此进行分析。

一、迈高公司及其运作模式简介

（一）迈高公司简介

迈高公司于2005年11月2日注册成立，当时公司名称为四川迈高置业有限公司，注册资本为800万元人民币，法定代表人曾旭东2019年占股75%，同时是执行董事兼总经理。其旗下有3家公司：四川花样战旗旅游景区管理有限公司、四川堰韵商务服务有限公司、四川愿乡三农科技服务有限公司。在正式成立迈高公司前，公司做的主要是村镇片区的业务，当时村镇的建设不是很规范，而成立一个公司成本又很高，所以一般是村镇拿到业务后挂靠到其他资质更好、品牌更大的公司去做。

该公司自2002年将主营业务定位于村镇服务以来，先后参与成都市郫都区的三道堰惠里商业街、青杠树及唐昌镇战旗村等乡村建设，尤其是乡村的集体经济发展，郫都区约1/3的乡镇都和迈高公司有业务关联。做得较好的有三道堰镇的秦家庙村、唐昌镇的战旗村和横山村等，现在业务扩展到了安德片区。迈高公司在不同村镇是以不同业务方式介入的，只帮有些村做策划、设计，而做全村运营的只有3个村——三道堰镇古堰社区、青杠树村、战旗村。

迈高公司员工有8个级别，每一级别内又分4个层级。一般情况下，新入职人员是2级，研究生入职是3级，可以管理一个村的管理人员是4级，管理一个片区（如郫都区）的则是5级，依此类推。

根据2019年10月对迈高公司高管的访谈，迈高公司正在筹备一个总公司，控制包括迈高公司在内的所有子公司——四川迈高愿乡建设工程有限公司、四川迈高旅游资源开发有限公司、四川并作园林绿化工程有限公司、成都开心农业开发有限公司，还有3个平台公司（四川堰韵商务服务有限公司、四川香草湖旅游景区管理有限公司、四川花样战旗旅游景区管理有限公司）。成立这个总公司的目的如下：第一，子公司太多，需要有一个集团公司统筹协调；第二，有利于各个分公司的职能、业务方向更清晰，原来业务量大的板块以后可作为一个独立的分公司去运行，这样也可以更有效地激励团队。

（二）迈高模式[1]

集体经济发展和工商资本下乡面临着现实挑战。新型集体经济发展面临有资源无资金、有建设无运营、有要素无人才的约束，城市工商资本下乡面临高成本低回报、高风险低收益、高独立低参与的困境。

在这种背景下，迈高公司探索出一条农村集体经济发展新路径。根据迈高模式的基本做法和内在规律，这种模式的内涵可以概括为以"优势互补、权责

---

[1] 资料主要来自对迈高公司董事和经理的访谈，以及内部资料《创新集体经济发展路径的村企互补共建式实践——郫都区迈高公司"1234"模式》。

匹配、公平对等、共建共享"为核心，以搭建"一大平台"促聚合，以推动"两大分离"强动能，以构建"三大机制"添实效，以实现"四个再造"助发展，开启村企互补共建式新型集体经济发展路径的"1234"迈高模式。

（1）搭建"一大平台"。聚合城乡资源要素。分散的房屋、土地、农业生产设施及其附属设施等可经营性资产的经营权或使用权被集中委托至村社集体经济组织，由迈高公司投入资金，与村社集体经济组织合资成立综合性专业运营公司，对景区进行市场化运作。集体经济组织利用产权折价或现金入股，专业运营公司采取经理人负责制，由集体经济组织和迈高公司共同派人员对社区（街区、景区）进行运营管理。

（2）推动"两大分离"。培育农村发展动能。一方面，推动集体土地和房屋资产权属的分离。第一步，推动农村承包土地所有权、承包权、经营权和农村宅基地所有权、资格权、使用权及农房的所有权、使用权之间的第一次分离。承包地的经营权、宅基地和农房的使用权统一入股到村社集体，由村社集体和迈高公司组建综合性专业运营平台，实现对分散的经营权和使用权的重组整合。第二步，推动经营权和使用权的第二次分离和转移。由平台对整合后的经营权和使用权按协议再次让渡给商家，由商家负责经营权和使用权的具体使用，而平台依然保留监督权、产权回收权及部分收益权，收取商管费用、租赁费用等。另一方面，推动集体资产前台经营管理职能（产业经营主体—商家）和后台运营服务职能（综合运营主体—平台公司）之间的分离。

（3）构建"三大机制"。促进发展红利共享。第一，构建共建共商机制，一是平台共建，二是决策共商。第二，构建协同运营机制，发挥村"两委"及村社干部、当地政府、平台公司、村民或业主、商家等多元主体的协同作用。第三，构建利益共享机制，村民和村集体采取"保价＋溢价分成"的利益分配结构，保障村民、村集体、迈高公司、商家、政府等多方利益。

（4）实现"四个再造"。第一，空间形态的再造。配套基础设施得以健全，老旧房屋得以改造升级，特色风貌被塑造成型，生态环境受到保护。第二，产业形态的再造。依托平台公司实现区域内农业产业结构的整体优化，同时产业业态向高端迈进，促进休闲观光、运动体验、康养农业、文化创意等农、商、文、旅融合发展的新产业、新业态、新模式不断发展。第三，经营形态的再造。平台公司对集体资源资产的统一规划、利用、经营和管理，实现了资源由分散布局、权属多元向集中流转、统一运营的转变。第四，治理形态的再造。平台公司的介入，促进了基层社会治理由传统乡村的单中心模式向更具包容性的多中心模式转变，政府、村"两委"、基层干部、企业商家、农户等多元主体均成了社会治理中的一员。

该模式已被推广到了北京市房山区良乡镇，应用于良乡镇的集体产权制度改革和集体经济发展，并取得了明显成效。海南白沙农场、贵州百里杜鹃旅游集团、绵阳市河边镇等多地政府和企业均对该模式表达了引进意愿，并在具体商洽之中。这表明迈高模式的核心理念、组织制度和机制设计，对全国其他地区具有较强的借鉴意义和普适价值。

第一，迈高模式通过村社集体与乡村发展服务商共建共营综合型运营服务平台，将平台打造成内部资源的整合载体、要素人才的聚合载体、外来商家的承接载体、业态运营的服务载体。另外，这种依托平台公司实现的轻资产资源开发模式较容易复制。

第二，迈高模式通过资源的整合利用和对城镇发展要素的引进，激活了农村的"沉睡"资源。通过产权分割转让与再转让，形成多元经营主体共建的农业生态圈，促进了村内资源的自我盘活，促成了整个区域品牌影响力的稳步提升和可持续、良性循环发展，而不需要一直依赖政府的扶持。

第三，迈高模式通过成立集体经济组织、业主委员会、商委会等组织，确保多元主体表达利益诉求的渠道和权利。通过建章立制、经济奖惩来构建激励约束机制，从而让各个主体承担各自的责任和义务，实现权责匹配。这对于扭转长期以来尤其是免除农业税提留制度以来，农民的集体意识淡化趋势具有极为深远的意义。

第四，迈高模式没有简单化地、一次性地将集体资源和资产出让给外部企业，而是构建了股份合作、"保价+溢价分成"的利益连接机制，并以区域整体价值的提升惠及各方利益主体，实现了村集体、农民和多元市场主体的共生共荣、共享共赢。

二、迈高公司和战旗村合作的契机——集体经营性建设用地入市

迈高公司与战旗村合作的契机是 2015 年四川省集体经营性建设用地入市政策的发布，郫县被列为全国农村集体经营性建设用地入市试点地区。

最初迈高公司并没有竞拍意向，而是其他几个更有实力的企业想竞拍。战旗村同多家意向投资企业洽谈，意向企业均提出，其酒店主体建筑需达 5~6 层方能平衡其投资及经营管理需求。但根据《郫县规划管理技术规定（2014）》第 1.3.1 条的规定，农村商业服务业建筑层数不宜大于 3 层。战旗村本身就不具有发展第三产业的好区位，又存在规划层高的限制问题和较高的拍卖价格，考虑到后续开发经营中的盈利难题，这些企业最终均放弃了竞拍。

但是地方政府想争"四川首宗（其实本来还想争全国首宗）集体经营性建设用地入市"的名头，于是找到迈高公司，劝说迈高公司去竞拍这块地。

2015 年 8 月 26 日至 9 月 7 日，战旗村将原有村办复合肥料厂、预制构件厂和村委会老办公楼总计 **13.447 亩** 的集体经营性建设用地放在郫县公共资源交易服务中心，以 49.5 万元/亩的起拍价挂牌交易。最终，迈高公司以 **52.5 万元/亩**的价格，取得这块集体经营性建设用地 **40 年的使用权**，敲响了**全省农村集体经营性建设用地入市交易"第一槌"**。入市土地竞拍价格共计 706 万元，按照《集体经营性建设用地使用权挂牌出让竞买须知》，竞得人在签署《郫县集体经营性建设用地使用权出让合同》之日起 10 日、50 日、90 日内分别支付地价款的 30%、40%、30%，竞得人缴纳的 133 万元竞买保证金转为最后一笔地价款。做好产权转让手续后，迈高公司拿到了该块土地的建设用地使用权证。

据迈高公司的元老曾贤勇和公司其他高管说，迈高公司对入市土地进行评估后，认为战旗村本身不具有发展第三产业的好区位，竞拍价也是笔不小的数目，而且集体经营性建设用地入市政策还有很多不完善的地方，花这么多钱去拍一块地，企业怎么能把投资收回来，是一个非常大的难题。政府的"劝说"显然并不是迈高公司拍下这块地时唯一考虑的因素，一个以盈利为目的的市场主体不会仅仅出于人情的考虑而做出一项风险投资。经过深入访谈发现，**这是迈高公司对多种因素进行综合评估后做出的理性选择**。

第一，这个项目有着很强的政治意义。郫县政府要四川省首宗集体经营性建设用地入市的名头，迈高公司的业务方向也是村镇服务，乡村集体经营性建设用地开发本身也是迈高公司要探索的方向，因此拍下这块地对于迈高公司的品牌经营有很大意义，对扩大迈高公司和迈高模式的影响力将有重要的促进作用。而且迈高公司面向的是整个郫县的市场，想做的是整个郫县农村的整体品牌营造和运营，整个郫县的区位和市场前景是很好的，因此为了节约搜索郫县各个村庄信息的成本，实现跨村整合，迈高公司势必要与政府建立信任和合作关系。

第二，战旗村在集体经营性建设用地入市政策出台之前就整合了村内资源，通过村级平台把村上的资源统一到了村集体手里，包括农田和集体建设用地，并且基本实现了"两次分离"——其核心就是村集体必须要在村庄发展的前期就把经营权统一起来。所以说，迈高公司和战旗村合作的很重要的原因就是，战旗村相对于其他村来说，还存在集体经济的轮廓。迈高公司想通过集体经营性建设用地入市的契机，和战旗村的集体资产管理公司合作，以此获得整个村庄的经营权。

第三，战旗村本身承载的产业基础较为雄厚。迈高公司始终关注包括战旗村在内的专注于集体经济发展的村庄的成长路径。战旗村早在2007年就通过土地增减挂钩项目开启了新村建设、产业升级转型和集体经济发展壮大的路径。战旗村通过结余土地完成新居安置，并预留了集体经营性建设用地，用于招引第二产业、第三产业。产业升级首先解决了老百姓就地就业和劳务收入的问题，同时集体经济和集体资产都得到了发展和壮大。在迈高公司进入以前，第一产业方面，全村农用地基本统一到了合作社手中；第二产业方面，有扎实的豆瓣酱、豆腐乳、酱油等产业基础；第三产业方面，战旗村早已经开始进行开发，依托妈妈农庄建成了3A级景区。

第四，迈高公司认同村"两委"特别是高德敏书记的思想观念和工作能力。迈高公司曾在2009年左右参与过战旗村修建新居等土建工程，2012—2013年参与过战旗村 3A 级景区工程的建设。[1] 在这些工程中，迈高公司与村委有了一定沟通，尤其是和高德敏书记打过很多交道。在这个过程中，迈高公司增进了对战旗村和对高书记的了解，知道高书记不仅是书记，本身还是企业家，迈高公司从高书记身上看到了实干精神和市场精神，从而为双方建立友好和信任关系打下了基础。这种信用基础大大降低了双方合作的摩擦和冲突，降低了合作的交易成本，极大地减少了内部资源重新整合的问题，也为后来共同成立平台公司运营景区打下了基础。

第五，双方在战旗村未来的产业发展、资源整合、充实壮大集体经济等方面的思路高度契合。一方面，迈高公司认为战旗村村集体有极强的发展集体经济的意识。在大多数乡村专注行政治理的时候，战旗村已经开始关注集体经济的发展，把村集体作为一个经营主体，而不是纯粹的行政主体。例如，战旗村在之前的土地增减挂钩项目中预留了部分土地资产在村集体手中（不是所有建设用地都参与了前期的土地整理），这也为后来的四川省首宗集体经营性建设用地——"第五季香境"地块上市预留了契机，并且随着集体经济的发展壮大，村内对接市场的治理机制，尤其是资源对价市场的治理机制越来越完善。另一方面，迈高公司提出用市场化的方式去整合和运作一个乡村的资源，通过妈妈农庄的配置和已有的第三产业基础，实现整村三产化开发，打造区域示范性项目，同时还能完善村庄治理体系。高书记也比较认同这种理念。双方一致认为，战旗村要实现新一轮的产业升级，就需要协同资源和协同管理，可经营的产业空间要足够大，要有统一、专业的产业运营服务平台做保障。经过沟通，把村内的存量资源进行重新梳理后，双方发现战旗村内可经营性资产还算丰富。如果可以协同村集体组织分散的闲置资源（包括村集体的房屋、土地、村民闲置住房、农用地），实现经营权集中统一，那么战旗村是有产业升级转型的机会和条件的。

第六，迈高公司在做村镇服务的过程中积累了很多成功的经验，对乡村运营有比较深的了解，相比其他竞拍的企业更有竞争力。

---

[1] 妈妈农庄入驻后，战旗村开始着手打造 3A 级景区。如果建成 3A 级景区，省市政府奖励 500 万元。迈高公司先垫钱建设，建好后村里争取奖励，用奖励的钱支付给迈高公司，迈高公司还帮助村里建了游客中心、道路标牌等。

综上可知，虽然战旗村并不具备发展第三产业的绝佳区位，其所处区域第三产业基础也较弱，但是经过综合评估后，迈高公司还是花费706万元拍下了那块地。

三、迈高模式在战旗村的应用

迈高公司认为战旗村缺少示范性的项目带动，希望通过经营全村资源实现整村运营，做成区域的示范性项目。高书记很认可这种想法，最终双方决定共同出资成立运营平台，以"第五季香境"为主题进行开发。

（一）景区运营平台公司——四川花样战旗旅游景区管理有限公司[1]

迈高公司拍下这块地以后，双方开始商谈合作模式，最终决定以成立共同的运营平台的方式合作。经过一年左右的磋商和准备，**2016年11月7日，迈高公司和战旗村共同出资注册了一个全村景区运营平台——四川花样战旗旅游景区管理有限公司（以下简称花样战旗平台公司）**。

迈高公司得到了这块集体经营性建设用地40年的使用权，但还是要**和村集体共同成立花样战旗平台公司进行运营，最重要的原因就是避免商业街区经营和村庄治理分割，而且经营所要利用的村内资产是由战旗村预付成本的**。如果没有这个共同的平台，公司利益很容易和村民、村集体利益产生分歧，村内治理难免出现问题，双方也订立了很多契约，做了一些相关的规避工作。

花样战旗平台公司之所以由迈高公司控股，是因为迈高公司认为高书记及村"两委"有很多乡村治理的行政工作，很难专注于市场，而迈高公司则相对擅长经营，可以更为专注和专业地做经营。因此双方形成分工，企业掌握经营主导权，负责对接市场；村集体则主导全村治理，负责统筹村内资源。这里要说明的是，景区运营平台并不拥有资产的所有权，只拥有经营权，村内资产的所有权还是归战旗村集体经济组织成员。

---

[1] 资料主要来自对迈高公司董事和经理的访谈，以及四川花样战旗旅游景区管理有限公司章程。

公司董事会成员共 5 人，通过委派产生，其中迈高公司委派 3 人、成都集凤投资管理有限公司委派 2 人。董事会的表决实行一人一票制，董事会所议事项的决议必须经半数以上董事同意才能通过。董事长从成都集凤投资管理有限公司委派的董事中产生，法定代表人从迈高公司委派的董事中产生。2019 年，花样战旗平台公司中，战旗村的村支书高德敏任董事长，迈高公司的李松漫任董事、总经理和法定代表人。公司设监事 1 人，由成都集凤投资管理有限公司委派。

起初，该公司成立时的预期是将战旗村闲置的可用于第三产业开发的资产和资源都放到这个共建平台上，在原有的 3A 级景区的基础上通过企业市场化的方式去做 4A 级景区的打造和运营。运营公司做了花样战旗 4A 级景区的策划方案，闲置资源、公共资源组织利用方案等，战旗村也以村集体为实施主体开始了乡村十八坊的建设工作。但后来认为，争创 4A 级景区是件很专业的事情，战旗村就花费 40 余万元请成都品格飞扬旅游规划设计有限公司做 4A 级景区（包括乡村十八坊）的设计和策划。2019 年上半年战旗村已经协同周边村落成功申请成为 4A 级景区。[1] 作为全国农村土地改革的试点项目，上级政府及各大职能部门给予了项目和区域极大的关注和支持，如开辟报规报建绿色通道、给予银行贷款、协同招商等。

不管是老百姓闲置的房子，还是基本农用田或者集体经营性建设用地，在委托给平台之后，平台都会给出一个最低的**保价收益**。通过平台运营**溢价**的部分，平台和村集体按一定比例分成，村集体再按比例和老百姓分成。这样通过运营平台去盘活乡村的资源，可以实现区域可持续的自主运营。

2018 年 2 月 12 日习总书记来战旗村视察以后，政府领导对整个战旗村有了更高的定位，战旗村获得了很多政治方面的关注和资源。在这之后，迈高公司和战旗村的合作推进放缓，迈高公司对战旗进行整村运营的计划也暂时搁浅，**当时放到该平台公司运营的仅有下文所述的"第五季香境"和村内的一个停车场**。

---

1 村上主要投资 1000 多万元建乡村十八坊，政府补助了约 160 万元。乡村十八坊和"第五季香境"都以地方特色饮食为主要经营项目。但迈高公司管理人员称，几乎没有重合，主要是互为补充的关系。

（二）"第五季香境"及委托经营模式

迈高公司在拍下这块地以后提出以"第五季香境"为主题进行开发。当时公司考虑到战旗乡村十八坊尚未建设，村内缺少商业街，于是决定建设商业综合体。而之所以选择"第五季香境"做主题，是因为妈妈农庄之前已经在战旗做成了"第五季"品牌，使用同样的主题有利于区域品牌的一致性，所以当时迈高公司和妈妈农庄联系后决定一起做战旗的第五季品牌。

最终迈高公司投资 7000 万余元打造了"第五季香境"商业综合体，"第五季香境"策划与规划同步，建设与招商同步，项目建成的时候已经完成了 70% 的招商工作。一楼作为铺面引进特色旅游产品、小吃等商铺，二楼、三楼引进途家斯维登酒店。考虑到投资回报率的问题，公司将建筑修得比较大，容积率在 1.0 左右，商业综合体总建筑面积将近 1 万平方米。在 2018 年 2 月 12 日习总书记到战旗村考察之前，"第五季香境"已基本建设完成。2018 年 3 月，独具川西民居风格的"第五季香境"旅游商业街区全面建成并开始运营。

"第五季香境"利用的是围合式商业形态。围合式商业街区区别于普通社区底商，前者是生活、商业、休闲、娱乐与街区相融合的时代产物。作为街区生活衍生的一种形式，围合式商业街区采用村落的空间组织方式，借鉴原始村落发展的向心性与多层次庭院空间组合，将各个单一功能串联起来，整合后辅以"通道"的功能，形成强烈的原生态印象与宜人的空间体验氛围。通过这种商业街区形式，"第五季香境"有效地利用了有限的地面面积，同时看起来并不拥挤。一方面是因为店铺四面是玻璃，而不是钢筋水泥，看起来很开放，没有压抑感；另一方面是因为街区很有设计感，有川西、皖北传统民居特色和徽派风格，采用弯曲的回廊作为通道，同时回廊通道能够增加游客的停留时间，停留时间的增长有利于增加消费。这里虽然是商业开发空间，但整体风格和战旗村的文化并不矛盾。

"第五季香境"建设完成后交给花样战旗公司运营，采用的是委托经营模式。这里涉及产权转让、委托经营和对外招商 3 个步骤，并涉及所有者（小业主）、平台公司和实际经营者3种主体。

1. 产权转让

首先，迈高公司将"第五季香境"商铺的产权（40年所有权）转让给所有者（小业主），从而收回了"第五季香境"的建设成本。2017年年中左右（也就是在香境还未完全建成时）就已经开始对外转让，2017年年底左右基本转让完成。

一楼总面积约3500平方米。刚开始建设香境商业区时，村民认为建设成本应该在2000元/平方米左右。但由于公司对工程质量的高要求，坚决不降低档次和品质，导致预期价格不断升高，最后每平方米的价格达到7000元左右，2017年的时候已经接近10 000元/平方米。本村村民享有优先购买权，比外面的业主每平方米便宜一两千块钱。最终30%~40%的商铺由村内人购买，60%~70%的商铺由外部人购买。

二楼、三楼总面积约5000平方米，精装房约5000元/平方米，毛坯房（清水房）约4000元/平方米。大部分是由途家在线信息技术有限公司（以下简称途家）购买经营的斯维登酒店。"第五季香境"项目也是途家首个投资的乡村酒店项目，这个过程中迈高公司与途家中高层做了多轮沟通。此外，二楼、三楼还有五六户定居在战旗村的外村村民购买，也有外地人买来用于度假。斯维登酒店无须向平台缴纳租金，只需要支付1.9元/平方米的商管费。平台公司收取商管费后，负责后台的运营，包括向景区（街区）内的商家提供经营空间、物业商管、环境提升、区域营销推广等支撑其运作的配套性服务。

四楼有6个会议室，总面积约1000平方米。迈高公司曾有意向与战旗村合作开发培训项目，在战旗学院成立之前，培训学院人员基本已经到位了，会议室原来计划全部用来做培训教室，但是成立了战旗学院后，迈高公司的培训项目没有继续办下去。战旗学院成立时，国家开发投资集团有限公司曾经考虑与迈高公司一起办学，但是迈高公司认为培训必须要以市场化的方式运营，不宜有太多政治任务，因此没有同意合作。现在会议室除作为办公场所外，大部分时间处于闲置状态，偶尔用于斯维登酒店会议。

目前除了四楼的会议室，其他均已完成产权转让手续，但业主还没有拿到

产权证。这个证原来是由房管局下发，和城市里买房子是一样的。但现在集体经营性建设用地政策还不够完善，政策的执行细则还没有出来，所以迈高公司也不清楚是应该由房管局，还是自然规划局，抑或是村集体或者其他主体来颁发这个证，现在只能等政策。

2. 委托经营

小业主又将物业经营权委托给花样战旗平台公司（运营平台），业主与平台公司签署购买合同的同时签署委托经营合同，由花样战旗平台公司进行统一的招商和运营管理。专业运营公司，通过固定租金和租期、筛选优质商家、规范日常管理等方式，提高了经营的稳定性，维护了商业街区的商业秩序和商业价值，既保障了产业方投资的经营项目实现可持续发展，也有利于保证小业主的投资有回报。

业主也可以选择自营，如一楼的光明超市、卤菜店等，但是要符合平台公司的要求，首先要符合整体业态规划，其次业主不能私自将店铺转租。

一楼大部分业主选择了委托经营的方式。当时一楼共71间商铺，总面积约3500平方米，其中只有6间（约500平方米）由业主自己经营，其余的65间（约3000平方米）全部委托给了平台。

3. 对外招商

一楼业主将店铺委托给平台经营之后，花样战旗平台公司并不是自己经营，而是对外定价招商，将店铺出租给商家进行经营，这些商家才是实际的经营者。2018年，"第五季香境"正式启动运营。

在产业植入阶段，各方通过在朋友间和在政府群里转发招商消息等方式进行推广，辐射面很宽。由于村上在招商的同时还在申请4A级景区，正在完善一些基础设施，村上想等到基础设施基本完善和示范性项目建起来的时候，包括想等村集体投资的乡村十八坊等相关业态呈现出来时，再去植入一些别的产业，所以招商、植入产业这方面就滞后了。2018年年初习总书记来战旗村视察以后，各方力量携大量资本涌入，村内发展重点发生了很大变化，"第五季香境"在战旗村整个战略布局中的地位有所下降，截至2019年年底，双方合作没有更深入的进展。

一楼商铺已经全部租出去或自营，经营项目主要是购物、餐饮。对于自营的商铺，平台不收取租金；对于委托经营的商铺，平台向实际经营者每月收取 35~40 元/平方米的租金，同时会根据租赁的面积、时间、规模、经营的业态等给予不同的优惠政策（如免租金、优惠商管费等）或者调整租金（如以每平方米一两百元租给银行）。[1] 另外，委托给平台的 65 间商铺中有 9 间商铺（约 500 平方米）是政府租赁，包括展销平台、电影院、农贷通服务站、团委的众创中心等，租金与其他商铺相同。**对于一楼所有商家，花样战旗平台公司均要收取 5 元/平方米的商管费。**

— 专栏 —

"第五季香境"异乡情饭店

异乡情饭店于 2018 年 5 月 10 日正式开业，总面积为 295 平方米。店主是四川省内江市人，与战旗村一户人家结成亲家，两家合伙经营这家饭店。

开业之前，饭店的装修、设施、餐具等共投入约 40 万元。目前饭店的成本主要有以下几项：（1）每月租金为 35 元/平方米，招商的优惠政策为前半年免租；（2）商管费每月 5 元/平方米；（3）厨师和服务员共 5 人，厨师是从内江市请的，工资为 6400 元/月，管理人员和服务人员为本村人，月工资 2000~4800 元不等，每个月人工成本共计约 2.4 万元；（4）水电费、配货费等。过了免租期后，饭店每月成本将近 4 万元。

饭店目前的收益情况不佳：旺季（一年不定时，合计最多两三个月）月纯收入 2 万余元；每年最热的 8 月和最冷的 1 月是淡季，基本没人，月亏损四五万元；其他时间基本是收支平衡。目前不用再往里投流动资金，盈利甚微。

一大家人在战旗小区租了一个两居室，一个月租金 400 元。由于全家人在店里吃饭，生活开销很小，希望熬两三年，等人流量多了收益就会增加。

资料来源：调研团队于 2019 年国庆假期实地访谈记录。

---

1 这是迈高公司在其他地方的做法。迈高公司认为，如果新业态进入并不能创造额外的价值，却享受着区域的人流红利，就需要支付更高的租金。如果不同意这一租金，可以选择不入驻。

4.收益分配模式

农村集体经营性建设用地的特质,一是它的"经营性",二是它属于村集体。因此,迈高公司在做好产业招引的同时,也协同村内进行公共服务和公共设施的完善,建立村集体、小业主、产业方与运营平台的利益分享机制。

对于花样战旗平台公司经营"第五季香境"所获的利润,公司每年提取10%列入法定公积金,法定公积金累计额超过公司注册资本50%时可不再提取。公司的公积金用于弥补以前年度的亏损、扩大生产经营或转为公司资本,但资本公积金不得用于弥补公司的亏损。公司弥补亏损和提取公积金后所余税后利润,按照股东出资比例进行分配,具体如下。[1]

向资产的所有者(村集体、村民等主体)扣除保价租金[2]及5%的维修基金[3]后,溢价部分收益按照集体经济组织和村民、花样战旗公司各占50%的比例分配。花样战旗公司所得的50%溢价收入,按照村集体经济组织和迈高公司的股份比例进行分配,如图13-1所示。以上"村集体经济组织"指的是成都集凤投资管理有限公司(归郫县唐昌镇战旗资产管理有限公司管理),所获收益由村集体留存一定比例,剩余部分再在村民之间按股份比例进行分配。在这种分配模式之下,迈高公司其实只拿到溢价收益的1/4,余下3/4归属村集体和村民。

当时花样战旗平台公司中"第五季香境"中仅一楼店铺所获收益按此分配方式执行,楼上店铺只缴纳商管费,利润由业主直接与斯维登酒店进行分成。斯维登酒店将营业额扣除30%左右的经营成本(包括人工费、水电费、物料费、商管费等)后,剩余70%与业主五五分成。[4]酒店的商管费比一楼商铺每平方米便宜3.1元且与一楼分配方式不同,因为楼上是由酒店运营的,迈高公司只

---

[1] 该分配方式的资料来自2016年7月《关于成都集凤投资管理有限公司与迈高公司共同成立商服平台公司的议题》,此外还有规定:为保证后续发展,平台公司年利润分红比例不超过利润的50%。

[2] 迈高公司在成都市郫县三道堰镇青杠树村的四川香草湖旅游景区管理有限公司的做法,是先向房屋所有者支付6.8~12.75元/平方米的保底租金,随着后期景区商气和人气的不断聚集,房屋租金也随之上涨。

[3] 维修基金在后期运营过程中会越来越多,设定5年结算一次。5%只是一个比例,具体按照实际所花费的进行扣除。

[4] 斯维登酒店和业主这种分配方式是从2019年4月开始执行的。

是协助管理，而且战旗村区位不佳，这样做也是为了吸引商家入驻。

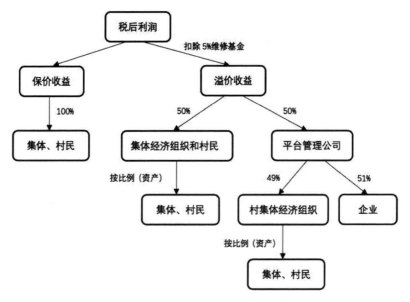

图13-1　花样战旗平台公司收益分配模式

（三）停车场项目

该停车场为2012—2013年战旗村建设3A级景区时所建，占用13亩建设用地，作为景区的配套设施之一。平台公司成立后，村里将该停车场交由平台公司代管。

停车场共230多个车位，每辆车收费10元，旺季每天最高营业额达两三千元，淡季每天营业额仅几百元。停车场的运营成本主要是人工成本，包括4个保安，每人每月工资2500元左右。停车场只是代管，所以花样战旗平台公司不用给村里租金。收益分配方式是流水营业额的70%归村集体，30%归平台公司。

（四）后续合作进展

根据最初的规划，花样战旗平台公司负责战旗村整村资产的运营，但是2017年下半年，村里觉得运营进度太慢，在2018年自己找了合作伙伴——天府旅游度假区开发有限公司，2019年双方达成合作，计划共同经营战旗食堂，再建一个酒店。战旗村以6.5亩集体经营性建设用地作价入股，四川天府旅游度假区开发有限公司以资金入股，成立四川战旗飘飘运营管理有限公司，战旗村和四川天府旅游度假区开发有限公司分别占股49%和51%。

2018年2月12日习总书记来战旗村视察以后，整个战旗村的政治经济资源结构有了很大的变化，上级政府对战旗村有了更高的定位。2019年2月12日，四川战旗乡村振兴培训学院在四川省成都市郫都区战旗村举行揭牌仪式，标志着致力于面向全国培养乡村振兴专业型、实用型人才的基地正式启动。

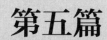

第五篇

战旗启示

第十四章
成本内化
——国家"去依附"的乡村基础

1965年,战旗大队从金星大队独立出来时,整个中国正处于"去依附"的艰辛中。

20世纪50年代初,由于朝鲜战争的爆发,新中国在复杂的背景下与苏联建立了战略同盟关系,并于1950—1959年获得苏联合计54亿美元的工业设备和技术投资的援助。[1] 在该强大的外来投资的拉动作用下,中国在20世纪50年代迅速走出了经济萧条,并进入了工业化的高速原始积累阶段,在农村则形成了合作化的制度安排。

然而20世纪50年代末,中苏关系突然恶化,中国被迫全面"去依附",人民公社正是诞生在这种经济危机,以及为走出危机继续维持工业化进程的背景下。

1959—1961年中国遭受大面积旱涝灾害,农业产值年增长率严重下降,粮食产量逐年降低,农村人均粮食消费量从1957年的409斤减到了1960年的312斤,[2] 财政收入不足,加上还要偿还苏联的债务,客观上加剧了国内农产品供给不足,造成了部分农民生活贫困。

为化解快速工业化带来的制度成本,国家一方面精简城市职工,大量进城人口被退回农村;另一方面几乎发动了全体干部、知识分子和广大民众参与到国家工业化原始积累的进程中来。用劳动力的集中投入替代了长期绝对稀缺的资金要素,大规模投入到政府作为所有者的国家工业化所必需的大型基本建设和农业建设之中。

---

[1] 温铁军,等.八次危机:中国的真实经验1949—2009 [M].北京:东方出版社,2013.
[2] 内容参考高梁在清华大学人文与社会科学高等研究所"20世纪苏联和中国的社会主义理念与实践"国际研讨会(2015年9月)的发言。

在这样的宏观背景下,战旗大队既承载了国家"去依附"的制度成本,如接纳知识青年下乡等,也通过成本内化向国家提供了农副业剩余,以及通过内部自我剥夺逐渐完成的工业化原始资本积累,并在1973年后走上农业村工业化的道路。战旗人从20世纪60年代的"农业学大寨、西部举战旗"起,历经磨难却能屡次突围,直到如今成为"乡村振兴样板村"。战旗大队的历史不仅是国家"去依附"过程中的微观缩影,也为国家工业化的艰难进程提供了较为突出的经典案例。战旗之所以能够战胜重重困难,正是因为宏观环境的"外因"作用于战旗,促使战旗逐渐形成了自己的精神内核,这些精神逐渐内化于战旗的发展机制之中,使战旗人民不畏艰难、勇敢向前,最终成为助力"战旗飘飘"的强大动力,成就了战旗的过去、现在和未来。这些精神包括党建引领、勇于担当、集体为先、团结互助、艰苦奋斗、敢于创新、与时俱进、善用政策,以及"公"字当头的斗争精神等。

一、党建引领、勇于担当

现任战旗村书记高德敏回忆"战旗"名称的由来时提到,正因为"战旗党员个个都是一面旗帜,所以叫战旗",这充分体现了党建引领对战旗村的发展至关重要,而这一精神的凝聚,也为战旗其他精神的形成奠定了基础。

制度和道路确定后,党政干部的能力和品质决定了一个组织的发展。战旗村培养出了一批清正廉洁的年轻积极分子,给党注入了新鲜的血液。

战旗大队第一任书记为蒋大兴,当时罗会金担任主任,他们带领战旗整个党政领导集体,白手起家,当时做木工的罗会富在大队号召下回村搞建设,带领着一批手艺人修建了水涡轮、大队办公室、医疗站、代销店等一系列基础设施。1969年,罗会金担任战旗第二任书记后,杨正忠、李世炳担任副书记,在他们的带领下,战旗的民兵建设成绩突出,他们把民兵雷厉风行的作风带到了生产中,提高了生产效率,完成了一系列农田水利设施的改造和建设,增加了粮食和副业的产量。战旗大队不断改变着村庄的面貌和村民的精神风貌,并完成了内部资本的原始积累，逐渐开始进入工业化阶段。1975年，战旗大队修建了郫县的第一个农民集中居住区，战旗的工业从为新村提供机砖的曲线窑中萌芽、壮大，实现了由农业化向工业化转型，从此，过上美好生活的愿望种在了战旗人民的心中，这也是在党建引领下所激发出的勇往直前的精神。战旗村第四任书记杨正忠上任后，带领大家修建了先锋第一机砖厂和会富豆瓣厂，以此积累了不少资金，战旗村开始大踏步地迈向现代化。

战旗大队的几任党支部书记和主任之所以能不断带领干部和群众奋斗、前进，跟其干部的工作作风是分不开的。大队成立后，战旗大队的党支部根据实际情况，确立了"自力更生，艰苦奋斗"的发展方针。方向明确后，战旗大队的干部处处起带头作用，遇到问题总是从自身找问题，并认真整顿领导班子。

由此，战旗13个大队没有一个干部挪用过一分一文公款，没有侵占过大队的一草一木，并积极参加劳动，降低集体的管理成本和生产成本，降低集体和个人消费、非生产性开支等，将成本内化，快速完成了村庄的资本积累。

到了21世纪，在村庄经济发展迟缓、私有企业盛行、劳动力外流的困境下，李世立书记和高德敏主任发挥党建引领精神的作用，带领村庄走上新时代的"长征路"。在工业方面，对企业进行改制，不仅保住了世代人奋斗的积累，也赚得了经济发展的重启资金；在农业方面，村干部以代交农业税为条件，集中了100余亩土地，在国家免除农业税后，战旗村又成立了金针菇专业合作社，集中了村内600亩土地……通过几年的土地集中实践，规模经营已逐渐能获取规模效益，而这一步，为后期敲响四川省集体经营性建设用地入市"第一槌"奠定了基础。这也体现了党政精神，为后期培育与时俱进、善用政策的精神打好了基础。

全球金融危机、汶川地震等重重困难都没能阻挡战旗人前进的脚步。2007年的"拆院并院"、2012年的妈妈农庄、2013年的蓝莓采摘、2015年与迈高公司合作开发……这一项项工程做下来后，战旗人民充分认识到，党的领导必须要放在首位，而若想党政精神能够发挥作用，首要的是凝聚人心。战旗人民也正是在党的领导下不断发展战旗的，在这过程中也逐渐对党、对村集体积累了更多的信任感和依靠感，大幅度削减了阻碍村庄发展的交易成本，为后来的发展作铺垫。党建引领、战旗飘飘的传统并未随着领导班子的更换而被遗弃，而是代代相传，不断凝聚成党建引领的新战旗精神。

二、集体为先、团结互助

中国农村的集体化在 20 世纪 50 年代末苏联援助中断时被迫"去依附"的过程中得以强化。一方面，国家需要以政治手段动员广大劳动人民投入经济生产，以政治"看得见的手"替代因资本极度稀缺而无法发挥作用的经济"看不见的手"；另一方面，城乡二元体制下的农村集体化有益于对接城市失业青年下乡，以及统一向城市工业输送农业剩余。假如农村是一家一户的小农经济，那知青下乡究竟应该去哪一家？集体组织作为载体恰好降低了城乡交流的双向成本。

战旗大队集体为先的精神就产生于大量劳动力代替资本的劳动生产过程中。在农业学大寨的背景下，战旗大队通过大力发动民兵、妇女等劳动力，投入到开沟排水、深耕改土等农田水利建设事业中。劳动过程中形成的强大组织力，以一种特殊且高效的方式改造着战旗的村庄面貌和社员的精神风貌。

争当第一的竞争意识使战旗大队集体为先的精神被进一步强化，让集体观念深深扎根于战旗人的心中。

集体为先的精神形成于共同劳动和竞争的氛围下，并在集体利益与个人利益的不断斗争中逐渐内化于战旗大队的发展历程。在该精神的指导下，战旗大队减少社员分配比例并提高集体分配比例，达到了集体经济的高积累。在分配方面，国家部分一直较为稳定（除 1972 年因歉收有所降低外），而集体提留逐步提高，个人分配部分缓慢增长，可以说是高积累、低消费的。1973 年，战旗大队集体提留占总分配粮食的 15.34%，比 1966 年的 9.18% 提高了 6.16%。而正是由于这样的高积累，使 1973 年战旗大队的公积金达到了 20 万余元，储备粮达到了 20 万余斤。

战旗大队之所以能以成本内部化的自我剥夺达到集体经济的高积累，除三大生产要素由村社集体占有外，更得益于集体内部团结互助的制度安排。人民公社后期的分配，大多遵循70%或80%作为基本口粮分配，30%或20%作为工分分配的制度。基本口粮分配保障了绝大多数社员的基本生活，除此之外，战旗大队在该时期通过照顾五保户、贫困户，以及分配超支等制度，做到了对生活水平较差社员的显性补助和隐性补助，这种村社内部的调节达到了扶助贫困的目的，起到了农村的社会保障作用，也为战旗大队的稳定发展奠定了坚实的基础。

正因如此，国家、集体与社员之间构筑的多层社会保障体系保障了农民的基本生存，也保障了集体为先精神的实现，为工业化初期的资本原始积累构建了制度基础。

20世纪80年代后，在培育"市场化改革"、实现以市场作为资源配置的基础的过程中，战旗村的集体经济从高工分走向负债经营，最极端的是在20世纪90年代末，在宏观经济危机的压力下进行了以私有化为主导方向的乡镇企业改制。在2000年左右，战旗村集体经济几乎消失不见，集体精神有所衰惰。但是战旗通过集体经济改制，扭转了过去投工投劳形成的集体积累被个人大量占有的局面，使集体精神在21世纪后的生态化竞争中又得以重新体现，并发挥其巨大作用。

集体为先的精神虽然在产业竞争阶段表现得并不明显，但却是这一阶段战旗发展的前提。20世纪70年代中后期，战旗大队以修新村为契机发展工业，修建了机砖厂。用工分制的方式支付民兵工资，用社队余粮购买设备，以自我剥削的方式完成了资本原始积累，"舍小家为大家"的集体精神得到了充分的体现。而后，机砖厂的利润又陆续借贷给了新发展起来的村级企业，为产业化竞争的下一阶段奠定了资金基础。20世纪80年代到90年代是产业竞争的第一阶段，战旗村的主旋律是建新企业和对已有企业进行扩建。新建的企业如雨后春笋般冒出来，这种局面的形成受益于竞争时的积累。到了20世纪80年代中期，竞争达到了白热化，企业开始以负债谋求规模扩张式的发展，仍是归功于上一阶段的积累，战旗企业的表现可圈可点。产业竞争的第二阶段，即从

20世纪90年代到21世纪,由于形成了资本扩张的路径依赖,再加上宏观环境的剧烈变化,部分企业走向衰落。由此可见,第一阶段形成的集体为先的精神虽然在第二阶段有所弱化,但其奠定了产业化竞争阶段的发展基础。

在生态化竞争阶段,战旗村之所以能够再次获得辉煌的战绩,恰恰在于乡村基层的集体经济组织对农村已经高度细碎化的空间进行了有效整合,这也依赖于第一阶段形成的集体为先的精神。2002年新上任的李世立书记去华西村、小岗村学习后了解到,虽然包产到户可以调动积极性,但是不利于村庄的整体建设,于是他学习回来后就开始对土地进行整合,将村民一部分的自然风险、市场风险和交易成本转嫁给村集体,重新发掘土地的价值,同时又顺应郫县的发展规划,获得了额外的制度收益。在土地集中的过程中,首先,党员、干部起到了带头作用,再由各组长具体负责各小组成员的动员工作;其次,村集体强化了农民"想要过上好日子,必须实行规模经营"的理念,对美好生活的期望唤醒了战旗村村民的集体记忆;最后,正是由于党和人民有过并肩奋战的历史,使村民给予了党组织、村集体充分的信任和期待,因此才愿意先交出土地,后享受收益,完成了其他村庄难以实现的村民组织化、集体化。总的来说,战旗村能在第三阶段的生态化竞争中继续领先全国,实现和维护资源权利长效机制,完成土地再集中是一个不可或缺的环节。如果没有集体为先的精神,战旗村的土地再集中恐怕很难完成。

当然,集体为先、团结互助精神的实现,与党政的引领是密不可分的。党政引领下的集体为先、团结互助的精神在战旗村的发展中起了至关重要的作用,实现了集体精神的延续和发扬。

三、艰苦奋斗,敢于创新

战旗大队从穷困潦倒到战旗飘扬,战旗人民辛勤劳作的身影在岁月的画卷中熠熠生辉。在20世纪60年代的技术和资本条件下,劳动力代替资本大规模的投入是促进粮食增产的重要方式,在"高举一面旗,不忘一条线,大干三五年，一变（思想变）促三变（土地变、技术变、产量变）"口号的动员下，在"自力更生，艰苦奋斗"的大寨精神的鼓舞下，战旗的领导干部与群众相互促进、艰苦奋斗的精神始终贯穿于战旗村的发展脉络中。

首先，战旗的干部在生活和工作中秉承艰苦奋斗的精神。大多数干部出身贫农，在生活中，勤俭节约，主动参加劳动，减少浪费；在工作中，廉洁奉公，克勤克俭，全大队13个大队干部从未有人私占公款。领导干部艰苦奋斗，以身作则，一方面节约了大队的生产成本和管理成本，另一方面也起到了表率作用，使群众对干部的认可度提高，干部对群众的号召力增强，进而形成了干部与群众相互监督、相互促进的良性循环。

其次，战旗的群众主动发扬艰苦奋斗的精神。苦难的故事一次次上演，艰苦奋斗的精神一代代传承。战旗大队党支部最大限度地用劳动代替资本，如五匠人员的统一调用，内部化了村社生产建筑材料和修缮工具的成本，并动员了大量劳动力进行农田水利改造。

尤其在动员妇女和民兵的过程中，更彰显了艰苦奋斗的精神。受到地位提升的激励，妇女劳动力鼓足干劲支援农业生产，其间涌现出很多典型，如女民兵拖拉机手李仕芳，这在一定程度上也对男性劳动力产生了激励作用。随着女民兵数量的增加，女性地位进一步提升，又进一步激发了妇女艰苦奋斗的精神。

如果说艰苦奋斗的精神为战旗的发展打牢了根基，那么敢于创新的精神则让战旗的旗帜久久飘扬。

纵观战旗的发展历程，创新的精神一脉相承。20世纪60年代末，战旗大队经过反复试错和调整，探索出农业与副业共同发展的创新机制。通过工分粮、投肥粮按不同比例分配的激励机制，使养殖业和种养业平衡发展，形成农业和副业并驾高产的先进局面。在副业生产上，战旗大队坚持母猪由集体饲养，既稳定了猪源，又可以扶持贫困户养猪，缩小村内贫富差距。集体企业改制期间，战旗村创新地将企业所属固定资产租赁、流动资产按市场价折算出售给新经营者，企业未支付款项转为借款，集体按10%收取利息。这样既保住了世代战旗人的奋斗成果，也赚得了经济再发展的"第一桶金"。在土地集中的实践中，战旗村巧用"保底租金+50%利润分红"的分配方式，起到了以地稳民的作用。

综上所述，艰苦奋斗的精神使战旗村获得了农业村工业发展的"第一桶金"，持续不断的创新使这桶金越来越多。

四、与时俱进，善用政策

成功的发展经验可以学习但不能复制照搬。战旗之所以能够飘起来，抓得住时代的东风是一个重要因素。战旗村与时俱进，有效运用民兵制度、土地金融政策等，抓住成为"试点村"的机遇，借着时代的东风让战旗越飘越高。

20世纪六七十年代，战旗凭借突出的民兵建设成绩，成了郫县军民共建的榜样，获得了大量的政治、经济资源，这为后期战旗抓住发展机遇奠定了坚实的基础。民兵建设时期，武装部与战旗大队领导班子合作抓民兵工作，搞军事训练。民兵能够保持良好的秩序，做到"召之即来，来之能干"，与战旗大队善于运用政策，建立良好的民兵组织制度有着密切的关系。为了更好地解决民兵"三落实"问题，1970年，战旗大队采取一系列措施对民兵工作重新进行整顿。这一系列措施的实行，使战旗民兵成为维持大队治安的重要力量、大队农业生产与农田水利建设的绝对力量。为响应农业学大寨号召，战旗大队广泛动员妇女劳动力，积极推动女民兵建设，充分调动女民兵的积极性。女民兵在支援农业生产方面发挥了重要的作用，增加女性民兵和女性干部的数量也进一步调动了妇女的劳动积极性。

民兵工作做得好，使战旗大队与县武装部建立了深厚的联系，工业化起步时期，战旗大队就凭借民兵建设同武装部建立的关系，获得了令人艳羡的资源，从而降低了工业化的成本。

20世纪80年代至90年代的产业化竞争时期，战旗村积极开展城乡互动试验，吸引了大批高校的优秀学子。战旗村抓住发展机遇，成为郫县的名片和冲破城乡藩篱的中坚力量。

2011年到2015年，战旗村完成了村集体成员界定、集体资产清产核资和量化作股，注册成立了郫县唐昌镇战旗资产管理有限公司，借着郫县被列为全国农村土地制度改革33个试点县之一的契机，战旗村的闲置建设用地在土地资源交易中心挂牌上市，成功敲响了全省集体经营性建设用地入市的"第一槌"，唤醒了村内的闲置资源，土地日益释放出改革红利。

生态化竞争时期，可持续增长和"三农"问题日益受到党中央的重视，此时的战旗村也积极寻求产业生态化与生态产业化转型。战旗村通过坚持区域专有性、营造生态景观、打造业态多样性、培育有内涵的乡土文化等方式树立乡村振兴示范村的形象。

如今，战旗村成立了战旗乡村振兴培训学院，是其与时俱进、善于运用资源的典型表现。2018年2月12日，习总书记来到战旗村考察，并对村里的党建活动、产业发展、文化融合等给予高度赞赏。值得强调的是，战旗村是乡村振兴战略提出后，习总书记亲临考察的第一个村庄，代表着总书记对战旗村能够与时俱进地走好生态转型之路的认可。

五、公字当头，勇于斗争

斗争是集体化时期的重要内容之一。正是在这种斗争中，国家理性、集体理性与个人理性在不断地博弈中曲折向前发展，也推动了战旗村螺旋上升式的发展，这背后体现着中国农民伟大的斗争精神。战旗大队的斗争精神不仅体现在与自然的斗争中，更体现在公与私、集体与个人的斗争中。

事实上，战旗大队成立前，国家、集体与个人的斗争就曾不断掀起高潮。新中国成立时，郫县、崇宁曾出现"二五暴乱"，崇宁县开展了清匪反霸工作，通过广泛运用召开群众大会、斗争欠粮地主等手段，保证了征粮工作的顺利开展，进而为1951年的土地改革奠定了坚实的基础。土地改革中，广大群众均分了田地，极大地提高了个体生产的积极性，改变了基层社会的社会结构和权力体系。为顺利发展工业，1953年开始推行合作化，干部和群众不断在社会主义教育中改变自己的思想，锻炼了大量基层党员干部，纠正了村干部在经济、政治、意识形态和经营管理方面的错误。

战旗大队正是诞生于这样的斗争中,并从中汲取了力量。除了社会斗争外,战旗大队也面临着与自然的斗争。1966年,一场突如其来的大火烧光了刚刚建成的集体草房,但是熊熊烈火并没有烧掉战旗人民对未来美好生活的憧憬,反而激起了他们更坚强的斗志。在"烈火成灾何所惧,战旗地上绘新图"的口号声中,战旗大队开始重建家园。这样的故事反复出现在战旗村的奋斗历程中,而战旗人民与许许多多平凡的中国人民一样,从未放弃与自然的斗争。

战旗大队通过批评和自我批评,使干部和群众主动认识到自己的错误并加以改正。正因如此,战旗大队在农业和副业发展中,集体理性战胜了个人理性,获得了二者的综合收益最大化,完成了村社内部的资本原始积累。

综上所述,战旗大队"外因促内生"的党建引领、勇于担当,集体为先、团结互助,艰苦奋斗、敢于创新,与时俱进、善用政策,以及"公"字当头的斗争精神等共同造就了"战旗飘飘"的发展历程。这些不同的精神并非独立存在的,而是相互嵌入的,共同构成了战旗精神的整体。正是在这种精神的指引下,战旗大队创建了一系列集体行为机制,使战旗低成本地完成了村庄的资本积累,并迅速在20世纪70年代中后期抓住机会,步入农业村工业化的发展阶段。

第十五章
村社理性
——乡土中国的"三生"与"三治"

人类和其他动植物一样，根据自然环境调整自己的生存方式，因此农业作为早期的文明形态，必然和自然环境有着密不可分的联系。正确地认识自然环境对人类的影响，是人类得以健康生存与发展的基本前提之一。早在古希腊时期，古希腊史学家希罗多德就称埃及是尼罗河的馈赠，此后，关于地理环境对人类文明的影响，一直是文明史上重要的研究课题。人类对于自然环境影响的认识大致经历了**三个阶段**[1]。第一阶段是早期的**地理环境决定论**，该思想将地理环境看作人类文化发展和历史演变的决定性因素，虽然这一理论存在明显漏洞，但在某种程度上指出了地理环境对个人、社会、政治演变产生了重要的影响。20 世纪进入了第二阶段，即**对地理环境决定论的修正和否定**，开始强调人类对自然环境存在的主观能动性，认为人类可以影响环境的"或然论"、改变环境的"调节论"，以及文化决定环境的"文化史层说"。自然环境的影响在人与自然环境的关系中的作用变得越来越小，对人的主观因素的强调程度越来越大，以至于在很长一段时间里，人的力量被不适当地夸大，对自然的开发忽略了环境的承载力。20 世纪 60 年代之后，随着自然环境的不断恶化，人们开始反思人类活动对自然环境产生的负面影响，不再将人类和自然对立，而是在强调人类具有适应环境的能力的基础上，提出了人类的发展不能超过生态环境可承载的限度，也就是**可持续发展的思想**。

同时，随着地理科学技术的不断发展，有关环境演变对人类社会影响的研究也日益增多。大量成果揭示出环境变化对人类社会确实存在着深刻的影

---

[1] 方修琦，葛全胜，郑景云. 环境演变对中华文明影响研究的进展与展望[J]. 古地理学报，2004(1): 85–94.

响，人类历史进程中所发生的许多重大事件都是在环境演变的背景下发生的。例如，古埃及、古印度及两河流域文明的衰亡可归因于严重的气候变干，而中国朝代变化的周期也与气候的变化紧密相关。越来越多的证据表明，地理环境对文明的发展和演变有着重要影响。因此，衍生于不同地理环境的东、西方文明，具有自然存在差异性，并且因地理环境的限制，各自走上了不同的发展道路。

一、东方农业文明与政府理性

政府理性是一个具有深刻内涵的政治哲学概念，常见的解读一般集中在政治学领域，认为政府理性是指政府作为一种社会利益共同体存在的理由或基础，具有理论性、阶段性、指导性和自觉性的特点。课题团队曾借此概念分析了新中国工业化发展阶段成功的经验，认为相较于自由市场理论所强调的市场均衡发轫于个体化的理性经济人的概念而言，中国人所经历的是经济领域中政府理性生发的过程。政府作为国民经济体系的内在参与者，而具有道格拉斯·C·诺斯所言的"政府公司主义"行为特征。在此，我们试图探讨政府理性兴起的逻辑根源及其对以农业文明为主的中国的历史进程产生的影响。

（一）政府理性的起源

文明的产生和发展与水有着不解之缘，在大河沿岸，诞生了许多灿烂的古文明。中国是个旱涝灾害多发的国家，因此防洪是中华民族最主要的治水活动之一，与洪水做斗争也成为文明延续的必要条件。这样的农业文明，肩负着和多变的自然条件做斗争的使命，在一次次河流改道、旱涝灾害频发的历史中，居于此地的祖先们不得不联合起来，由此产生了部落，而每遭遇一次重大灾害，就需要集合更多的人力、物力开展水利工程建设。于是，部落聚集，逐渐产生村落，进而出现邦国，国家雏形开始形成。中国地质与考古团队通过对青海地质的调查，发现了黄河流域在公元前 1920 年爆发过大洪水的证据。参与此研究的学者们推测，大洪水的爆发让中国社会形态由酋邦国转为政权模式。而中国第一个大一统的国家秦国，也因修建了都江堰这一惠泽万世的水利工程而繁荣昌盛，为统一六国打下了坚实的基础。这些故事无不体现出治水在中华文明史上扮演着重要角色。事物的起步所依赖的具体情景和资源，会对事物后续的发展产生深远的影响，如果用学术的词汇来表达，就是会产生**路径依赖**。

下面具体来看东方政府理性的形成。**中国原本是一个非常多样化的、差异性很明显的地区，它怎么就变成了一个大一统的国家了呢？**浙江考古发现的良渚文化，可以很好地解释这个问题。考古学家在对良渚古城进一步的挖掘中，发现古城配置了诸多发达的水利系统。从工程量来说，至少需要几十万人的劳动才能形完成良渚古城及古城外围的整个水系的建设。如果没有一个政治国家，怎么可能完成对几十万人的动员？按照当时人口分布的可能性来看，至少安徽省、江西省这一带都被纳入了这个政治国家的管控范围，它才能有效地调度周边的劳动力，成规模地到这里来建设古城和古城的水利系统。因此，我们可以大胆推测，**为了实现对水系的利用和对水患的防治，以及有效地整合人力，国家政治体系形成**。当然，人地资源之间的矛盾以及北方游牧民族的侵扰，同样也需要一个具有号召力的中央集权政体。[1]

比如，震惊世界的双槐树遗址的考古发现，也证实了早在黄帝时期，水患的防治便已成为古城布局的重点。双槐树遗址的洛河古国位于黄河和洛河交汇的河洛地区（见图 15-1），此地向来被视为中华文明的腹心地带。

---

1 摘自 2019 年温铁军教授在三生谷书院发表的主题为"东亚万年农业文明与西方文明的差异"的演讲稿。

图15-1　河洛古国地理区位

从双槐树遗址的功能布局图（见图15-2）来看，可以明显看到环绕古城的三层大型环壕。在古代，环壕最初的功能是防御洪水，古人利用"水往低处走"的特性修筑了环形或椭圆形的壕沟。随着人类冲突的不断加剧，环壕逐渐转变为抵御敌对势力入侵的防御工程。由此可见，治水在古文明中始终占据着重要地位。早期文明形态的特征被后世继承发扬，成为中华万年农耕文明连绵不绝的主脉。

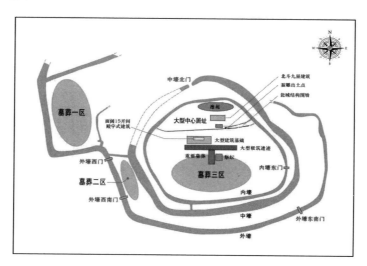

图15-2　双槐树遗址功能布局

西方许多学者也认识到了地理自然形态对国家政治形态产生的影响。卢梭曾在《社会契约论》中有这样的表述："我设想，人类曾达到过这样一种境地。

当时自然环境状态中不利于人类生存的种种障碍，在阻力上已超过了每个人在那种状态中为自存所能运用的力量……所以人类便没有其他的办法可以自存，除非是集合起来形成一种力量的总和才能克服这种阻力。由一个唯一的动力把它们发动起来，并使它们共同协作。"这种被卢梭称为"社会契约"的概念，成为他解释国家政治形态的基础。

然而由于地理环境存在明显的差异性，西方并没有衍生出类似东方的政府理性。在地广人稀、海洋贸易发的西方，资本快速积累下的财产私有制更加推崇个体理性，并形成了追求自由和个体利益最大化的文化。

（二）政府理性的影响

在国家政治形态竞争框架中保证文明的稳定延续，这一特有的政府理性同样影响着后续的历史进程。到了战国时期，秦国修建了三大重点水利工程，其中以都江堰最为著名。都江堰水利系统建成后，成都平原在短期内便跃升为秦国的重要粮仓，使巴蜀真正变成了秦国地大物博、经济富饶的战略大后方，从实力上改变了过去秦、楚、齐三强长期并驾齐驱的局面。秦逐渐超越了齐、楚，独领风骚。于是，国富兵强的秦国在迎来了一位独断、果敢的君王后，横扫六国，最终实现了统一，从此告别封建制，迈向大一统的郡县制国家。这一国家政治制度的实行，使中央政权能够有效地统一动员国内的各种资源和力量，不断向外兼并，因此能够有效地通过内陆的地缘纵深，来调动各种力量抗御北方游牧民族在气候冷化条件下的南压。**即便秦朝在中国王朝更迭史上如同流星划过般短暂，但这颗流星所散发出的耀眼光芒基本奠定了中国中央集权的政治形态**，因此在人类进入国家政治形态这一竞争框架之中时，中国万年农耕文明仍然维持稳定。

在新中国成立初期，凭借政府理性快速实现原始积累。1949 年以后，为了维持苏联战略援助形成的以重工业为主导而内生具有"资本增密排斥劳动"机制的国家工业化体系，以对付周遭险恶的政治环境，政府只能通过农村集体化，才能从高度分散的小农经济中超常规提取剩余，以此形成国家工业化的内向型"资本原始积累"。在政府只能与高度分散且剩余太少的亿万小农进行交易的宏观环境的制约下,履行这样的经济行为必然会出现交易费用畸高的现象。于是,政府只能以解决这个问题为目标,进行相应的制度安排,即利用长期战争对执政党和人民的教训,以及战争形成的军事化集权体制,建立必不可少的国家工业化的动员机制和组织。[1]

正是借助以农村集体化制度和城市单位制为基础的、体现国家对资源高度集中垄断的二元制度(见表15-1)安排,保证了中央政府在不到30年的工业化进程中,多数年份都能形成高达30%的积累率。使中国从20世纪50年代初期一个典型的传统农业国家,在既缺乏外部市场又几乎无外来投资的恶劣的国际环境中,发展为工业产值达70%以上、产业门类齐全、专业分工细致的初步工业化国家。

表15-1　中国城乡二元经济制度安排

制度类别	功能
农村集体制	以官定低价农产品的规模上缴和指令性承接城市工业的高价产品来贯彻"剪刀差",成规模地、军事化地集中劳动力投入到国家基本建设中,并以维持农村的基本稳定为条件来承载城市危机的软着陆
城市单位制	以生、老、病、死的综合性保障,维持劳动者及其家庭成员相对封闭的、低水平的基本生存,借此配合国家资本通过占有剩余最大化和支付福利最小化来短期完成工业化的原始积累

资料来源:何慧丽,邱建生,高俊,温铁军.政府理性与村社理性:中国的两大"比较优势"[J].国家行政学院学报,2014(6):39-44.

在新时期,凭借政府理性共同化解内外部危机。伴随着经济全球化,危机也在全球化的影响下震荡扩散。目前人类处在两大危机背景下,一个是金融过剩导致的全球金融危机,另一个是人类共同面临的生态危机。首先看全球金融危机,自从人类进入金融全面过剩阶段,金融危机便呈现出一定的周期爆发规律。本课题团队曾提出的"危机论",正是研究了中国是如何摆脱金融危机的泥潭,一次次断臂重生的。比如,新中国成立十多年后,为了应对紧张的国际

---

1 何慧丽,邱建生,高俊,温铁军.政府理性与村社理性:中国的两大"比较优势"[J].国家行政学院学报,2014(6):39-44.

局势，投入2052.6亿元开展三线工程，将重点国防工业和基础工业从受威胁的东部沿海地区迁至三线地区，极大地保全了中国的工业体系。但从经济理性而言，三线建设相应的成就非常有限，却耗费了巨大的人力、物力，因此西方学者认为是"在错误的时间和地点进行了一场错误的建设"。但三线建设有力地促进了中国的军事工业和重工业的发展，巩固了国防军工业，其价值不能用简单的成本收益核算来衡量。此后，国家又以举国之力开展乡村振兴，政府主导将大量资源投入到收益并非最大化的农村，通过扩大无风险资产投资来避免社会动荡。进一步地看，2020年新冠疫情的暴发，将中国的政府理性表现得更加淋漓尽致。全国上下统一调配，快速抑制住病毒的扩散，其执行力和反应力在同西方国家的对比中不言自明。

总之，中国凭借治水而形成的政治形态文明，在长达几千年的文明发展中始终保持着稳定。同一时代诞生的古文明皆已草草谢幕，唯有喜马拉雅山脉东边的这一古老国度，在循环往复的冷暖气候变迁中，在交流互鉴的文明碰撞融合中，在祸福相依的灾害与变革中，始终前行。

二、作为村庄发展制度内核的村社理性

之前提到，基于地理资源差异，东、西方产生了不同的地域文化，或称安土重迁的农耕文明与激进冒险的海洋文明，或称推崇利他的集体主义与崇尚利己的个人主义，或称中央集权的政府理性和自由民主的个体理性，这些都是从较为宏大的角度讨论东、西方文明的差异。而部分可以折射出整体，让我们将形而上的文明嵌入组成社会结构的最基本的行政单位——村庄中，来观察东方文明在这一领域的延伸。

为何说中国的农村是"三生合一"？所谓"三生合一"，指的就是生态、生产、生活这三大要素在乡村领域融合且难以区隔。首先看生态，中国的基本地理特征是"七山二水一分田"，中国耕地资源仅占世界的7%，水资源占世界的6.4%，而水、土、光、热配比适宜的耕地不足国土面积的10%。加上中国多为亚热带季风气候，水资源季节分布和空间分布十分不均，致使农业生产

受限。然而，中国却拥有占世界 20% 的庞大人口。为何东亚能在人地资源矛盾如此紧张的条件下养活这么多人口，而拥有肥沃土壤、地广人稀的美洲大陆却在不到 100 年的开发中就已经面临难以为继的问题？富兰克林·H·金教授认为，正是短缺的自然资源和庞大的人口之间的矛盾，造就了中国精耕细作、循环利用和资源节约的传统农业生产模式[1]。也就是说，东亚小农的生产体系是基于生态可持续发展的永续农业体系，这和急功近利、资源消耗的工业化和现代化农业有着明显的区别。生产上，由于地理资源特性，社区成员在同一地理区域上就能满足日常生活所需。除了发展农业，乡村更是百业兴旺。而基于同一亲缘、地缘边界形成的乡土社会乃是费孝通笔下的熟人社会，最终形成了基于乡土社会特性的文化和治理秩序。

"三生合一"的乡土社会，产生了"三治"（即治人、治水、治村）的上层建筑。这"三治"呈现层次递进的逻辑，若想治村，得先治水。因为在工业不太发达的农业社会，粮食产量是最为重要的"资本"，而提升粮食产量的关键在于水利设施的修建。水利设施的修建需要人的参与，需要付出大量的人力、物力、财力；水利灌溉更是需要上下游的接续与社区内几乎所有成员的合作与协调。黄宗智通过对长江三角洲和华北平原的比较研究发现，对水利工程的需要往往是决定宗族组织状况的关键因素[2]。因此，村庄的治理和"三生合一"的乡土社会的特性密不可分。**课题团队将这种建立在村社集体所有权和农户使用权两权分离的经济制度基础上的，以农村一定范围内的血缘和地缘关系为纽带的，维系村社内部社会秩序的群体理性称为"村社理性"**。我们试图用战旗村作为案例，来阐述基于"三生合一"而产生的"三治"的村社理性是如何推动村庄的发展的。

（一）水利兴村——战旗的逻辑起点

为什么在人民公社这样一场政府理性深入基层的社会动员运动停滞后，战

---

1 富兰克林·H·金.四千年农夫：中国、朝鲜和日本的永续农业[M].程存旺，石嫣，译.北京：东方出版社，2011.
2 黄宗智.华北的小农经济与社会变迁[M].北京：中华书局，2000.

旗村的集体化经济并没有像其他地区一样面临消亡的命运，反而在新时期成为集体经济发展的典型？对于这一问题，村民们也在试图解答，目前关于这一问题的解答可以分为三大派别，分别是**精英论、机遇论和文化论**。精英论重在强调精英对村庄的治理和贡献，成就了今天的战旗；机遇论的赞同者认为，战旗村在转折点上做出的重要选择，正好顺应了当时的社会趋势，抢占了天时，因此获得了大量的制度红利；文化论则重在强调战旗人团结奋斗、敢为人先的精神，使战旗这面旗帜能够跨越几代人持续飘扬。这三大观点各有其道理，都能在一定程度上解读战旗村成功的原因。在史学家许倬云的历史观中，**个人是最微弱的存在，其次是社会，比社会更大的是文化，最后是自然**。据此可以看出，这三大观点正好体现了三个层次的历史观。精英论是考虑个体的影响，机遇论将社会环境纳入其中进行考虑，文化论较前两者更为宏大，涵盖了个体和社会的变迁路径。然而，我们也可以清晰地看出，目前并没有人从更宏观的视角——自然因素来解读战旗村发展的经验。因此下面将从这一角度出发，试图从逻辑根源上回答"为什么是战旗"。

首先要介绍一下战旗村所处的川西平原的基本自然环境。川西平原产生于距今5000年左右的喜马拉雅山脉形成阶段。由于青藏高原陡然上升，川西一带缓慢下降，岷江和沱江所携带的沙砾在此不断沉积，逐渐形成了现今的平原地貌，并由于横断山脉的阻挡，来自太平洋和印度洋的湿润水汽在此停滞，带来降水。而来自西北内陆的干冷气流则难以深入平原内部，因此就形成了降水充沛的亚热带季风气候。冲积扇平原和降水充沛的亚热带季风气候的组合，十分有利于农业的发展，因此川西地区也成为中国古代最早兴起农业文明的地区之一，此处诞生了以三星堆文明为代表的古文明。当然，这一地理环境也有其弊端。由于亚热带季风气候的降水呈现明显的季节分布特征，加上平原地形难以抵挡肆虐的洪水，因此旱涝灾害频发。而都江堰工程（见图15-3）的修建极大地改变了该地区的水利条件，既满足了川西平原万顷良田的灌溉需求，同时又避免了洪水对该地区的侵蚀，成就了"天府之国"的美誉，此后的历朝历代都保持着对都江堰工程的修整。新中国成立后，国家也对都江堰水利系统进行了大规模的改造，从而确保这一巨大工程得以永惠于民。从这一角度看，似乎更多地体现了政府理性在水利基础建设中起到的主导作用。然而也有学者指出，都江堰灌区的水利设施相当复杂，要比华北地区的江河治理更为精巧，因此不同于东方专制主义社会和华北乡村自治的"士绅社会"，都江堰灌区产生的是带有**集体主义特征的集体化社会**。[1] 这主要体现在以下两个方面。

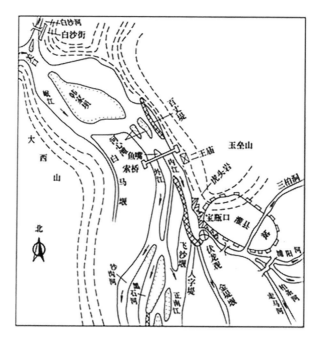

图15-3　都江堰功能图

第一，**都江堰灌区形成的水利治理体系呈现出集体化特征**。一般而言，政府理性主导的大型水利基础设施建设大多为临时性的，政府理性难以深入乡土社会日常的治理中。而相比华北地区形成的士绅治理体系，川西平原的"士绅"并不突出，对水利的治理更多地体现在制度设计层面。比如，按计划控制水量，各渠道分段按时轮灌等，形成了水权集中的集体管理体制。第二，**都江堰灌区的运作体系呈现出集体化特征**。川西平原的农民尽管享受着都江堰这一大型水利之惠，但这种享受的前提在于集体化地投入人力、物力、财力。因此，当地出现了不属于国家基层政权体系的"放水员"和灌区内部运转的带有"公益"性质的水利经费。

1　吕德文. 水利社会的性质 [J]. 开发研究，2007(6):11–13.

从这一角度看，川西平原依托特有的水利系统形成了具有集体化特征的水利社会。因此，当其他地区的水利工程因政府理性退出（即人民公社制度的瓦解和财税制度改革后基层治理失灵），进而使水利系统难以为继时，都江堰灌区却仍然保持着集体化的运作模式。总的来说，就是**都江堰这一庞大的水利工程的特殊性，使集体化的运作成为内生性要求**。而乡村统筹提留"取之于民、用之于民"的集体化性质的财政体制和符合熟人社会的交往规则的公共事务管理方式也得以延续。**距离都江堰主体工程仅20多公里的战旗村自然也被纳入这一体系之中。**

（二）农村工业化原始积累阶段的"内部化处理外部性风险"机制

任何工业发展都是一个资本增密的过程，而当资本增密时，首先是资本积累。在农村工业化原始积累阶段，全国上下都面临着资本极度稀缺的窘境。战旗村的起步似乎举步维艰，不仅资本极度稀缺，还在成立初期就背负了将近700元的债务。如何发展集体经济，如何在农村工业化原始积累阶段脱颖而出，成为困扰战旗大队第一代干部的难题。将这一问题放在资本积累的框架下进行拆解，进一步细化为两个问题：一个是如何解决原始积累中面临的资本稀缺问题，另一个就是如何处置资本原始积累所产生的负外部性问题。依托于都江堰水利系统产生的集体化性质的村社理性，成为化解这两大问题的关键。在农业产业化几乎成为农业唯一选择的背景下，只有那些社会关联度高的村庄，才更有发展产业化农业的潜力。[1]

1. "自我资本化"完成原始积累

首先是"自我资本化"，即通过村社内部劳动力的规模投入来替代"极度稀缺"的资本要素，从而快速完成原始积累。战旗的原始积累可以分为两个阶段：一个是工业化积累的起步阶段，通过大量农业积累助力工业化起步；另一个是工业化发展阶段，通过分配制度实现资本集中投入再循环。战旗的工业化发展路径基本上延续着中国工业化的发展路径。在起步初期，双方都通过集体

---

[1] 贺雪峰，仝志辉. 论村庄社会关联——兼论村庄秩序的社会基础[J]. 中国社会科学，2002(3):124–134,207.

化制度提取农业剩余,用于支持工业化的发展。而在农业积累的过程中,治水和条田改造扮演着重要角色。当时战旗大队有大量的"烂漕田""下湿田",这是因为战旗村域属岷江冲洪积扇区,形成了以冰水冰碛堆积台阶、冰水堆积扇状平原和漫滩一级台阶为主的三大地貌。在各地貌的接触部位,由于岩性存在差异,导致渗透性不一,因此形成了下湿田。[1] 由于下湿田土壤空气不易流通,土质板结,土壤团粒结构遭到破坏,土层温度过低,导致植物根系不但不易发育,甚至会腐烂、坏死,农业产量很低。除了土质问题外,战旗的土地大多呈现出不规则形态,非常不利于耕种。**因此,要在农业上改变低产现状,就必须对"下湿田""烂漕田"进行改造,规整土地形态。**

下湿田能否变为丰产田,关键在于排水,而排水的效果又取决于沟的质量。都江堰灌区的旧渠道已然不能满足农田水利需求,这必然要求战旗大队对现有的农田水利工程进行改造。然而渠系改造需要投入众多要素,人力、物力从何而来?"20世纪70年代初,战旗大队共计有9个生产队,总户数283户,总人数只有1194人,能投入的劳力除去半劳力和小孩外,只有560多人。除了正常的生产外,能抽出的精壮劳力只能以民兵连的形式来完成这一任务。"因此,基于民兵建设这一极有动员力的"治人"运动,战旗大队得以组织化地动员一批精壮劳动力开展农田水利建设,成功将"烂漕田""下湿田"改造成平整的田亩,农业产量大幅度提高,到1972年,水稻的亩产量达到了813斤(其中中稻710斤、晚稻103斤),1973年达到了983斤(其中中稻683斤、晚稻300斤)。到1975年,战旗大队的公积金粮就达到了40万斤[2],为以后兴办企业奠定了雄厚的物质基础,积累了一大笔粮食储备金,完成了艰难的早期资本原始积累。

依托于粮食储备金修建起的机砖厂,成为战旗工业化起步的标志性企业。在这一阶段,战旗大队一方面通过民兵建设,最大化地发挥劳动力要素的价值;另一方面则通过工分制,实现了资本剩余最大化地用于工业化投资。

2. "内部化"化解资本原始积累的负外部性

一般而言,资本原始积累一定是带有剥夺性质的。战旗村之所以能在如此

---

1 四川省郫县志编纂委员会. 郫县志[M]. 成都:四川人民出版社,1989.
2 资料来源:赵仁春. 战旗村志(未刊稿).

短的时间内依靠集体内部的"剪刀差"大量提取农业剩余用于工业建设,而没有产生较大规模的集体反抗事件,正是因为基于"以血缘认同和村落共同体认同为基础的,具有价值理性性质的家庭代际分工和外部协作行为"[1]。也就是说,战旗村在整个农业村工业化的过程中,产生的剩余为村民集体所共有,这种被视为"自我剥夺"的积累方式,得以"内部化"化解资本原始积累所产生的负外部性。**这体现在战旗的集体企业并不以利益最大化为首要经营目的,企业追求利益的同时,还负责村庄公共事务的开支,为本村村民提供公平的就业机会和公平的分配制度。**

比如,20世纪80年代,集体就将机砖厂的部分盈余用于修建"迎龙山庄",共投资20万余元。2006年,村庄又在此基础上先后投资120万余元,建成西部地区最大的村级文化场所——战旗村文化大院,满足了村民的精神文化需求。除此之外,在战旗的集体企业改制过程中,村集体仍然保留了集体对企业的部分收益权,即完成了由经营企业向经营资产和吃租收益(土地租、厂房租和设备租)的转变。乃至在后期村集体对外招商的过程中,会对企业进行把控,在两家企业的规模、盈利能力、发展模式相当的条件下,会优先选择能为村庄带来更多就业岗位的企业。

总之,"自我资本化"完成资本原始积累和"内部化"化解资本原始积累的负外部性这两大机制,使"以水立村"的战旗村能在农村工业化时期,平稳快速地实现从农业向工业的转变。除此之外,战旗还延续着由治水产生的"**三生**"(生态、生产、生活)文化,并实现了"**三治**"(治人、治水、治村)的高度三位一体。

(三)基于合作制的土地流转

随着城市产业过剩、资本过剩和金融过剩的进一步加剧,原本"三要素净流出"的农村地区迎来了新的发展机遇,资本开始向农村地区回流,试图唤醒农村"沉睡"的资产,在实现农村产业升级和资源价值显化的过程中实现盈利。而日渐"干瘪"的村庄,很明显也需要借助资本的力量来撬动村庄的整体性发

---

[1] 何慧丽,邱建生,高俊,温铁军.政府理性与村社理性:中国的两大"比较优势"[J].国家行政学院学报,2014(6):39-44.

展。然而,现实并不如理论逻辑那般清晰简单。那些或怀揣着情怀的资本,或单纯逐利的资本,几乎都在与村庄的磨合中不断"摩擦"。他们隐隐约约感受到乡村存在着城市并不存在的某些磁场,抑或是非正式制度。而村民们也感受到这些外来资本或许确实能带动村庄发展,但发展的收益似乎与自己并无太大关系。事实上,从资本下乡的第一天起,这种利益的博弈便在一种暧昧、纠缠的情境下持续着。

资本与村庄的关系,既可以是相互促进,共谋发展的,又可以是二元对立,产生大量负外部性的,如图15-4所示。首先,资本能促进村庄发展。在村社理性在位的条件下,乡村的治理体系相对完善,能够动员分散的小农组织起来形成规模,从而降低资本中与单个村社成员打交道而产生的高昂的交易成本。其次,通过组织起强有力的集体组织,可以提高村集体的谈判地位,让绝大多数人享受到村庄发展的成果。反之,资本和乡村的二元对立,不仅会使资本在下乡过程中面临重重阻碍,经营风险加大,而且会使经营产生的负外部性向村庄转嫁,村民对村庄建设没有参与感,村企关系紧张。

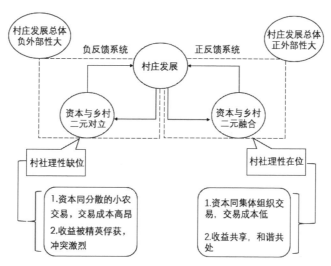

图15-4 资本下乡产生的两种可能

经集体改制后的战旗村,得到了 21 世纪再起步的"第一桶金"。如果说前面两个阶段都是劳动力要素的显化,那么在这一阶段,伴随着国家对土地制度的改革,土地收益逐渐显现,如何引入资本,在土地上做文章,成为村庄发展的主轴。而战旗村在过往发展历程中培养出了敏锐的政治嗅觉，再一次把握住了时代的机遇。2003年，战旗村率先推进土地集中，先后共集中土地100亩。2006年，战旗村成立了蔬菜专业合作社，集中土地500亩。2007年，战旗村成为全市第一个以市场化运作的方式实施土地增减挂钩项目的试点村。2015年9月，战旗村敲响了全省集体经营性建设用地入市"第一槌"，四川迈高旅游资源开发有限公司以**52.5万元/亩**的价格，取得了战旗村**13.447亩**集体经营性建设用地**40年的使用权**，入市土地竞拍价格共计706万元。同年，村民人均可支配收入已超过2万元。

在整个土地集中的过程中，村社理性发挥了重要作用。为了顺利流转土地并保障村民利益，战旗村的土地流转模式既不由项目推动，也不由商业资本开发，而是主要依靠前期村内自发流转和后期村级组织有意引领。

表15-2所示为2003－2015年战旗村有关土地的措施。

表15-2　2003—2015年战旗村有关土地的措施

年份	内容	结果
2003	外出学习	确定了"村庄要想发展，土地必须集中"的思想，当年集中土地100亩
2006	成立战旗蔬菜专业合作社，进行土地集中化改造	土地集中面积达1100亩，承诺保底分红，保底金额为800元
2007	实施"拆院并院"项目，申请"创新农村基层治理机制"的试点性改革	对占地400亩的散居农户进行整理，用200亩地修建新居，多余的200多亩宅基地（集体建设用地）指标挂钩到城市里出让，收益1.3亿元。除偿还融资本息1.15亿元外，剩余的1500万元专项用于战旗村现代农业产业园基础设施配套建设，并建成了9.1万平方米的战旗新型社区（数据摘录于清华大学调研报告）
2008	成都市委、市政府出台了《关于加强耕地保护进一步改革完善农村土地和房屋产权制度的意见（试行）》	以此政策为契机，战旗村开始推动集体经济组织成员资格认定
2009	更名为郫县唐昌镇战旗蔬菜专业合作社	集中2300多亩农用地，其中有500多亩地没有租赁出去，由合作社自主经营种植蔬菜，剩下的1800多亩全部集中起来租赁出去，土地租金统一为1200元/亩

续表

年份	内容	结果
2010	战旗村出台《集体经济组织成员认定办法》	集体成员资格以家庭为单位，生不增，死不减。以2011年4月20日为节点，确定集体经济组织成员1704人
2015	申请农村集体经营性用地入市改革试点，组建郫县唐昌镇战旗资产管理有限公司	核定村集体资产4000万余元，全部注入战旗资产管理有限公司。公司以村议事会成员（35人）为发起人，注册资本为1704万元，集体经济组织成员每人入股1万元，剩余集体资产估值算作股本溢价。集体资产管理公司净收益的40%为盈余公积金，用于公司再发展；净收益的30%为公益金，用于集体公共福利和公益事业；净收益的10%为风险金，用于弥补亏损，剩余的20%用于全体成员分红

资料来源：战旗资料库、课题组入村访谈记录。

战旗村能够推动土地集中的内在机制体现在以下几个方面。

第一，依托前期工业化积累阶段发展起来的集体企业，战旗村大量农业劳动力得以被置换进工业领域。20世纪90年代，战旗村集体企业十分强劲，最多时达到了12家企业，不同于其他乡村所遭遇的空心化危机，战旗村80%的劳动力都实现了在本村就业。但由于上班工资远远高于务农收入，极大地提高了劳动力从事农业的机会成本，因此无论村庄是否存在劳动力外流的问题，都出现了较为严重的土地抛荒现象。村民在接受访谈时说道："我说句实在话，年轻人在榕珍菌业（当地企业）这样的企业上班，女同志工资有3000多（元），男同志有5000多（元），小两口8000（元）一个月，你觉得他们还愿意种田吗？他们把土地交给村集体进行统一管理，还方便。你调查的时候可能听到有人说一个月只有100元的土地租金，但反过来讲，让你自己去种地，那影响的收入可不止这一点。"[1] 1991年前后，部分村民开始在组内进行土地流转，当时集中了10亩左右的土地，租赁给了本组两位蔬菜种植户。

第二，强化了集体经济在动员中的主体作用，基于合作制促进土地集中。首先，战旗村的村委班子并没有直接动员村民实施土地流转，而是先影响村民的观念，我们在战旗村过往的重要变革中可以看到这一策略的影子。村委组织

---

1 资料来源：2019年10月4日战旗村7组组长访谈记录。

生产组组长、部分村办企业代表30~40人，分两批去了江苏、山东、天津等沿海一带参观学习。让村民认识到，像华西村等村庄之所以能发展壮大集体经济，实现村庄发展，是因为他们集中了土地，把赖以生存的资源整合起来统筹利用。这就为之后的土地集中埋下了伏笔。其次，村社理性引导村民共同行动，不走极端。当问及村民为何会同意土地流转时，村民回答："2003年土地集中的时候，当时整个7组只有两户有想法，但通过村委做思想工作，（他们）也看到大家都把土地集中了，出于跟风的心态，最终也就同意了。"处于同一亲缘、地缘网络的村民，考虑维护所谓的"关系"，也考虑到村庄的发展，会倾向于共同行动。另外，收益由全体村民共享的分配制度进一步巩固了集体经济制度，在集体成员认定时期，村委为了解决村民的矛盾，还制定了村民自治章程，大到村里面如何进行利益分配，小到村民的言行举止，都做出了明确规定。通过这一系列强化村社理性的做法，优化了村庄的治理秩序，也极大地帮助了村委执行工作。

土地集中之后，村庄和村民都享受了由于资源整合而带来的种种好处。首先，通过土地集中和整理，腾出了将近200亩的集体建设用地。从村庄角度来看，这样不仅让村民在村庄内就享受到了如同城市小区的生活环境，提高了村民的生活水平，而且也通过集体建设用地入市增加了集体资产存量。从城市资本角度来看，规模化且经过修整的土地极大地降低了资本的进入成本，免去了和原子化的村庄分散交易所带来的高昂成本。同时，经由合作社或者资产管理公司开展系列合作，在一定程度上避免了熟人社会对外来公司产生的排斥性行为，因此战旗村备受投资者的青睐。天眼查的信息显示，2007年进入的成都市榕珍菌业有限公司投入**9000万元**，2010年进入的成都第五季投资有限公司投资**1.3亿元**，四川迈高旅游资源开发有限公司投资**7000万元**，仅这三家企业就为村庄带来了**2.9亿元**的投资，极大地改善了村民的居住环境和村庄的基础设施建设，并且提供了大量的就业岗位。更为重要的是，以村社理性为主导的土地集中等资源配置，弱化了资本与村庄的对抗性，增强了村集体的博弈地位，确保了资源所有者拥有实质性的资源主权。这也就避免了分散的村庄力量在与资本博弈的过程中处于弱势地位，确保村庄发展的收益不被过分提取的同时，也避免了资本产生的负外部性大量向村庄转嫁。

（四）推动生态化转型

在过去的几十年中，战旗村艰难地完成了农业村工业化这一历史进程，劳动力要素和土地要素分别在不同的阶段发挥着主导作用。凭借着内部对劳动力剩余的提取和土地价值的显化，外部承接城市过剩资本，战旗村不再是那个仅有 700 元债务的村庄，资本要素成为新时期战旗发展的重要推力。如何利用好资本的力量，成为战旗村的下一项工作议题。与此同时，同样正经历着高速发展的宏观环境走到了新的分岔路口，激进的工业化、城市化发展所产生的负外部性正集体性爆发，环境污染和资源限制让这列特快列车的乘坐环境变得恶劣且动能不足，实现产业结构转型升级，成为国家的宏观战略。

2015 年，党中央提出工业供给侧结构性改革，要求去产能、去库存、去杠杆、降成本、补短板。其中，去产能是供给侧结构性改革的重中之重。2015 年 12 月，国务院总理李克强在主持召开国务院常务会议时明确提出，对不符合国家能耗、环保、质量、安全等标准和长期亏损的产能过剩行业的企业实行关停并转或剥离重组，对持续亏损三年以上且不符合结构调整方向的企业采取资产重组、产权转让、关闭破产等方式予以"出清"，清理处置"僵尸企业"。同年，成都施行了《成都市饮用水水源保护条例》，战旗村被纳入水源保护地。**因水立村的战旗，再一次因这条流经村庄的柏条河，改变了发展的路径，开启了生态化转型的新篇章。**

战旗村按照《成都市饮用水水源保护条例》的要求，关停了村内 8 家污染严重的企业。任何转型都伴有成本和阵痛，战旗村在这次"出清"中，仅仅是关停钢铁铸造企业，就损失了千万元的营收，集体经济受到重挫。然而，值得注意的是，虽然这次转型主要受外力引导，但村社理性同样在内部发挥了效能。在战旗村关停的这 8 家企业中，并不全是对水源产生污染的企业，但战旗村还是出于对整体生态环境的考虑，"快刀斩乱麻"地抛弃了落后的产能，大踏步迈进了绿色发展阶段。

如果说淘汰落后产能是生态化转型的第一步，那么接下来，如何重新整合、利用、开发资源，成为转型能否成功的关键。生态化转型怎么转？战旗村主要采取了以下两个措施。

第一，建立外部筛选机制，宏观调控产业结构。相比由于资产稀缺而不加选择地引入资本的村庄，战旗村凭借以往经验的积累和对宏观政策的把握，有选择地引入企业。为此，战旗村先是引进"第五季·妈妈农庄"项目，成为郫都区第一个4A级景区，被称为成都的"普罗旺斯"，成为郫都区乡村生态旅游的新品牌。观光旅游兴起后，战旗村为了进一步丰富消费者的观光体验，特意引进了蓝莓、草莓等采摘农业，实现了产业功能互补和效益的最大化。除此之外，战旗村在自我筹建的"乡村十八坊"项目中，更是严格执行审批制度，所有申请入驻的企业和产品，都必须通过村集体的审核，战旗在"一期主推'非遗'、二期主推文创、三期主推美食"的运营制度下，挑选具有特色、能够现场展示生产环节的产品或品牌入驻，从而避免了景区因同质化竞争而产生的负面影响。

第二，推动组织创新，多方联动开发空间资源。生态空间资源具有经济、社会、文化及生态安全等多功能性，对国家和社会而言具有高度的正外部性，享受农村生态空间资源逐渐成为城市中产阶级的追求。因此，有效开发农村生态空间资源，提升农村产业层次和要素价值成为转型的方向。然而，"山水田林湖草"作为整体资源，难以单独发挥其自然生态和社会文化功能，在产权结构上，更是属于农村集体产权，它们与"三生合一"的村域文化同为一个系统和整体，很难用物理或法制方法来强制区隔。因此，空间要素内在具有的结构性粘连的特点，决定了空间资源的开发方式——以集体组织为依托，进行整体性开发。首先，战旗村于2006年组建了战旗农业股份合作社，村民以土地承包经营权入股，通过把收益权作股量化给成员，将使用权集中到了村集体手里，形成了与外部投资人谈判的条件。其次，于2008年成立蔬菜合作社，负责招商引资。在招商引资之前，村集体以合作社的名义申请到130万元的贴息贷款。一部分资金用于农田修整和相应的基础设施建设，从而实现了土地租金的增值，也有利于后期引入草莓园、蓝莓园等具有三产功能的有机农业。总的来说，蔬菜合作社主要承担着五大职能，分别是农产品种植、土地管理（管理引进的种植品种，避免重复）、农村城市化（改善村民的生活方式）、对接乡村振兴相关政策、为企业提供融资服务，如图15-5所示。

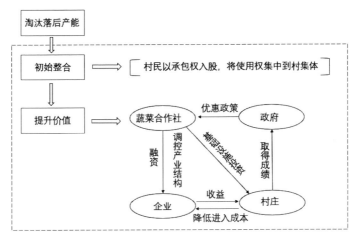

图15-5 战旗推动生态化转型的机制

由此可以看出，嵌入特定地理环境的村庄，内生性地形成了有效的治理措施，通过地理关联、经济关联、文化关联和结构关联形成了有序的村庄治理结构，优化了村庄的发展路径。区别于由于村庄原子化而产生的内卷化和无序化，战旗村呈现出治理层面上的理性，发挥着对村庄的建设性功能和保护性功能。

— 专栏 —

公正地说，产权理论经常被描述得好像是不受文化制约，是普遍适用的。所有权的作用是在缺少合同条文规定的情况下，所有者对资产拥有剩余控制权，据此解决潜在的冲突。更简单地说，界定清晰的产权和明确合理的报酬制度是很重要的，否则会产生严重损害效率的投机行为和逃避责任行为。

如果上述观察问题的方法是正确的，那么，所有权与缺少正式规则的有效解决组织内部问题的能力相互影响。这种能力在许多情况下可以视为由文化决定的。因此，正统的产权理论并不是普遍适用的，它实际上只适用于低 λ 文化的环境。当 λ 取值低（即人们不能彼此信任）时，用法律细目详细规定所有权、报酬等规则是至关重要的。因为没有法定约束力的规则，低 λ 组织就会没效率。相反，正式的产权和有法律约束力的规则，对一个高 λ 值的社会来说，就不如组织间的竞争等其他问题重要。

具体一点，让我们看一下商业实践中常见的当事人之间所谓的锁扣关系或锁扣效应。锁扣效应是指这样一种情形：当事人在关系专门化方面的投资。这种投资在关系内的价值高于关系外的价值。例如，一些工人今天所进行的人力资本投资是企业专门化的，将来这些工人的人力资本的报酬要取决于他们企业的某些特点，在这一意义上，企业与工人之间就存在一种锁扣效应。

当存在锁扣效应，λ值低时，就需要订立长期合同来减少投机行为，或诱导人们正式地"合作"，或正式建立有效的锁扣关系。可是，如果各当事人难以或者不可能订立完备的长期合同，比如说由于某些结果不可观察或者履行合同的成本过高，那么所有权就可能是保持效率的必要条件。因为有形资产的所有者，拥有剩余控制权、雇工权，可以让雇员按照他的指令使用这些资产。

对任何大规模的经济组织来说，使一些人服从另一些人的指令，是成功的关键。在此意义上，依产权学派的观点，使某些人（雇员）遵从另一些人（所有者）的指令，后者在追求经济利益的过程中，避免团队内潜在冲突的必要而且唯一的办法就是界定清晰的所有权体系。在常规的产权理论里，低λ值或者不信任行为，是对博弈参与者的一个基本假设。它是如此的基本，以至于经济学家们不把它作为一个假设提及。

在一个低λ值的社会里，常规的产权理论可能是基本正确的。然而，如果一个社会可以被描述为高λ值社会，或者人们彼此信任，那么，即使没有正式的所有权，人们仍能够在其关系方面进行投资，或者仍能够联系在一起。在这种情况下，让一个界定清晰的所有者有明确的权利以排除他人染指其资产，可能就不是必要的。在λ值较高或者人们有较强的合作能力或愿望时，就没有必要或者最好不要以解雇的威胁来诱导良好的行为。换句话说，在一个高λ值的社会里，界定清晰的产权或许不那么具有决定性。无论如何，不同社会的人的合作能力差别的存在，使界定清晰的产权的重要性随社会的不同而不同。

这里我们要说明，在一个高λ值的社会里，隐合同可能比显合同更有效率。在一个高λ值的社会里，人们可能宁愿选择隐合同而不是显合同，其中可能有许多原因。或许在谈判、签订与强制执行合同方面，能节省一定的时间与精力。也可能是因为隐合同有"激励效应"。如果人们是合作的或者是可以彼此信任的，那么雇员做事就好像他们是剩余索取者或者所有者那般认真负责：愿意有效地处理正式合同中没有写明或无法写明的意外事故。相比之下，在使用显合同时，雇员可能只限于做雇佣合同规定好了的那些事情。由此可见，隐合同可能比显合同有更强的激励作用。

  一般来说，显合同的成本，包括谈判、观察或证实结果，以及合同的强制执行成本是连续的。不同社会的 λ 值在原则上也是连续的，即不同社会的人在合作能力与愿望方面有区别。因而，在不同的社会中，使用显合同与隐合同所需的成本与带来的收益是不同的，这二者之间会有权衡的范围。实际中可能存在着某些情况，善于合作的人可能选择"君子协议"，即一种由习惯、良好的信仰、名誉等进行自我约束的隐合同，在相似情况下，低 λ 值的人则可能需要显合同来避免投机行为。

第十六章
资源权益：乡村资源收益的实现和维护
——以乡镇企业改制和妈妈农庄为例

所谓发展，实质就是资源资本化。因此，资源权益实质上就是资源所有者最终能获得多少资本化收益，即资源资本化收益的分配问题。

2020年新冠疫情的暴发，再次印证了乡村作为国家综合安全"压舱石"及"软着陆"的重要地位。基层社区用封村、封路等"土方法"抑制人员流动，依托乡土社会特有的自治、德治筑起了一道严密的防控体系，低成本地实现了社区群防群治，对遏制疫情蔓延作出了重要贡献。与此同时，"三生合一"的传统文化经历了快速工业化、城镇化的嬗变后，在本次危机中重新显现包容性、多样性的深刻内涵。当前，对粗放数量型发展方式的反思，为生态化转型提供了前所未有的时间窗口，乡村丰富的资源也享有了搭上乡村振兴、农业供给侧结构性改革快车的机遇，凡能相时而动的村庄，都具备了获取机会性制度收益的条件。

然而，**乡村资源开发面临着结构性矛盾**。城乡二元结构下，乡村广大资源要素或因组织缺位、资本缺乏，或因被资本下乡的各种精英俘获，最终"朝朝空自归"。百年工业化历程，乡村始终是被动服务于国家工业化和城市现代化建设的，客观规律导致"三农"问题愈演愈烈。一方面，由于基本经营制度的调整，农村生产经营基本单位回归到了高度分散的兼业化小农户，农村"去组织化"趋势日益明显。加之在农村资源配置中起龙头作用的资金要素随着商业化改制后的银行部门而流向城市，引发了土地、资金、劳动力的综合净流出，农村成为多要素空心的综合[1]。在此背景下，任何外部主体都需要面对交易成本困境，使农村难以形成市场经济依托的信用基础，广大"沉睡"的资源无法获

---

[1] 姜绍静，罗泮. 空心村问题研究进展与成果综述[J]. 中国人口·资源与环境.2014(6):51–58.

得自主开发与外部市场定价的机会。另一方面，谋求逐利性的城市工商资本、下乡圈地并不能成为乡村资源开发的担纲主力军。资本下乡因与乡土熟人社会逻辑相悖而表现出各种"水土不服"，遑论其与农村留守老弱病残达成稳定的利益融合，这必然会加剧农村社会的矛盾和冲突；试图节约交易成本而与农民精英的"合谋"也排斥向普通农户分享资源资本化收益，终将导致农民福祉减少。

当前，在我国人地资源禀赋较差的约束下，通过三产融合、立体循环农业等方式，地表上下一定范围的空间得到了充分利用，而土地所有权与使用权的分离又使空间利用权的归属成为新的命题。加上土地长期从事农业而被一产化定价，三产开发的增值收益向经营者聚拢而产生空间租值耗散。这种**资源开发利用收益的不合理分配成为新的"隐性剥夺"**，既吞噬了乡村集体作为资源所有者的收益分配权，又使乡村成为空间环境不断恶化、社会矛盾不断累积的场所。

鉴于此，本章研究试图回顾战旗村乡镇企业改制的历史事实，分析交易过程对田面权与田底权的不同处置方式，体现乡村资源具有多重属性的内涵。进而在新时期生态化竞争的框架下，结合村庄与外部资本——妈妈农庄的谈判过程，阐述在生态空间资源开发利用中实现资源主权的关键机制。

一、资源的多重属性辨析

商品与服务的多重属性是部分西方经济学家对产权理论的研究维度。巴泽尔以商品属性为其产权理论的分析起点，用若干实例表现了"商品具有许多属性，其水平随商品不同而各异，独特的属性构成交易基础"的内涵[1]。进一步来说，由于对多重属性的界定附带着交易成本，没有被完全界定的资源留在公共领域并成为"租"，资产的各种潜在租值被技能各异的寻租者发现并占有。他主张

---

[1] 巴泽尔在《产权的经济分析》一书中，以樱桃买卖、复印机的使用、美国价格控制期间的汽油供给等为例刻画了商品属性。在买卖樱桃过程中，樱桃的颜色、形状、大小、新鲜程度等决定了商品品级。由肉眼可见的属性所决定的价格仅仅反映了商品的部分价值，那些无法观察到的属性，譬如甜度、营养含量，在售卖之际被置于公共领域，为顾客的直接品尝行为提供了合理性。企业租赁复印机后，其属性包含制造商的维修权、业务商的经营权，甚至包括雇员私人使用而形成的剩余索取权。同理，1971年美国对全国范围内的汽油价格进行控制，造成的石油短缺与买者需排队等候现象，为汽油增加了"排队时间"这一额外的服务属性。

"把同一商品的所有权分解开,归不同人所有",以避免因某些属性被置于公共领域而造成损失[1]。同样地,诺斯在计量市场交换过程的交易费用时,揭示了因衡量商品和服务的多重属性而需要付出衡量成本,"确定所交换的每单位物品或服务的单个属性的层次是要支付信息成本的,它是交易在这方面代价高昂的基础"[2]。我们从中可以得到些许启发:第一,**作为交易对象的商品或服务,其多重属性需要充分理解**;第二,**在经济活动中,交易成本问题的存在有客观必然性**。

纵观历史,宋代萌生的基层田土制度实践,在一定程度上与上述观点形成呼应。宋代以后,典权制成为被官方认可的处置土地的方式。地主将土地使用权出典,自己保留土地赎回权,承典人获取经营权和处分权,向国家缴纳田税,遂有了出典人留有"田骨"、承典人享有"典业"之分。出典人甚至可以通过绝卖的形式,既出卖土地的使用权,又出卖典田的第一回赎权。南宋时期,佃农获取稳固的租佃权,官田、民田先后出现了永佃权,进而衍生为田面权与田底权分离的经营的模式,同一块土地存在互不干扰的田面主和田底主,即"一田二主",田面主缴纳地租,田底主缴纳田税。可见,典权制交易模式中,**土地拥有了两重价格:田根价和土地出典价**[3]。一般出典仅仅是田面权的交易,地主保有田根,典期满后即可赎回,避免了资产流失。

我国香港的土地批租制度也存在类似的内涵:在坚持土地公有制的前提下,由政府将土地使用权以公开拍卖、公开招标、私下协议或临时租约等形式批租给受让人,租期常以 50 年为期限,土地受让人需要支付地价和年租。**地价**,即土地拍卖中一次性缴纳的征地费、土地前期开发费和出让期限内各个年度"租金差值"的贴现值总和。**年租**,即房地产租金市值评估值与固定租率乘积,表示批出土地并非买断,政府仍掌握所有权[4],享有吃租收益。这种定价方式是对土地资源双重属性的细分,一方面,作为自然资源本身的价值由绝对地租或年租体现;另一方面,由于社会经济发展、资金投入产生的地价升值以级差地

---

1 李中秋.巴泽尔产权理论中商品属性的内涵与性质[J].河北经贸大学学报,2019,40(1):26-31.
2 道格拉斯·C·诺斯.制度、制度变迁与经济绩效[M].刘守英,译.上海:上海三联书店,1994.
3 戴建国.从佃户到田面主:宋代土地产权形态的演变[J].中国社会科学,2017(3):161-180.
4 戴双兴.香港土地批租制度及其对大陆土地储备制度的启示[J].亚太经济,2009(2):117-120.

租或地价体现。这样，土地批租价格的确定就以**完全地租**理论为基础了。

反观许多发展中国家，被迫一次性向跨国公司低价交易资源的所有产权，尽管资源被外部市场不断定价，但作为资源的出让者，却无法享有溢价收益，所获取的出让金与重新开发资源后的收益相比判若云泥。这些国家将在国际竞争中失去长远动力，深陷由发达国家掌控的市场体系中难以自拔，最终难逃政治上的依附和经济上的贫困循环的命运。

因此，重新认识资源的多重属性，在交易过程中把握资源主权，成为乡村资源开发的新命题。

二、"龙虾两吃"的战旗实践

2013年，习总书记在第十二届全国人民代表大会第一次会议的江苏代表团会议上指出，改革开放从农村破题，大包干是改革开放的先声。当时中央文件提出要建立统分结合的家庭承包责任制，但实践的结果是，"分"的积极性充分体现，但"统"的职能始终没有得到很好的解决，可以通过股份合作经济组织、农民专业经济组织、乡镇企业等多种有效形式壮大农村集体经济。2016年，习总书记在安徽省凤阳县小岗村召开的农村改革座谈会上再次强调："不管怎么改，都不能把农村土地集体所有制改垮了，不能把耕地改少了，不能把粮食生产能力改弱了，不能把农民利益损害了。"[1]其中，四个"不能"构成了深化农村改革的底线。诚然，发展壮大新型集体经济对空心村脱贫致富、发挥农村集体经营制度优势具有普遍性，而战旗村用集体资产改制的制度创新显化资源的主体地位，进而自我开发，实现资源增值收益最大化，就表现得尤为特殊。

（一）跳出零态，"龙虾两吃"

战旗村在白手起家重构集体经济的过程中，2003年的乡镇企业改制可以

---

[1] 京华时报. 习近平：农村土地集体所有制不能改垮了 [EB/OL].(2016-04-29)[2021-01-21].http://m.cnr.cn/news/20160429/t20160429_522018106.html.

作为旗帜再度飘扬的新起点。交易过程中通过对地底权和地面权的划分，使村庄牢牢把握住了发展的主导权。

制度变迁来源于供给和需求的共同作用，**集体资源主权的流失是推动经营制度调整的基本诱因**。将土地看作一种具备多重属性的商品，不同层次的价格表现为各种"租"。集体化时期，社队企业的总租值由集体全员内部化占有和分配；股份制期间，市场条件的恶化加上制度环境对私有化的允诺，租值悄无声息地被分割并占有。直观表现就是，企业经营者萌生了私有化的机会主义行为导向，而集体每年从企业中获得的分红收入越来越少。20世纪90年代后期，企业职工可以40%的优惠收购企业，使部分经营者在消极承认地底权要求支付的土地租金时，主动否认集体土地所有权所包含的地面权，出现了"**企业是我个人的，我经营得好，你（集体）投资5万元，我把5万元还给你就好**"等声音。另外，股份制尽管从理论上讲是相对高效的资源配置模式，但在乡土社会的特殊经济基础下，实施成本是高昂的。上层建筑与经济基础不匹配而滋生的所有权模糊、半私半公、监管不当等乱象，实际是各种主体在制度不匹配状态下的客观反映，这也在后续访谈中得以佐证："**经营者出现这种（是）很正常的现象，我们村上说当时的企业垮了是非常正常（的），经营者年龄偏大、文化程度偏低，让他们换思想、学习现代的经营管理，这根本不现实，（但是）再不治，企业就要'死'了。**"所以，推动集体跳出零态是主观需求与客观规律的共同作用。

交易活动的起点是初始资源边界，**集体始终留有对企业的部分所有权是实现"龙虾两吃"的重要条件**。首先，参与改制的五家企业是在集体化时期依托农业积累或村办企业资金创立的，本身是在村社内部由全体村民共同积累转化而起步的，原始积累源于集体，具有集体企业属性。1994年以来，村企经营模式变更为成都市集凤实业总公司统一领导下的股份合作制。各厂自主经营，集体按50%股份分红。尽管本书将此阶段形象地表述为宏观危机下马鞍形曲线的低谷、产业化竞争的"凤凰落魄"，集体的行动范畴日渐缩小，但仍然保留了收取管理费用于维持刚性开支等权限，而不论企业经营是否景气，即对厂房、土地等固定资产因被他人使用而收租的规范持续存在（见

表16-1），汇集传统优势、资源禀赋、制度基础的集体这一基本盘并未消亡殆尽，在与企业经营者的博弈游戏中，这也为后续集体占据主导地位实现"凤凰涅槃"奠定了基础。对比同期的大多数集体企业，因区域差别与城乡差别两大制度成本转嫁走向负债经营，继而演变为企业经营者用关联交易等手段侵吞集体资产，完成生产资料私有化改制以谋求金融机构贷款，导致了集体经济的完全退出。至此，集体经济便是有名无实，何谈引领村庄发展？

表16-1 股份化改制时期集体分红及上收管理费情况

单位：万元

	1995年	1996年	1997年	1998年	1999年	2000年	2001年	2002年	2003年
股份分红	19.21	22.49	17.57	15.59	21.77	16.18	8.43	5.89	14.75
上交管理费	9.95	12.80	9.74	6.35	8.95	9.34	6.90	7.52	6.12

资料来源：战旗村档案馆，成都集凤实业总公司利润分配方案（1995—2003）。

交易过程伴随着谈判力量的对比、要素相对价格的变化，充斥着博弈、冲突、互动、选择，且交易成本的客观存在也影响着交易方式。

村集体早在2002年年底就聘请了西南财经大学的教授，组织各厂厂长、会计、供销人员、村干部、镇领导参与，着手讨论股份合作制中的产权关系及经济发展问题，普及经营权与所有权的相关知识。实际上，讨论过程中各方张力凸显，经营者、集体组织对股份合作制存在的各种不足已有察觉，在企业权利归属、股权分配上莫衷一是。集体资产的所有者是全体村民，村集体作为所有者的代理人将资产发包给经营者，理论上确实应该设有所有权、承包权和经营权的分置。但集体资产不同于依托自然成员权形成的集体土地，资产的积累需要不断地追加资金投入和优质人力资本进行运营与管理，这是多方贡献累积的结果，也是经营者奖励股是否应当存在的争议所在。其次，集凤实业总公司董事会成员组成上，代表集体利益的董事会成员在五席中只占两席，难以通过董事会决议来推动有利于壮大集体经济的改革，这种形势下，跳出董事会，收购职工个人股份从而形成集体占大股的局面，比较可行。根据《中华人民共和国公司法》规定的企业股权可内部转让，**收购由职工个人分散持有的股份**，形成集体在股权上的高地。正因为分散持有的股权使每名股民的谈判权重都不高，集体竞争性的股权叫价顺应了股民追求机会收益的天然特征。2003年3月，战旗以1.5元/股的价格收回了先锋机砖厂职工的股份，2004年5月，战旗以1元/股的价格收回了先锋酿造厂职工的股份，并以"不论任何人承包，职工全部要"的承诺稳定了与村内职工形成的联系，对原经营者给予了一定程度的奖励。

有了前述的各种铺垫和准备，真正彰显资源主权的步骤是交易过程中对资源不同属性的不同处置方式。战旗村可以提炼的重要机制在于：第一，"**加时间杠杆**"，**把握谈判时机，坐实主权地位**；第二，"**多重博弈**"，**弱化风险，避免租值耗散**。

"加时间杠杆"堪称一个策略性的信息不对称博弈。集体对各厂资产进行盘存清点和账目公布后，将地面上的流动资产（原材料、半成品、成品等）进行拍卖，要求租赁者一次性支付采购资金，而这些流动资产少则支持2~3年的正常运转，多则支持11年左右的生产周期[1]，直接变现为420万元的现金，故称**加时间杠杆**。流动资产处理方式是**先由村内协商定价后公开竞标，集体享有制定流动资产和竞拍规则的话语权，且因不同竞拍人可能掌握不完全信息，集体可以先发制人地获得地面权的附带价值**。

下面简要还原对先锋机砖厂及会富豆瓣厂的拍卖过程，以展现非常策略性的谈判。先锋机砖厂内1角的红砖价格经商讨后扣除损耗按9.5分计价，水坯子计8分，竞标方法：各竞标人交押金5000元，夺标成功者不退，未夺标成功者退还，4万元起价，一次加价1000元，价高者得。4位夺标者公开竞争，最终以6.1万元成交。[2] 会富豆瓣厂的原材物料拍卖前，集体率先进行了定价的商讨。据2003年4月27日的会议记录，工厂盘存情况为64.49万元，以60万元的优惠价格优先满足王建辉，而王建辉本人已表示价格过高，60万元以上不参与竞标。与会成员就起拍价格和降价幅度进行了讨论，提出的方案如下。第一，"竞标价定为64.5万元，如果有人竞标，谁夺标谁得，无人竞标则将价格降低10万元，即54.5万元，也首先满足王建辉，如果王建辉不要，则再

---

[1] 资料来源：2019年6月9日高德敏、罗遵荣等访谈记录。

[2] 资料来源：战旗村2003年4月9日会议记录。

竞标，有人竞标，谁夺标谁得，无人竞标再做打算"。第二，"投标价格可以60.1万元起夺标"。最终确定："标价64.5万元，起价。如果没人要，则1万元1万元降，每降1万元都先满足王建辉，若还是没人要，限制最多降10万元，若还是没人要，则公司收回。"一日后，会议公开宣布竞拍方案，于4月30日举办会富豆瓣厂竞标会议，各竞标人交押金10 000元，64.5万元为底价，杨奎竞拍成功。规定当场签了合同，三日内交清余款。

经此过程，集体形成了"租利两得"的利润结构。第一，"吃"固定资产租，先锋机砖厂土地费采用原协议；会富豆瓣厂每年交租金5万元，土地费用额外交付；复合肥料厂每年交租金8万元（含土地租金），第二，"吃"流动资产利：收回流动资产金额，拍卖一次性变现420万元，并签署合同以保障集体资产不流失。将这笔现金收益借贷出去，又可以获得利息收入。

"多重博弈"指对土地、厂房、机器设备等固定资产收取租金来体现所有者收益，原材物料、品牌等流动资产、无形资产单独定价，一次性交易，解除与固定资产的捆绑，实现收益与风险对等，以及田面权与田底权的价值最大化，这才是完整资源主权的体现。据悉，此前村上每年固定租金收益为28.5万元，通过多次交易的形式，以后只是租出厂房土地这样的"空架子"就可以获得32万元。此举使租赁制下的村办企业成为一笔无风险资产，集体无须承担企业经营风险。譬如，2004年6月，砖厂经营者提出在砖厂门口修建清水琉璃瓦窑，集体给出回复："**投入资金与项目我们不管，你租几年用几年，时间满后该拆必须拆。**"这与之前一些经营者提出的质疑——"**集体有无资金投入，如买机器搞改革需要50万元，村上出不出25万元，**"形成了鲜明对照，可见集体获得的是作为资源所有者的制度收益。也正如某位村民表示："**虽然我们村上不是很有钱，固定资产（仅）几千万（元），但是它体现了几千万（元）是（属于）战旗村的1704人的，而不是属于哪个承包人的！**"另外，与各厂签订的租赁合同年限为3年、5年或10年以内，集体有机会随着外部土地价值的涨落调整租金而实现收益浮动，这种重复博弈的策略保证了长期利益。继建设用地入市敲响"第一槌"后，建设用地价值有了与城市土地"同权同利"的机会，习总书记视察再次助推了土地价值增值。浮动租金制为土地所有权者带来了享受因社会、文化等因素形成的地价增值的收益的机会。这样,既吃地底收益,又吃地面收益,有了从零态走向发展态的资金基础,"龙虾两吃"实现了租值集中。

不过,这并非战旗一村"曲高和寡"的实践,可与之相比的是 2001 年重庆市为处理银行呆账而创新的"重庆模式"。银行在市国资委下属的重庆渝富控股集团有限公司的操作下重组上市,一个资产可以变卖三次,通过资本深化实现了多次价值增值,黄奇帆称之为"龙虾三吃"。

(二)收益共享,"余音绕梁"

资源价值化开发所获的现期增量收益全民共享,是体现资源主权地位的重要环节。时任书记李世立对此描述如下:"420 万(元)有两种解决办法,第一种马上分了,第二种作为战旗村再次发展的启动资金。两种办法喊群众来讨论,我如果真这么做了,90% 的人愿意分,可能就出现这种(情况)。不讨论,必须放在战旗村,(作为)再次发展的启动资金,再开始后面的工作。当时话给大家讲了,必须作为战旗村发展的启动资金。但是这个时候我们找不到出路,就必须向外面学习、取经。"[1]

可见,企业改制收益并未直接表现为村民个人现金存量的增多,但作为村庄积累,可以促进村庄整体福利水平的提高,保障可持续发展,奠定生态化转型的制度环境。集体资产属于村社全员,体现了**收益的社会化分配。这不仅是所有者维护自我发展权的需要,也是发挥资金这一最具组织能力要素的作用、促进公共治理、推动再组织化的抓手**。使制度收益超越单一时间、空间维度,效果更加显著、长远。

首先,**原材物料拍卖收回的现金充裕了集体资产,可用于帮扶集体企业缓解资金压力,营造村企共生的良好生态**。从改制后的部分会议材料看,集体为多个企业经营者提供了借贷支持。村庄将现金按 10% 的年利率借贷出去,又可以获取一笔无风险收益。部分借款如表 16-2 所示。

---

[1] 资料来源:2019 年 6 月 7 日李世立访谈记录。

表16-2 2003年后集体借款情况表

时间	借款事由
2004.02.21	杨开富一年期借款10万元，月息6厘
2004.03.12	杨奎借款10万元，利息照付
2004.03.26	铸钢厂借款，承兑汇票30万元做抵押
2005.01.06	杨开富借10万元资金购置生产原材料
2005.01.06	先锋酿造厂借20万元给职工发工资（短期借款，如果有钱发工资就不借）

其次，**将部分收益用于村庄积累，支付公共服务、社会文化建设支出，丰富群众精神文化生活，促进作为空间重构基础的组织整合、社会整合**。在企业改制基本完成的同时，集体开始进行土地集中试验，修路修沟，整地调田，从小面积试点到专业合作社的建立，在安置当地农民就业、解决部分矛盾方面，村集体组织发挥了关键作用。2004年，村民委员会先后通过了"农业税、水费、医保全部由村上承担""本村儿童每学期每人补助30元，幼儿园收费时本村儿童比外村儿童低20元"[1]的决定。2006年，战旗村主动承接了县委宣传部开展的"高校+支部+农户"——大学生进农家活动，后续又开展了村级公共服务与社会管理改革，建设文化大院、安置健身器材、组建群众文化活动队伍，部分开支如表16-3所示。借此，战旗村知名度不断提升，有机会享有各种"试点""第一"带来的实质性收益。众所周知，小农机会主义是当下众多村庄进行村民动员的壁垒，而战旗村为村民提供分享收益的预期，巧妙地运用社会整合化解了小农机会主义。在此过程中，村民福利增加，村社组织动员能力不断加强。

表16-3 2006年战旗村社会文化事业部分支出明细

项目	金额（元）
补助酿造厂退休人员	1680
补贴幼儿园	960
文化大院、村基础建设支出	677 456.70
文艺队服装、器械开支	6022
给老干部、80岁老人拜年	4979.40

---

1 摘自2004年4月7日和2004年7月9日的战旗村委会会议记录。

续表

项目	金额（元）
发社员过节费，人均40元	65 840
医疗保险（两年）	32 190
大学生进农家活动开支	38 717.14
义务献血补助	640
订报纸杂志	1034
……	……

资料来源：战旗村委会会议记录——2007年3月公布的2006年收支账务。

能够持续为集体企业"输血"并开展社会化服务，促进再组织化的资金门槛并不低，因此，战旗在生态化竞争中的种种成就，不得不回溯到企业改制奠定的基础上来，正所谓"源不深而望流之远，根不固而求木之长"。

三、新时期空间资源权益的实现机制

（一）宏观视角下的乡村"危"与"机"

"农村虽然利润薄一点，但是它的收益长线很平稳，因为房地产以前（的）暴利时代已经过去了，所以说农村的资源是无限的。"

"因为我们是搞地产的，我们最喜欢（的）就是土地。但是城市里面的资源越来越少了，未来的土地资源肯定在农村。"

资料来源：2019年10月3日—5日课题组实地调研记录。

东亚金融风暴后，我国以举国体制开展投资拉动，形成完善的基础设施建设。在世界范围内资本过剩的背景下，大量吸纳了西方产业资本移入，并在21世纪第一个10年成为产业资本大国。伴随着大进大出、商品交易与货币增发，产业资本、商业资本、金融资本共同达到饱和而溢出的状态，形成了三大"过剩"。有学者经测算表示，自2009年起，全国固定资产投资完成额同比增速持续下降，资本回报率同样持续下降，城市投资领域过于饱和[1]。正如上述访谈反映的客观现实，**地产泡沫化与金融饱和倒逼工商资本寻求新的投资领域，而农村具有绿色资源开发潜力的土地，成了过剩资本化解危机的"蓝海领域"**。农村要素在经历了价格长期被扭曲以降低工业化、城镇化成本的历史使命后，获得了被外来资本市场化开发和价值增值的机会。此外，**中产阶级群体日益庞大，其产生的绿色安全消费需求与乡村内含的多样性农业、多样性文明不谋而合[2]，包含自然景观和人文景观的农村空间成为一种具有经济价值、可供开发的稀缺性资源**，此乃乡村之"机"。

然而，农村空间资源多附着在土地上，长期服务于农业生产，具有公共物品非排他与非竞争的特性，难以单独被估值和计算。因此，乡村资源开发的过程很容易形成开发商主导的虚假繁荣局面，工商资本常以一产化价格支付土地三产化开发利用的成本，导致资源所有者获得的绝对地租总量并不表现为明显增加，还可能承担贫富差距拉大、物价快速上涨的成本转嫁。部分村庄以拍卖、入市等形式将土地净地出让给开发商，用后备资源的发展权换取一次性收入，深陷低水平发展的陷阱之中。资源定价与利益分配成为乡村空间资源开发命题下的新考验。

地产商下乡趋势与农村资源权益如何实现机制性的契合？考虑到空间资源的整体性与不可分性，结合当下农村集体所有的土地制度，**明确农村集体经济组织作为产权归属主体，通过将全域空间资源整合与内部定价后，以土地入股等方式引入外来投资者进行多样性开发，使村社成员享受三产化开发的增值收益**[3]，才有助于形成包容性增长局面。下文将从战旗村与首家外来资本——妈妈农庄的合作进行探讨。

（二）引入战略合作者，"一石激起千层浪"

妈妈农庄由成都第五季投资有限公司投资建设，2011年开始建设，2012

---

1 唐溧，刘亚慧，董筱丹.土地确权与市民下乡的创新性机制分析[J].福建农林大学学报（哲学社会科学版），2018,21(2):1-5.
2 温铁军，刘亚慧，张振.生态文明战略下的三农转型[J].国家行政学院学报，2018(1):40-46,149.
3 唐溧，刘亚慧，董筱丹，温铁军.建立和完善农村空间资源定价制度，防止乡村"隐性剥夺"[J].经济导刊，2019(3):76-78.

年建成开园，以发展创意农业、观光农业为主，满足婚庆、培训、旅游度假、运动休闲等多种消费需求，有员工100余人。总占地面积389.82亩，其中农用地与建设用地共计371.52亩，沟渠道路河滩面积18.3亩，具体租金安排如表16-4所示。

表16-4　妈妈农庄支付租金情况[1]

类别	租金
农用地	每年租金为1600元/亩，每5年上涨5%。无论盈亏都须保障每年1200元/亩保底收入，剩余部分（每年400元/亩）入股，占5%股份，享受溢价分红
建设用地	每年2800元/亩，每5年上涨5%；集体经营性建设用地使用权出让费用为每年50万/亩

农用地与合作社商定，采取"保底+分红"的形式，每年1200元/亩的保底收入表现为，村民每个月可获得100元粮食补贴款，这是不需要承担经营风险即可享受的权益。年底的溢价分红则是由第三方评估机构根据企业盈亏情况确定战旗村的分红金总额，再经蔬菜专业合作社提留一定积累后由成员均分，属于全体村民共同承担的风险收益，意味着**村民获得了享受三产化开发收益的分配机会**。最初签协议时双方还规定，支付租金后才能动工建设，避免后续给付争端。

建设用地采取租赁形式，地面由企业支付租金后经营使用，地底所有权仍归属村集体。企业申办土地使用权登记及集体建设用地使用证时，支付50万/亩的建设用地出让金，才能享有在40年使用期限内进行使用权转让、出租、抵押等经济权益。合同期满后，集体可无偿收回土地的使用权。这样集体**既把握了地面权带来的租金收益，又保有了地底权的所有者地位**，与企业改租赁制后"龙虾两吃"的操作具有异曲同工之处。下面某位村民的访谈发言明确揭示了战旗村集体掌握资源主权的逻辑。

"土地全部是变卖了的，那么接下来怎么办？我们的收益点在哪里？我们生存的土壤在哪里？我们农民的固定思维是要有土地，这是农民，不管是现代

---

[1] 根据2019年10月3日课题组成员对项目负责人访谈记录整理所得。采访期间，一种说法为，农用地与建设用地租金均按照每年9月30日的粮食公布价设定，构成企业必须缴纳的保底租金，另外从利润中抽取一部分用于村民分红。

农民还是老一辈的农民，我们都有这种思想。**所以我们战旗村的土地是不变卖的，使用权给他，归属权是战旗村。**我们不会把战旗村的资产或者是 1700 多人的资产完全交给企业经营，这风险太大。"[1]

妈妈农庄入驻后，以薰衣草为亮点提升人气，又规划建设了太空蔬菜展示区、奥特莱斯农产品旗舰店等。由于农业投资回报率低、成本回收周期长，企业最初支付了一定的学习成本。但作为村内第一家发展三产融合的企业，妈妈农庄为战旗村营造空间景观发挥了正外部性作用。以观光旅游为主的产业形态必然要求对整体空间的保护，不少游客反映周边铸造厂散发的味道影响旅游观赏体验，加上水源保护政策的推出，遂有了集体"壮士断腕"的决心，关停了铸造厂、肥料厂，告别粗放型工业发展模式。与此同时，妈妈农庄引流作用明显，吸引了蓝莓园、草莓园、满江红生态农业等的加入，这些企业与妈妈农庄共享村庄的游客资源，又形成了互补的多元业态，丰富了景观内容，提升了观赏价值，使战旗顺利实现了"工业村农业化"转型。因此，妈妈农庄为村庄承担了生态化转型的沉淀成本，并产生了一举多得的效果。在外部投资者承担风险的条件下，集体稳定分享剩余收益，故称妈妈农庄为战略合作者。

（三）作为前置条件的要素集聚与组织整合"纲举目张"

"合作社成立了，（居民）集中安置了，他就把整理出来的多余的这些土地（用于）招商引资了。"

"土地作价入股到企业中，前提是我们是一个合作社，村上土地已经收在里面了，不是一家一户去谈土地的。因为投资方在投资的时候，最不愿意跟村民去打交道了。"

"我（指代企业方）问了他（高德敏书记）一些政策，他说他都能满足我们。第一个我说我不想跟村民打交道，因为跟村民打交道太费力……他说：'我们那里有合作社，已经建起来了。'所以他就把我引过来了。'我们土地很简单，跟村上签个协议，明天就可以给你。'"

资料来源：2019 年 10 月 3—5 日课题组实地调研记录。

---

[1] 根据 2019 年 10 月 5 日课题组成员对村民访谈记录的整理。

如上述访谈记录所言,战旗村与外部资本对话时的优势在于组织和规模,合作社在村集体的背书下成为吸纳村内农用地开展流转经营的重要平台。外界资本下乡可直接对接合作社,获得成规模的土地,大大降低了谈判的交易成本。

这就引出了新时期生态化竞争中的一个重要基础性机制,虽然很少被人注意,却是资源主权实现的重要条件:生态空间资源整体的结构性黏滞,与小农户分散经营细碎化土地及土地上下一定空间范围的矛盾,使任何组织进入农村都面临交易成本过高的困境。要突破全域生态空间资源整合的制度障碍,就必须**以再组织化带动要素成规模地集中和作为空间重构基础的组织整合为前置条件**。而对村庄再组织化过程的回溯,也正好弥补了本专题所述的企业改制与资本下乡之间的时间空档期。

1. 空间资源要素的集聚整合

要素集聚才能促进结构重组与功能优化。前文对以土地为重心的集体经济再出发进行了介绍,简要回顾三个阶段:5 组、7 组小集中,组建合作社统一流转、"拆院并院"后的全盘整合,"三步走"代表着村集体集中土地的真切实践。第一步是打破土地分散状态的经验起点,亲友缘网络、信任等熟人社会的传统发挥了重要作用,集体化意识在经历了"去组织化"后开始复苏。第二步是政府规模经营政策携带着资金向农村沉淀,推进基础设施改善与合作社组建。第三步为宅基地整合助推土地全域集中的"惊险一跃",集体以土地换就业、土地换社会福利等资产置换方式,解绑了附着在土地上的各种社会功能,先后完成了农民变社区居民和 94% 的农用地集中的目标,掌握了成规模的土地,进而掌握了全域空间资源开发的主导权。

经过要素规模化、组织化、集中化,满足政府规模经营条件后,建设配套的各种硬件设施,使任何企业进入都无须支付搬迁费用,日常经营活动所要求的道路设施也基本得到满足。战旗村农业用地的价值有所显化,比如,土地租金在 2008 年最低为 800 元/亩,已经高于同期周边村庄的 2 倍[1]。

---

1 根据 2019 年 10 月 3 日课题组成员对项目负责人访谈的记录:"别的村土地没整理出来。2008 年大地震之前,其他村的土地租(金为)400 元/亩,当时我们战旗村最低就租 800 元/亩了,为啥?我们整个村边上的道路,全部给你修好,大车子都能开进去,他装菜在路边上就装了。"

2. 规模交易主体的组织建设

火车跑得快，全靠车头带。要素集聚效应的发挥，必然要以集体经济组织为载体，这便不得不提战旗村的基层组织建设。抓好组织建设，树立集体在村民心中的信用与威信，有助于构建"强信用—强预期—强动员"的传导机制，降低交易的不确定性，发挥**党建引领的新型集体经济组织**在整合村内资源中的中流砥柱作用。

2018年年底，习总书记视察战旗村时，曾说出"我是人民的勤务员，是为人民服务的"的肺腑之言，这也是战旗村党员干部前赴后继、一个党员一面旗的历史底色的生动写照。新时期党建引领的新型集体经济组织，在乡村资源主权实现中的作用主要表现在：密切联系群众、批评与自我批评、以身作则等优良作风，**使干部与群众构成了新的结构性关联，降低了土地集中过程中的交易成本，克服了因村内精英占有资源开发的收益分配而造成收益被精英俘获的一般性困境**。

首先，战旗村对领导班子严格要求，要确保做到"党员代表要带好头，严禁带坏头。小事不出社，大事不出村"。土地集中是村庄发展的头等大事，自小范围试点开始，村社干部、全体党员、村民代表多次召开会议，讨论集中过程中的矛盾与解决方式，将每组土地集中任务具体分配到人，并约定期限，定期汇报工作，限时整改。在2003年的抽田工作会议上，群众反馈担心干部吃钱，村上便提出制订资金管理办法，并明确党员干部工作目标："**有些党员和代表遇到问题就不管，也有起到作用的。作为党员代表，应起到带头作用，所有工作靠党员代表及村干部共同完成。5、7、9社（抽田工作）先行一步，其他社继续做工作。**"为纠正个别干部参会时出现的问题，规定"生产队长迟到（罚）2元，缺席（罚）5元。"在2006年的鼓励土地流转会议上，要求"**村上的主要干部要下组，要和农户见面，以免政策在宣传过程中走样**"，多次强调"**树立公字，甩掉私字，密切联系群众，加强世界观改造**"，并将土地集中任务进行了分工，规定了村干部坐班考勤制度。出现极个别党员队长私自对外出租土地，影响全村土地集中规划实现的情况，由支部领导进行思想教育，强调"个人服从组织，少数服从多数，下级服从上级，全党服从中央"的大局意识，提高党员干部思想站位[1]。2007年，新社区建设收取40%预付款时，号召"**我们**

---

1 资料来源：2019年12月26日高德敏访谈记录。

'两委'会的人员应该首先交了，再次是生产队长、党小组长、党员"。2008年，战旗村被确立为"创新农村基层治理机制"试点村，党员群众缴纳"特殊党费"1.68万元，用于支援灾区重建工作[1]。妈妈农庄举办薰衣草节期间，因成都的"普罗旺斯"这一称号，游客爆满，而基本的功能区并未完工，基础设施承载力有限，"所有工作人员和广大党员都积极投入维护秩序的活动中，在薰衣草节期间（我们）接待了逾40万人次"。

其次，善于团结多方面力量，联合大学生、退伍军人开展群众工作，并在党团内部进行批评与自我批评。譬如，2004年年初，各领导班子进行年度工作总结，提出"对政策理解不够深""因抽田工作遗留问题没解决而造成（了）影响"，并且明确了新一年的任务目标。2006年5月，成功举办了"高校+支部+农户"共建社会主义新农村活动后，及时开展"村上'两委'怎么办、党员怎么办、村民怎么办"的大讨论。各组组长指出了"村社干部的组织（力）还欠缺，坚持把工作保持'热'下去""遵守时间，特别是在开会的时候""我们干部不能开会时说得好听，下来就不动，开会不能是各吹各的牛，各唱各的调，甚至是说一样做一样"等问题，要求今后工作坚持"以人为本，一切工作都必须围绕'人'来。我们要借此机会做好党员群众的思想工作，要向宣传部及镇党委政府的领导学习，深入到一家一户去做好深入群众的工作""大学生来了又走了，但他们带给我们的影响要继续保持下去""学生和农民的感情通过这活动结得很深，希望村上能继续举办大学生进村活动，给我们带来丰富多彩的生活"。2008年的建军节座谈会上，几名退伍军人充分发表意见，指出村庄工作的问题及个人的建议。余昌富先生提出，"退伍军人把部队的作风带回农村，把党的政策执行和贯彻得很好。退伍军人也有缺点，（我们发现）目前的经济工作有不足之处，集中居住这项工作最大的不足是建筑单位来源杂，工人工资出现拖欠现象，给这项政策带来了不利影响"。杨先生表示："我们当过军人，受过部队的正规教育和训练，应该在地方经济发展（中）做出更好的贡献，支持村上的各项工作，为村上的发展起到一个退伍军人应有的表率作用。"[2] 这种与不同群体之间的互动，既有助于强化村内成员的归属感和责任感，又使党员干部"红红脸，出出汗"成为常态，避免党组织软弱、

---

[1] 资料来源：战旗村档案室藏的《战旗村2008年目标任务完成情况暨年终总结》。

[2] 资料来源：战旗村档案室藏的战旗村委会会议记录（2003—2013年）。

涣散。

此外，涉及全体村民利益的事件更需要党员**亮出身份、亮出承诺、亮出实际行动**。2003 年，某组组员在村委会办公楼张贴一张公告，举报组长未及时公布账目。村集体立刻组织党员干部与社员代表进行核查，要求将调查结果公之于众。村里规定，干部要及时进行财务公开，保障每位村民的知情权与监督权。2009 年集中居住后，为确保信号通畅，村上拟增加移动信号塔基站。基站选址几经波折，仍有一些村民认为辐射影响身体健康，几名党员同志也在其中。村上邀请专家讲解，打消村民疑虑，并号召党员带头说服群众，一名党员联系几户，最终才化解了信号塔修建的困局，党员联系群众的传统也一直延续到了现在。[1] 如同书记所言：**"党支部起全面的绝对的领导作用，党员做事情是润物细无声的，村委会人情味很浓的，不是发一堆宣传材料，那是形式主义。"**这样，一支党政军民学队伍共下基层治理"一盘棋"，形成了**与空间、资源、景观相匹配的产权主体，构建了与外部资本谈判的话语高地**。

结合上述内容，**要素是"纲"，组织是"目"，抓好组织建设，促进要素整合，是谓纲举目张**。在此条件下，战旗村克服了一般村庄面临的土地资源、空间资源过于细碎化分配的难题，在村内支付了重组成本后，实现了资本下乡过程中的资源主权地位。

四、小结

资源权益的实现与维护是体现村庄自我发展权的重要内容，涉及资源要素的定价及增值收益的分配问题。本专题从战旗村乡镇企业改制及地产下乡的收益分配事实叙述出发，试图通过回嵌村庄当时的环境，总结乡村突破资源开发的结构性矛盾的可行之路。无论是乡镇企业改制还是资本下乡形成的收益分配格局，都是在村庄集体经济的大环境下展开的，这充分印证了发展壮大新型集体经济的必要性。而任何想在资本下乡过程中占据谈判优势的村庄，都不可避免地要对日益体现稀缺性的空间资源做全域重组和打造。战旗村的亮点就是，

---

[1] 资料来源：2019 年 12 月 25 日高德敏访谈记录。

"龙虾两吃"变现集体资产,并在"平等"这一社会主义核心价值观的引领下进行了收益的社会化分配,创造了空间资源整合的先期条件。同期,用社会杠杆撬动社会资本,并依托集体经济组织形成空间资本,吸引新资源的注入,从而向生态化转型,第三产业开发收益由村社成员共享。战旗村紧跟宏观政策进行制度创新,做到了"走在前列,起好示范"。

第十七章
空间正义
——乡村基层资源配置与收益分配的中国特色

一、背景

中共十八大以来,我国进入生态文明新时代战略转型期,中共十九大提出了"乡村振兴战略",并要求建设自治、法治、德治"三治融合"的乡村基层治理体系;党的十九届四中全会指出,要"坚持和完善生态文明制度体系"。在当今城乡融合高度发展的背景下,既要走在前列又要探索创新,就需要打破过去主要依赖农村"两委"和本村村民的治理思维,要结合绿色生态产业新业态与市民下乡,引入更丰富的社会力量,推动城乡基层治理创新。这意味着更多元的社会主体(不仅是农民、企业家与地方政府)参与投资、投技、投智等共享式的基层治理。更广泛的社会参与不是让资源资本收益被某些大企业垄断并占有,而是流转于诸多参与主体之中,共同经营与调配,在实现乡村产业发展经济目标的同时,实现农民利益共享的社会目标,促进乡村本地社会的良性综合发展。

"社会企业"作为一种追求社会整体效益最大化的企业组织类型,强调运用市场机制、商业手段创新整合社会资源,发展生态经济,解决社会问题。这一组织形式,对于生态文明新时代战略转型期的中国具有重要意义。乡村社区若以社会企业的方式,对接外部多元投资主体、发展社会化农业、改善村庄治理,将是乡村产业发展的有效组织创新。一方面,在深化改革层面上,社会企业可以是以城乡融合为桥梁、以社会多元化主体参与的"混改"创新,推进多种经济成分共同兴旺发展。另一方面,以社会化企业为载体,在生产方式上是对传统乡土社会"百业兴旺"的包容式超越。从这个意义上说,社会企业可以是强农业、美农村、富农民的创新组织载体,是"治理有效"的重要组成部分,也可以是乡村振兴战略发展中的乡村新型集体经济建设与民营企业的重要创新方向。

相对于世界上的其他国家而言,不论是城市还是农村,我国的规模和体量都极为庞大。这意味着我国在现代化进程中面临的社会治理问题都必须根植于本土经验,不能照搬他国的解决方案。因此,我国农村地区的社会企业探索值得我们关注。本章以战旗村为例,分析该村以集体经济为依托、以农村集体所有制为制度基础的发展模式,是探索乡村社会企业如何实现经济与社会双目标的重要方向。

二、社会企业并非"舶来品"

关于"社会企业"的讨论最先源于西方,这一组织形态自20世纪90年代以来在社会中迅速发展,其兼具的社会性和经济性,对破除西方资本主义经济危机下的"福利僵局"和解决社会问题起到了积极作用。21世纪以来,国外关于社会企业的理论探讨和实践经验逐渐传入中国。由于各国的政治、经济发展状况不一,针对社会企业的概念界定也不尽相同。当前使用的"社会企业"概念流行于欧美国家,很多"社会企业"认证标准也源于西方国家。和欧美国家相比,国内学者关于社会企业的讨论相对有限,社会企业的基本特征尚不清晰,对如何结合中国国情,做好我国社会企业的界定和分类,学界仍然莫衷一是,现实中社会企业的发展也尚缺乏专门的立法和政策支持。鉴于此,本书对社会企业进行较为宽泛的定义,即"兼具经济目标和社会目标的企业"。国内主流理论研究大致沿袭了西方社会在遭遇经济危机之后提出的从"企业社会责任"到"社会企业"和"社会企业家"的演变脉络,并认为社会企业是从西方引入的新型企业组织。因此,当前我国社会企业反而被当作一个比较新的领域,理论界对中国自身的社会企业经验,特别是对农村中的社会企业的探索,尚缺乏系统的整理和深入地研究。但是,回溯历史我们就会发现,社会企业其实并非"舶来品"。

（一）"人情为重，财物斯轻"的乡土社会

费孝通有言，中国乡土社会的单位是村落，而村落与村落之间是孤立和有隔膜的，因此，他认为乡土社会的生活是富有地方性的，形成了"生于斯、死于斯"的社会。在论及乡土社会的血缘与地缘时，他提到，"在亲密的血缘社会中，商业是不能存在的。这并不是说这种社会不发生交易，而是说他们的交易是以人情来维持的，是相互馈赠的方式。"[1] 在熟人社会里，因血缘的影响，经济活动与社会活动呈现出相互交织的状态。梁漱溟也认为，传统中国社会是以乡村为基础和主体的，所有文化及社会组织均建立在乡村基础之上。同时他认为，这种社会组织结构的一个重要的特点就是伦理本位：伦理本位始于家庭，这种伦理关系表现在社会方面，家庭关系是最基本的关系，由家庭关系扩展到家族关系，再扩展到整个社会，所以在古代社会中，家庭、家族几乎就是整个社会的缩影……在伦理社会中，夫妇、父子情如一体，财产是不分的，是曰"共财之义"。不过伦理感情自然是有亲疏等差的，而日常生活实以分居为方便，故财不能终共。于是弟兄之间，或近支亲族间，便有"分财之义"。亲戚、朋友、邻里之间，彼此有无相通，是曰"通财之义"。通财，在原则上是要偿还的，然而作为周济却不责偿，亦正是极普通情形。遇到某种机会，施财亦是一种义务；则大概是伦理上关系最为宽泛的了。要之，在经济上皆彼此顾恤，互相负责；有不然者，群指目以为不义。此外，如许多祭田、义庄、义学等，为宗族间共有财产；如许多社仓、义仓、学田等，为乡党间共有财产；大都是作为救济孤寡贫乏和补助教育之用。[2]

可以看出，传统村社具有很强的地域限制，村落与村落之间生活隔离，各自保持孤立的社会圈子，而村落内部被看作一个大的家族，通过社会伦理来进行自治。村社范围内的成员都需要在经济上相互顾恤，否则会被指责为不义，并通过"义仓""族产""村学"等宗族共有财产来救济孤寡贫乏，缓解"大家族"内的贫富差距，补助教育等。波兰尼在其著作《巨变：当代政治与经济

---

[1] 费孝通. 乡土中国 [M]. 北京：人民出版社，2008.
[2] 梁漱溟. 中国文化要义 [M]. 上海：上海人民出版社，2005.

的起源》中提出，19世纪之前人类的经济活动都是嵌入社会中的，那时的经济活动从属于政治、宗教及社会关系，叫作"伦理经济"。他以西欧为例，指出其直到中世纪末期，各种经济体制都是依赖互惠、再分配和家计经济原则或三者的混合原则组织起来的，具有明显的伦理内涵[1]。对比来看，乡土中国里，建立在小农村社制基础上的经济活动也是一种伦理经济：在人地资源高度紧张的条件下，乡土社区以村落为单位进行生产生活，村社成员们唯有以"人情为重，财物斯轻"，互相帮助，将经济关系与社会关系嵌合，兼具经济目标和社会目标，才能实现可持续的发展。

（二）近代中国在地型社会企业

乡土中国里的小农家庭们通过伦理经济的方式，来实现在有限的资源条件下可持续的发展，而这一社会文化传统，也提供了中国式社会企业发育的土壤。因此，当中国开始出现现代意义上的企业时，就没有像西方那样把社会和企业截然分开，而是用企业的方式实现社会发展目标，形成经济与社会嵌合的社会企业。

清政府在甲午中日战争中战败后，一些地方精英为了抵御帝国主义的侵略，探索救国出路，开始创办企业，以期"实业救国"。典型代表如江苏南通大生纱厂创办者张謇、北碚民生公司创办者卢作孚，他们在创办企业之初，就将"实业救国""培育新民"等社会目标作为企业发展的最终目标。此时，举国上下处在内忧外患之中，受战争及西方经济危机转嫁的影响，本土企业很难从外部获取资源来支持企业运作。而反观本土地区，政局动荡使乡村地区治理结构处在新旧交替之中，呈现出失序的状态。因此，在意识到必须依靠本地内部资源来发展中国工业之后，这些企业家都着力进行本地社区的社会治理和建设。正如卢作孚的民生公司及其在重庆北碚开展的嘉陵江三峡乡村建设，这两项工作将经济目标和社会目标嵌合，相辅相成，成效显著。面对内外交困、资本缺乏的经济环境，民生公司通过参与本土化的乡村建设，提高了农户的组织化程度

---

1 卡尔·波兰尼.巨变：当代政治与经济的起源[M].黄树民，译.北京：社会科学文献出版社，2013.

和技能,并完善了基础设施,实现了对本地人力、物力的低成本动员组织,降低了企业的运营成本,"北碚所进行的包括社会治安、社会秩序、教育文化、基础设施等综合性建设与良性秩序,为民生公司的航运和航道安全提供了十分重要的保障"。与此对应,民生公司在成功实现了企业运营的同时,也对嘉陵江三峡乡村建设试验区进行了极有成效的建设,"在青年人中组建学生义勇队,采用军事化的方式进行训练,并使其投入到北碚社区的治安维持与公共建设之中……在北碚兴办大量公共文化设施,拓展公民的公共视野……",[1]实现了公司运营和乡村建设的良性循环。

在内忧外患的环境条件下,这些企业家通过与中国的乡土社会进行有机结合,对其中的人、自然资源及社会文化加以组合运用,降低了获得物质资源与人力资源的成本,从而有效降低了公司运营成本。相对应的,受中国社会文化影响,企业的经济活动和社会活动并不是截然分开的。因为企业发展得益于乡土社会,所以其收益分配也需回馈乡土社会。这极大地改善了本地社区的生产生活条件,形成了有效的社会目标,而本地的稳定又会为企业的发展提供稳定发展的环境和资源,有助于企业实现经济目标。所以,民国时期的社会企业家们都纷纷选择在地化发展,将工厂建设在乡镇区域,把本地资源资本化的收益回馈本地社区,实现经济和社会的良性互动。有学者将这类具有经济、社会双重目标的企业定义为"在地型的社会企业"[2]。

(三) 20世纪80年代的乡镇企业

新中国成立之后,经济活动与社会伦理交织的格局没有改变。改革开放初期,乡镇企业发展迅速,其发展过程无不彰显着"社会企业"经济与社会双重目标的内涵。伴随着1958年中共中央关于"人民公社必须大办地方工业"的号召,举国范围内开始大办公社企业,以支援国家工业化建设。1978年,党的十一届三中全会召开,"改革开放"如春风吹遍神州大地,会上通过的《中

---

[1] 杜洁,张兰英,温铁军.社会企业与社会治理的本土化——以卢作孚的民生公司和北碚建设为例[J].探索,2017(3):141–142.

[2] 杜洁等.近代中国在地型社会企业的探索与创新——以张謇的"大生集团"与近代南通建设为例[J].上海大学学报:社会科学版,2018,35(1):11–22.

共中央关于加快农业发展若干问题的决定（草案）》指出"社队企业要有一个大发展"。之后党中央连续发文，[1] 中央层面的支持对社队企业的发展起到了极大的推动作用。1984年3月，伴随着农村"大包干"改革的脚步，中央4号文件将"社队企业"更名为"乡镇企业"。若论说20世纪80年代的乡村，那么乡镇企业就是其中浓墨重彩的一笔。以中国苏南地区20世纪80年代农村工业化的发展为例，该地在资本严重匮乏甚至背负债务的情况下，依托村社组织，以成规模劳动投入替代稀缺的资金要素，以极低成本将资源形态的农业用地转变为资产形态的产业用地，通过内部资源动员，得以实现资本原始积累。此外，苏南地区充分运用村社组织具有的社会文化传统，通过在村社内部形成公平的收益分配，以村社内部化的方式来减轻原始积累阶段可能出现的"资本排斥劳动"及社会分化等外部性问题。[2]

乡镇企业的前身是社队企业，诞生于村社之中，其工业化起步所需的原始积累及之后的稳定运营，靠的是村社内部人力、物力不计成本的付出。企业创建时，作为村社集体所有的事业，使用村社共有的资产（如土地等）可不受约束，能最大程度就地取材、因地制宜地发展经济；社区成员们则为企业提供了大量不计成本的劳动力以替代稀缺的资金要素；亦工亦农的劳动制度兼顾了农业生产和工业生产，使村民们愿意接受低工资，从而降低了企业的用工成本。乡镇企业作为一个企业，有其经济发展目标，在市场活动中获益之后，因取之于村，乡镇企业的收益也必然要"以工补农"，通过提供就业岗位、社区福利等方式，在村社内部形成公平的收益分配。而这种公平的收益分配极其重视村社成员的成员权，以确保村社全体成员都能得到生产所需的基本保障，进而也能确保村社成员在集体行动中优先为集体利益考量，这也是乡镇企业具有社会

---

[1] 1978年，党的十一届三中全会召开，会上通过的《中共中央关于加快农业发展若干问题的决定（草案）》指出，"社队企业要有一个大发展，逐步提高社队企业的收入占公社三级经济收入的比重"。1979年7月3日，国务院颁发了《国务院关于发展社队企业若干问题的规定（试行草案）》，该规定指出，"各行各业要积极扶持社队企业"，并具体指明计划部门、各工业部门等11个部门如何扶持社队企业发展。1979年9月28日，党的十一届四中全会通过了《中共中央关于加快农业发展若干问题的决定》，重申了1978年草案对社队企业的扶持政策。

[2] 董筱丹，杨帅，李行，等. 村社理性：基于苏南工业化经验的比较制度经济学分析[J]. 制度经济学研究，2012(1):1–15.

目标的一个重要体现。

学者们将这种依托村社组织形成内部稳定的合作关系，通过村社内部的公平收益分配内部化地处理企业市场化经营给村社成员带来的外部问题的现象，定义为"村社理性"[1]。虽然乡村几经变革，如今的制度安排已与从前有了很大不同，但相对农村改革后"集体经济组织"消失而导致社会功能行使主体缺失的村落而言，改制前的乡镇企业所在村落因仍保留"集体经济"而避免了社会功能行使主体的消失，进而形成了相对有效的社会治理。以土地和其他资产的村社共有财产关系为前提的"村社理性"，能通过内部化的方式缓解村社内产业发展带来的如社会分化、劳资矛盾等负外部性，从而形成有效的社会治理。

三、以乡村作为社会企业的战旗

（一）发轫开端：集体化时期经济与社会的嵌合

新中国成立之初还是个农业国，工业基础薄弱。工业发展既是步入现代社会的基础，也是在国际关系中立足的关键，"落后就要挨打"使国家做出了优先发展重工业的设想。为了完成国家工业化发展，举国上下自力更生、艰苦奋斗，全国人民节衣缩食，为优先发展重工业积累资金。国家在城镇干部职工中采取低工资、低消费手段；在农村地区则通过集体化来降低与万千小农的交易成本，增加农业剩余，实行工农产品"剪刀差"。

1965年，战旗大队从原金星大队分出，成为独立大队，大力改良土地，发展副业，一些缺乏劳动力的困难户也在集体的扶持下，通过赊贷的方式，开展了肥猪养殖，增加了收入。集体为贫困户垫付生产性资本助其养猪这一行为，也在一定程度上缓解了社区内部的贫富分化，实现了社会和经济效益的双赢。

---

[1] 董筱丹，杨帅，李行，曾天云，温铁军.村社理性：基于苏南工业化经验的比较制度经济学分析[J].制度经济学研究，2012(1):1-15.

有趣的是，这种强调村社成员权，具有社区平均主义的集体资源配置决策行为，并不是战旗村的特例，正如梁漱溟先生所谓的传统中国的"通财之义"。村社组织通常以村社集体利益为重，出于对经济、社会发展的可持续性的考虑，格外重视内部相对弱势的群体的发展需求，并且结合自身的条件来做出相应安排。这在传统乡土中国中被梁漱溟称为"伦理本位"，在现代村社则被学者们称为"村社理性"。

不难看出，计划经济背景下的集体化时期不仅具有经济和社会的双重目标，而且还有政治目标。基于组织性质来看，社队组织既是政治组织，又是经济、社会组织。在政治、经济目标的指导下，社队组织要负责农、副业的生产发展，与此同时，因其具有政治、社会属性，必然要关心社队成员的生活服务等问题。而社队作为一个具有"三重目标"的复合组织，为国家的政治目标服务时，其经济属性和社会属性是分开的。其经济属性不再是经济资源如何在村社内配置的问题，而是从国家宏观角度来为国家工业化提供原始积累。这不仅意味着在农、副业生产中的高强度劳作和低劳动报酬，还意味着战旗村全体人员不计劳力成本的劳动力投入，"工分倒不见得有多高，因为当时我们工作多，工作多就把工分贬低了"[1]。而其社会属性则体现在为社队成员生产生活提供保障。副业方面，战旗大队通过掌握养猪权，除抑制市场价格波动及帮助养猪户承担市场风险外，还用赊贷等方式扶持贫下中农养猪，缩小社区内的贫富差距。在农业生产方面，集体化时期采取的这种集体统一经营的方式，为村社全体成员支付着彼此差别并不算太大的工分；在大队范围内以平均主义为导向的分配方式，保证了在当时服务于国家宏观工业化发展的前提下，能够维持村民的基本生存需要，是社队组织决策极具伦理性的体现。抛开意识形态关于集体化时期的效率的讨论，仅从整个国家层面来看，集体化时期的社队组织优先保障了村社成员的生存，并实现了有限资源条件下的积累，有其可取之处。而战旗更为特别的一点，在于在大量剩余被提取后，战旗村并未因集体的平均主义而失去效率，社员们干劲十足，使战旗村实现了发展，在集体化时期成为一颗耀眼的"明星"。

---

[1] 资料来源：2019年6月12日李世炳访谈记录。

综上所述，和新中国成立前以血缘、地缘为核心的传统小农村社制相比，社队组织虽与其表现形式不同，但是殊途同归。社队在服务于国家工业化的同时，也包揽了成员的生产、生活问题。在生产方面，更注重平等和生存所需的基本保障，并通过工分制在社队范围内建立了以平均主义为主的分配方式。在高积累、低消费的情况下，社队组织为国家工业化原始积累作出了极大的贡献。抛开社队这一组织的政治性质来看，集体化时期的社队组织俨然是一个在地化社会企业，在无法向外索要资源，甚至还要为国家工业化发展提供农业积累的严峻条件下，社队组织通过根植于本地的乡土社会来运作，动员社员们在战旗村这块土地上进行内部化的低成本开发，在为国家工业化发展提供原始积累的前提下，保障了社队成员的生存所需。

（二）有实无名：市场的强劲扩张及村社内部化市场关系（20世纪70年代后期到21世纪初）

从20世纪70年代开始，战旗大队依靠政治化竞争中积累的社会资本及农业剩余，开始组织队员们进行工业转型，其开办的曲线窑帮助战旗村实现了工业化的起步。可以说，从20世纪70年代到90年代，战旗村的集体企业虽受到市场经济强劲扩张的影响，但其社会企业属性一直留存。

1. 村社依靠内部积累养育了战旗村的工业

在农、副业生产取得显著成效之后，战旗人开始对工业动起了心思，起因是参观完大寨的村书记李世炳决定通过修新村来改变村民的居住条件。考虑到砖料需要，坚信"自力更生"的战旗人决定放弃1969年建立的小土窑，新建一个产量更高、质量更好的曲线窑。曲线窑的建成，解决了修新村用砖料的需求，也因售卖青砖带来了更多收入积累，因此也可被视作战旗工业化起飞的重要节点。1979年，曲线窑被替代升级为轮窑，战旗村成立了第一个社队企业——先锋机砖厂。因为砖料销售走俏，机砖厂也成为战旗村之后的很多集体企业发展的孵化器，其盈余为之后的企业提供了启动资金，而之后的企业又以已有企业的盈余来获得原始积累。比如战旗村的第二个集体企业——先锋酿造厂的建立就得益于机砖厂的盈余，蜂窝煤厂的盈利投建了先锋豆瓣厂，面粉厂的建设及机器的更换就是通过战旗村已有的机砖厂和酿造厂获得资金的。截至1987年，战旗共有机砖厂、豆瓣厂、预制构件厂、商贸公司、凤冠酒厂、树脂厂、果园、铸造厂、农机厂、联合铸造厂10家企业，机砖厂用工数一骑绝尘，并且有62名基干民兵。截至1992年，战旗村有先锋酿造厂、会富豆瓣厂、复合肥料厂、树脂厂、面粉厂等十几家村集体企业。

从农业到工业的跨越，使得战旗村实现集体收益的大幅度跃升，改善了村社内部成员的生产生活水平。

首先是就业方面，一定程度上释放了战旗村内部的剩余劳动力，缓解了农副业劳动力内卷化的现象。在建立曲线窑的同时，战旗村也坚持土法上马，先后办起了8家企业：农机、农副业产品加工、机砖、建筑、弹花、理发、屠场、缝纫。1979年，亦工亦农的社员有110人，占总评级劳动力的24%。其次，机砖厂的收入在随后几年成为战旗大队主要的工业收入，连带着其他企业积累的经济利润，帮助战旗村提升了机械化水平：1979年战旗大队的企业产值达到了17.5万元，其中机砖厂为9.2万元。企业产值占农副工总产值（60.5万元）的29%，人均产值为121元。[1]"比如用4.2万元购买了两台东风40，一台丰收35型，一台工农12型拖拉机。现在机耕面积达90%以上，使全大队实现了排灌、脱粒、饲料加工机械化和半机械化，并用1000元购买了电焊机械，为农机修理服务。"最后，战旗人的物质生活水平也得到了改善。李世炳在访谈中曾说："群众的文化生活就是幼儿园，乡里没有的时候我们就办起来了。我们当时的幼儿园办得比较不错。小学也办起来了，群众看病的医疗点也有。当时得到上级部门支持，派医生来坐诊，给大家看病。还有屠宰场、供应点，群众购买的生活用品，包括剃头，都是免费的，和大家讲了，不要钱，记工分。"[2] 工业发展带来的经济收益返还到了大队内部的社会文化建设上，成员们的生活质量得到了极大提高。20世纪70年代末，

---

[1] 《高速度发展农业途径——走农副工综合发展的道路—先锋公社战旗大队》，1979年7月22日，《郫县社会企业局卷宗》，四川省郫都区档案馆藏，档案号046-001-0031-003，第23-29页。

[2] 资料来源：2019年6月25日李世炳访谈记录。

战旗大队的小学、礼堂、办公室、医疗站、代销店等一应俱全,一部分农户还住上了集体为他们修建的新房。

2. 集体企业在产业化竞争中由盛转衰

战旗时任书记李世立在接受采访时表示,1980年我国农村居民人均可支配收入为468元,城市居民人均可支配收入为439元,战旗大队远远高出全国平均水平。[1] 随着改革开放的持续深入,20世纪80年代农村的改革也势不可当。1981年,战旗大队针对是否愿意家庭承包统计了农户的意见,仅有3户同意单干,剩下500户不同意。其缘由在于同意单干的3户家里劳动力数量多,认为自己单干效益会更好。1981年,村集体跟县委书记杨析综打报告,推迟家庭承包一年。但改革已是大势所趋,1982年,战旗大队开始实施统分结合的双层经营制度。土地虽名义上仍然是集体的,但使用权分到各家各户之后,以土地为基础的工分制就取消了,这使企业无法通过工分来综合核算农工业收益,并调动集体所有成员的积极性,只能通过工资对在厂职工进行激励。但战旗的农户、集体及集体企业三者之间的联动却并未减少。村办工厂的工业生产总值成为战旗村庄经济结构的主体,在实现自身经济发展目标的同时,村办工厂在村集体的指导下,进一步促进全村工作全面发展,实现社会目标。

战旗村在20世纪80年代仍然通过先锋机砖厂不断孵化集体企业,通过集体化时期的企业积累,为承包制时代的企业提供帮助,延续着村社对集体企业的哺育,而集体企业也延续着对村社的反哺,将企业收益返还社区。以1989年为例,"村上60%的劳动力成了亦工亦农的新型农民,村'两委'成员在群众信任的推举下,锻炼成为懂生产技术、会现代管理的村工厂承包领导人"[2]。村集体掌握了集体企业的领导权,集体企业也为村民提供了大量就业机会。此外,"村党支部对各企业的上交费,原则上大部分用于还贷和发展再生产,所

---

[1] 资料来源:2020年1月11日李世立访谈记录。
[2] 《战旗村坚持走发展集体企业的道路》(1989年12月26日),四川省郫都区档案馆藏,档案号152-001-0272-007,第1页。

剩部分主要用于全村的工作开展和给社员提供福利"。[1] 在工作开展方面，村上从企业上交费里抽出近万元用于水利建设、购买杂交稻种、粮食任务入库奖励、支持社员喂猪等，通过以工补农的方式促进村民的农业生产发展。在社员福利方面，重阳节慰问老人，照顾困难户，年终社员每人20元分红，以及村、社干部和3个幼儿园老师的工资等各种公用费用、开支全部来自企业上交费。企业收益对村社的反哺，改善了村民们的生产、生活，村民生活安定，文化活动丰富，也使村社内部社会治安秩序稳定，没有封建迷信和赌博活动。

进入20世纪90年代，市场经济的强劲扩张使整个国家的政策环境都是朝向沿海地区、朝向出口创汇的，国家几乎退出了农村社会，村办集体企业不管是贷款额度还是财政方面的优惠政策，都不再享有以前的优惠环境。20世纪90年代中期，处于产业化竞争阶段的战旗村由于市场经济和企业自身体制等多方面原因，先后有5家集体企业倒闭。1994年，战旗村被作为郫县乡镇企业改制试点进行企业改制，但改制过程相对温和，相较20世纪90年代低效益的国有企业进行改制时迫使职工买断工龄，战旗村的股份制改革呈现出不一样的特点。战旗村将规模较大的机砖厂、豆瓣厂、酿造厂、面粉厂和复合肥料厂合并并进行改制，其股份由村集体50%、经营者和职工20%、企业法人30%构成。可以看到，战旗村通过集体占股50%、经营者和职工占股20%的方式认可了全体村民的贡献，并把握了集体的话语权。集体经济的存在为村集体的话语权提供了基础，使村集体各项工作能在村社内部顺利开展。

表17-1和表17-2所示为1996年度和1997年度郫县村级经济实力排名。

---

[1]《战旗村坚持走发展集体企业的道路》（1989年12月26日），四川省郫都区档案馆藏，档案号152-001-0272-007，第3页。

表17-1 1996年度郫县村级经济实力位次

实力位次	单位	人均纯收入（元）	村可支配收入（万元）	总产值（万元）	工业产值（万元）	农业产值（万元）	综合得分	1995年的位次	位次升降（绝对值）
1	合作镇顺江村	2492.00	500 000.00	18 168.00	17 698.00	470.00	334.53	1	0
2	唐昌镇战旗村	2421.00	450 000.00	7373.00	6996.00	377.00	292.66	2	0
3	郫筒镇鹃城村	3366.00	400 000.00	13 494.00	13 077.00	417.00	288.68	3	0
4	犀浦镇犀池村	2906.00	365 000.00	3872.00	3703.00	169.00	253.60	5	1
5	犀浦镇国宁村	3214.00	318 000.00	1558.00	1244.00	314.00	231.40	6	1

表17-2 1997年郫县村级经济实力位次表

实力位次	单位	人均纯收入（元）	村可支配收入（万元）	总产值（万元）	村企产值（万元）	农业产值（万元）	综合得分	1996年的位次	位次升降（绝对值）
1	合作镇顺江村	3205.00	65.00	9698.10	9144.00	554.10	375.17	1	0
2	唐昌镇战旗村	3304.00	50.00	6985.20	6592.00	393.20	310.14	2	0
3	郫筒镇鹃城村	3732.00	42.10	13 260.20	12 945.00	315.20	292.80	3	0
4	犀浦镇犀池村	4185.00	44.06	3386.90	3203.00	183.90	282.71	4	0
5	犀浦镇国宁村	4423.00	38.00	1264.90	958.00	306.90	255.17	5	0

资料来源：《一九九六年度郫县村级经济实力位次表》《一九九七年郫县村级经济实力位次表》，四川省郫都区档案馆藏，档案号149-001-0538-0086。

在 1997 年唐昌镇党委办公室提供的先进事迹资料中，战旗村在 3 个先进村落中集体经济实力显著。[1]集体经济是营造村社有效社会治理的经济基础，战旗村党支部从大力发展集体企业入手，通过机砖厂实现滚雪球式的企业发展，先后办起十几家企业，集体经济不断壮大，而战旗村集体经济增强又带动了全村各项工作的顺利开展。

（1）生产方面，通过以工补农、以工促农的方式，对农业生产进行帮扶。首先是以工补农，由村上抽出部分资金支持农业，每年抽出 2 万元来补助修沟渠、大春杂交稻育秧，聘请省、市、县农技专家、教授来村教授农技知识和技术，推广农业新品种、新技术。1994 年，战旗村用 4000 多元买回几千株漳州柚树苗送给农户种植，建立了近百亩的以漳州柚为主的林果花草基地。1994—1996 年，共补贴 2.1 万元给农户购买联合收割机，改变了农民的收割条件。1996 年投资 5.3 万元，修建村中心区三面光斗渠近 1 公里。1999 年为了推广抛秧技术，村上又出资 2000 元购买了育秧发芽机和播秧盘。其次是以工促农，为农产品寻找出路，推动农业产业结构调整。1990 年，集体企业之一的先锋酿造厂引进榨菜种子分给农户栽种，企业以保护价收购，农民得到了实惠，种植榨菜的积极性很高。1999 年，先锋酿造厂与 420 户农户签订了以每公斤 0.3 元的保护价收购榨菜的合同，全村种植榨菜面积达到了 1200 亩，占全村耕地面积的 2/3。早榨菜市场价较高，每公斤在 1 元左右，每亩可产 2000 ~ 2500 斤，一般每亩收入在 1000 元以上，仅此一项，全村农民可增收 80 万元左右。[2]

（2）生活方面，1996 年，战旗村集体投资 45 万元，新建了全县一流的村办公大楼和党团活动室，完善了村级组织活动的阵地；1997 年，村集体又出资 6 万元，配合政府完成了唐宝路拓宽、铺柏油面工程，使战旗村交通更为

---

[1]《唐昌镇战旗村先进事迹》（1997 年 11 月 05 日），四川省郫都区档案馆藏，档案号 149-001-0490-010，第 1 页。

[2]《唐昌镇战旗村党总支先进材料》（2000 年 4 月 5 日），四川省郫都区档案馆藏，档案号 149-001-0548-024，第 2 页。

便捷。[1] 可以看到，集体企业虽因市场化经济的深入而受到股份制改革的冲击，由集体占有的企业经营收益减少，但企业仍由村集体掌握话语权，并通过壮大村集体经济的方式形成了村级有效自治的经济基础，使集体企业的收益仍延续着80年代以来的社会属性，反哺村社。

从21世纪开始，由于融资环境和市场环境的变化，乡镇企业的发展举步维艰，开始出现私有化改制。2002年，战旗村领导班子换届，李世立被任命为村党支部书记，高德敏被推选为村主任。为了杜绝集体企业私有化可能带来的集体资产流失等问题，新一届领导班子在2003年对村内的乡镇企业开始了新一轮的改制。与"能私不股"的私有化改制不同，有着强集体意识的村集体试图通过改制收回企业固定资产的所有权，并通过拍卖流动资产的方式将集体企业进行租赁，村集体每年以收取租赁者固定租金的方式获得集体收益。这是战旗村集体在应对恶化的外部经营环境时的独特选择，折射出了战旗村的强集体意识，也是战旗村以集体利益为重的社会属性的体现。虽然企业仍然为村集体经济创收，但企业上交集体的收益比股份制改制后更为有限，集体企业辉煌不再，集体虽保留着所有权，但实际上已最大限度地退出了企业经营。企业的社会属性也因为企业经营者的改变而被弱化。正如租赁了村内复合肥料厂的重庆老板，将招工的优先条件从"本村人"变为了"年轻的劳动力"。21世纪之前的乡镇企业，因发展受益于村社，故劳动用工会优先考虑村内劳动力，强化集体企业与村民的利益联系，极具社会属性。但21世纪改制之后，经营者失去了村社与成员之间的关系约束，按照企业利益最大化的原则，就会优先选择年轻劳动力，以提高效益。所以，在市场的强劲扩张中，集体企业这一时代的产物逐渐没落，失去了其原有的意义。

3. 集体企业的社会企业属性

集体企业取之于村社，通过社员齐心协力、低成本地使用村社内部资源，实现原始积累，并通过村社理性将外部性问题内部化，弱化了企业发展过程中产生的矛盾，是极具中国特色的工业化道路。不难看出，在资金匮乏的情况下，

---

[1]《唐昌镇战旗村先进事迹》（1997年11月05日），四川省郫都区档案馆藏，档案号149-001-0490-010，第1页。

先锋机砖厂仍然实现了原始积累,并稳定运营至 2003 年,在这期间还为之后的集体企业提供了原始积累,贡献极大。战旗村的工业企业得益于先锋机砖厂,而先锋机砖厂这一母体的壮大则主要归功于村社内部的哺育。对于三大基本的生产要素(土地、资金、劳动力),先锋机砖厂在村社内部全体人员的努力下低成本地使用着,并在村社理性机制的作用下,弱化了这个过程中产生的矛盾,帮助战旗村实现了工业起飞,实现了经济发展的目标。因此,企业收益用之于村社。20 世纪 70 年代到 90 年代,虽然乡镇企业曾一度受到企业改制的影响,但企业的收益一直是促进、壮大村集体经济的重要力量,对战旗村内的生产生活水平的提高起到了极大作用,实现了企业在村社内的社会发展目标。综上,战旗村的乡镇企业就是社会企业。随着市场经济的扩张,乡镇企业辉煌不再,但战旗人又把目标瞄向了新的领域。

(三)名实相符:重振村集体经济

2002 年,战旗村领导班子换届,面对外部环境的变化,如何让战旗再度飘扬成了新一届领导班子的心头难事。一方面,集体企业辉煌不再;另一方面,工农业收入差距的增大使村民们对土地的依赖性逐渐降低。据战旗村当时的村书记李世立回忆:"2000 年左右,战旗村务工人数增多,全村 1600 多人,400 多人打工,其中大多数都在村内的企业上班。"[1] 战旗村的村民们觉得种地不如务工划算,普遍存在把土地给别人种的情况。此外,每年向分散的农户收取农业税也花费了村干部大量的时间和精力……面对 21 世纪以来的这些变化,新一届领导班子也思考着如何让战旗走出一条路来。

1. 村集体经济对农村社区治理的重要性

20 世纪 80 年代农村改革之后,人民公社时期的社队行政管理体制解体,农村地区通过成立村民委员会这样的群众自治组织,来对村内事务进行管理。与城镇社区居民委员会显著不同的是,农村社区的村委会"依照法律规定,管理本村属于村民集体所有的土地和其他财产",因而拥有集体财产所有权的管

---

[1] 资料来源:2020 年 1 月 10 日李世立访谈记录。

理权，且在肩负公共服务责任的同时，"应当支持和组织村民依法发展各种形式的合作经济和其他经济""应当尊重并支持集体经济组织依法独立进行经济活动的自主权"。这表明，村委会兼具政治、经济与社会职能。而在农村社区中，普遍存在4个层次的经济主体：家庭承包经营户、合作经济组织、社队集体经济组织与村级经济组织。处于村委会监管下的集体经济组织、合作经济组织，建构基于集体土地所有权和以农村熟人社会为基础的小农村社体制，在运行商业经营职能的同时必须兼顾村社的社会职能。因此，内生性地具有社会企业所要求的社会与经济双重属性。

自1982年"包产到户"以来，我国农村地区便开始实行"统分结合"的双层经营体制，家庭承包经营制极大地调动了农户的生产积极性，成效显著。随着时间的流逝，土地细碎化的小农经营在市场化运作中愈显吃力，农业成为不挣钱、不体面的行业，大量劳动力进城务工、经商，农村呈现一派萧条景象。而在村社内部，由于双层经营体制中"集体统一经营"这一层次并未被广大农村地区重视，村社集体的统一组织功能逐渐丧失，导致村民自治委员会没有组织村民的动力，因此村社集体逐渐与农户脱节，使国家下放到村社的大量政策资金绕过村集体一级，到达亿万分散的小农手中时显得杯水车薪，无法激活乡村社会，更无法满足农户们日益增长的公共服务需求。

着眼于中国农村的实际情况，改革开放后，一家一户的小规模生产经营已不再适应农业现代化的需求，此时需要村集体经济来承担"集体统一经营"这一职责，形成村级自治组织才有能力服务村民，营造有效的村民民主自治。与此同时，村集体经济的"统筹"角色及其壮大，也能加强村集体与农户之间的联系，提高农户的组织化程度，进而提高政策扶持的效力及降低与外部市场主体对接的成本，从而更好地实现农户增收和为农户提供公共服务的职能。同时，农村集体经济是社会主义公有制经济的重要组成部分，也是社会主义公有制经济在农村的重要体现，只有通过发展村集体经济，才能实现乡村振兴的美好愿景。

2. 成都市郫都区战旗蔬菜专业合作社发展概况

近年来，我国农村地区的农民合作社逐渐成为壮大村集体经济、创新农村社会治理机制的重要抓手。随着服务内容的不断拓展，其在专业合作的基础上又出现了股份合作、信用合作及专业合作社、联合社等类型。其中，以村集体经济为经济基础，以"农村集体所有"为制度基础，结合股份制和合作制的社区型股份合作社对村级社区治理贡献尤为明显。下面以成都市郫都区战旗蔬菜专业合作社为例，探讨农村社区中社区型股份合作社的社会企业属性。

在成都市城乡统筹政策的推动下，成都市郫都区唐昌镇战旗村于2006年左右开始探索土地规模流转。为了解决土地撂荒及土地集中后的经营管理问题，村民们决定以土地承包经营权入股，村集体企业（成都市集凤实业总公司）以村集体的名义注入50万元，于2006年成立了战旗农业股份合作社。由于2006年颁布的《中华人民共和国农民专业合作社法》只有针对专业合作社的注册流程，村里于2008年才以郫县战旗金针菇专业合作社的名义注册了合作社。2009年，合作社更名为"郫县唐昌镇战旗蔬菜专业合作社"；2017年，更名为"成都市郫都区战旗蔬菜专业合作社"。2018年，合作社经由中国慈展会认证为社会企业，并被评定为"好社企"。同年被列入成都市观察社会企业名录。

在2007年左右，除合作社集中农户的土地进行经营外，还有一些种植大户与村内的农户签订协议流转土地种植。但从2009年开始，全村90%以上的农用地都逐渐集中到了合作社，之前承包者和村民签的流转协议都逐渐改为和村委会签订。当时合作社还不完善，而且大家觉得村委会比较有信誉度，所以流转协议实际上是和村委会签的[1]。可以看出，合作社在初始发育的时候是村委会为其背书的，其与大农户带头开办的专业合作社并不一样。战旗蔬菜专业合作社作为全体村民的合作社，实质上是用专业合作社的名头来行使全体村民的综合合作社的职能。2011年，合作社集中的土地规模已趋于稳定，除去村内几家自身依靠规模种植蔬果为业的农户，全村所有的农用地都交由合作社进

---

1 资料来源：2019年10月2日战旗蔬菜专业合作社会计方磊访谈记录。

行经营管理。

合作社将村内的农用地资源集中起来后，通过争取上级政策资金扶持来完善土地的相关配套设施建设，提高了土地的级差地租，可以将土地以更高的价格流转给种植专业大户种植。而合作社选择的合作对象除了农业种植外，还有附加值较高的蔬菜、苗木业种植，高附加值的经济作物栽培，相当于又一次提高了土地的级差地租，能够在一定程度上使战旗村获得更多的地租收益。比如2007年3月，成都榕珍菌业有限公司在战旗村现代农业园区落户，发展食用菌生产及相关产业。该项目建成后不仅让战旗获得了地租收益，而且吸纳了村内及周边的大量剩余劳动力，在增加村民务工收入的同时，也留住了青年人，减少了留守老人、留守儿童等社会现象的出现，还推动了村内土地规模流转，对促进土地规模经营起到了积极作用。据战旗村现任村主任杨勇介绍，2019年，村内80%的劳动力都是在本村就业，剩下的20%在就近的郫都区、成都市区等地就业。以前村集体招商引资时主要考虑解决就业问题，但2015年之后，村内就业就不再是问题了。[1]

在2009年唐昌镇关于村（社区）集体经济收入的统计（见表17-3）中，战旗村以1280万元的"累计集体经济收入"和56万元的"年集体可支配收入"名列全镇23个村（社区）中的第一名。其他村（社区）的"累计集体经济收入"最高的是100万元，最低的是0元；"年集体可支配收入"最高的是10万元，最低的是0元，[2] 可见战旗村的村集体经济实力突出。战旗村在2010年的工作总结中提到，"截至2010年12月，合作社共有农户495户，社员1551人，集中土地1820亩。其中，流转给种植大户土地1420亩，合作社直接经营土地320亩……全年村级集体收入295.37万元，其中合作社收入235.37万元，集体企业租赁收入60万元"。[3]

---

1 资料来源：2019年10月5日杨勇访谈记录。
2 《村（社区）集体经济收入统计表》（2009年6月），档案号149-2009-99。
3 《战旗村2010年工作总结及明年工作思路》（2010年12月），档案号149-2010-175。

表17-3 唐昌镇村（社区）集体经济收入统计

单位：万元

村（社区）	累计集体经济收入	年集体可支配收入	村（社区）	累计集体经济收入	年集体可支配收入
金星村	45	6.1	横山村	60	3.2
先锋村	40	1.8	竹林村	60	1.8
建丰村	80	3	鸣凤村	100	10
平乐村	40	4.2	青春村	2	1.08
星罗村	15	3.5	留驾村	40	1.5
柏木村	10	2.5	金沙村	50	2
西北村	80	5	平康村	50	0.8
火花村	20	1.2	东街社区	10	0.35
大云村	20	1.8	西街社区	0	0
战旗村	1280	56	南街社区	0	0
蔬菜社区	20	0.5	北街社区	0	0
新胜街道社区	1	0			

资料来源：四川省郫都区档案馆藏，档案号149-2009-99，《村（社区）集体经济收入统计表》，2009年。

2011年之后，合作社通过招商引资，与大行宏业合作，投资建设了妈妈农庄项目，建成了200亩的设施观光农业园和3万平方米的休闲会所、乡村酒店等第一、第三互动产业项目。其中，"战旗·第五季"薰衣草花田景区在2013年成功申报了国家3A级景区，当年便接待游客近40万人次，其带来的人流效应更是吸引了蓝彩虹生态农业有限公司、成都裕祥农业科技有限公司等企业入驻战旗村，在带动村内集体经济壮大和人口就业增收方面起到了非常重要的作用。

3. 合作社的现状

合作社的社员都是本村人，是一户一个代表。一方面，合作社将土地集中，通过自主经营及对外发包来实现农业产业化经营，壮大了村集体经济，促进了村内公共服务水平和公共事业的发展。从2009年开始，村集体每年为村民发放"老人金"（60～70岁的老人每月补助50元，70～80岁的老人每月补助

100元，80～100岁的老人每月补助150元，100岁以上的老人补助300元[1]）及购买基础医疗保险，这极大地提高了村集体在村社内决策的公信力和集体凝聚力。村集体收入可观的战旗村在文化卫生、社区治理事业上的工作也颇有成效，建有战旗幼儿园、老年协会、卫生站、便民服务中心、乡村购物超市等，更好地满足了村民们日常生活的需求。另一方面，农户也可以获得稳定、多样的收入，实现收入水平的提升。一是土地流转租金，农户入股的土地每年可获保底土地租金1200元/亩。二是在坚持"多积累，少分红"的前提下，高出保底租金的土地增值部分的50%用于持股农户再分红，实现农户第二次分利，余下的50%用于扩大合作社生产经营。三是合作社在出租土地时，会优先选择与能解决更多村民就业问题的企业合作，村民可进入园区成为农业工人，获得稳定的务工收入，从而改善村内劳动力外流的现象。

在走访过程中，战旗村2组组长罗晓军向我们介绍了村内的各种福利[2]。2019年的时候罗晓军65岁，家里共5口人，儿子、儿媳及孙子一家人都在郫都区居住。他在"妈妈农庄"负责花木的绿化工作，每月工资2000元，自己和老伴每人每月有村上发放的"老人金"50元，村里也为每个人购买了基础医疗保险（如果农户想自己购买更高档次的医疗保险，村集体会将每年购买基础医疗保险的开支变换为现金发放给村民，2019年基础医疗保险金额为220元）。此外，罗组长入股到合作社的土地，除了可以获得每年的保底租金1200元/亩之外，每年最后一个季度还会获得分红，2018年村里每人分到了350元。

据当前合作社的会计方磊介绍，由于农业生产受自然因素影响很大，具有季节性和长周期性的特点，再加上农产品价格受市场波动的影响很大，合作社每年的营收情况无法像工业生产那样固定。除去农户每年固定获得的保底租金，合作社给予村民的分红有时需要村集体平衡各处的利益后进行补贴，如从"集体企业租赁收入"中调拨部分资金，保证村民每年拿到手的分红只能比往年多而不能比往年少。这与集体化时期战旗大队为社里的养猪户提供价格稳定的猪仔有着异曲

---

[1] 资料来源：2019年10月4日杨洪清访谈记录。
[2] 资料来源：2019年10月4日罗晓军访谈记录。

同工之处。

4. 成都市郫都区战旗蔬菜专业合作社的社会企业属性

在 2018 年中国慈展会社会企业申报中，成都市郫都区唐昌镇战旗蔬菜专业合作社作为工商登记的农业专业合作社，入选了中国慈展会 2018 年社会企业名单，获评"好社企"，并入选成都市 2018 年观察社会企业名录。

不难看出，对战旗村内部而言，该合作社的社会属性是很明显的。合作社在发展过程中，由村委会为其背书，实质是全员合作社，通过促进村集体经济的壮大，使村集体有经济基础回应村民的物质文化生活需求，提高村内公共服务水平，促进公共事业的发展。即使合作社因农业生产的特点无法保证固定的营收，但仍承诺村民每年的分红不会比前一年少，帮助农户承担市场风险，通过以工补农的方式，让农户吃下"定心丸"。合作社也会优先选择能够提供更多就业岗位的企业进行合作，从而保证了更多村民的在地化就业，进而减少了留守儿童、留守老人的数量。村集体经济的实力壮大后，村内还为每个村民购买基础医疗保险，为老人发放老人金，提供和完善各种公共产品，修建便民服务中心、文化大院等。

对外，合作社仍属于一个营利组织。自成立以来，合作社通过争取上级政策资金扶持，完善相关配套设施建设以提高土地的级差地租，主要是自主经营土地，流转土地给农旅公司、村内外的种植大户，以及进行第一、第二、第三产业开发和蔬菜、苗木种植，再一次实现级差地租跃升。战旗村在 2011 年完成集中居住后，进行了集体成员资格界定及土地确权，对全村土地统一进行重新分配，具有成员权的农户获得了名义上同样多的土地数量，实际上土地边界已经打破，土地全部集中到了村集体手中，解决了分散的、边界清楚的农村资源对接外部主体和大市场困难的问题，相较单家独户的小面积流转，合作社谈判能力强，土地租金比较可观，应对市场风险的能力更强。

总体来说，战旗蔬菜专业合作社具有天然的社会属性。首先，土地资产作为具有保障性的生产要素，其被统筹经营，收入自然要体现社会、经济的双重效益，并且在大部分乡村衰而未亡的状况下，更看重其社会效益。其次，基于社区型股份合作社的产权基础，在村委会的监管下，合作社对村集体的农用地资产进行集中管理，并被授权能够对资产进行处理、调整，于是合作社就产生了公共性的权利，承担了村集体统筹农用地资源和动员组织农户的职能。它通过集中整合村内资源性资产对接市场创收，其收益必然要返还给村社，去回应政府和市场既无暇解决也解决不了的农户生产、生活需求，而村集体收入也能加强集体与村民的联系。最后，战旗村一以贯之的村集体意识相较城市社区，在熟人社会的血缘和地缘的影响下，能够更低成本地推行社会企业式的市场活动，以解决农民就业、养老及文化生活等问题，形成低成本的社会治理，且社会属性更加坚固，甚至是社会属性优先于经济属性。而且，以农村土地集体所有制为基础的村集体经济，使农村可以不像城市社区型社会企业那样受到使用国有资源的限制，从而让乡村社会治理更具活力。这是植根于中国本土的经验，是我国独有的农村经济组织模式，值得我们深入探索和研究。

由于我国尚未出台法律规范社区型股份合作社的发展，其法律定位仍不明确。早年间的社区型股份合作社都是按照专业合作社来登记的，现在则是在各地的农业农村委员会进行注册登记，依各地方法规进行规范调整，标准不统一。社区型股份合作社无法像一般企业那样进行工商登记的原因也在于，作为社区经济组织，其在村委会的监管下，以村集体经济组织为依托，靠村集体资产营收，所以其行政色彩相对一般企业来说会浓一些。合作社的法定代表人一般是村支书，理事会成员也由村"两委"成员兼任。而且合作社在经营农业这类弱质性产业、服务农民这类弱势群体时，需要政策资源的帮扶，在享受某些政策福利的同时，可能也会因此而受到限制。但也正因为如此，相较其他投资主体成立的企业而言，社区型股份合作社服务的福利属性是显而易见的，也更接近社会企业的本质。

可以说，社区型股份合作社的社会属性与经济属性是明显且突出的，其发展壮大对于农村社区治理具有重要意义。但当前社区型股份合作社的发展还存在一些问题，比如，其业务内容及服务于社区福利的方式仍然比较单一，法律定位仍不明确，行政色彩相对较浓等。总的来看，社区型股份合作社目前仍处在探索阶段，其优势和问题都是明显的。但是作为根植于中国本土的乡村社会企业，值得我们深入研究后探索出一条具有中国特色的农村社区治理道路。

四、展望：农村社区的新发展阶段

2015年，战旗村借由集体建设用地公开挂牌入市交易这一契机，对村内的所有的非农用地资产、固定资产、集体资源及其他资源资产等进行了清产核资，成立了战旗资产管理公司。该资产管理公司除对村集体内部的非农用地资产进行管理外，还负责"乡村十八坊"、成都集凤商务服务有限公司[1]、成都集凤投资管理有限公司等企业的管理运营。合作社和资产管理公司共同对村内资产进行经营管理，以盘活村内资源，发展村集体经济。就当前而言，战旗村的合作社与资产管理公司还在发展中，处在统筹村集体经济组织中村民的土地、房屋等闲散资产以形成组织化的资产平台的初级阶段，服务于社区福利的方式相对来说比较单一，主要还是通过改善村内公共设施服务的方式来提高农户的生活质量。但是合作社及资产管理公司未来的前景远不止于此，二者在通过村社的资源性资产创收的同时，可尝试拓展业务范围，着力解决农民生产生活中的供销服务、互助养老、教育医疗、金融合作及农民创业发展的资金帮扶等问题，这能极大地推动农村社区发展，改善农村的物质文化生活水平。正如党的十九大报告中所说，农业农村农民问题是关系国计民生的根本性问题，在向现代化迈进的过程中，我国农村面临的社会治理问题必须根植于本土经验，才能有效解决发展中面临的问题。我国农村最重要的制度基础就是农村集体土地制度，而在村委会的监管下，以土地制度为基础的村集体经济则是农村社区治理的重要突破口。

---

[1] 成都集凤商务服务有限公司于2013年12月25日注册成立，由郫县唐昌镇战旗资产管理有限公司以90%的股权占比控股。

后　记

受四川战旗乡村振兴培训学院委托，在中国人民大学教授、北京大学习近平新时代中国特色社会主义思想研究院乡村振兴中心主任、四川战旗乡村振兴培训学院首席专家温铁军的带领下，团队数次赴四川省成都市郫都区唐昌镇战旗村进行调研，并结合战旗村和郫都区档案馆提供的档案、文献、统计数据及其他公开的政府文件、新闻报道等资料，采用宏观与微观相结合、时间维度与空间维度相结合的分析视角，系统地梳理和总结了战旗村的奋斗历程及其经验，最终撰成本书。

付梓之际，首先要感谢温铁军教授带领的团队多年潜心治学、不辞辛劳进行国际国内调研，形成了高屋建瓴的思想体系。这些研究工作的开展得益于过去十多年温铁军教授主持或担纲学术顾问的多项纵向、横向课题的经费支持，特此感谢。

本项目由中国人民大学农业与农村发展学院董筱丹副教授主持，负责提出主要观点、指导各个章节写作及最终统稿定稿等工作。西南大学中国乡村建设学院讲师张艺英博士、办公室主任杜洁；重庆大学人文社会科学高等研究院潘家恩副教授、硕士研究生裴雕，法学院博士研究生马黎；中国人民大学农业与农村发展学院博士研究生刘亚慧、唐溧，硕士研究生崔芳邻、徐文静、陈春文、陈璐、周雅希、郑璐、陈悦怡，本科生米炀等进行了细致且全面的实地调研，并主笔相关部分的写作。

写作分工具体如下。

概述：周雅希、郑璐、崔芳邻。第一篇第一、二章：张艺英。第二篇第三~六章：马黎。第三篇第七、八章：崔芳邻、徐文静。第三篇第九章：陈悦怡。第四篇第十章：徐文静。第四篇第十一章：郑璐。第四篇第十二章：周雅希。第四篇第十三章：崔芳邻。第五篇第十四章：张艺英、白天一、张怡欣、崔乐琪。第五篇第十五章：周雅希。第五篇第十六章：郑璐。第五篇第十七章：裴雕、杜洁。

中国人民大学农业与农村发展学院硕士研究生高相、戚家恩、崔乐琪参与了本书的部分讨论和写作。

在调研和写作过程中，国仁乡建社企联盟严晓辉博士、贾林州先生、李翠环女士、陈晶晶先生，福建农林大学经济管理学院讲师张俊娜，以及博士研究生唐正花、杨贺给予了大力支持，一并致谢。

感谢郫都区档案馆工作人员保留了丰富的档案资料，使本课题的历史研究得以正常开展。

感谢四川战旗乡村振兴培训学院、温铁军工作室、高德敏工作室，作为本书的联合出品方，对本书的编写和成功出版给予大力支持。特别感谢学院在本书撰写过程中协调课题组开展调研、协助收集资料、校对文稿等。

感谢战旗村党委书记、全国劳模高德敏，村委会主任杨勇，前村党支部书记李世炳、高玉春、李世立，战旗村机砖厂首任厂长罗会富及冯忠会、赵仁春等给予的重要协助。

感谢本项目实地调研和书稿撰写期间给予课题组其他各种支持和援助的部门、机构和人员。

感谢北京大学出版社魏雪萍主任、责任编辑杨爽为本书付出的心血。

最后，课题组将特别的谢意献给全体战旗村村民。"人民，只有人民，才是创造世界历史的动力。"课题组有缘记录战旗村光荣而伟大的奋斗史备感荣幸，在宏大而厚重的历史面前，文字常有无力感，希望本书讲出了一个兼具纵深感和颗粒感、既有生命力又有感染力的战旗好故事。

课题组全体成员